马克思主义理论研究
和建设工程重点教材

教育哲学

《教育哲学》编写组

主　编　石中英

副主编　王坤庆　郝文武

主要成员

（以姓氏笔画为序）

于　伟　于建福　余清臣

迟艳杰　陈建华　岳　伟

郭祥超

高等教育出版社·北京

图书在版编目(CIP)数据

教育哲学/《教育哲学》编写组编. -- 北京：高等教育出版社, 2019.3(2025.7重印)
马克思主义理论研究和建设工程重点教材
ISBN 978-7-04-051112-3

Ⅰ.①教… Ⅱ.①教… Ⅲ.①教育哲学-中国-高等学校-教材 Ⅳ.①G40-02

中国版本图书馆 CIP 数据核字(2019)第 005749 号

| 责任编辑 | 魏延娜 苏伶俐 | 封面设计 | 王 鹏 | 版式设计 | 于 婕 |
| 责任校对 | 胡美萍 | 责任印制 | 高 峰 | | |

出版发行	高等教育出版社	网　　址	http://www.hep.edu.cn
社　　址	北京市西城区德外大街4号		http://www.hep.com.cn
邮政编码	100120	网上订购	http://www.hepmall.com.cn
印　　刷	固安县铭成印刷有限公司		http://www.hepmall.com
开　　本	787mm×1092mm　1/16		http://www.hepmall.cn
印　　张	19		
字　　数	330 千字	版　次	2019 年 3 月第 1 版
购书热线	010-58581118	印　次	2025 年 7 月第 9 次印刷
咨询电话	400-810-0598	定　价	40.30 元

本书如有缺页、倒页、脱页等质量问题，请到所购图书销售部门联系调换
版权所有　侵权必究
物 料 号　51112-00

目 录

绪 论 ·· 1
  第一节 教育哲学的研究对象与性质 ·· 1
    一、教育哲学的产生与发展 ·· 1
    二、教育哲学的研究对象和体系 ·· 3
    三、教育哲学的性质 ·· 5
  第二节 教育哲学的价值 ·· 7
    一、教育哲学对教育实践的作用 ·· 7
    二、教育哲学对教育政策的作用 ·· 8
    三、教育哲学对教育研究的作用 ·· 9
  第三节 教育哲学的研究与教学方法 ·· 11
    一、教育哲学研究和教学的指导思想 ·· 11
    二、教育哲学的研究取向和方法 ·· 13
    三、教育哲学的教学方法 ·· 15

第一章 教育哲学的历史发展 ·· 18
  第一节 中国教育哲学的历史发展 ·· 18
    一、中国传统教育哲学思想 ·· 18
    二、20世纪以来中国教育哲学的发展 ·· 25
  第二节 西方教育哲学的历史发展 ·· 28
    一、西方教育哲学的历史渊源 ·· 29
    二、20世纪西方的主要教育哲学流派 ·· 29
    三、21世纪西方教育哲学发展的主要趋势 ·· 38
  第三节 马克思主义教育哲学的形成与发展 ·· 39
    一、马克思主义经典作家的教育哲学思想 ·· 39
    二、马克思主义教育哲学思想的传播与发展 ·· 42
    三、马克思主义教育哲学思想与当代社会 ·· 49

第二章 教育的本质 ····· 55
第一节 教育概念的语言分析 ····· 55
一、"教育"概念的日常用法分析 ····· 55
二、"教育"概念的定义分析 ····· 57
三、"教育"概念的隐喻分析 ····· 59
第二节 教育与相关概念的辨析 ····· 61
一、教育与学习 ····· 61
二、教育与教学 ····· 63
三、教育与训练 ····· 64
四、教育与宣传 ····· 64
第三节 教育的本质与理想 ····· 66
一、对教育本质的认识 ····· 66
二、良好教育的标准 ····· 69
三、教育的理想：人的全面自由发展 ····· 71

第三章 人性论与教育 ····· 77
第一节 人性论概述 ····· 77
一、中国哲学中的人性论 ····· 77
二、西方哲学中的人性论 ····· 80
三、马克思主义哲学关于人性的学说 ····· 83
第二节 人性论与教育的关系 ····· 84
一、人性论假设与儿童观 ····· 85
二、人性论假设与教育方法 ····· 88
三、人性论假设与教育管理 ····· 90
第三节 当代教育中的人性问题与责任 ····· 93
一、当代教育中的人性问题 ····· 93
二、以人为本：现代教育的人性关怀 ····· 96

第四章 认识论与教育 ····· 102
第一节 认识论概述 ····· 102
一、中国传统的认识论 ····· 102
二、西方主要的认识论 ····· 105

三、马克思主义的认识论……………………………………………… 107
　第二节　知识的性质、类型与课程…………………………………………… 110
　　　一、知识的性质与学科性质……………………………………………… 110
　　　二、知识类型与课程建构………………………………………………… 114
　　　三、课程建构和教育教学中的知识选择………………………………… 116
　第三节　教育中的批判性思维………………………………………………… 121
　　　一、什么是批判性思维…………………………………………………… 121
　　　二、批判性思维与创造力培养…………………………………………… 122
　　　三、批判性思维的教与学………………………………………………… 124

第五章　价值论与教育…………………………………………………………… 130
　第一节　价值论概述…………………………………………………………… 130
　　　一、中国传统的价值理论………………………………………………… 130
　　　二、西方价值理论的产生与发展………………………………………… 132
　　　三、马克思主义的价值思想……………………………………………… 134
　第二节　教育价值……………………………………………………………… 136
　　　一、教育价值的概念……………………………………………………… 136
　　　二、教育价值的类型与秩序……………………………………………… 137
　　　三、当前我国教育变革的价值取向……………………………………… 141
　第三节　价值教育的理论与实践……………………………………………… 143
　　　一、价值教育的概念与特征……………………………………………… 143
　　　二、20世纪美英的主要价值教育思想…………………………………… 145
　　　三、当前我国大中小学校的价值教育…………………………………… 152

第六章　伦理学与教育…………………………………………………………… 157
　第一节　伦理学概述…………………………………………………………… 157
　　　一、中国传统的伦理学…………………………………………………… 157
　　　二、西方伦理学的主要流派……………………………………………… 161
　　　三、马克思主义伦理学…………………………………………………… 165
　第二节　道德教育的伦理学基础……………………………………………… 167
　　　一、德性伦理学与道德教育……………………………………………… 167
　　　二、功利主义伦理学与道德教育………………………………………… 168

三、义务论伦理学与道德教育…………………………………………… 169
　　四、元伦理学与道德教育………………………………………………… 171
第三节　教育活动中的伦理问题……………………………………………… 172
　　一、教育改革的伦理……………………………………………………… 172
　　二、教育制度的伦理……………………………………………………… 174
　　三、教育方法的伦理……………………………………………………… 176
　　四、教师专业的伦理……………………………………………………… 177

第七章　美学与教育…………………………………………………………… 182
第一节　美学概述……………………………………………………………… 182
　　一、中国传统的美学思想………………………………………………… 182
　　二、西方主要的美学思想………………………………………………… 185
　　三、马克思主义的美学思想……………………………………………… 188
第二节　美育的美学基础……………………………………………………… 190
　　一、美的需要与美育的必要性…………………………………………… 190
　　二、美的特性与美育的特性……………………………………………… 192
　　三、美的类型与美育形式的多样性……………………………………… 195
第三节　美育与人的创造性培养……………………………………………… 200
　　一、人的创造性的三个基础……………………………………………… 200
　　二、审美素养与人的创造性……………………………………………… 202
　　三、教育的科学化与审美化……………………………………………… 204

第八章　社会哲学与教育……………………………………………………… 207
第一节　社会哲学概述………………………………………………………… 207
　　一、中国传统的社会哲学思想…………………………………………… 207
　　二、西方主要的社会哲学思想…………………………………………… 210
　　三、马克思主义的社会哲学思想………………………………………… 215
第二节　良好的社会秩序与教育……………………………………………… 218
　　一、个人自由与社会秩序………………………………………………… 218
　　二、良好社会秩序的价值基础…………………………………………… 222
　　三、教育与良好社会秩序的建设………………………………………… 226
第三节　公民意识与公民教育………………………………………………… 230

一、公民的权利与义务 ……………………………………………… 230
　　二、公民教育的历史与现实 ………………………………………… 232
　　三、公民教育：培养社会主义的合格公民 ………………………… 236

第九章　文化哲学与教育 …………………………………………… 241
第一节　文化哲学概述 …………………………………………… 241
　　一、中国传统的文化哲学思想 ……………………………………… 241
　　二、西方的文化哲学思想 …………………………………………… 245
　　三、马克思主义的文化哲学思想 …………………………………… 248
第二节　教育的文化基础与责任 ………………………………… 250
　　一、文化传统的继承与弘扬 ………………………………………… 250
　　二、文化认同的建立与协调 ………………………………………… 253
　　三、文化创新的动力与机制 ………………………………………… 254
第三节　全球化背景下的文化多样性教育 ……………………… 256
　　一、全球化背景下的文化多样性图景 ……………………………… 256
　　二、文化冲突、文化理解与教育的使命 …………………………… 257
　　三、文化多样性教育：从理念到行动 ……………………………… 260
　　四、教育变革的文化使命与文化自信 ……………………………… 263

第十章　教育哲学与教师发展 ……………………………………… 266
第一节　卓越教师的教育哲学 …………………………………… 266
　　一、教师的教育哲学溯源 …………………………………………… 266
　　二、近现代杰出教师的教育哲学 …………………………………… 269
第二节　教育哲学与教师专业发展 ……………………………… 272
　　一、教育哲学确立教师的职业信念 ………………………………… 273
　　二、教育哲学奠定教师之教的依据 ………………………………… 276
　　三、教育哲学为教师实践提供理性辩护 …………………………… 278
第三节　建构教师个人教育哲学 ………………………………… 281
　　一、什么是教师个人教育哲学 ……………………………………… 281
　　二、教师建构个人教育哲学的必要性 ……………………………… 282
　　三、教师建构个人教育哲学的方法 ………………………………… 284

阅读文献……288
人名译名对照表……290

后　记……294

绪　　论

　　教育哲学是教育学科领域一个重要的组成部分，也是教师教育课程体系中必不可少的一门课程。就其研究领域来说，教育哲学研究的是教育实践；就其研究的学科视角来说，自然就是哲学。因此，如果要给教育哲学下一个最简单的定义，那就是，教育哲学是对教育实践中的一般问题和根本问题进行的哲学思考。为了帮助学习者更丰富地认识这样一个知识领域，下面从教育哲学的研究对象与性质、教育哲学的价值以及教育哲学的研究与教学方法三个方面展开论述。

第一节　教育哲学的研究对象与性质

　　人类对教育实践中的一般问题和根本问题进行哲学的思考有悠久的历史，教育哲学学科的诞生则是近代以后的事情。对于教育哲学与哲学的关系，在世界范围内，教育哲学家们普遍认为，教育哲学是一般哲学在教育领域的应用，属于应用哲学的一种，如同军事哲学、经济哲学、社会哲学、法哲学等一样。作为应用哲学的一种，教育哲学的研究对象与性质显然与一般哲学的研究对象与性质既有所不同，又相互联系。

一、教育哲学的产生与发展

　　人类哲学思想源远流长，人类教育活动也有悠久的历史。教育哲学的产生源于人类哲学思想与教育活动的内在关联。从历史上看，人类哲学思想与教育活动的关系一直是比较密切的。一个基本的历史事实是，古代和近代哲学家一般都从事教育工作，因此也常被称作教育家。西方的苏格拉底（前469—前399）、柏拉图（前427—前347）、亚里士多德（前384—前322）、洛克（1632—1704）、康德（1724—1804）等是这样，中国的孔子（前551—前479）、孟子（约前372—前289）、墨子（约前468—前376）、朱熹（1130—1200）、王阳明（1472—1529）等也是这样。他们的哲学论述中包含着教育论述的部分，而他们有关教育的见解也常常以自己的哲学主张为根据。他们有关教育的见解构成了中外教育思想史的主要内容。

　　谈到教育哲学的历史，西方学者一般会谈到三本著作：柏拉图的《理想国》、卢梭（1712—1778）的《爱弥儿：论教育》以及杜威（1859—1952）的《民主主义与教育》。《理想国》严格地说属于政治哲学的著作，但其中讨论了大量教育问题，包括教育的本质问题，对于西方后来的教育思想有长久的影响。《爱弥儿：论教育》尽管叙述具有浓郁的文学色彩，但是对教育思想的表达却非常清晰，堪称具有法国风格的近代教育哲学作品。《民主主义与教育》的副标题是"教育哲学导论"，是20世纪美国教育哲学的经典之作，集中阐发了实用主义的教育思想体系，其影响范围非常广泛，对我国20世纪教育思想与实践也有比较大的影响。

中国古代的主要哲学流派，从先秦时期的诸子百家、汉代以后引入中国的佛学一直到宋明时期的程朱理学、陆王心学以及晚近的明清实学、新儒学等，都有自己的教育论述。其中，儒家思孟学派的《中庸》被认为是中国古代教育哲学的代表作，集中表达了儒家的教育纲领。它开篇的一段话"天命之谓性，率性之谓道，修道之谓教"，把对教育价值和本质的思考上升到"天命"（本体论）、人性（人性论）和"道"（价值论）的高度来论述，非常深刻，引发了后世哲学家和教育家的持续讨论。中国古代各派哲学家关于有无关系、天人关系、名实关系、义利关系、知行关系、群己关系、生死关系、古今关系等方面的哲学讨论对传统教育思想和实践都有着直接的影响。

尽管如此，历史上中外哲学家们关于教育一般问题和根本问题的哲学论述只是他们哲学论述的一部分，尚未构成一个独立的知识领域。教育哲学作为一门独立知识领域的出现是在19世纪80年代。1886年，美国学者布莱克特（1836—1911）将德国学者罗森克兰兹（1805—1879）的《教育学的体系》（1848）一书翻译成英文，改名为《教育哲学》，这是比较早的以"教育哲学"命名的著作。此后，美国以及其他国家哲学和教育学领域关于教育哲学的专著就逐渐多了起来，这些著作的作者既有哲学家，也有教育学家。19世纪末至20世纪初，教育哲学逐渐成为哲学家或教育学家论述教育问题的专门知识领域。

教育哲学在20世纪有了长足的发展，成为教育学科领域中一个重要的基础学科，主要表现在：许多大学的教育学院都开设了教育哲学课程，服务于未来的教师、教育研究者和教育管理者的培养；一些国家陆续成立了教育哲学的学术组织，如美国1941年成立了美国教育哲学学会，日本1959年成立了日本教育哲学学会，英国1962年成立了英国教育哲学学会，我国的教育哲学专业委员会也于1986年成立，国际教育哲学家网络于1988年成立；一些全国性、区域性和国际性的教育哲学会议平台建立起来，为教育哲学领域的学术交流和国际合作提供了便利；由于哲学立场不同，教育哲学研究出现了不同的教育哲学流派，如实用主义教育哲学、新康德主义教育哲学、要素主义教育哲学、分析教育哲学、存在主义教育哲学、后现代主义教育哲学等，各流派围绕着一些共同的教育问题，如教育性质问题、教育目的问题、课程问题、师生关系问题等，相互批评，彼此借鉴，促进了教育哲学思想的繁荣；教育哲学的青年人才培养日益受到重视，一些大学陆续设立了教育哲学的硕士专业和博士专业，提供教育哲学方向的硕士学位和博士学位；更加重要的是，各国教育哲学家基于自身的学术思考积极参与到丰富多彩的教育实践中去，为教师培养、政策制定和改革创新提供思想引领和专业支持。

二、教育哲学的研究对象和体系

教育哲学是研究什么的？教育哲学是研究教育领域中带有哲学意味的一般问题和根本问题的，以便教育工作者从总体上形成正确的教育观、教育价值观和教育方法论。从性质上来说，教育领域的一般问题和根本问题是与教育领域的特殊问题和具体问题相区别的，同时也是对教育领域的特殊问题和具体问题的概括、抽象和提升。在一定意义上，它们可以被看作教育特殊问题和具体问题的前提性问题、根源性问题或元问题。

举例来说，课程是教育的内容，在各级各类教育实践中，都离不开对课程问题的思考，这些思考构成了课程论这一分支学科。当前高中教育阶段课程改革中的文理分科问题、高等教育阶段的通识课程与专业课程的关系问题等，均属于典型的课程论问题。对这些具体问题的思考和解决，可以从历史的与比较的角度来着手，也可以从实证研究的角度来着手，甚至可以从一些课程方案的剖析来着手。这些研究都是必要的、有益的。教育者要想对高中教育阶段、高等教育阶段的课程问题有全面和深刻的把握，还应该对它们进行哲学的探究，致力于分析和讨论各种具体课程主张背后的知识观或认识论假设，如科学知识、社会知识与人文知识的关系问题，一般知识与专业知识、实用知识的关系问题等。这些问题具有鲜明的哲学性质，虽不是具体的课程问题，但却是人们解释和解决具体课程问题不能不思考的前提性问题，构成教育哲学特别是课程哲学的研究对象。

教育哲学在研究对象上的这种特殊性，与其以哲学作为自己的研究视角密不可分。"哲学是一种从总体上把握世界的人类智慧。尽管哲学家们对哲学的解释不同，哲学问题总是关于人与世界关系的重大问题、根本问题。"[①] 教育哲学所研究

---

① 《马克思主义哲学》编写组：《马克思主义哲学》，高等教育出版社、人民出版社2009年版，第1页。

的对象也不是教育实践活动中的细枝末节问题,而是那些事关教育活动的性质、价值、目的、关系、方法、评价等的重大问题、根本问题。哲学是世界观和方法论,教育哲学就是教育观和教育方法论。哲学是一种从总体上把握世界的人类智慧,教育哲学就是在哲学的指导下,总体把握教育实践的教育智慧之学。

明确了教育哲学的研究对象,教育哲学的体系就比较清楚了。教育哲学是对教育实践中的一般问题和根本问题的哲学探究,因此我们可以从两个方面来认识教育哲学的体系:一是从教育实践的类型和要素方面,二是从哲学的知识体系方面。

从前一个方面来说,教育实践是一个庞大的体系,涉及很多教育类型和要素。就教育体系而言,教育实践可分为学前教育、初等教育、中等教育、高等教育;就教育类型而言,教育实践可分为学校教育、家庭教育、社会教育以及特殊教育、职业教育等。对各级各类教育实践中的一般问题和根本问题的研究就形成了不同的教育哲学分支领域,如学前教育哲学、基础教育哲学、高等教育哲学,学校教育哲学、家庭教育哲学、社会教育哲学以及特殊教育哲学、职业教育哲学等。就教育要素而言,教育实践由教育政策、教师、学校管理、课程与教学、教育评价等各种不同要素组成。在这些要素的配备、运行、管理、评价等过程中,也会涉及大量一般问题和根本问题,需要从哲学的角度加以讨论,从而形成教育政策哲学、教师哲学、学校管理哲学、课程哲学、教学哲学、教育评价哲学等分支领域。

从后一个方面来说,哲学一般包含了本体论、认识论、伦理学、美学等四个主要领域。本体论侧重于研究世界或存在的始基、本源、整体秩序、根本目的等问题;认识论主要研究认识的起源、性质、标准、条件、分类、价值等问题;伦理学主要研究道德的起源、性质、发展、行动、评价等问题;美学主要研究审美活动的起源、性质、形式、作用、评价等问题。从这些哲学的不同分支领域出发对相应的教育一般问题、根本问题的研究,就形成了教育哲学的四个主要领域:教育本体论、教育认识论、教育伦理学、教育美学。

除上述哲学的主要分支领域外,哲学其他一些应用领域,也对教育哲学产生了重要的影响,如人生哲学(或人性论)、价值哲学、文化哲学、社会哲学等。教育是培养人的活动,对人性问题的看法,自然会影响到教育理论和实践的方方面面。价值哲学侧重于研究价值的性质、类型、判断标准、冲突及其解决、价值共识的达成等。教育实践领域中存在丰富的价值论争,对这些价值论争的认识和解决不诉诸价值哲学的思想和方法,是非常困难的。文化哲学是一般哲学在文化领域的应用,讨论文化的起源、性质、作用、变迁、比较等方面的问题,对于理解多元文化教育及教育的文化性质多有裨益。社会哲学侧重于讨论社会组织和社会生活背后的一般原理，对于思考教育实践中至关重要的个人与社会关系问题提供了理论基础。

根据上述认识，考虑到本教材的概论性质，编写组选择从一般哲学和应用哲学的几个分支领域出发构建本教材的体系。绪论部分从教育哲学的研究对象与性质、价值、研究与教学方法等方面对教育哲学学科进行概述。第一章"教育哲学的历史发展"从历史的角度介绍中国教育哲学、西方教育哲学以及马克思主义教育哲学的主要内容和发展历程。第二章是"教育的本质"，侧重于通过概念分析，澄清"教育是什么"这个带有本体论意味的教育根本问题。第三章到第九章，则从一般哲学的主要分支领域和与教育实践关联度比较大且目前教育哲学领域关注比较多的应用哲学出发，分别讨论人性论与教育、认识论与教育、价值论与教育、伦理学与教育、美学与教育、社会哲学与教育、文化哲学与教育等内容。第十章"教育哲学与教师发展"带有结论性质，从"卓越教师的教育哲学""教育哲学与教师专业发展"以及"建构教师个人教育哲学"三个方面讨论教育哲学与教师发展之间的关系，一方面突出强调教育哲学是教师工作的思想武器，另一方面也表明教师是教育哲学影响和变革教育实践的中介力量。

三、教育哲学的性质

教育哲学的性质既可以从其研究对象上来分析，也可以从其研究视角上来分析。从其研究对象来说，教育哲学是研究教育实践中的一般问题和根本问题的，当然具有教育性；从其研究视角来说，教育哲学运用的思想方法和理论资源是哲学的，当然具有哲学性。教育哲学是教育性和哲学性相统一的学科。具体一点说，由于教育是一种有特定价值指向的实践活动，因此，教育哲学的教育性又具体表现为实践性和价值性两个方面。而哲学从其思想方法上说，总是表现为对人类认识和实践的批判性反思，因此，教育哲学的哲学性又具体地表现为批判性和反思性两个方面。基于以上分析，教育哲学具有实践性、反思性、批判性和价值性四种基本性质。

实践性是教育哲学的首要特征。在内涵上，教育哲学的实践性既指明实践是教育哲学问题的根源，又指明教育哲学要为实践改进服务。这里的"实践"，既指教育实践，又不限于教育实践，涉及更广泛的社会实践和人生实践，是教育实践、社会实践以及人生实践的有机体系。从表面上看，教育哲学研究的是教育一般问题和根本问题。但是，教育一般问题和根本问题之所以是"问题"，是因为这些问题的存在与延续，间接地影响了更加广泛的教育、人生和社会实践目的的实现。教育一般问题和根本问题的提出和解决表面上是为了教育，根本上是为了社会和人生，是一种理想的社会和理想的人生标准观照下的产物。任何对教育一般问题和根本问题的哲学批判，说到底都是对教育实践所指向的某种社会实践和人生理想的哲学批判。

如果说实践性为教育哲学指明了价值方向，那么反思性则表征了教育哲学的思想方式。哲学是对人类认识和行动的前提性反思。人类的任何认识和行动都是有前提的，这些前提往往以不言而喻的方式为人们所信奉和遵从。如果不对这些前提进行反思，弄清楚它们的来源、性质、影响和彼此之间的关系，那么人类的认识和行动远远不能说是理性的或合理的。比如，一位语文教师可能相信"在学生不理解的前提下，背诵古诗词对提高他们的语文素养也是有益的"，并因此在课堂上要求学生背诵大量他们不理解的古诗词。该教师的这种教育信念的来源是什么？它是如何支配该教师的行为的？它的合理性是如何得到辩护的？对于这样的问题，教育哲学的工作并非直接地给出答案，而是引导该教师以及一切信奉该方法的人共同去反思这种方法背后的认识论、价值论和方法论假设。

教育哲学的反思总是一种批判性的反思，因此，人们也常常将"批判性"看作教育哲学的一种特性。在当代中文语境中，不少人对"批判"或"批判性"有一种误读，认为"批判"就是"否定""打倒"，这是比较片面的理解。"批判"的原意是"解读"或"识别"、"讨论"或"批注"、"评价"或"判断"。根据以上对"批判"的分析，教育哲学的批判性是指：第一，使教育生活中潜在的知识基础、价值观念"显现"出来，模糊的知识基础、价值观念"清晰"起来，零碎的知识基础和价值观念"系统"起来；第二，对教育生活中潜在的知识基础和价值观念进行分析，指出它们形成的历史过程和社会力量，从而将对思想的考察深入到对社会实践的考察；第三，对教育生活中潜在的知识基础和价值观念在现代社会生活中的适应性进行评价和判断，并根据现代社会的变迁重构教育生活的知识基础和价值观念。此外，教育哲学的批判性还包括对不同教育哲学流派观点及其社会和思想基础等的解读，以便将不同流派教育哲学的研究成果融合起来，开辟教育哲学思考和发展的新空间。

最后是教育哲学的价值性。教育哲学尽管是一种追求教育真理的思想活动，但是这种活动并非单纯的理智活动，而是渗透着研究者一定的价值立场并追求着特定的价值理想的。事实上，古今中外的教育哲学论述总是落入一定的价值谱系中去。教育哲学家在研究教育一般问题和根本问题、阐述自己的见解时，必须对自己的价值立场或价值理想做某种形式的交代。同时，教育哲学家在研究别的教育哲学流派时，也应保持一种价值的敏感性，注意分析对方的具体学术主张背后的价值立场、价值取向和价值理想。

教育哲学的上述四种基本性质相辅相成，融为一体。忽视教育哲学的实践性和价值性，教育哲学就会沦为空洞的说教；忽视教育哲学的反思性和批判性，教育哲学就会失去"哲学味"，不能将自身与其他教育学科相区别。把握教育哲学的这些基本性质，会帮助我们将教育哲学与一般哲学或其他教育学科（如教育心理学、教育经济学、教育统计与测量等）相区别，并有利于发现它们之间的关联、互补之处，从而对教育知识领域以及整个教育世界形成系统性、整体性和综合性的理解。

第二节　教育哲学的价值

教育哲学的根本价值就是为改进教育实践服务，这是毋庸置疑的。教育哲学为改进教育实践服务的基本途径有哪些？教育实践及其改进为何需要教育哲学的帮助？教育哲学如何才能实现服务教育实践改进的目的？回答这一系列问题，需要对教育哲学的价值进行比较具体和深入的分析。

石中英：《论教育哲学的必要性》

一、教育哲学对教育实践的作用

教育哲学对教育实践的作用主要体现在以下几个方面。

一是增进教育工作者的理性自觉。教育工作是带有经验性的工作，经验本身对于教育工作的顺利开展必不可少。新手教师、熟练教师和专家型教师在处理同样的教育问题时的效率和效果之所以有差距，经验差别是主要原因。但是，教育工作仅仅依靠经验是远远不够的，必须诉诸理性。经验产生习惯和重复，理性则引领教师打破习惯和重复，不断适应新的环境。经验本身的遴选和说明也需要理性的参与。一位缺乏理性的教育工作者，很难成为合格的教育工作者，更不会成为优秀的和卓越的教育工作者。教育哲学的学习和研究，是提高广大教育工作者理性自觉的重要途径之一。

二是检验教育的隐喻、概念、口号和命题。与人类其他实践领域一样，教育实践领域也充满了隐喻、概念、口号和命题，它们共同构成塑造人类教育实践的观念力量。这其中的许多隐喻可能有久远的历史，一些基础性的概念、动人的口号和生动的命题可能也逃逸在理性的批判之外，以一种不容置疑的方式影响着教育工作者的思想和行动。教育哲学可以帮助教育工作者在使用这些观念力量的同时，对它们进行必要的、严格的检验，明确它们的来龙去脉，评估它们对教育实践的可能影响，从而更加理性和谨慎地对待它们、使用它们。

三是培育积极和健康的教育舆论环境。教育是一种公共事业，广大社会公众都会关心教育问题，并基于自己的经验提出这样或那样的观点，做出这样或那样的评论。这些观点与评论构成教育舆论。在大众媒体，尤其网络媒体极度发达的今天，教育舆论对教育实践、教育决策等的影响力不可小觑。在这种背景下，教育哲学家基于理性的精神，检验公众的教育舆论，分辨其合理的成分与不合理的成分，引导它们向更加合理的方向发展，对于教育事业的健康发展至关重要。

四是就教育实践中一些有争议的问题进行深度分析和讨论。教育哲学不仅是分析性的，也是规范性的。教育哲学的分析性和规范性是相互统一而不是分离的。分析性的教育哲学致力于理解和批判，规范性的教育哲学则致力于建构和展望。理解和批判是建构和展望的前提，没有对既有行动中支配性观念的理解和批判，建构和展望就失去了基础。没有理论的建构和更加合理的展望，理解和批判也会失去方向。所以，当面对一些实践中有争议的重大理论和实践问题时，教育哲学家不能置之度外，而要秉持理性精神和专业旨趣，在理解和批判的基础上，提出一些明确的教育主张，以适应教育变革的需要。

二、教育哲学对教育政策的作用

教育政策是政府在管理教育事业过程中制定和执行的，用以确定和调整教育利益关系、实现教育价值和目的的行为准则。作为公共政策的一部分，教育政策的制定也是一个非常复杂的过程，需要考虑诸多因素。其中，价值立场问题是首要的问题，它影响着政策目标和政策内容的确定。同样的政策问题，从不同的价值立场出发，提出的解决方案完全不同。而政策的价值立场不是唯一的，总存在多种选择，彼此之间存在竞争与排斥关系。政策制定者在制定政策之前，必须从思想上确立自己的价值立场，并为此提供充分的辩护。没有教育哲学的帮助，要做好这项工作比较困难。例如，如何处理好政策决策中的国家本位与个人本位、功利取向与人文取向、集权与分权、公平与效率、平等主义与精英主义等关系，是摆在当前世界各国教育决策者面前的经典难题。这些难题在世界各国不同的经济社会和文化背景下，有不同的表现形态。在政策制定过程中，对这些价值难题进行哲学层面上的分析与讨论，有助于教育政策决策行为更加合理化。

教育政策的制定除了受到政策制定者价值立场的直接影响之外，也受到政策制定者认识论假设的影响。这些假设有的时候可以被决策者意识到，有的时候可能没有被决策者意识到。教育哲学可以在政策制定过程中提出这些问题，以引起政策制定者注意。比如，当前中国许多大学在课程政策制定过程中，都非常重视通识课程的学习，大幅压缩专业课程的课时比例。这种课程政策的制定，其背后的理论基础是关于课程知识的分类及其不同学习价值的假设：如课程知识可以分为通识课程知识和专业课程知识；通识课程知识有助于培养学生一般的态度、能力和价值观，而专业课程知识有助于培养学生在某个领域特定的态度、能力和价值观；为了使学生毕业后能够在更加广泛的知识领域和劳动力市场上更具流动性和竞争力，应当加强通识课程的学习，突破以专业为主的课程体系的限制。这些假设看起来比较清晰，但却值得进一步讨论。关键问题在于：通识课程知识与专业课程知识之间是不是截然分开、水火不容的？通识课程知识本身是否构成一个专业？专业课程知识的学习能不能培养一般性的文化素养、价值观念和可迁移的能力？在通识课程与专业课程的类型与价值判断上采取这种二元对立的思维方式，是否反映了人类知识的整体联系和课程学习的多方面价值？对这些问题的深入反思，有助于大学制定更加审慎和成熟的课程政策。

因为教育政策对于具体的教育实践具有直接的影响力，所以教育政策文本中的一些关键概念应该得到清晰的说明。但是，一些重要的教育政策文本中并不包含这个部分，这往往会导致在理解和执行政策的过程中产生歧义或偏差。比如，当前我国从学前教育到高等教育、从普通教育到职业教育的诸多政策，都涉及"教育公平"问题，以促进教育公平为政策目标。但是，对于教育公平的内涵与外延，却很少见到比较清晰的政策说明。从一些促进教育公平的政策举措来看，目前政策文本中的教育公平主要是指教育资源配置上的均衡，对于教育过程中权利、机会和学业成就的公平则关注不够。在这种背景下，对政策文本中有关教育公平的概念进行哲学分析和讨论，有助于不断提高对教育公平的认识水平，建设更加公平的中国特色社会主义教育体系。

三、教育哲学对教育研究的作用

教育实践是一个多学科的研究领域。自教育研究成为一个专门的研究领域以来，先后有心理学、社会学、统计学、经济学、政治学、管理学、信息技术学、脑与神经科学等多个学科的理论与方法对教育研究产生积极的影响，并形成各自的研究领域和理论传统。作为教育研究的一个重要组成部分，教育哲学对其他的教育研究领域还具有方法论的作用，主要体现在以下方面。

第一，对教育研究的性质、目的和价值取向进行哲学思考。研究的性质、目的和价值取向在整个研究活动中居于支配性的地位，具有方法论的意义。教育研究作为人类认识活动的一部分，既遵循人类认识的一般规律，又具有教育认识的特殊性。从遵循人类认识的一般规律来看，教育研究以问题为起点，以追求真理为直接目的，以服务实践为终极价值取向。从教育认识的特殊性而言，教育研究不单单是一种事实性的研究，也是一种价值性的研究；教育问题不单单是事实性的问题，还包含着价值的判断或评价在内；教育研究的目的不仅要生产知识，还必须影响实践。因此，教育研究者就其专业身份来说，不仅仅是一名普通的研究者，更是教育变革的热情支持者和积极参与者。

第二，对一般研究过程和各种具体研究方法进行理论分析和辩护。教育研究从方法选择上看，可以说非常广泛，历史研究、定量研究、定性研究、混合研究、趋势研究以及更加具体的比较法、问卷法、访谈法、田野法、实验法、结构分析法等，不一而足。不同的教育学科领域有不同的方法偏好，如教育史偏好历史法，教育人类学偏好田野法，教育心理学偏好实验法，比较教育偏好比较法，教育经济学偏好实证研究法，等等。任何一个学科或具体的研究方法要为自己进行合理性、适切性的辩护，就会触及一般性的方法论问题，如普遍与特殊、客观与主观、事实与价值、描述与解释、实在与观念、同一性与差异性、理性与文化等关系问题。对这些方法论问题进行哲学的思考，有助于教育研究者更好地理解与应用各种具体的研究方法并更加理智地看待他们的研究成果。

第三，对教育研究中涉及的重要概念进行分析和澄清。概念是思维的工具，也是思想的结晶。概念不清会给教育研究带来诸多问题。更加严谨地界定概念、澄清一些关键概念的含义，无论是对于教育实践来说，还是对于教育研究来说，都至关重要。概念澄清既可以是一项单独的研究任务，也可以是一项更加庞大的研究任务的一部分。一个好的教育研究者，应该对自己研究中所涉及的关键概念形成比较清晰的定义和比较深入的理解，以便在与同行和读者进行交流时能够更加明确地表达自己的思想，防止因为概念的不清晰、不准确带来理论建构、思想表达和交流时的困难。

第四，提升教育研究者思想的严谨性、严格性和明晰性。教育研究需要有明确的研究问题、合理的研究设计、科学的研究方法、客观的研究数据、严密的逻辑推理以及更加规范和清晰的观点表达。而要形成这样一种理性精神，缺乏必要的方法论训练是不行的。哲学作为一般意义上的方法论学科，教育哲学作为教育知识领域的方法论学科，恰恰可以为教育研究者理性精神的培育和提升提供必要的方法论训练。这也是大学教育学院在培养青年教育研究人才时普遍开设哲学和教育哲学课程的原因之一。

第三节 教育哲学的研究与教学方法

作为教育学科体系中一门理论性较强的学科，我国教育哲学的研究与教学应坚持以马克思主义为指导。受制于自身的学科性质，教育哲学的研究与教学方法有自己鲜明的特点。对教育哲学研究和教学的指导思想、方法的掌握，有助于更加深入地理解教育哲学的学科性质，实现教育哲学的价值。

金生鈜：《何为教育研究的规范性论证》

一、教育哲学研究和教学的指导思想

教育哲学是一类具有价值性的思想活动。教育哲学对教育实践、政策和研究活动中的批判性反思不是价值中立的，而总是有着自己的价值立场的。对于这一点，教育哲学的研究和教学无需回避，也无需遮掩。即便是那些宣称在所研究问题上持价值中立的观点，也是一种价值立场的明确表达，只不过采取了比较隐蔽的形式而已。

我国教育哲学的研究和教学，最根本的就是要坚持以马克思主义为指导。正如习近平在纪念马克思诞辰200周年大会上的讲话中所指出的那样："从《共产党宣言》发表到今天，170年过去了，人类社会发生了翻天覆地的变化，但马克思主义所阐述的一般原理整个来说仍然是完全正确的。我们要坚持和运用辩证唯物主义和历史唯物主义的世界观和方法论，坚持和运用马克思主义立场、观点、方法，坚持和运用马克思主义关于世界的物质性及其发展规律，关于人类社会发展的自然性、历史性及其相关规律，关于人的解放和自由全面发展的规律，关于认识的本质及其发展规律等原理，坚持和运用马克思主义的实践观、群众观、阶级观、发展观、矛盾观，真正把马克思主义这个看家本领学精悟透用好。"① 对于教育哲学的研究和教学来说，这不只是要深入学习、全面掌握马克思主义经典作家有关教育的学说，更为重要的是要用马克思主义的立场、观点和方法来分析问题、研究问题和解决问题。

作为指导性的观念，马克思主义可以在许多关于教育的人性论、认识论（知识论）、价值论、伦理学、美学、社会哲学、文化哲学等问题的研究方面给予指导，提供一些强有力的思想观点、原则和方法。比如，人的发展问题是全部教育实践的核心问题，如何认识、促进和引导人的发展是教育工作者始终要考虑的基本问题。以往的许多教育学家，在看待和论述人的发展问题时，常采取一种生物学的、决定论（含预成论）的和原子论的立场，而忽视人的社会活动以及与之有关的经济基础、上层建筑等社会历史因素在人的发展中的强大作用，结果所提出的许多教育主张缺乏现实的指导作用。从马克思、恩格斯，到列宁、毛泽东、邓小平、习近平，从来没有把人的发展问题与社会变革问题分开来论述，也从来不接受生物学的、决定论的和原子论的主张，总是将人的发展问题置于社会历史发展的大背景下来加以批判性的考察，将教育的变革与社会的变革历史地、现实地和能动地一致起来，具有强烈的时代性和现实性。他们的相关论述不仅在过去，而且在现在和未来，对于教育工作者观察和思考人的发展问题以及与之相关的教育问题都具有指导意义。

作为一种方法论体系，马克思主义的辩证唯物主义、历史唯物主义以及与之相关的实事求是的思想路线等，无论在认识领域还是在实践领域，都具有重要的方法论意义，可以为教育研究者历史地、辩证地和客观地认识与理解教育问题提供科学的理论框架和思维方式。比如，教育的性质问题是教育理论研究中的一个基本问题，认清教育的性质对于教育实践与教育改革来说至关重要。从以往的研究来看，一些研究者在教育性质问题的认识上往往持有抽象的、片面的和二元对立的观点，在教育的人文性与社会性、工具性与本体性、普遍性与特殊性、自主性与依赖性、科学性与艺术性等之间厚此薄彼或非此即彼。这些观点运用在教育实践和教育改革中，极容易导致教育实践和教育改革的"钟摆现象"，从一个极端走向另一个极端。产生这种现象的根源，从方法论上说就是因为没有自觉地以马克思主义为指导，在教育性质问题的认识上犯了脱离实际的教条主义和形而上学的错误。认识教育活动的性质，如果不从实际出发，脱离了具体的、历史的和社会的背景，就只能提出一些抽象的、空洞的观点，只能陷入一些无谓的语词争论

---

① 习近平：《在纪念马克思诞辰 200 周年大会上的讲话》，人民出版社 2018 年版，第 25 页。

当中。

作为一种价值立场,马克思主义从诞生之日起,就与全人类的解放,尤其是与被压迫人民的解放事业密切相关,是一种具有鲜明价值立场的哲学思想体系。马克思主义经典作家以及一切真正的马克思主义者都对劳动人民充满了同情心、责任感和使命感,花费了大量的时间和精力研究社会的贫困、不平等、压迫、剥削、异化、反抗、抵制、冲突以及解放等问题,并努力探索解决这些问题的现实道路。马克思主义与中国革命、建设及改革开放的实践相结合形成的中国化的马克思主义同样坚持了这一价值立场,把以人民为中心、为人民谋幸福置于整个理论思考和实践活动的价值核心。站在这样的价值立场上,教育哲学的研究就不能成为纯粹的理论思辨,而必须关注现实的社会状况、教育状况和人的发展状况,必须以保障人民的教育权利、办人民满意的教育为出发点,以加快教育现代化、建设教育强国为根本任务,以实现人民更加充分的自由、平等、发展和福祉为价值理想。

二、教育哲学的研究取向和方法

一般而言,教育哲学有两种基本的研究取向:一种是从哲学论教育,分析讨论某一哲学主张的教育应用或教育意义;另一种是把教育一般问题和根本问题从哲学高度加以分析和讨论,并基于这种分析和讨论提出问题解决的意见和建议。这两种研究取向各有优缺点。第一种研究取向比较注重追随哲学的研究,比较系统地应用哲学思想资源,哲学味道比较浓厚,但是对哲学的教育应用部分则论述得不够详尽,还经常不结合实际。第二种取向则从教育一般问题和根本问题出发,讨论这些问题的哲学假设,并检验这些假设,以便更深入地理解问题产生的思想根源,找到解决问题的办法。这种取向的长处是从教育出发,所研究的问题是教育界熟悉的问题,教育味道比较浓厚;不足之处是由于教育一般问题和根本问题本身具有综合性,除了哲学的根源外,还有许多客观现实的原因,而这些客观现实的原因在哲学分析中常常被忽略。对于具体的教育哲学研究来说,常常根据不同的主题采用不同的路径。

就研究方法而言,教育哲学的研究方法受限于教育哲学的学科性质,带有自身的特点。教育哲学研究的是教育实践中的一般问题和根本问题,而这些一般问题和根本问题又不是抽象存在的,而是存在于大量的教育特殊问题和具体问题之中。因此,教育哲学研究的第一步,就是要深入到各种各样的教育生活当中去,接触各种各样的教育资料,通过各种各样的研究方法——文献研究、话语分析、政策分析、个别访谈、案例分析、叙事研究等来接近教育的特殊问题和具体问题,并从中概括、提炼出教育的一般问题和根本问题，然后对它们赖以发生的哲学前提开展系统检验和讨论。从这个角度来说，教育哲学研究要想获得第一手的资料，并不拒绝一般性的科学研究方法，如历史法、文献法、案例法、比较法，甚至质性研究法、定量研究法等。那些将教育哲学的研究方法与其他教育学科的研究方法对立起来的倾向是错误的。只不过，这些研究方法为教育哲学研究提供的资料还是初级的，有待于进一步的理性加工。

发现或分离出经验事实中值得讨论的一般问题和根本问题之后，教育哲学的研究才算真正开始。处理这些问题的基本方法就是"论辩"。罗素（1872—1970）认为，哲学的"论辩"可以称得上是一种与科学的"实验"不同的研究方法。这种论辩有时是在真实的社会生活中进行的，表现为论辩双方在一定情境中的询问、对话、讨论、辩驳，就像苏格拉底和孔子在他们的教学实践中所示范的那样。有时是由研究者在自己的论文和著作中完成的，论辩的对手以一种间接的方式参与到论辩当中。当然，这两种形式的论辩不是截然分开的，前一种形式的论辩为后一种形式的论辩提供思想养料，反过来，后一种形式的论辩对于前一种形式的论辩也会起到理论准备的作用。真正的教育哲学家应当努力地就自己感兴趣的教育哲学问题同时开展两种形式的论辩——实践中的论辩和思想上的论辩。

从过程上说，教育哲学研究中的论辩与一般哲学研究中的论辩经历了大致相同的几个阶段。

首先，它必须提出一个有价值的论题。这个论题、主题或问题不是突兀的，而是有理论的、实践的或政策的根源，以至于人们不深入地对它进行哲学的探究，就会影响到理论的明晰性、实践的可行性或政策的合理性。

其次，它必须秉持理性的精神，就所提出的论题展开系统性的分析。常用的分析方法包括概念分析法、发生学方法、现象学方法、比较综合的方法、历史与逻辑相统一的方法等。有的时候，教育哲学家在一项研究中也会同时采用不同的方法。比如，杜威在《民主主义与教育》一书中的论述就综合运用了概念分析法、发生学方法、现象学方法及反省思维方法等。

最后，在教育哲学的论辩过程中，始终体现着辩证法的精神。"辩证法"一词起源于希腊文，原意是"谈话和论战"。作为一种思维方式或思想方法，辩证法相信不管是实体世界的运动变化，还是人类思想的流变，都是由一些既相互对立又相互生成、相互转化的基本力量驱动的，因此人们在认识和改变这个主客观世界的过程中，也应当认识和把握那些客观上和主观上相互对立、矛盾、冲突的方面，并致力于历史地、具体地理解它们之间的区别与联系、斗争与妥协、排斥与统一。

在哲学史上，对于许多哲学范畴关系的辩证分析，构成了哲学理论传统的一条主线，如天与人、道与器、生与死、有与无、同与异、一与多、心与身、本质与现象、事实与价值、感性与理性、主体与客体、我与他、个人与社会、存在与虚无，等等。在教育哲学研究中，各种流派的理论也都把辩证地认识一些实践、政策和研究中的一般问题和根本问题作为研究的主要任务，如概念与事实、知识与经验、学校与社会、个人与社会、纪律与自由、权利与义务、教师与学生、教与学、兴趣与训练、理论与实践、教育性关系与非教育性关系、自然关怀与伦理关怀、通识教育与专业教育、精英教育与大众教育，等等。通过对这些概念关系及其反映的社会事实的深入考察，克服形而上学的思维方式对教育实践、政策和研究的消极影响，从而不断地实现教育之道。

三、教育哲学的教学方法

教育哲学的教学从目标上说，应该是教会学生哲学地思考教育问题，而不是简单灌输一些教育哲学的理论主张。这是教育哲学教学首先要明确的。有些教师在教授教育哲学的过程中，把理论流派的介绍和掌握作为教学的主要目标加以追求。尽管不能说这对于提高学生的理论素养没有益处，但是对于提升学生对教育问题的哲学思维水平却着实没有多少价值。教育哲学的教学重要的是师生共同交流、对话和论辩的深度，而不是师生在既定时间内所学习主题和内容的广度。

教育哲学的教学要想实现教会学生哲学地思考教育问题的目标，必须高度重视实际的教育问题，把教育问题摆在教学活动的前端。作为应用哲学，无论是教育哲学的研究还是教学，都是以教育问题为中心的，致力于对教育一般问题和根本问题进行哲学的分析与批判。以往的教育哲学教学，存在一个很大的缺陷，就是没有突出教育一般问题和根本问题在教育哲学教学中的中心地位，以至于对各种哲学流派、主张的介绍失去目的和方向。造成这种现象的原因比较多样，其中与教育哲学的教师和学生缺乏丰富的教育经验有密切关系。从这个角度来说，要突出教育哲学教学的问题意识，唤醒学生哲学地思考教育一般问题和根本问题的兴趣，教师和学生必须经常深入到教育实践当中，努力地丰富自身的教育经验。

在重视教育问题的同时，教育哲学的教学要想取得理想的效果，必须注重的另外一个方面就是要努力提升师生的哲学素养。没有良好的哲学素养，想教授好或学习好教育哲学是比较困难的。在我国，由于大部分教育哲学课教师出身于教育学院，而不是哲学学院，因此提升哲学素养的任务尤其重要。这也是大学里教育哲学方向的导师们总是建议硕士生、博士生选修一般哲学或哲学专题课程的原因。提高哲学素养的基本途径就是进行必要的哲学阅读，选修一些哲学领域的专题课程，结合课内外学习开展一些哲学的讨论。

在教学的具体方式上，教师对主题的精要介绍、学生对重要文献的预习、课堂上师生对某些教育一般问题和根本问题及其哲学假设的分析与讨论都是不可缺少的。教师对学习主题的精要讲解，有助于弥补学生相关背景知识的匮乏。学生对重要文献的预习有助于弥补理论储备的不足。基于教师主题讲解和学生对关键文献的阅读，课堂上师生的交流与对话在整个教育哲学教学过程中居于核心位置。只有充满哲学精神的交流和对话才能真正地使得教育哲学课堂既具有教育味又具有哲学味，成为体验和练习教育哲学思想的场所。理想的教育哲学课堂，应该既充满教育的情怀，又充分体现哲学的智慧，是热忱的教育情怀和严谨的哲学智慧引领下的教育思想之旅。

此外，参加教育哲学学会的活动对于教育哲学的教学来说也是非常有益的。尽管当代的学科界限已经非常模糊，但是加入一个专业性的学术团体对于从事某个领域的研究还是非常有益的，至少能够使青年人很快地进入某一专业领域中来，结交一些学术前辈或同行，聆听他们的学术研究经验。当前，国际与国内的教育哲学界都成立了自己的专业学术组织，有的实行严格的会员制，有的并没有实行严格的会员制，其活动是向所有感兴趣的人开放的。加入教育哲学的学术组织，对于一个教育哲学的爱好者或新手来说，是一件非常有益的事情，会使他们获得多方面的成长。

小　结

教育哲学的产生源于人类哲学思想与教育活动的内在关联，作为一门独立的学科领域出现则是19世纪80年代以后的事情。教育哲学是从哲学的视角对教育实践中的一般问题和根本问题进行的批判性反思。从教育哲学与哲学的关系看，教育哲学是一种应用哲学，致力于讨论教育实践领域中那些带有哲学意味的问题，因此具有哲学性；从教育哲学与教育的关系看，教育哲学的兴起又是由于教育实践的需要，因而具有教育性。完整地、辩证地把握教育哲学的实践性、反思性、批判性和价值性，是理解教育哲学的学科性质和思想方式的入口。

作为系统地对教育一般问题和根本问题的哲学思考，教育哲学的价值既体现在教育者的日常教育实践中，也体现在教育政策制定以及教育研究等领域。缺乏对教育哲学的追问和思考，教育者在教育实践的过程中，很容易为各种习惯、偏见、权威和其他非理性力量所支配，不能彰显教育实践的理性和价值自觉。缺乏教育哲学的指引和批判性反思，教育政策制定也会逃逸在理性的检验之外，犯下官僚主义、形式主义、本本主义等错误，并最终影响教育政策的执行及效果。缺乏教育哲学的滋养和审视，教育研究容易陷入纯粹的技术主义、专业主义或科学主义的窠臼，形成很多武断的、封闭的和绝对化的结论，迷失价值方向。因此，教育哲学对于人类的教育实践来说，具有多方面的价值，不是可有可无的奢侈品，而是不可或缺的必需品。

作为一门教育学领域中带有价值性的学科，我国教育哲学的研究与教学必须坚持马克思主义思想的指导地位，坚持用马克思主义特别是中国化的马克思主义关于自然、社会和人的问题的立场、观点和方法来指导研究、教学和人才培养工作，帮助学生学会用哲学的思维方式思考教育问题。为此，教育哲学的研究者、教育者和学习者必须努力提高自身的哲学修养尤其是马克思主义哲学修养，认真学习和领会马克思主义中国化的新成果，将它们应用到对西方教育哲学思潮的分析、批判以及对具有时代气息的教育实践问题的研究中来，以期为建设中国特色社会主义教育体系、推进教育现代化、建设教育强国做出新的贡献。

思考题

1. 谈谈你对《中庸》中"天命之谓性，率性之谓道，修道之谓教"所表达的教育观及其局限性的认识。
2. 教育哲学研究如何既体现教育哲学的哲学性，又保持教育哲学的教育性？
3. 举例说明什么是教育的一般问题和根本问题，并分析它与相关的教育特殊问题或具体问题之间的联系与区别。
4. 请结合我国当前教育改革和创新的实际，说明教育哲学研究的价值。
5. 请论述我国教育哲学的研究与教学为什么要坚持以马克思主义为指导。

第一章 教育哲学的历史发展

教育哲学的历史发展既与哲学的历史分不开,也与社会历史的变迁分不开,是一系列哲学观念和实践变革相互作用的产物。从大的阶段来说,教育哲学的历史发展经历了一个从思想史向学科史转变的过程。转变的时间与方式在不同的社会背景和哲学传统中也有所不同。大体来说,西方国家在19世纪中期开始这种转变,而我国则到了20世纪20年代才开始。在这个过程中,19世纪中叶之后,马克思主义的诞生是一个革命性的事件,开辟了人类哲学史(包括教育哲学史)的新纪元。

第一节 中国教育哲学的历史发展

黄济:《中国古代教育哲学思想的发展历程及其主要特点》

中国有着悠久的教育哲学思想史,许多思想家都从各自的哲学立场出发,对教育一般问题和根本问题发表过自己的见解,留下了丰富的思想资源。怀着温情与敬意,深入研究和阐发蕴含其中的中国智慧,有助于构建具有中国特色、中国风格、中国气派的教育哲学。本节将简要介绍以儒家、道家、佛家为代表的中国传统教育哲学思想及20世纪以来中国教育哲学的发展。

一、中国传统教育哲学思想

(一)中国传统儒家的教育哲学思想

先秦是儒家教育哲学的奠基期。在先秦学术下移、百家争鸣的大格局下,《周易》《论语》《中庸》《大学》《孟子》《荀子》等反映儒家教育哲学思想的著作纷纷问世。秦汉至隋唐时期是中国传统儒家教育哲学的发展期。在这一时期,儒家哲学从没落走向"独尊",又从"独尊"走向与道、佛两家并立。宋明时期,儒学复兴,并再度成为教育上的主导思想。这一时期的儒学多以"理"为本体论,故称宋明理学。理学有两大派,一派坚持"天理"的本体地位,故称其为理学;一派力倡"心即理",实质上就是"心本论",故称其为心学。宋明理学实质上是思孟学派的进一步理论化,完善了儒家教育哲学的理论体系。随着明清交替之际资本主义经济的萌芽与社会的巨大变革，社会思潮进入大迸发、大激荡的时期，以黄宗羲（1610—1695）、顾炎武（1613—1682）、王夫之（1619—1692）、颜元（1635—1704）等为代表的一批儒家学者展开了对宋明理学的审视总结，提出"经世致用"的教育哲学思想，重实践、重实际、重实证，其影响延续至今。

概括来说，中国传统儒家的教育哲学思想主要表现为以下方面。

1. "天人感通"：以天道观为教育论述的总根据

在先民的认识里，"天"有至上神的含义。统治者试图通过祭祀与占卜等活动与天相"感通"。到了孔子那里，"天"逐渐变成义理之天。人与天的感通也从对神灵天的祭祀和祷告变为从理智、心理和情感上对上天的体认。《易传》的根本宗旨就是推天道以明人事。《礼记·中庸》所言"诚者，天之道也；诚之者，人之道也"，孟子所说"尽其心者，知其性也。知其性，则知天矣。存其心，养其性，所以事天也"①，均是对天人感通思想的继承与发展。

荀子（约前313—前238）天道观中的"天"则主要是"自然之天"，认为"天行有常，不为尧存，不为桀亡"②；明确天道与人道的互不干预，"天有其时，地有其财，人有其治"③。魏晋玄学建立了以"无"为本，即以"无"为有的本体论。此后，"有无（动静）"之辩长期成为天道观上论争的中心。刘禹锡（772—842）、柳宗元（773—819）试图向荀子复归，开辟唯物主义天道论，但他们未作充分论证。直至张载（1020—1077），才在唯物主义的基础上，运用体用不二和对立统一的原理，提出"气本论"，主张气是世界的本原或本体，道和理则是其运行的规律和准则。此后，天道观上的论争就发展为"理气（道器）"之辩。王夫之以《周易》为据，认为天道是阴阳二气化生万物和万物流转的普遍的客观法则，人不能强自为道，"天理之实然，无人为之伪也"④。王夫之认为，无论是宇宙的实然，还是伦理原则的必然，均须归结于道德实践的应然。

2. "以善养性"：基于人性论的教育个人价值论

人性问题是中国古代哲学家争论最多的问题之一。孔子认为"性相近也，习相远也"⑤，这句话一方面说明孔子认为人有相近或相同的人性，另一方面说明这种相近或相同的人性在后天是可以变化的，变化的动力就是"习"。孟子在孔

---

① 《孟子》，万丽华、蓝旭译注，中华书局2006年版，第288页。
② 王先谦：《荀子集解》，沈啸寰、王星贤点校，中华书局1988年版，第306-307页。
③ 王先谦：《荀子集解》，沈啸寰、王星贤点校，中华书局1988年版，第308页。
④ 王夫之：《张子正蒙注》，中华书局1975年版，第116页。
⑤ 《论语》，张燕婴译注，中华书局2006年版，第263页。

子"性相近"基础上,明确提出"人性善",认为人生来就有恻隐之心、羞恶之心、辞让之心、是非之心等"善端",扩充这些善端则"人皆可以为尧舜"。荀子则反其道而行之,提出"人性恶",仰赖环境和教育抑恶扬善,使"涂之人可以为禹"①。张载则创立了"天地之性"与"气质之性"的人性二元论,认为"天地之性"是天理的体现,是纯善的;"气质之性"是气积聚为形质后具有的属性,是善恶混合的。教育的价值就是变化气质之性以复天地之性。王夫之认为人的秉性是日生日成的,否认人性有善恶。颜元则反对程朱理学将人性一分为二的主张,提出了"理气一元"且皆善的思想。他认为"恶者是外物染乎性,非人之气质矣"②,认为教育的价值就在于使人改过迁善,去其习染而发扬其本有之善性。

总的来说,儒家对人性善恶及其原因有不同的看法,但都赞成教育在生成和教化人性方面的积极价值。

3. "政教合一":化民兴邦的教育社会价值论

"政教合一"是儒家教化之道的一个重要特点,这一特点集中体现在儒家的教育社会价值论中。

孔子强调"庶、富、教"合一,将教育列为立国兴邦的三大要素之一。孟子认为:"善政不如善教之得民也。善政,民畏之;善教,民爱之。善政得民财,善教得民心。"③《礼记·学记》则有"建国君民,教学为先""化民成俗,其必由学"之论,强调教育与国家建设、民众教化之间的关系。

在孔子、孟子等有关政治与教育关系论述的基础上,荀子提出:"国将兴,必贵师而重傅,贵师而重傅则法度存。国将衰,必贱师而轻傅,贱师而轻傅则人有快,人有快则法度坏。"④ 从国家兴衰的高度来认识教师的作用。后世儒家对于教育的社会价值认识也多遵循兴邦治国与教化民众的思想传统。

4. "修己安人":一以贯之的教育目的论

孔子的教育目的论可以概括为"修己安人","修己"是出发点,"安人"是归属。"子路问君子。子曰:'修己以敬。'曰:'如斯而已乎?'曰:'修己以安人。'曰:'如斯而已乎?'曰:'修己以安百姓。修己以安百姓,尧舜其犹病

---

① 王先谦:《荀子集解》,沈啸寰、王星贤点校,中华书局1988年版,第442页。
② 《颜元集》,王星贤、张芥尘、郭征点校,中华书局1987年版,第8页。
③ 《孟子》,万丽华、蓝旭译注,中华书局2006年版,第294页。
④ 王先谦:《荀子集解》,沈啸寰、王星贤点校,中华书局1988年版,第511-512页。

诸！'"① "修己以安百姓"是"修己以安人"的扩展。"修己安人"与儒家内圣外王之道相契合，是儒家教育的目的所在。

从以上分析可以看出，中国传统儒家对于教育的论述有极为广阔的视野，涉及宇宙论、人性论、政治哲学及人生哲学等，构造了非常丰富的教育价值世界。其中，除了有关天人感通的论述具有明显的神秘主义色彩外，其他的论述都有比较丰富的经验基础，反映了传统儒家的人生和社会价值理想，在今天也有进一步批判借鉴和创新转化的价值。

（二）中国传统道家的教育哲学思想

道家是以老子思想为宗脉的学术派别的总称。传世的《老子》又名《道德经》，一般分81章。《老子》的核心概念是"道"，阐述了人类与自然的关系问题，以期发挥自然之道对世道人心的矫正作用，解决当时社会的纷争和人生的苦难问题。

随着战国时期经济政治的发展，老子学说发生了分化，一派与法家结合，为新型地主阶级服务，另一派则选择了"隐士"道路。庄子（约前369—前286）便是后一派的代表。庄子旷达洒脱，追求一种与"人为"相对的自然状态，其教育哲学思想具有显著的超脱俗世的特点。

道家的教育哲学思想自庄子以后鲜有亮点。汉初黄老学派与法家重新解释道家，使其思想向治国方略的方向延伸为重"无为"的政治策略。魏晋时期的文人士大夫，对日益流于烦琐并沦为政治工具的儒家正统思想产生怀疑，追求精神自由，倾心玩味《老子》《庄子》《周易》这"三玄"，围绕"名教"与"自然"之间的关系开展讨论，信奉"越名教而任自然"的主张。

概括来说，中国传统道家的教育哲学思想主要表现在以下方面。

1. "教以为道"：基于"以道为体"的教育目的论

"道"的含义大致有四方面。其一，"道"是自然界一切物质的本源，如"道生一，一生二，二生三，三生万物"②。其二，"道"是原始的客观实在。"道常无名，朴。虽小，天下莫能臣。"③ 其三，"道"是自然万物运动变化的规律。"有物混成，先天地生。寂兮寥兮，独立而不改，周行而不殆，可以为天地母。吾不知其名，强字之曰'道'，强为之名曰'大'。"④ 其四，"道"即"天道"，包括人

---

① 《论语》，张燕婴译注，中华书局2006年版，第227页。
② 《老子》，饶尚宽译注，中华书局2006年版，第105页。
③ 《老子》，饶尚宽译注，中华书局2006年版，第81页。
④ 《老子》，饶尚宽译注，中华书局2006年版，第63页。

世社会的规律和统治者的治国之道，"以道佐人主者，不以兵强天下"①。老子主张："圣人处无为之事，行不言之教。"② 这是老子教人的最高宗旨。

庄子承袭了老子关于"道"的基本理解并有所发展。庄子指出："夫道有情有信，无为无形。"③ "道"无作为、无形象，却有情有信而真实不妄。庄子主张道"可传而不可受，可得而不可见"④，赋予"道"在教育中更多的现实意义。庄子还提出了"真人""至人""神人""圣人"的人格追求。"古之真人，不知说生，不知恶死。"⑤ "至人无己，神人无功，圣人无名。"⑥ 庄子认为，若一个人能以"无"为本，超脱生死功名，与天地万物齐，才是真正的得"道"之人。

2. "归根复命"：基于自然人性论的教育价值论

在人性问题上，道家与儒家不同，是持自然人性论主张的。老子特别喜欢代表自然纯真的"婴儿"。在老子看来，教育的价值就是使人复归于婴儿："为天下谿，常德不离，复归于婴儿。"⑦

庄子继承了老子的人性思想，认为自然的状态是最理想的，人为的状态则是需要克服的。"（河伯）曰：'何谓天？何谓人？'北海若曰：'牛马四足，是谓天；落马首，穿牛鼻，是谓人。故曰：无以人灭天，无以故灭命……'"⑧ 所以，在庄子看来，教育的价值莫过于"无为复朴"⑨，引导人们回归纯朴的自然状态。

3. "见素抱朴"：从"损"到"无"的修养工夫论

在老子看来，情欲过度无益于养身。"五色令人目盲，五音令人耳聋，五味令人口爽，驰骋畋猎令人心发狂，难得之货令人行妨。"⑩ 由此，老子提出"为学日益，为道日损。损之又损，以至于无为"⑪。老子讲的"学"指的是礼乐之学，认为修习这些学问会使人的情欲日甚，"损"就是要不断去除人的情欲，使人复归真朴，达到"无为"的状态。不断去除各种情欲，追寻自然之道，便是老子指导人

---

① 《老子》，饶尚宽译注，中华书局2006年版，第77页。
② 《老子》，饶尚宽译注，中华书局2006年版，第5页。
③ 《庄子》，孙通海译注，中华书局2007年版，第123页。
④ 《庄子》，孙通海译注，中华书局2007年版，第123页。
⑤ 《庄子》，孙通海译注，中华书局2007年版，第117页。
⑥ 《庄子》，孙通海译注，中华书局2007年版，第10页。
⑦ 《老子》，饶尚宽译注，中华书局2006年版，第71页。
⑧ 《庄子》，孙通海译注，中华书局2007年版，第256页。
⑨ 《庄子》，孙通海译注，中华书局2007年版，第205页。
⑩ 《老子》，饶尚宽译注，中华书局2006年版，第29页。
⑪ 《老子》，饶尚宽译注，中华书局2006年版，第117页。

们修习的工夫论。

较之老子，庄子的修养方法更加超然。庄子提出了"外天下""外物""外生""坐忘""丧我"等建议。"外天下""外物""外生"的"外"字接近"遗忘"的意思。"外天下"即为忘却人世间；"外物"为忘却切身之物，即不受"物累"；"外生"意为不为生死之事忧虑。"外天下""外物""外生"就会没有好恶之情，没有得失之心，就会与"本然"和合。"道"生养万物纯出"自然"，是出于"无为"，当然也是"无意"。人若想体认"道"，便要把握"道"的"无"，从"无"出发，先把自身的"有"抛开；把所生存的人世抛开，把所追求的"物"视为"空虚无有"，把人生最关切的死生问题看透，于是心境明澈，毫无牵挂，始与道同行。

从以上分析可见，中国传统道家教育哲学思想在中国乃至世界教育哲学史上都独树一帜，它提出的"教以为道""归根复命""见素抱朴"等主张具有很高的思想价值，启迪人们从另外一个角度来思考和解决社会和人生问题。不过，我们也需要认识到，由于道家哲学本身的侧重点在于对"道"及其社会和人生意义的论述，对于文化、知识、教育等的价值则有所忽视，带有比较明显的自然主义、反智主义和消极教育的倾向，需要加以批判性分析。

（三）中国传统佛家的教育哲学思想

佛教发源于古印度，两汉之际传入中国。东汉初年，上层权贵已有学佛信佛者。魏晋南北朝时期，佛教在中国生根并迅速发展，出现了不同的佛家学风和学统：南方重义理，与玄学相结合；北方重禅定，以信实为尚。隋唐时期是中国佛教宗派发展成熟的时期，诞生了天台宗、三论宗、唯识宗、华严宗、禅宗、密宗、净土宗、律宗等制度化的、中国化的佛家宗派，完成了佛家与佛家教育的中国化过程。佛家对中华文明进程影响最显著的标志，是促进了宋明理学的产生。程朱理学借助华严宗构建了以"天理"为本原的本体论哲学；陆王心学主要承袭禅宗构建了"心外无理"的心学。元明清三代，佛教得到平稳发展，并呈现出儒佛一体的倾向。

概括来说，中国传统佛家的教育哲学思想主要表现为以下方面。

1. "众生悉有佛性"的佛性说

较早传入我国的六卷本《佛说大般泥洹经》中讲"一阐提"（佛教用以称呼不具信心、断了成佛善根的人）善根灭尽，没有成佛慧根。道生大师（355—434）认为，众生皆是禀气所生，都具有涅槃成佛的佛性。说"一阐提"无佛性者多从现象世界出发，并非通过佛家学理的逻辑推论而得。

天台宗创造性地阐发了"佛性"有善恶之分，主张佛与众生皆具善性与恶性，即"一阐提"也不断善性，佛亦不断恶性。所以，"一阐提"亦可成佛，佛亦有堕落的危险。所有众生只要不断修善止恶，皆可修身成佛。天台九祖湛然大师（711—782）甚至指出，佛性寓于一切事物之中，草木砖石皆具佛性。自此，天台宗将佛性的普遍性推至极致。

华严宗提出"性起"说，认为佛性本明纯净、毫无杂染，是清净至善的本觉智。华严宗认为一切众生乃至一切诸法，都是佛性的体现，只要称性而起，便可成佛。

中国儒家教育哲学早有"人皆可以为尧舜""涂之人可以为禹"的观念。这使得佛家对"众生悉有佛性"的说法，不但易于接受，而且极表赞叹。可见，我国佛家中关于"众生悉有佛性"的思想不单源于印度佛经，亦是中国本土佛家将外来佛学思想中国化的结果。

2. "重领悟"的修佛方法论

净土宗的修习方法是"称名念佛"。道绰大师（562—645）主张每天反复"口诵佛名"，以七万为限，便可"宏于净业"。他甚至认为，无论作恶多少，人们只要临终前称佛名号，便可凭借佛力而往生。善导大师（613—681）从理论上完善了净土法门，提出了"四修法"（即恭敬修、无余修、无间修和长时修），倡导专心念佛。净土宗以"易行道"自许，修佛方法简单易行，且可快速成佛，故极具吸引力。

道生大师提出"顿悟成佛"的方法论，要求精研佛理，逐渐积累自己的佛学造诣。慧能大师主张"佛是自性作，莫向身求"①，并据此提出"悟性成佛"的方法论。他认为，佛与众生的差别仅仅在于自心的迷悟。"故知不悟，即是佛是众生；一念若悟，即众生是佛。"② 从迷到悟就是成佛的过程，"一闻言下大悟，顿见真如本性"③ "一悟即知佛也"④。这一学说将传统佛教的方法论由偏重"外铄"转向重"内求"。《坛经》强调"直心净土"；自心清净，即得净土；自心不净，即使日夜念佛，也无济于事。"自性清净""见性成佛"的方法论将修佛方法从向外觉悟大千世界的外在超越，变成了向内反求诸心的内在超越。

中国传统佛家重领悟、主简易的修佛方法论与印度佛家大相径庭。印度小乘

---

① 慧能：《坛经校释》，郭朋校释，中华书局2012年版，第82页。
② 慧能：《坛经校释》，郭朋校释，中华书局2012年版，第71页。
③ 慧能：《坛经校释》，郭朋校释，中华书局2012年版，第73页。
④ 慧能：《坛经校释》，郭朋校释，中华书局2012年版，第73页。

佛学以阿罗汉①为修成正果的最高境界，认为需要经过艰苦的累世修行，方能达到这一境界。大乘佛教以菩萨或佛的境界为修行目标，虽有顿渐之分，但仍以有阶的渐修为主，且修行方法烦琐。在中国，庄子有"得鱼而忘荃""得兔而忘蹄"②之谈，道生大师因之而有"若忘荃取鱼，始可与言道"的说法。"顿悟见性"更成为禅宗的一种最根本的修行方法，对中国人的人生哲学有很大影响。

二、20世纪以来中国教育哲学的发展

中国传统儒家、道家、佛家等皆有丰厚的教育哲学思想，但这些思想与思想家们的广泛论述融为一体，并未从中析出并形成专业化、学科化的教育哲学。学科形态的教育哲学直至20世纪才在中国出现，而且与其他诸多现代学科一样，是由外部引入的。自20世纪以来，一些学者致力于教育哲学的中国化，推进了中国教育哲学的发展。

（一）中华人民共和国成立前的中国教育哲学

这一时期是教育哲学学科的引入或初创时期。

19世纪末20世纪初，中国教育和中国社会一起走上了现代化的征程，培养新国民的教育目标也对教育哲学提出了新的要求。1919年，杜威来华讲学，随后出版了他的教育哲学讲演集。在他的影响下，一些学者开始研究教育哲学，介绍和引进与教育哲学相关的书籍。1922年以前所引进和研究的教育哲学大都不出实用主义教育哲学的范围，其中最具影响的是杜威讲述、常道直编译的《平民主义与教育》。

从20世纪20年代开始，我国开始了真正意义上的教育哲学专业化的学科建设。一些教育学者陆续发表了有关教育哲学的学术论文，同时开始译介西方的教育哲学著作。到了20世纪30年代中期，我国的教育哲学学科已经初步形成。

1923年，范寿康（1896—1983）从德国古典哲学的立场出发，完成了《教育哲学大纲》一书，这标志着中国学者初步创建了教育哲学学科。此后出现了数量较多的教育哲学著作。留日、留英、留美、留德的教育哲学学者，先后撰写或翻译了不下20部教育哲学专著。其中以教育哲学为名的著作居多，如陆人骥的《教育哲学》，由上海商务印书馆于1931年出版；王慕宁编著的《教育哲学思潮概论

---

① 阿罗汉：梵语Arhat的音译，小乘佛教最高的修行境界，也是对断绝一切嗜好、解除烦恼、受人敬仰的圣人的一种称谓。
② 《庄子今注今译》，陈鼓应注释，中华书局1983年版，第772页。

（现代西洋各派）》，由华风书店于1932年出版；范锜著的《教育哲学》，由世界书局于1933年出版；姜琦著的《教育哲学》，由上海群众图书公司于1933年出版；吴俊升（1901—2000）著的《教育哲学大纲》，由上海商务印书馆于1935年出版；张怀编的《教育哲学》，由北平传信书局于1935年出版。还有余家菊（1898—1976）翻译的《教育社会哲学》和《教育哲学史》、陈礼江等译的《各国教育的哲学背景》、刘伯明（1887—1923）译的杜威的《教育哲学》等。还有一些著作虽不以教育哲学为名，但实际上属于教育哲学著作，如杨贤江的《新教育大纲》、余家菊的《教育原论》等。更加难能可贵的是，其中有些教育哲学专著，有自己独特的体例和结构。在这些教育哲学著作中，最为典型的是吴俊升的《教育哲学大纲》，它在体例上有自己的特点。全书分为两编七章，其中，第一编绪论分三章，分别讨论"教育哲学的对象与性质""教育与哲学的关系""教育哲学的意义及研究法"；第二编"教育哲学的根本问题"分四章，依次讨论"心灵论与教育""知识论与教育""道德哲学与教育"以及"社会哲学与教育"。当时北京大学的蒋梦麟（1886—1964）校长亲自推荐该书出版，"觉其思想的清楚，文字的畅达，传达的忠实，实为近年来出版界不可多得之书"[1]。黄济（1921—2015）先生对吴俊升的《教育哲学大纲》有非常高的评价："在旧中国的'教育哲学'著作中，这本书无论是体系的谨严，还是内容的系统和丰富，都是首屈一指的。"[2]

这一时期，有学者提出教育哲学的中国化问题。如在20世纪40年代末期，张栗原就提出，中国的社会和教育发展已经进入一个新的阶段，它要求教育哲学研究具体地、正确地反映中国的历史条件和社会环境，不能像前一阶段那样只是盲目地、被动地和无意识地受欧美教育哲学的影响。他站在马克思主义的历史唯物主义立场，认为："一切的理论或学说都是产生于一定的历史条件与一定的社会环境。欧美的教育学说，不待说，它是反映欧美的特殊的历史条件和特殊的社会环境的。这就是说，欧美的教育学说都是适应于资本主义社会的一种意识形态。我们的社会，据一般历史学家与社会学家研究的结果，它是一个半封建性与半殖民地性的社会。因此，我们的国情是和欧美的资本主义社会绝对悬殊的。我们应该有我们的教育精神，有我们的教育理想，有我们的教育意识，换言之，就是我们应该有我们的教育哲学。"[3] 他主张："我们所需要的教育哲学不是从欧美的资本主义社会无条件地依样葫芦地搬运过来的那种市民的教育哲学，而是具体地、正确

---

[1] 吴俊升：《教育哲学大纲》，福建教育出版社2011年版，"蒋序"第1页。
[2] 黄济：《教育哲学通论》，山西教育出版社1998版，第302页。
[3] 张栗原：《教育哲学》，福建教育出版社2008年版，第218-219页。

地反映当前的中国历史条件和社会环境的教育哲学。我们固然不反对吸收各国的教育学说，但是必须吸收其优点，必须按照中国的需要来运用。"① 他认为这是中国人研究教育哲学的"基准"和"总路线"。这种主张反映了教育哲学界的前辈建立有中国特色、中国精神和中国气度的教育哲学的文化自觉。

(二) 中华人民共和国成立后至 20 世纪末的中国教育哲学

这一时期的教育哲学又可以分为两段：一段是 1949—1978 年，这三十年是教育哲学学科建设的停滞时期；另一段是 1978—1999 年，这一段可以看作教育哲学学科的恢复和发展时期。

在中华人民共和国成立之初，我国高等院校全面学习苏联的教学计划和制度。苏联高等院校不设教育哲学这门学科，并且认为教育哲学是资产阶级学科，我国的高校也就取消了教育哲学学科，教育哲学的学科建设被迫中断。但是，这并不表明这一时期我国的教育实践与教育改革没有教育哲学思想的指导。事实上，毛泽东从马克思主义基本原理出发对教育诸多问题的根本性论述，就是那一时期居指导性地位的教育哲学。此外，1964 年，北京师范大学的瞿菊农还选译过美国白恩斯和白劳纳《教育哲学》的部分内容，以《当代资产阶级教育哲学》之名内部出版，以供批评之用。

十一届三中全会后，教育哲学学科重建成为学科建设的当务之急。1978 年，教育部修订高师教育系课程计划，教育哲学课程被列入其中。1979 年，教育部召开全国教育科学规划会议，重新检查了高等师范院校的教学计划，提出重新开设教育哲学课程，并委托北京师范大学和山东师范大学编写教材。1980 年，北京师范大学开设教育哲学课，教育哲学重新进入高等院校的课程体系。

1982 年，黄济以马克思主义哲学为指导，撰写并出版了《教育哲学初稿》，这是中华人民共和国成立后第一本教育哲学专著。这一专著初步摆脱了以完全研究外国哲学和教育流派为中心的教育哲学体系，开始把中国的哲学和教育思想纳入教育哲学研究的领域和范围。1986 年，傅统先（1910—1985）和张文郁合著的《教育哲学》出版。该书从哲学基本问题出发，抓住人的本质与教育本质、人生价值与教育目的的关系问题，进行了中国特色教育哲学建设的尝试。

1986 年，全国教育哲学专业委员会筹备成立，中国教育哲学教学和研究有了自己的学术组织。在学会组织的领导下，教育哲学学者定期开展学术研讨，交流教学经验。此后越来越多的教育学者投入教育哲学领域的研究，他们通过发表

---

① 张栗原：《教育哲学》，福建教育出版社 2008 年版，第 219 页。

论文、译介西方同行的著作、撰写专著等方式，推动教育哲学研究不断地往前发展。至 20 世纪末，我国教育哲学作为一个独立的知识领域，已经为教育学界、哲学界所广泛认同。

（三）21 世纪以来我国教育哲学的新发展

21 世纪以来，我国的教育哲学适应经济社会发展和教育改革创新的新形势，沿着老一辈学者开辟的道路，着眼于教育实践中一般问题和根本问题的解释与解决，形成了以马克思主义为指导、融合中国传统教育哲学思想资源、多种教育哲学研究视角并存的新格局，在许多方面获得了新的发展。这些进展主要表现在以下五个方面。（1）教育哲学的教学和研究得到了国家有关部门、高校和科研管理部门的高度重视，教育哲学的发展有了非常好的外部条件。（2）教育哲学课程普遍开设起来，成为我国教育人才培养的一门基础理论课程，对于提升教育人才的理论思维起到了积极的作用。2011 年，教育部将"教育哲学"纳入教师教育课程体系，进一步增强了教育哲学的实践功能。（3）教育哲学的研究从教育哲学概论向分领域、分阶段、分学科教育哲学延伸。基础教育哲学、高等教育哲学、教育管理哲学、教育评价哲学、语文教育哲学、数学教育哲学、艺术教育哲学等开始出现，教育哲学的学科体系更加完善。（4）教育哲学的境内外交流活动日趋活跃，国际教育哲学交流也不断扩展，通过"走出去"和"请进来"的方式加强了世界不同国家和地区教育哲学家之间的交流、对话和合作。（5）教育哲学的研究逐步深入，在教育哲学学科建设的基本问题领域、教育认识论、教育价值论、教育伦理学、教育美学以及古典教育哲学研究、现象学教育学研究、过程教育哲学研究等方面都取得了新的进展，为中国教育学术繁荣和教育改革创新做出了新的贡献。

第二节　西方教育哲学的历史发展

怀特、赫斯特：《分析传统与教育哲学：历史的分析》

西方教育哲学的历史与西方哲学和教育的历史一样久远。有人甚至认为，西方哲学思想是在应对一些重大教育问题时产生的，教育乃哲学之基。这一观点虽不足信，但在一定程度上揭示了哲学思想与教育实践之间的密切联系。这种联系穿越历史时空，不断以新的面貌出现，构成西方教育哲学推陈出新、流派纷呈的一条主线。

一、西方教育哲学的历史渊源

西方教育哲学思想的渊源可以追溯到苏格拉底、柏拉图、亚里士多德等人。他们在思考一些哲学和社会问题时，都涉及了一些教育一般问题和根本问题，如"美德是否可教""什么是受过教育的人""人的优良品质是如何形成的"，等等。在讨论这些问题时，哲学家们不是就教育论教育，而是从更为基础性、前提性的知识问题、道德问题、人性问题乃至国家问题等出发来讨论。这种论述风格使得他们的教育论述带有整体性、价值性和反思性，没有停留在具体性、工具性和技术性层面。

在古希腊之后西方两千多年的哲学史上，许多哲学家依然保留了进行教育思想研究的传统。如洛克基于自己人性论上的"白板说"、认识论上的经验主义和政治哲学上的自由主义的立场，结合自己作为家庭教师的经验，出版了《教育漫话》（1693）一书，对绅士教育进行了深刻又通俗的论述。卢梭基于自己的性善论、自然主义和民主共和主义政治哲学，写作了《爱弥儿：论教育》（1762），集中表达了自己自然主义的教育思想，确定了儿童期的独特价值，以及自由、理性、良知在良好公民培养中的重要价值，开启了现代教育思想的先河。康德在构造自己的哲学体系的同时，也非常关注教育问题，他的学生将他的教育学讲义结集出版，这就是《康德论教育》。在书中，康德认为教育的根本价值就在于完善人性，使人成为人。建立在他的实践理性学说基础之上，康德非常重视道德教育，强调儿童道德判断力的培养。康德之后，赫尔巴特（1776—1841）以其实践哲学（伦理学）为基础，构建了系统的哲学教育学体系，对于教育目的、管理、教学、训育等教育理论和实践问题进行了系统的哲学论述，并且提出了"教育性教学"这一重要的教育理念，对后世影响很大。此外，黑格尔（1770—1831）、罗素、怀特海（1861—1947）、尼采（1844—1900）、狄尔泰（1833—1911）、杜威等人都有专门的教育论述。这些论述虽然哲学立场、社会立场不同，但都从不同的哲学视角阐明了各自对于教育价值、目的、方法、途径等的独特认识，综合起来就构成了西方教育哲学多样而丰厚的思想传统。

二、20世纪西方的主要教育哲学流派

在20世纪，西方教育哲学流派纷呈，有实用主义、要素主义、永恒主义、存在主义、分析教育哲学、行为主义、后现代主义，等等。限于篇幅，此处不一一详述，只介绍实用主义教育哲学、存在主义教育哲学、分析教育哲学、后现代主

义教育哲学等四种主要的教育哲学流派，概述它们的哲学主张及其教育思想。

(一) 实用主义教育哲学

1. 实用主义

实用主义是美国哲学对西方哲学的一个贡献。其源头可以追溯到赫拉克利特（约前540—前480与前470之间），他最为我们熟知的一句话是"一个人不能两次踏进同一条河流"，这体现了他对过程的强调。普罗泰戈拉（约前481—约前411）的名言"人是万物的尺度"也被认为与实用主义有着历史的渊源，这句话表明真理为人所裁定。实用主义成为一门系统的哲学，三位美国的哲学家做出了主要贡献，即皮尔士（1839—1914）、詹姆斯（1842—1910）、杜威。近几十年来，实用主义出现了复兴，出现了新实用主义，最主要的代表人物是罗蒂（1931—2007）、伯恩斯坦（1932— ）等。

皮尔士首先使用"实用主义"一词，其英文单词源于希腊文，意思是"行为""实际"或"行动"。皮尔士想纠正他眼中的康德哲学的缺陷，想在内部观念世界与客观实在的外在世界之间建立一种联结。他主张把一个观念放在行动的客观实际中应用一下，以此来考察这个观念的意义。他认为，一个命题是否有意义，在于它运用的效果如何。

实用主义反对作为哲学分支领域的形而上学。在实用主义看来，说一个观念是形而上学的，意味着这个观念是超越物质、超越经验的，并且是永恒存在的、不变的，处于人类经验的世界之外。杜威认为，一般的实在论是不可能的，也不需要。哲学要关注那些具体可知的现象。杜威提出要对哲学进行改造，就是要改造哲学中的形而上学。他认为，哲学追求这种确定性还不如转向追求如何改善人类的境况。

实用主义强调科学的方法，推崇培根（1561—1626）的归纳法。皮尔士认为，树立信仰有四种不同的方法：固执的方法、权威的方法、先验的方法、科学的方法。他反对前三种方法，推崇第四种方法。实用主义的科学方法是经验。经验包括我们所做、所想、所感的一切。我们没有经验的、不知道的东西，就是不可理解的东西，就没有意义。传统的经验主义把感官看作连接知者与客体之间缝隙的手段，而实用主义者则强调知觉的有机体与客体之间的相互影响。杜威称其为"交互行动"。在经验改造的过程中，主观与客观、理论与实践、工具与目的的二元论得到消解。

2. 实用主义在教育中的应用

实用主义对美国教育的影响很大，以至于人们认为实用主义是一派教育哲学，把它与进步主义教育运动等同起来。事实上，杜威对当时进步教育运动浓厚的浪漫主义倾向并不赞同。

杜威把哲学看作教育的一般理论，认为哲学的价值在于对社会产生实际的效果，而教育承担着保存、改进文化的责任，所以，哲学影响教育的范围衡量着哲学的价值。学校是社会机构，在传递文化的同时，也在改造文化。教育是民主的教育，同时，教育也是为了民主社会。杜威的名著《民主主义与教育》的书名很好地反映了教育的社会性。

杜威认为与其追求一个无所不包的教育目的，还不如承认教育中有很多具体的目的。良好目的产生于行动之中，而不是由外部权威强加的，并且是随着情境的变化而改变的。目的的价值在于它能够时时刻刻帮助我们观察、选择和计划，使我们的活动能够顺利进行。杜威曾说"教育无目的"，这句话引发了人们无数的解读。在我们看来，杜威想要表达的意思可能是，"教育"这个词自身没有目的，其目的是活动着的人所赋予的。制订良好的教育目的首先要考虑受教育者特定的个人固有活动和需要，然后把它们转化为受教育者的活动，制订具体的程序。

杜威认为，教育即生活，教育即生长，教育即经验的改造。在他看来：生活为教育提供了具体的内容；教育要充实儿童当下的生活，更新儿童当下的生活；生长不是外部强加进来的，只要有个体与环境的相互作用，就会有自发的生长；生长表现为习惯，也指理智与感情倾向的养成；经验既是被动的，也是主动的，是有机体不断适应和改造环境的结果；经验具有交互性和连续性，教育的过程就是不断扩大经验的范围和增强经验的可持续性。

实用主义反对将知识从经验中分离出来，反对知识的分门别类，主张以问题为起点的学习。杜威提出：课程应该以儿童的活动为中心，不能超出儿童的经验和生活的范围；课程的组织应该心理学化。在教学方法上，杜威提出了最为人们所熟知的五段问题解决法：确立问题的情境、确定问题、阐明问题、试验性的假设、在行动中检验。这种方法既是一种思维的方法，也是一种科学的方法和行动的方法，反映了杜威实用主义的方法论主张。

美国的实用主义哲学及其教育主张是18世纪以来美国社会工业化和文化变迁的产物，同时也深受达尔文（1809—1882）进化论思想的影响，带有浓重的进化论和生物学化的倾向，其主张也存在着一些相互矛盾的地方，需要进一步分析和批判。

(二) 存在主义教育哲学

1. 存在主义

存在主义不是一种具有统一见解的哲学，尽管存在主义者提出了相似的问题，但是回答却不同。一些存在主义者甚至拒绝"存在主义"这个称谓，因为在他们看来，没有传统意义上的存在主义哲学。

存在主义的诞生和发展主要得益于欧洲大陆的哲学家，如克尔凯郭尔（1813—1855）、尼采、海德格尔（1889—1976）、雅斯贝尔斯（1883—1969）、布伯（1878—1965，也有人译为布贝尔）、萨特（1905—1980）、马塞尔（1889—1973）。也有些文学家用文学作品表达了存在主义的主张，如陀思妥耶夫斯基（1821—1881）、卡夫卡（1883—1924）、加缪（1913—1960）等。

存在主义并不追求创立一种无所不包的哲学体系，而是致力于对人类处境的思考。存在主义呼吁个体不要屈从或者盲从于大众社会，认为那样会造成个体的非人化。由此，存在主义者衍生出自由、选择、生存的意义等方面的思考。

传统上，人们认为哲学源自我们对外部世界的惊奇。但存在主义认为，哲学从恐惧或者烦开始，从真正体会到个人的境况开始。萨特说，"存在先于本质"。这意味着世界就是在那里，世界"有"，它在逻辑上先于我们对世界的界定。我们被抛入世界，我们虽是自由的，但却在世界之中，受到限制。世界本身是没有意义的，是我们自身制造了意义。人的这种境况是荒谬的，让我们感到恐惧。由此，存在主义者抛弃了传统哲学的主题，如实在、知识、真理、形而上学的假设等，转向研究生命永恒的主题，如死亡、爱、选择、自由的经验等。

存在主义者主张，个体不应屈从于大众社会，而应在自由选择的基础上过"本真"的生活。海德格尔认为，只有人能使自身与"有"自觉地发生关系。"有"是此在的根源。萨特认为有两种"有"——"在自身的有""为自身的有"。"在自身的有"是事物的存在，而"为自身的有"是人的存在。石头、动物没有成为其他的东西，它们只是存在而已。人是自由的，能够做出选择，因此要对所做的一切负责。

人不构成任何普遍体系的一部分，有绝对的自由。但是社会、机构、权威、技术对人的自由造成了损害。这种损害使人具有非人化的一些倾向，使得人"异化"。个人受到机器、社会制度、经济制度的奴役，个体性被集体性所剥夺。虽然科学技术的进步丰富了人们的物质生活，但却忽视了人文的关怀。技术的发展逐渐侵入私人生活领域，科学的介入把人类经验数量化了，人成为工具或者机器，引起了人的精神上的焦虑。

对于个人和他人的关系，存在主义者各有不同的见解。萨特说，他人即地狱。当"我"与他人发生接触的时候，即使只看他人一眼，也处于支配他人或者被他人支配的境况。支配他人，就是把他人当作东西看待，从而否定了他人的自由。

被他人支配意味着自己被"客观化",从而否定了自己的自由。而马塞尔则认为,要了解"我",要从他人开始;了解自己不是反省,而是由他人之眼带来反省。雅斯贝尔斯认为,承认他人的存在,才会引起爱和相互参与。爱与参与是获得自由人格的真正途径。

2. 存在主义在教育中的应用

由于存在主义对个人的独特性和绝对自由的强调,人们曾经认为,存在主义哲学很难应用在学校教育中,但是事实并非如此。存在主义的许多主张对现代教育的制度与实践都很有启发。

存在主义者认为,在教育中让学生意识到死亡是积极的。虽然人知道自己必死,这使得人们充满恐惧,但是只有面对死亡才使我们真正体会到生活的价值。意识到死亡,不是让我们堕落,而是为了更好地生活。借助死亡,教育者可以让学生检查自己的生活品质,学会对自己的人生负责,从而培养学生清醒的自我意识和责任感。

存在主义者认为,个人不是在集体中、机构中实现自己,而是丧失自己。因为集体、机构会妨碍个人的自由,倾向于标准化,弱化个人选择。学校作为一种社会机构或学习集体,显然也有同样的文化特征,不鼓励、不关照学生的独特性、个体性和创造性。所以,在存在主义者看来,学校教育机构不是儿童受教育最好的场所,家庭才是。因为在家庭中,儿童总是被当作一个个体来看待的。但是,学生目前尚不能摆脱学校教育机构的束缚,这就要求尽可能地根据存在主义的原理来改造学校教育机构,使其更好地面向每一个学生,营造更加多样化的、适合每一个学生健康成长的个性化学习环境。存在主义的这种教育理想在传统的学校体制内似乎没有多少实现的可能,但是在已经到来的互联网时代,则有了技术的基础。

存在主义强调人的非理性的一面,也很有价值。传统的学校教育过于看重对学生理智的培养,忽视了人的非理性。知识只有与个人的生活、情感联系起来,才能对个人的生活有意义。学习知识的目的不是找到好的工作,而是整合理智和情感上的自我,为自我的自由发展服务。所以,课程的重点不在于客观化的知识,而在于促进人自由发展的知识。存在主义重视人文学科,因为这些学科能够深刻地表现人的本性和世界的冲突,防止心灵变得狭隘。

存在主义者认为,学生具有绝对的自由,因此在教学中,要让学生学会选择。个人的生活是自己的,不是别人的,要过自己的生活。失败是我们自由选择的结果,不是外在的因素导致的。无论人做什么,都不能逃避行动的后果,必须承担后果。教师要让学生意识到自由，以及承担后果，而不是为社会权威所控制，或者盲从社会大众的观点。在存在主义者看来，不经过个人选择的价值是没有价值的。

布伯是少数发表过教育论著的存在主义者之一，他在《我与你》一书中论述了师生关系的本质。布伯区分了"我—它""我—你"两类关系。他把"我—它"关系中个人之外的外部世界、他人看作实现自己目的的手段，而把"我—你"关系视为主体与主体之间的关系。布伯认为，教师是学生在实现自我的旅途中提供帮助的人。他说：我是教师，你是学生，教育就是我与你的相会——一种存在主义意义上的心灵相遇、交流、对话和成长。

存在主义及其教育哲学主张是西方社会危机的产物，是第一次世界大战和第二次世界大战造成的人和文化的灾难的产物。存在主义哲学关注人的存在及其困境问题，在西方哲学史上独树一帜。存在主义者关于教育目的、课程、师生关系等方面的主张有其独到与合理的一面，对于教育实践有指导意义。但是，存在主义尽管敏感地把握了人和文化的危机，却没有能够指明走出这种危机的正确道路。存在主义的一些极端观点，如"人生是荒谬的""他人即地狱"等，很容易误导青年，需要进行深刻的价值批判。

（三）分析教育哲学

1. 分析哲学

在分析哲学家看来，"哲学"是动词，是一种澄清语言的活动。分析哲学家认为，哲学作为一种方法可以追溯到苏格拉底。苏格拉底用辩证的方法对概念进行澄清。摩尔（1873—1958）和罗素通常被认为是分析哲学的创始人。之后，维特根斯坦（1889—1951）的哲学、维也纳学派的成员所形成的逻辑实证主义也对分析哲学有直接影响。英国的沛西·能（1870—1944）、奥康纳（1914—2012）、里德（1893—1968）、彼得斯（1919—2011），美国的谢弗勒（1923—2014，也有人译为谢富勒）对分析哲学在教育中的应用做出了重要的贡献。

分析哲学家们认为，人的思想的表达受制于语言的形式，思想的问题也就是语言的问题。哲学上的问题大多是由语言造成的，尤其是形而上学的问题。哲学的真正使命在于澄清哲学上的语言的混乱，从而明晰哲学上的真正的问题。

分析哲学主张，哲学用方法来统一，而不是用理论来统一。以往的哲学家都试图建立一个综合的体系，把问题、概念放入一个"封闭的系统"，把毫无联系的各个部分放在一起，寻找最终的实在。分析哲学家没有关注哲学大厦的建立，而是要分析哲学大厦的一砖一瓦，关注微小的概念，把每个问题缩小到最小的成分，考察其本质特征。

罗素认为，哲学的任务就是发现和建立潜藏在语言之下的逻辑规则。他认为，数学是逻辑的一部分，语言的基本逻辑结构与数学相似，因此，数学的逻辑能够使得语言更加精确。他还提出：命题能够被数学和逻辑的规范证明，否则就不是命题；主语表示真实的客体，而谓语表示真实的客体的特征；句子或者从分析意义上来说是正确的，或者从综合意义上来说是正确的；如果命题不能归入这两类，那么就是含有个人倾向的主观命题。

维特根斯坦后期的哲学思想对教育理论和实践产生了比较大的影响，也是分析教育哲学所依赖的主要理论。在反思前期逻辑实证主义立场的基础上，维特根斯坦认为，语言与实在、语词与对象之间并无恒定的联系，它们之间的联系只存在于行为当中。维特根斯坦设想了一种使用语言的实践，"一方喊出语词，另一方依照这些语词来行动"①，并将这种语言和行动所组成的整体称为"语言游戏"，而语言游戏又是广义的生活形式的组成部分。因此，"一个词的含义是它在语言中的用法"，"而一个名称的含义有时是由指向它的承担者来解释的"。② 这种意义理论与前期逻辑实证主义的立场迥然不同。

2. 分析哲学在教育中的应用

分析教育哲学是分析哲学在教育理论和实践领域中的应用。它首先风行于英国，其后在美国、澳大利亚等其他英语国家也出现了这股潮流。彼得斯在1963年就任伦敦大学教育学院教育哲学教授的演说《作为启发的教育》中，提出更新教育哲学研究范式，遵从分析哲学的精神，把教育哲学的任务限定在教育中的概念、命题、隐喻、口号等知识形式的分析上。

分析教育哲学家认为，只有澄清了教育中的概念、口号等，教师才能明确知道要教什么，才会用更加清晰的语言来教学。教学主要用语言来进行，教师的语言影响学生的思考。分析教育哲学对教育中所使用的语言的考察主要集中在教学活动上。他们的大量工作是对"学习""灌输""理性""道德""教与学""权威""纪律""教育目的"等术语进行分析。应当说，这些工作对进一步澄清这些概念的内涵、外延、条件、行动指向等起到了积极的作用。

谢弗勒指出，以往教育哲学很少被理解为与教育实践相关的概念的逻辑分析，

---

① ［英］路德维希·维特根斯坦：《哲学研究》，陈嘉映译，上海人民出版社2005年版，第6页。
② ［英］路德维希·维特根斯坦：《哲学研究》，陈嘉映译，上海人民出版社2005年版，第25—26页。

对教育概念的模糊理解会阻碍教育实践的合理有效。他对杜威的"教育即生长"做了分析，认为并不是所有的"生长"都是值得的，如"无知的"生长。即使我们排除了不值得的、不需要的生长，"生长"对学习者就意味着所学东西的增加吗？也不一定。我们如何估量生长是增加倾向还是去除倾向呢？如果对于这些概念没有清晰的理解，就会带来实践的模糊。

分析教育哲学家擅长澄清教育中的术语、观念，但却没有给出教育到底要怎么样的建设性意见。再加上后期的分析教育哲学对于概念问题的分析越来越烦琐，逻辑的、技术的分析几乎掩盖了价值的、文化的分析，也招致学界的许多批评。在这种情形下，分析教育哲学就慢慢衰落了，不再成为英美教育哲学界的一种支配性范式。不过，它注重概念分析的精神依然被保留了下来，只不过被融入更加丰富、多样的哲学分析框架之中。

（四）后现代主义教育哲学

1. 后现代主义

后现代主义不是一个像理性主义、经验主义、实用主义那样专门的哲学派别，而是一些有共同理论信念和价值主张的思潮的统称。从名称上来看，后现代主义与现代主义之间存在着密切的历史关联，它是 20 世纪中叶以来对现代主义的世界观、知识观、价值观乃至思维方式的一种批判性回应。从后现代主义诞生的社会背景和思想背景来说，它与西方社会进入后现代社会、高技术社会、信息社会以及资本主义晚期的文化危机等都密不可分。在学术领域，人们经常提到的后现代主义思想家主要包括利奥塔（1924—1998）、福柯（1926—1984）、德里达（1930—2004）、鲍德里亚（1929—2007）、罗蒂等人。

后现代主义的理论主张概括起来大致包括反人类中心主义、反理性主义、反科学主义、反本质主义、反基础主义、反普遍主义、反世俗主义、反技术形而上学、反消费主义等。反人类中心主义是后现代主义的世界观，旨在批判现代主义对人的力量的盲目信仰和崇拜，以及由此导致的人与自然关系的异化和严重的生态问题。后现代主义倡导生态主义的世界观，强调自然本身的权利。"自然有它自己的权利，并且不依赖于我们是否以及如何按照我们的知性范畴去思考这种权利。……如果我们不重视这种自然权利，我们将在毁灭自然生命的同时毁灭我们自己的生命。"[①] 反理性主义、反科学主义、反本质主义、反基础主义体现了后现

---

① ［德］彼得·科斯洛夫斯基：《后现代文化：技术发展的社会文化后果》，毛怡红译，中央编译出版社 1999 年版，第 24 页。

代主义在认识论方面的立场与主张,这与笛卡儿(1596—1650)以来现代哲学的认识论信念迥然不同,其基本的态度就是限定理性、科学、本质、基础等的绝对性,强调它们的假设性、相对性、文化性和不稳定性,要求人类在理智上更加谦逊、认识上更加民主、知识形态上为地方性知识留出位置。反普遍主义、反世俗主义、反技术形而上学、反消费主义更侧重文化主张,要求反思和批判现代社会在文化生活中普遍信奉的普遍—特殊、东方—西方、中心—边缘、目的—手段、神圣—世俗、物质—精神、个人—集体等二元结构,将对"多样性""互为主体性""复杂性""关系中的自我"等的尊重和承认作为后现代文化生活的核心主张。

2. 后现代主义在教育中的应用

自20世纪60年代以来,后现代主义思想在教育领域产生很大的影响。因为教育对理想社会的追寻,以及对教育目的的思考,都会触及后现代主义思想家们所提出和深思的问题。如果理性不是普遍的,如果真理不是绝对的,如果知识与权力之间存在着内在的关联,那么"教育即启蒙""教育即教人追求真理""课程的价值对于所有学生都是一样的"等教育信条和实践就需要重新检讨。

后现代主义在教育理论和实践上的影响首先体现在对现代教育元叙事的解构上。教育是一项神圣的事业,这是一种古老的信念,在进入现代社会之后,这种信念进一步加强。但是,随着后现代思想家对科学、理性、真理、知识等要素的深刻分析,现代教育这种不言而喻的价值主张就失去了合理性。人们不能不深思义务教育或强迫教育究竟对谁有利,或者说,学校站在谁的一边。在这些批判性分析的基础上,一些赞成后现代立场的教育家反对现代学校中的实证主义倾向和非政治化的教育主张,强调教育引导学生对包括学校在内的现实生活进行批判和改造。

在教育目的问题上,后现代主义强调"社会批判能力""社会意识""生态意识""内部平和"等素质的培养。吉鲁(1943—)提出,教育应当帮助学生认识到学校优势文化的霸权性及其对文化多样性的危害,肯定学生个体的文化经验及其所代表的特殊性,提高他们的文化批判意识和能力。包尔斯(1935—2017)则认为,现代性的滥觞、科技的意识形态化对自然环境具有一种破坏性作用,要改变这种状况,就必须建立新的世界观、自然观,开展以生态为本的教育。马丁(1929—)则从"关系中的自我"概念出发,反对个人主义的教育价值取向,强调家庭、社区及一些共同体中成员之间的和谐相处,并将这些作为教育的目的加以追求,以凸显后现代主义所强调的关系相对于个体的优先性。这些论述,虽不能构成完整的后现代的人格形象,但是也确实击中了现代教育目的论述中的薄弱之处。

后现代主义在课程和教学领域的影响主要包括:对现代学科制度和课程知识

进行认识论批评，努力揭示学科结构、课程结构、课程知识选择背后的观念、权力、利益与文化因素；反思科学课程的客观性、普遍性与价值中立性，提倡科学课程应该包括竞争性理论、边缘知识和相异观点的讨论；对本土知识、地方性知识及被压迫的知识给予更多的考虑，力图恢复教育空间中知识传统的多样性；在教学过程中强调围绕学生的性别、民族、种族、阶层认同等组织教学，融入学生的社会生活经验，不再将学生当成无差别的认知主体。

在师生关系方面，现代主义认为理性、真理、知识都是客观的、绝对的、普遍的，因而对所有学习者都具有同等重要的意义，教师也因而被视为传授真理、启迪智慧的人，师生之间具有一种认识论意义上的不平等关系。但是后现代的分析结果表明，现代主义的理性观、真理观、知识观都是靠不住的，存在着僭越的部分，因此教师也丧失了在认识论上的优越地位。在师生关系问题上，后现代主义越来越倾向于认为教师逐渐从道德的楷模、真理的传播者、理智的启蒙者转变为吉鲁所说的"文化工作者"和多尔（1931—2017）所说的"平等中的首席"。

除上述方面以外，后现代主义对教育理论和实践的影响还体现在教育行政管理、性别教育、道德教育、教育建筑、教育技术、教育学观等许多方面。如在教育行政管理方面，后现代的教育组织具有开放、创新、平等、以员工为中心及重视弱势族群权益的特性；后现代的校长也不再动辄以"教师的教师"自居，而是扮演协助者与支持者的角色，善于倾听、沟通、交流、对话和赋权；在决策模型上，后现代教育决策越来越抛弃线性思维和科层制的决策模型，转向接受复杂性、情境性和扁平性的决策模型。

总的来看，后现代主义是社会现代化运动不断发展的产物，反映了现代社会发展的一些新趋势、新需要。后现代主义对现代主义的批评揭示了现代主义存在的一些问题，值得深入思考。后现代主义的出现有利于促进教育界对教育现代性的反思，并更好地应对环境变化给教育实践带来的挑战。

三、21世纪西方教育哲学发展的主要趋势

自21世纪以来，西方国家特别是英语国家教育哲学的发展，基本上仍然延续着20世纪的发展趋势，同时也对21世纪出现的新情况、新问题、新挑战保持着高度的敏感，尽可能地做出积极的回应。从目前可以辨别的发展趋势来说，主要有以下几点。

一是强调对教育实践问题的关注。哲学性与实践性的关系问题是西方教育哲学长期以来没有处理好的一个问题。西方教育哲学在经历一个学科化的历程之后，越来越多的学者认可教育哲学不能仅仅停留在对哲学基本问题的思辨性讨论上，而

应关注在具体教育实践中所面临的根本问题和重大问题，教育哲学的实践性比以往任何时候都得到了突出的强调。这一点从西方各国教育哲学学会组织的年会主题及专业期刊所刊论文的主题中就可以看出来：学校教育（师生关系、课堂教学与学习）和教育政策实践中的问题成为讨论的热点。

二是注重教育哲学与其他学科的对话。20 世纪教育哲学的专业化运动，在一定程度上助长了教育哲学的封闭性，教育哲学与其他学科的交流与对话受到了阻隔。21 世纪的社会变革要求学科之间加强联系，也要求学科的理论发展与其实践之间关系发生转变。教育哲学在 21 世纪以更加开阔的视野加强与其他学科和实践领域的联系。新兴学科和新的技术发展，为教育哲学路向提供了转变的条件，部分教育哲学组织也积极加强与其他知识共同体的交流与合作。此外，国际教育哲学组织建立了自己的网站，并免费向公众开放其专业刊物与会议论文，这也是教育哲学正在走向公众的表现。

三是哲学视野的散点化。在 20 世纪，教育哲学形成了一些主要的流派，如实用主义、存在主义、分析教育哲学、后现代主义等，同一个流派分享大体相同的哲学或价值立场。进入 21 世纪后，这种流派之分非常少见。到目前为止，似乎还没有哪一个国家的教育哲学形成了新的流派，教育哲学研究的哲学立场、视野及观点都非常多样，总体上呈现出一种散点化的现象，没有形成什么居于主流或支配地位的教育哲学的新范式。

第三节 马克思主义教育哲学的形成与发展

马克思主义教育哲学是当代教育哲学中最具综合性、批判性、实践性和人民性的教育哲学。从理论构成来说，马克思主义教育哲学包括两个有机的组成部分：一部分是马克思主义经典作家从哲学、政治经济学和科学社会主义等视角对教育的一些根本问题进行的精辟论述；一部分是后世思想家、理论家、教育家以马克思主义的立场、观点和方法为指导，结合自己所在国家的经济社会和教育发展情况，对各自面临的教育根本问题所进行的分析和论述。这两部分结合在一起，构成了马克思主义教育哲学丰富的思想体系和壮丽的历史景观。

一、马克思主义经典作家的教育哲学思想

马克思、恩格斯都高度关注教育问题，致力于对教育问题的社会基础和实践

条件进行历史的、现实的和具体的批判，并就教育的性质、目的、内容、原则等提出自己的理论主张。这些构成了马克思主义教育哲学的基本内容。

（一）关于社会存在与社会意识的关系和教育的性质问题

马克思、恩格斯在《德意志意识形态》中明确提出："思想、观念、意识的生产最初是直接与人们的物质活动，与人们的物质交往，与现实生活的语言交织在一起的。人们的想象、思维、精神交往在这里还是人们物质行动的直接产物。表现在某一民族的政治、法律、道德、宗教、形而上学等的语言中的精神生产也是这样。"① 在《〈政治经济学批判〉序言》中，马克思进一步明确指出："物质生活的生产方式制约着整个社会生活、政治生活和精神生活的过程。不是人们的意识决定人们的存在，相反，是人们的社会存在决定人们的意识。"② 作为人类精神生产的一种特殊形式，教育活动自然也是如此。对任何教育现象的理解不能停留在神秘的、抽象的或生物学的层面，必须放到真实的社会历史背景下加以审视。正是从这个角度出发，马克思、恩格斯在《共产党宣言》中回应资产阶级有关教育的责难时深刻提出："你们既然用你们资产阶级关于自由、教育、法等等的观念来衡量废除资产阶级所有制的主张，那就请你们不要同我们争论了。你们的观念本身是资产阶级的生产关系和所有制关系的产物，正像你们的法不过是被奉为法律的你们这个阶级的意志一样，而这种意志的内容是由你们这个阶级的物质生活条件来决定的。"③ 马克思、恩格斯的这一论断，揭开了资产阶级及自由派学者有关教育普及、平等、博爱、自由等的神秘面纱，为深入认识资本主义社会中的教育问题和无产阶级夺取政权后如何开展社会主义教育提供了思想指南。

（二）关于主体、实践和教育的价值取向问题

实践在马克思主义哲学中具有非常重要的地位。"从前的一切唯物主义（包括费尔巴哈的唯物主义）的主要缺点是：对对象、现实、感性，只是从客体的或者直观的形式去理解，而不是把它们当做感性的人的活动，当做实践去理解，不是从主体方面去理解。"④ 其结果就是，主体既不能通过实践确证自己的存在，也不能通过实践来解放自己。"环境的改变和人的活动或自我改变的一致，只能被看做是并合理地理解为革命的实践。"⑤ 在一切存在阶级斗争的时代，教育工作尤其是

---

① 《马克思恩格斯文集》第 1 卷，人民出版社 2009 年版，第 524 页。
② 《马克思恩格斯文集》第 2 卷，人民出版社 2009 年版，第 591 页。
③ 《马克思恩格斯文集》第 2 卷，人民出版社 2009 年版，第 48 页。
④ 《马克思恩格斯文集》第 1 卷，人民出版社 2009 年版，第 499 页。
⑤ 《马克思恩格斯文集》第 1 卷，人民出版社 2009 年版，第 500 页。

被压迫阶级的教育工作根本的价值取向就是要唤醒被压迫者的实践和斗争意识。动员无产阶级在社会实践中发挥自己的主体性,与一切不合理的制度做现实的斗争,从而消灭私有制,实现社会主义和共产主义,赢得自身的解放和整个人类的解放,是马克思主义经典作家关于教育工作根本价值取向的基本认识,体现了鲜明的人民性和彻底的革命性。

(三)关于人的片面发展、全面发展和教育的目的问题

在马克思主义诞生之前,思想史上有关教育目的的论述不管采取什么立场,几乎都是孤立地、抽象地和理想化地论述教育目的,从未将教育目的与社会生产和生活实际的状况结合起来论述。在《资本论》中,马克思深刻地考察了人类历史上从工场手工业到机器大工业过渡时期分工的发展及其社会经济后果、对人自身的普遍性影响。"机器劳动极度地损害了神经系统,同时它又压抑肌肉的多方面运动,夺去身体上和精神上的一切自由活动。甚至减轻劳动也成了折磨人的手段,因为机器不是使工人摆脱劳动,而是使工人的劳动毫无内容。"① 在马克思看来,造成工人阶级这种片面甚至畸形发展状况的,不单单是机器大工业生产,更为根本的是资本主义制度。马克思的这些论述,大大地超越了单纯从伦理上对资本家和现代工厂制度的责备,找到了解释人的片面发展、畸形发展的经济根源、制度根源及其解决之道——促进生产劳动同智育和体育相结合。"未来教育对所有已满一定年龄的儿童来说,就是生产劳动与智育和体育相结合,它不仅是提高社会生产的一种方法,而且是造就全面发展的人的唯一方法。"② 这些主张对于俄国"十月革命"和我国新民主主义革命成功之后的教育都产生了巨大的影响。

(四)关于对资本主义社会中教师劳动性质的认识

教师是一种古老的职业,自古以来就带有浓厚的道德甚至宗教色彩。如何看待教师劳动的性质?如何从总体上来判断教师所属的社会阶层?马克思认为,在资本主义社会里,资本对物质生产过程的支配作用同样体现在包括教育在内的非物质生产领域。"在学校中,教师对于学校老板,可以是纯粹的雇佣劳动者,这种教育工厂在英国数量很多。这些教师对学生来说虽然不是生产工人,但是对雇用他们的老板来说却是生产工人。老板用他的资本交换教师的劳动能力,通过这个过程使自己发财。戏院、娱乐场所等等的老板也是如此。"③ 这就是说,在资本主义制度下,教师的劳动从性质上说属于雇佣劳动的一部分,是为资本主义的再生

---

① 《马克思恩格斯文集》第5卷,人民出版社2009年版,第486-487页。
② 《马克思恩格斯文集》第9卷,人民出版社2009年版,第340页。
③ 《马克思恩格斯文集》第8卷,人民出版社2009年版,第417页。

产准备合格的生产工人及各种管理者；教师本人总体上也是庞大的雇佣劳动者的一员，为资本家生产价值和剩余价值。这种认识，深刻地揭示了教师劳动的社会性质。

除了上述论述外，马克思、恩格斯对人的本质的理论、意识形态的理论、再生产理论、阶级斗争理论、国家理论、道德理论、美学理论等的丰富论述，也从不同的侧面为深刻认识作为社会实践的教育现象提供了理论指导和方法论指导。

二、马克思主义教育哲学思想的传播与发展

马克思主义经典作家对教育问题的上述哲学论述连同其整个的思想体系形成之后，就伴随无产阶级和社会主义的运动从欧洲大陆不断地向世界其他地区传播，广泛而又深刻地影响了世界其他地区的社会革命与教育实践。

（一）马克思主义教育哲学思想在苏联的传播与发展

在英国和欧洲大陆开展工业革命、发展资本主义经济、逐步建立现代教育制度的时候，毗邻欧洲大陆的俄国还处在沙皇的统治之下，在政治上、经济上、文化上和教育上都处于相对薄弱的地位。当马克思主义及其教育思想传播到俄国这块广袤的土地上时，引起了俄国革命家、理论家和教育家的高度关注。以列宁为首的布尔什维克政党基于俄国社会革命和教育变革的实践，在理论与实践上继承并发展了马克思主义学说，提出了列宁主义的学说，为俄国资产阶级民主革命和苏联社会主义建设提供了理论指导。

列宁主义也是一个博大精深的思想体系。就教育工作而言，与马克思、恩格斯一样，列宁不是就教育论教育，而是将教育放在民主主义革命和社会主义革命与建设的大背景下来讨论，对教育的价值有着清醒的认识。关于教育的价值，列宁认为，教育是通向光明、自由和解放之路，人民群众被剥夺了受教育的权利，就等于被剥夺了获得光明、求取知识、获得自由和解放的权利。在领导苏联开展社会主义建设过程中，列宁也多次指出，文盲是站在社会主义之外的；不提高全体国民的社会主义觉悟和科学素养，是不能完成建设发达社会主义国家的历史任务的。

关于教育的性质，列宁和马克思、恩格斯一样，鲜明地指出教育工作或学校工作的政治性质，反对那种教育脱离政治的主张。他说："谁想把这种'教育'[①]当作一个特殊口号，把它跟'政治'对立起来，根据这种对立建立特殊派别，用

[①] 指社会民主党政治活动中所蕴含的教育因素——引者注。

这个口号去号召群众反对社会民主党的'政治家',谁就会不可避免地一下子滑入蛊惑宣传的歧途。"① 他尖锐地指出:"资产阶级国家愈文明,它就愈会骗人,说学校可以脱离政治而为整个社会服务。""事实上,学校完全变成了资产阶级阶级统治的工具,它浸透了资产阶级的等级观念,它的目的是为资本家培养恭顺的奴才和能干的工人。"② 基于这种认识,他继承了马克思、恩格斯在《共产党宣言》中有关教育阶级性的思想,明确提出:"我们办学的事业同样也是一种推翻资产阶级的斗争。我们公开声明,所谓学校可以脱离生活,可以脱离政治,这是撒谎骗人。"③

基于上述关于教育价值和性质的论述,列宁非常重视工人阶级的社会意识教育,非常重视教师的作用。"我们说,工人本来也不可能有社会民主主义的意识。这种意识只能从外面灌输进去,各国的历史都证明:工人阶级单靠自己本身的力量,只能形成工联主义的意识……"④ 社会民主主义的意识和社会主义意识,只能靠教育来培养。在这个过程中,国民教师的作用不可或缺。他对教师提出了殷切的希望和要求:"教师大军应该向自己提出巨大的教育任务,而且首先应该成为社会主义教育的主力军。应该使生活和知识摆脱对资本的从属,摆脱资产阶级的枷锁。不能把自己限制在狭窄的教师活动的圈子里,教师应该和一切战斗着的劳动群众打成一片。新教育学的任务是要把教师活动同建立社会主义社会的任务联系起来。"⑤ 应当说,这样的教师观在世界教育史上还是首次被提出来的。

马克思主义的教育哲学思想在苏联的传播,除了直接影响了列宁主义教育思想的产生外,还影响了克鲁普斯卡娅(1869—1939)、马卡连柯(1888—1939)等人的教育思想和实践。

作为苏联社会主义教育制度的主要奠基者之一,克鲁普斯卡娅非常重视对青少年开展思想意识教育,强调向青少年开展集体主义、社会主义和共产主义教育,以培养和造就"真正的社会主义建设者"。她鲜明地指出,社会主义不仅意味着工业化和提高生产效率,"在社会主义社会,人与人的关系完全变了样。在社会主义社会,人的思想、感情、志趣完全变了;整个生活也完全变了——变得更加丰富多彩了。生活不再有孤寂贫乏之感,人们不再为琐事而争吵不休,相互仇视。强

---

① 《列宁全集》第 10 卷,人民出版社 1987 年版,第 336 页。
② 《列宁全集》第 35 卷,人民出版社 1985 年版,第 77 页。
③ 《列宁全集》第 35 卷,人民出版社 1985 年版,第 77 页。
④ 《列宁选集》第 1 卷,人民出版社 2012 年版,第 317 页。
⑤ 《列宁全集》第 34 卷,人民出版社 1985 年版,第 392 页。

烈的集体主义思想，强烈的集体主义感情代替了个人的悲愁和单枪匹马的探索"①。

与克鲁普斯卡娅一样，马卡连柯年轻时深受以高尔基（1868—1936）为代表的俄国进步思想和马克思主义、列宁主义的影响，对工人阶级的命运及其教育问题有着深度的关切。马卡连柯提出："教育学特别是教育理论，首先是在实践上适应一定目的的科学。如果我们不向自己提出一定的政治目的，那我们简直就不能去教育人，也就没有权利进行教育工作。"② 如何确立教育的目的呢？马卡连柯认为："当然，这是从我们社会的需要、从苏维埃人民的意向、从我们革命的目的和任务以及我们的斗争的目的和任务里产生的。正因为如此，对目的的表达当然也就既不能根据生物学，也不能根据心理学，而只能根据我们社会的历史、我们社会的生活。"③ 这种教育目的论的主张，彻底与资产阶级的教育目的论划清了界限。

建立在这样的目的论基础上，马卡连柯明确地提出，苏维埃教育的目的就是要造就社会主义和共产主义"新人""公民"或"社会活动家"。基于高尔基工学团和捷尔任斯基公社工作的丰富经验，马卡连柯对这样的教育目的进行了多层面、立体的叙述，如"共产主义理想""集体主义""和谐个性""诚实""节约""责任感""判断能力""处理事务的能力""劳动意识"等，初步确立了苏联社会主义公民的形象或素质结构。

马克思主义经典作家的教育哲学思想在苏联的传播，不仅仅通过对列宁、克鲁普斯卡娅、马卡连柯等人的教育思想和实践的影响表现出来，还通过对许多其他苏联时期的教育家，如苏霍姆林斯基（1918—1970）、凯洛夫（1893—1978）、维果茨基（1896—1934）等的教育思想和实践的影响得以表现，成为苏联教育学传统的指导思想和方法论基础。这种情形直到1991年苏联解体后才发生改变。

（二）马克思主义教育哲学思想在西方的传播与发展

由于西方地理和政治版图的多样性与复杂性，考察马克思主义教育哲学在西方的传播只能通过考察20世纪受马克思主义影响较大的一些著名思想家、学者的教育思想来进行。这里，我们主要分析马克思主义教育哲学思想对意大利的葛兰西（1891—1937），美国的鲍尔斯（1939— ）、金蒂斯（1940— ）、阿普尔（1942— ）、吉鲁，法国的布迪厄（1930—2002，也有人译为布尔迪约），以及巴

---

① 《克鲁普斯卡娅教育文选》下卷，卫道治译，人民教育出版社2006年版，第79页。
② 《马卡连柯教育文集》下卷，吴式颖等编，人民教育出版社2005年版，第367页。
③ 《马卡连柯教育文集》下卷，吴式颖等编，人民教育出版社2005年版，第367页。

西的弗莱雷（1921—1997）等人思想的影响。

葛兰西在传播和发展马克思主义教育哲学思想的过程中，在两个方面做出了重要的贡献：一是发展了马克思主义的霸权理论，提出了"文化霸权"的思想，为后来的法兰克福学派和英美的批判教育理论提供了基础概念；二是发展了马克思主义有关学校阶级性的思想。葛兰西指出："一个社会集团的霸权地位表现在以下两个方面，即'统治'和'智识与道德的领导权'。"① "要与旧式学校作斗争没有错，但要改造它就没有看上去那么简单。问题并不在于某个典型课程，而在于人，但又不仅仅是教师本身，而是他们所体现的整个社会集合。"② 很明显，在学校变革与社会变革、教师的专业性与政治性上，葛兰西忠实地反映了马克思主义的基本立场和观点。

鲍尔斯和金蒂斯继承和发展了马克思主义的再生产理论，并将这种理论用于分析经济生活和教育变革之间的对应关系。他们认为，美国资本主义最关键的方面在于少数人占有并控制了大部分生产资源，而大多数民众除了个人财产外，占有的只是自己的劳动能力，由此导致了广泛的社会不平等。"教育系统，基本上说来，既不会扩大也不会缩小由经济领域所产生的不平等程度和人性压抑程度。相反，它在训练和层化劳动力过程中，再生先存的模式，并使之合法化。"③ 所以，要想真正开展一场成功的教育改革，不触动美国社会的经济制度是不可能的。

与鲍尔斯和金蒂斯的立场类似，布迪厄也发展了马克思主义的再生产理论，从文化与教育关系的分析入手，致力于对教育中文化资本、符号暴力以及对工人阶级子弟的影响进行分析。他以语言资本为例说："一个给定社会的给定时刻可使用的各种语言编码的社会价值（即它们的经济和符号效益），总是取决于它们与语言规范的距离。而学校则在定义被社会承认的语言'正确性'的标准定义时强行使用这一规范。更确切地说，每个人的语言资本在学校市场上的价值，随以下二者之间的距离变化：学校要求的符号控制的类型，来自本人阶级初始教育的对语言的实际控制。"④ 布迪厄指出，现代社会为教育系统提供了许多把社会优势转化

---

① ［意］安东尼奥·葛兰西：《狱中札记》，曹雷雨等译，中国社会科学出版社2000年版，第38页。
② ［意］安东尼奥·葛兰西：《狱中札记》，曹雷雨等译，中国社会科学出版社2000年版，第27页。
③ ［美］S. 鲍尔斯、H. 金蒂斯：《美国：经济生活与教育改革》，王佩雄等译，上海教育出版社1990年版，第397页。
④ ［法］P. 布尔迪约、J.-C. 帕斯隆：《再生产——一种教育系统理论的要点》，邢克超译，商务印书馆2002年版，第128页。

为学校优势的机会。而学校优势又可以再转化为社会优势，从而使得资本主义的不平等结构永远地保持下去。

与鲍尔斯、金蒂斯、布迪厄等人的态度不同，弗莱雷、阿普尔和吉鲁等人虽然也承认资本主义的不平等关系对于教育的支配作用，但是他们更加注重从马克思主义的实践哲学出发讨论如何改变这种现实，从而打破这种自资本主义生产关系诞生以来就一直存在的再生产关系或对应关系。弗莱雷在这方面首先发出自己的声音，写下《被压迫者教育学》①这部极具影响力的当代马克思主义教育理论的经典作品。在这本书中，弗莱雷基于巴西经济社会和教育的实际，综合运用马克思主义的阶级分析方法、人性论和实践哲学主张，对非人性化的社会现象进行猛烈批判，系统讨论了被压迫者的教育与解放的问题。

吉鲁对鲍尔斯、金蒂斯著作中的经济还原论表示不满，认为学校作为一种政治的场域，尽管受到社会不平等经济关系的强烈控制，但并非不存在抵制和反抗的空间。基于对意识形态与教育、知识与权力等关系的分析，吉鲁认为，批判教育者必须意识到社会文化状况与人类活动之间的辩证法，必须把学生理解为具有自我意识的主观能动者，通过发展出一套批判性和可能性的语言，促使学生成为积极的、批判性的公民，参与到学校内部和学校外部各种不平等、不公正现象的斗争中来。

阿普尔一生深受马克思主义和葛兰西、弗莱雷、福柯、弗雷泽（1854—1941）等人的影响，持续地为创造一个更加平等、团结和公正的社会而努力。在阿普尔看来，在20世纪八九十年代，美国社会所有指向公立学校的改革运动，如国家课程、全国考试、私营化、学券制等，不仅无助于解决教育和社会不平等问题，而且进一步强化了新自由主义、新保守主义等精英意识形态的霸权地位，导致各种受压制群体的进一步边缘化。他认为，面对形形色色的教育改革，人们需要直接地、毫不犹豫地提出下面的问题："你站在谁的一边？""谁从改革中受益？"对这些问题及其答案的追寻，有助于彰显教育改革的实质和真实价值追求，启迪教育改革的未来民主之路。

总的来看，马克思主义及其教育哲学思想在西方社会传播的过程中，依然保持了其强大的批判和实践传统，对于西方社会深刻地认识社会经济、文化、政治霸权与教育、学校、课程、教材、教师等之间的对应关系，认清资本主义教育与

---

① ［巴西］保罗·弗莱雷：《被压迫者教育学》，顾建新、赵友华、何曙荣译，华东师范大学出版社2001年版。

生俱来的不平等和不公正性，起到了历史性的作用。但是，西方学者大都放弃了马克思主义历史唯物主义的基本立场和观点，也很难找到解决资本主义危机（包括教育危机）的现实道路。

（三）马克思主义教育哲学思想在中国的传播与发展

1917年俄国的"十月革命"和1919年我国的"五四运动"使得马克思主义得到一部分先进知识分子的高度关注。1919年9月到11月，李大钊在《新青年》上连续刊文，介绍自己的马克思主义观，并运用马克思主义的唯物史观分析和阐释中国社会所面临的实际问题，其中就包括教育问题。他强调文化教育是一定社会经济基础之上的上层建筑，随着经济基础的变革而发生变革；在阶级社会里，教育总是为统治阶级服务的，因而必然地具有阶级性。"不改造经济组织，单求改造人类精神，必致没有效果。不改造人类精神，单等改造经济组织，也怕不能成功。"① 基于这样的立场，中国早期的马克思主义者对一些人所提倡的"教育独立""教育清高""教育救国"说进行了猛烈的批评。陈独秀在《三答区声白》中指出："在私产制度之下的教育，无论倚靠政府不倚靠政府，全体，至少也是百分之九十九有意或无意维持资产阶级底势力及习惯，想在这种社会状况之下实现善良教育而且是普遍的，我想无人能够相信。"② 他反问说："所谓教育独立，是不是离开社会把教育界搬到空中去独立或是大洋中去独立？"③ 这些论述，对于医治当时一些教育家的政治幼稚病，帮助他们以及广大工农群众认识到教育问题与社会问题之间的内在关系，将教育问题纳入社会革命事业当中来解决，起到了积极的作用。

马克思主义及其教育哲学思想在中国传播的最重要成果，就是形成了包括毛泽东教育思想在内的毛泽东思想，这是近百年来中国人民在探索适合中国国情的革命和建设道路时取得的伟大理论成就。

教育性质问题始终是毛泽东所关心的重大教育问题之一。"五四运动"之前，毛泽东受近代启蒙思想家的影响，重视教育的人文性，希望通过教育的变革来完成国民性改造的任务。"五四运动"之后，基于自己从事乡村调查和创办工读新村、工人夜校和农民补习学校的经验，毛泽东渐渐地认识到教育活动不是孤立的，而是在现实社会系统中运行的。他认为，要从根本上解决农民没有文化这样的问题，像杜威、晏阳初（1890—1990）、陶行知（1891—1946）那样单纯地提倡平民

---

① 《李大钊文集》第3卷，人民出版社1999年版，第35页。
② 《陈独秀文章选编》（中），生活·读书·新知三联书店1984年版，第145页。
③ 《陈独秀教育论著选》，戚谢美、邵祖德编，人民教育出版社1995年版，第317页。

教育、乡村教育是不行的，必须从根本上开展政治革命，打倒地主阶级。

教育价值问题也是毛泽东所关心的重大教育问题。毛泽东在青年时代就认识到，旧教育最大的问题就是少数人的教育，而不是多数人的教育；是统治阶级的教育，而非人民的教育。新民主主义的教育、社会主义的教育就是要变革这种教育的价值取向，将大众的教育、人民的教育作为根本的价值方向加以追求。中华人民共和国成立后，毛泽东多次明确提出，教育"要向工农开门"。1958年，他更明确提出教育的"人民性"。"中国教育史有人民性的一面。孔子的有教无类，孟子的民贵君轻，荀子的人定胜天，屈原的批判君恶，司马迁的颂扬反抗，王充、范缜、柳宗元、张载、王夫之的古代唯物论，关汉卿、施耐庵、吴承恩、曹雪芹的民主文学，孙中山的民主革命，诸人情况不同，许多人并无教育专著，然而上举那些，不能不影响对人民的教育，谈中国教育史，应当提到他们。但是就教育史的主要侧面说来，几千年来的教育，确是剥削阶级手中的工具，而社会主义教育乃是工人阶级手中的工具。"①

在教育目的问题即教育培养什么样的人的问题上，1957年，毛泽东在《关于正确处理人民内部矛盾的问题》中明确提出："我们的教育方针，应该使受教育者在德育、智育、体育几方面都得到发展，成为有社会主义觉悟的有文化的劳动者。"②"劳动者"的培养，不仅是针对劳动人民而言的，也是针对知识分子而言的。"劳动者"教育目的的提出，体现着毛泽东朴素的阶级感情，对劳动创造价值的深刻认识，以及对传统教育培养造就严重脱离劳动人民的人上人从而复制社会等级结构的严重不满。

如何才能培养这种既有社会主义觉悟又有文化的劳动者呢？在毛泽东看来，唯一的选择就是打破传统学校教育的藩篱，走教育与生产劳动相结合的道路。教育与生产劳动相结合是马克思主义经典作家基于现代化大生产提出的一个重要命题，也是苏联建立社会主义教育体系的一条基本原则。毛泽东基于中国社会革命和建设的特殊实践，进一步发展了这个命题。不过，由于受极左思想的干扰，20世纪50年代后期，特别是在"文化大革命"时期，教育界在执行这一原则时出现了一些极端化、教条化的做法，以生产劳动代替教育，导致教育秩序的严重破坏，产生严重的历史后果。这种历史教训值得认真汲取。

改革开放以后，马克思主义与中国特色社会主义建设事业进一步结合，形成

---

① 《毛泽东文集》第7卷，人民出版社1999年版，第398页。
② 《毛泽东文集》第7卷，人民出版社1999年版，第226页。

了邓小平理论、"三个代表"重要思想、科学发展观以及习近平新时代中国特色社会主义思想等丰硕的理论成果，马克思主义教育哲学思想的基本立场、观点、方法也被进一步发扬光大，与时俱进，成为指导改革开放四十年来我国教育改革创新的指导性理念。改革开放四十年来，在教育性质方面，始终坚持教育的人文性与教育的社会性的统一，把教育为人的自由和全面发展服务与为社会主义现代化建设服务统一起来；在教育价值方面，强调教育的育人价值、社会价值、国家价值和人类价值的统一，并且把"立德树人"作为教育的基础性价值；在教育目的方面，确立培养德智体美劳全面发展的社会主义事业建设者和接班人的根本目的，发展了1957年毛泽东提出的"有社会主义觉悟的有文化的劳动者"的观点；在教育内容的选择方面，强调新时代中国特色社会主义教育、社会主义核心价值观教育、中华优秀传统文化教育等，进一步丰富了中国特色社会主义教育的内容体系；在教育战略方面，提出科教兴国和教育优先发展的战略，把加快教育现代化、建设教育强国作为实现中华民族伟大复兴的基础工程。

总的来看，马克思主义教育哲学思想在中国的传播与发展经历了一个曲折的过程，经历了与其他一些教育哲学思想（如实用主义教育哲学思想）斗争的过程，最终走上了一条中国化的道路，与中国革命和社会主义现代化建设密切结合，对中国特色社会主义教育产生深远影响。特别是党的十八大以来，习近平着眼于"两个一百年"奋斗目标、中华民族伟大复兴中国梦和人类命运共同体的构建，审时度势，高瞻远瞩，继承和发展了马克思主义教育哲学思想，对教育工作发表了一系列重要讲话，深刻分析了教育事业面临的新形势、新挑战、新问题，提出了一系列新理念、新思想、新观点，形成了新时代中国特色社会主义教育理论体系。这一理论体系已经成为指引当前和未来我国教育改革发展的基本遵循和行动指南。

三、马克思主义教育哲学思想与当代社会

在过去的一百年时间里，马克思主义教育哲学与整个马克思主义思想体系一样，产生了广泛和深远的世界性影响，为世界人民思考如何建设一个更加合理、公正且有尊严的社会秩序，如何基于各国的国情和不同阶段的教育实践开展教育改革提供了强大的理论和方法论指导。当前，人类正在向21世纪的纵深处走去，在政治、经济、文化、科技、人文、教育等各领域出现了许多新的情况、挑战和问题。马克思主义教育哲学如何回应新时代的新情况、新挑战、新问题，需要教育哲学工作者进行进一步的思考。

(一) 时代的趋势

从全球趋势来看,当今世界正在经历百年未有之大变局。经济全球化、社会信息化、文化多样化深入发展,新一轮科技革命蓬勃发展,传统人文主义复兴,新兴市场国家和发展中国家快速崛起,世界各国人民的命运从未像今天这样紧紧相连。

经济全球化主要表现为任何一个国家的未来发展都不可避免地融入日益加深的全球化趋势当中。全球的人口、信息、知识、资源、资本等的流动、共享和竞争将达到新的历史高度。马克思、恩格斯在19世纪中叶的下述预言已经成为现实:"资产阶级,由于开拓了世界市场,使一切国家的生产和消费都成为世界性的了。……旧的、靠本国产品来满足的需要,被新的、要靠极其遥远的国家和地带的产品来满足的需要所代替了。过去那种地方的和民族的自给自足和闭关自守状态,被各民族的各方面的互相往来和各方面的互相依赖所代替了。物质的生产是如此,精神的生产也是如此。各民族的精神产品成了公共的财产。民族的片面性和局限性日益成为不可能,于是由许多种民族的和地方的文学形成了一种世界的文学。"[①] 在这种趋势下,中国提出了"一带一路"倡议和"人类命运共同体"理念,主动汇入全球发展的洪流之中。

社会信息化主要表现为信息技术的革命在深刻影响社会生产、交往、管理等领域之后,对以学校为主体的教育体系的影响将不断深化,成为塑造未来教育与学习观念、课程与教学服务方式、教师职前教育和在职培训模式以及教育治理方式变革的关键性因素,"信息素养"成为读、写、算之后又一种应对信息社会的核心素养。

文化多样化主要指随着经济全球化、社会信息化和城镇化进程的加快,各种不同的文化传统、价值观念和生活方式将出现在同一时空下。传统文化和价值观念的合理性与正当性在新的时代背景下被重新讨论不可避免,不同文化和价值观念之间的比较、竞争、冲突和新融合不可避免,文化尊重、文化民主与文化宽容对于塑造一个和平、正义、非暴力的未来社会至关重要。

进入21世纪以来,新一轮科技革命不断加速,并带动了产业变革,重塑了全球经济结构。在信息科学、生命科学、制造科学、能源科学、空间科学、海洋科学等领域里出现的一系列原创突破为前沿技术、颠覆性技术提供了更多创新源泉。学科之间、科学和技术之间、技术之间、自然科学和人文社会科学之间日益呈现

[①] 《马克思恩格斯文集》第2卷,人民出版社2009年版,第35页。

交叉融合的趋势。科学技术从来没有像今天这样深刻影响着人民生活福祉和国家前途命运。应对新一轮科技革命的趋势，必须加快科技强国建设，加大创新人才培养的力度，实施创新驱动战略。江泽民指出，教育"是培育创新精神和创新人才的重要摇篮"，"教育在培育民族创新精神和培养创造性人才方面，肩负着特殊的使命"①。习近平指出："纵观人类发展历史，创新始终是一个国家、一个民族发展的重要力量，也始终是推动人类社会进步的重要力量。……实施创新驱动发展战略，是应对发展环境变化、把握发展自主权、提高核心竞争力的必然选择，是加快转变经济发展方式、破解经济发展深层次矛盾和问题的必然选择，是更好引领我国经济发展新常态、保持我国经济持续健康发展的必然选择。"②

人文主义的复兴主要指在各项经济社会发展目标达成的过程中，人自身的需要、自由、尊严和权利等越来越成为关键的价值维度，"以人为本"已经并将继续成为各种新的发展理论的共同价值基石，防止和克服由于狭隘的功利主义、消费主义和绩效主义以及严重的社会分化所带来的人的发展问题，成为各种公共政策所追寻的共同伦理目标。康德在 18 世纪所提出的"人是目的"和马克思、恩格斯在《共产党宣言》中所提出的"每个人的自由发展是一切人的自由发展的条件"③的光辉论断正在被越来越多的国家、企业、组织和大众所认可和接纳。坚持以人民为中心，"让人民群众有更多获得感"④ 正在成为时代的最强音。

（二）时代的挑战

上述全球性趋势对于马克思主义教育哲学构成的挑战主要表现为：在这种新的时代背景下，马克思主义教育哲学的立场、观点和方法有没有过时？还有没有解释力和指导力？有没有进一步发展的必要与可能以及该如何发展？

关于马克思主义有没有过时的问题，我们的回答是："没有！"为什么这么说？从西方社会来说，资本主义确实在马克思主义诞生之后的一百多年时间里有了新的发展，但是资本主义的基本矛盾并没有得到解决，生产力和生产关系之间的矛盾、经济基础与上层建筑之间的矛盾，以及由此引发的社会各阶级、各种族之间的矛盾并未得到彻底的解决，经济危机和由此引发的社会危机不断出现，自由、平等、公正等社会价值理想远未实现。从这个角度来看，马克思主义对资本主义

---

① 《江泽民文选》第 2 卷，人民出版社 2006 年版，第 331、334 页。
② 《习近平谈治国理政》第 2 卷，外文出版社 2017 年版，第 267 页。
③ 《马克思恩格斯文集》第 2 卷，人民出版社 2009 年版，第 53 页。
④ 习近平：《在省部级主要领导干部学习贯彻党的十八届五中全会精神专题研讨班上的讲话》，人民出版社 2016 年版，第 28 页。

社会的分析和有关教育问题的哲学论述依然有其时代的价值，是当今人们分析西方社会各种问题的主要理论框架。例如，在今天，对于教育实践活动社会性质的认识，依然是西方批判理论家们分析西方社会发展与教育发展关系的一个基本理论出发点，各种各样的再生产理论、抵制理论和解放理论等无不是在新的时代背景下重新诠释马克思主义教育哲学相关理论的结果。从这个角度来说，不熟悉马克思主义对于教育问题的哲学论述，就不能很好地理解西方马克思主义对于教育改革中新自由主义、新保守主义和其他各种思潮的批评。

至于马克思主义所创立的历史唯物主义方法论和观察人的发展状况的视角，就更没有过时，不仅没有过时，而且仍然是今天我们审视包括教育问题在内的广义文化问题、人的发展问题的指导性思想。如今，教育改革中专业主义盛行，强调就教育论教育、从教育内部看教育。这种主张有其合理之处，对于提高教育管理、实践和决策的专业化水平大有裨益。但是，从方法论来说，这种主张割裂了教育与社会的关系，反而不能帮助人们认清教育问题、人的问题的社会本质，更不能指导教育改革实践走向正确的方向。又如，伴随着教育中人文主义的复兴，关心人、发展人、成就人的各种价值主张层出不穷。但是，考察这些主张的人性基础，许多是建立在抽象的人性论的基础上的。这些主张看似道德正确，但是由于没有认识到教育中的人的问题的社会实质，而无法解决所批评的那些消极现象。从马克思主义的人性论和历史唯物主义方法论出发，我们更能够很好地审视现实的人的问题和教育的问题，更好地引导教育改革走向正确的方向。

时代变化了，马克思主义教育哲学也需要补充新的素材，在解释和解决教育实践问题时不断发展。新的素材主要包括三个方面：一是在思想理论方面，要自觉地以新时代马克思主义中国化的最新成果为指导，同时有分析、有鉴别地吸收国外马克思主义理论研究的新成果，不断提高我们的马克思主义理论水平；二是在科学基础方面，要努力吸收当代科学尤其是与教育实践密切相关的脑科学、神经科学、认知科学、信息科学等领域的新成果，丰富马克思主义教育哲学的科学内涵；三是在研究对象方面，要着眼于建设中国特色世界水平的现代教育体系，聚焦教育改革创新的重大问题，不断扩展马克思主义教育哲学研究的新领域，提出马克思主义教育哲学的新主张。比如，关于教育工作的价值取向，在马克思主义经典作家那里，教育是无产阶级认清自己的使命、开展革命斗争并赢得自身解放的武器；在列宁和毛泽东那里，教育也是劳工阶级增强力量、建设新型的社会主义国家的重要工具；改革开放后，我国社会主义建设进入了一个新的历史时期，教育工作的价值取向越来越聚焦于为社会主义现代化建设服务，为人民服务；当前，我国正处在全面建成小康社会决胜阶段、中国特色社会主义进入新时代的关键时期，这一时期教育改革发展的价值取向除要体现为社会主义现代化建设服务、为人民服务的精神外，还要体现为中国共产党治国理政服务、为巩固和发展中国特色社会主义制度服务。只有这样，马克思主义教育哲学，如同整个马克思主义一样，才能在生动的实践中得到不断检验、丰富和发展。

小　结

　　本章主要介绍了教育哲学的历史传统及其演变，包含中国教育哲学的历史发展、西方教育哲学的历史发展、马克思主义教育哲学的形成与发展等三个部分。这三部分并列介绍的目的是给读者提供相互参照学习的机会，理解教育哲学传统的多样性与近代以来世界范围内教育哲学发展的相互影响。

　　中国有着悠久的文化教育传统，历史上各个思想流派都有其丰富的教育哲学论述。其中，儒家、道家和佛家的有关论述尤其丰富，是我们建设中国特色、中国风格、中国气派的教育哲学的宝贵资源。20世纪20年代之后，受杜威教育哲学思想影响，中国开始建立自己学科化的教育哲学体系，走过了一段不平凡的道路，许多教育哲学界的前辈为此做出了可贵的努力与积极的贡献。西方教育哲学流派众多，相互批评，本章重点介绍了西方国家20世纪四个主要的教育哲学流派及其对教育政策、理论和实践的影响。马克思主义教育哲学是世界性的教育哲学，对于苏联和我国的教育哲学有着巨大的影响，其方法论和基本理论观点在今天依然具有重要的学术和实践指导意义。

　　中国教育哲学的当代发展已经融入世界教育哲学发展的潮流之中，面向未来，我们必须坚持马克思主义的指导地位，依据老一辈教育哲学家提出的会通中西、沟通古今、兼顾理论和实践的基本原则，进一步提升中国教育哲学研究的学术水平和服务能力，努力开创有中国特色、中国风格、中国气派的教育哲学新时代。

思考题

1. 论述中国传统儒家教育哲学主张的基本内容及其时代意义。
2. 阅读杜威《民主主义与教育》一书，评论实用主义教育哲学有关教育性质、教育目的、教育价值取向等的基本主张。

3. 阅读弗莱雷的《被压迫者教育学》，分析它在哪些方面受到了马克思主义教育哲学的影响。
4. 当前中国教育领域的人文主义主要表现在哪些方面？试以马克思主义为指导分析它们背后的人性论主张。
5. 21 世纪如何以马克思主义为指导建设有中国特色、中国风格、中国气派的教育哲学？

第二章　教育的本质

什么是教育？教育的本质是什么？这是教育研究和实践中的一个根本问题。对这个问题及其相关问题的不同回答形成了不同的教育观、教育思想流派和教育实践模式。本章从对"教育"概念的语言分析入手，阐明教育概念的日常用法，分析教育概念的定义及其类型，分析一些主要的教育隐喻，并结合实际将教育与一些相关概念进行比较。在此基础上，本章以马克思主义特别是唯物史观为指导，从历史上和现实的社会和教育实际出发，对教育一般本质和特殊本质进行理论阐述，以帮助人们树立正确的教育观，促进我国社会主义教育事业健康发展。

第一节　教育概念的语言分析

人们对教育本质的认识有各种各样的途径，既体现在日常生活中对"教育"概念的使用上，也体现在给"教育"概念所下的定义中，还体现在一些用来喻指教育活动、表达教育思想的隐喻中。对教育活动中的这些语言现象进行哲学分析，是教育哲学的一个重要任务，也为准确把握教育的本质提供思想材料。

一、"教育"概念的日常用法分析

在日常话语实践中，"教育"这个概念的使用范围极广，不同的用法所指称的对象也不相同，存在比较突出的一词多义现象。从类型上说，日常话语实践中"教育"一词所指称的教育实践活动除了正规的学校教育之外，还包括非正规教育和非正式教育等教育形态。

顾明远：《对教育本质的新认识》

（一）正规教育

人们平常所说的"百年大计，教育为本""建设社会主义教育体系""全面提升高等教育质量"等话语中的"教育"一词，指称的主要就是正规教育。正规教育是由教育部门认可的教育机构所提供的有目的、有组织、有计划的教育活动，这种教育活动由专职人员承担，以影响学生的身心发展为直接目标，有一定的入学条件和毕业标准，通常在教室环境中进行，使用规定的课程标准（教学大纲）、教材，其特点是统一性、连续性、标准化和制度化。在教育领域内，有些学者用

"制度化教育"指称正规教育,主要意图就是指出正规教育的强制性和统一性。

与其他教育形式相比,正规教育的优势和作用是明显的。杜威在《民主主义与教育》一书中指出:"没有这种正规的教育,不可能传递一个复杂社会的一切资源和成就。因为书籍和知识的符号已被掌握,正规教育为年轻人获得一种经验开辟道路,如果让年轻人在和别人的非正式的联系中获得训练,他们是得不到这种经验的。"① 正是这种正规教育的存在,极大地提高了人类社会的教育效率和教育水平。

但是正规教育也有它的局限性。它既不能传授人一生所需要的全部知识和经验,也不能满足人们因社会经济发展而产生的多种教育需要。为了提高教育效率,正规教育在传授知识时往往重视概念和原理的直接教学,缺乏生活性和情景性。"从间接的教育转到正规的教育,有着明显的危险。参与实际的事务,不管是直接地或者间接地在游戏中参与,至少是亲切的、有生气的。在某种程度上,这些优点可以补偿所得机会的狭隘性。与此相反,正规的教学容易变得冷漠和死板——用通常的贬义词来说,变得抽象和书生气。"②

(二)非正规教育

非正规教育是对有组织的教育机构以外的机构所从事的教育活动的统称。人们常说的"到部队里接受教育""某某城市的新市民教育"等当中的"教育"指的就是这种非正规教育。其他如由工厂所提供的工人教育、由村委会提供的农民教育、由中华全国妇女联合会和中国关心下一代工作委员会提供的家庭教育、由社区提供的老年人教育等都属于非正规教育的范畴。

非正规教育是直接与生活和工作相联系的、内容广泛的教育活动,有一定的计划性与系统性。它为缺乏接受学校教育机会的人提供了大量的学习机会。与正规教育相比,非正规教育往往不强求严格意义上的入学条件和毕业要求,它的实施方式灵活多样,目的上也不指向学分与学历文凭的获得,而是以获取生活和工作所需要的态度、知识、技能、价值观等为主,是一个国家完整教育体系的重要组成部分。

(三)非正式教育

非正式教育是指非组织化、非系统化的,甚至有时是无意识的教育活动。人们常说的"看了《钢铁是怎样炼成的》一书让我很受教育""经历了某一件事情,我受到了一次很深刻的教育"等当中的"教育",都是指这种非正式教育。非正式

---

① [美]约翰·杜威:《民主主义与教育》第2版,王承绪译,人民教育出版社2001年版,第13页。

② [美]约翰·杜威:《民主主义与教育》第2版,王承绪译,人民教育出版社2001年版,第13页。

教育能够对人的发展产生很大的影响，并在人生的学习活动中占有很大比例。相对于正规教育和非正规教育而言，非正式教育主要是在日常生活和生产实践中所进行和所发生的，缺少组织性和系统性，具有比较明显的日常性和偶然性。

所以，从日常生活中人们对教育概念的用法分析来看，"教育"一词在内涵上和外延上都指称着既相互关联又不完全相同的实践行为，有狭义和广义之分。狭义的教育概念等同于正规教育，人们一般而言的"教育改革"主要涉及这种狭义的教育；广义的教育概念也包括非正规教育和非正式教育，像"教育性社会"这种概念和政策中所说的"教育"就是广义的教育。随着信息化时代的到来，一些依靠网络提供远程多样化学习指导的教育行为也越来越被纳入教育概念的内涵和外延之中，改变着传统的正规教育、非正规教育和非正式教育及其相互关系。当代学校教育往往吸纳一些非正规教育和非正式教育的方法和策略，以克服制度化教育的弊端，提高学校教育的效果。正规教育、非正规教育和非正式教育一起构成了人类社会完整的教育形态。

二、"教育"概念的定义分析

下定义是把握事物特征和认识事物本质的一种方式。在教育史上，许多思想家和教育家都试图通过下定义的方式来把握和表达自己对于教育活动的本质性认识。例如，儒家经典《大学》中的"大学之道，在明明德，在亲民，在止于至善"[①]，把教育看成发展德性、教化百姓以臻达至善境界的过程。《中庸》中的"天命之谓性，率性之谓道，修道之谓教"[②]，把教育看作依据道的原则来开展道德实践并由此洞察人性和天命的过程。在西方，柏拉图在《理想国》一书中将教育定义为"促使心灵转向的艺术"，强调通过教育引导学习者心灵关注实在、真理和永恒的善，体现了唯理论的教育观；裴斯泰洛齐（1746—1827）认为，"人的全部教育就是促进自然天性遵循它固有的方式发展的艺术"[③]，表达了自然主义的教育观；杜威则将教育定义为"经验的改造或改组"[④]，强调个体经验的主动性、持续性及其与环境的交互性，体现了实用主义注重行动过程的教育特色。其他许多思想家和教育家对于"什么是教育"也都有自己的看法，林林总总，不一而足，反

[①] 《四书》，王国轩等译，中华书局2007年版，第106页。
[②] 《四书》，王国轩等译，中华书局2007年版，第118页。
[③] 《裴斯泰洛齐教育论著选》，夏之莲等译，人民教育出版社2001年版，第30页。
[④] [美]约翰·杜威：《民主主义与教育》第2版，王承绪译，人民教育出版社2001年版，第87页。

映了各自的哲学观、社会立场和教育价值取向。

为了理解各种各样的教育定义，分析哲学家致力于对不同的定义方式进行分类。谢弗勒在《教育的语言》一书中，运用分析哲学的方法，归纳出三种类型的"教育"定义：约定型定义（stipulative definition）、叙述型定义（descriptive definition）和计划型定义（programmatic definition）。①

（一）约定型定义

约定型定义是一种"创新"或"创制"的定义，或者说是由作者所赋予的定义。作者在讨论某一个问题的时候，能够使所定义的概念一致地代表约定的意义。例如，有人在讨论教育问题时可能会说："注意，我知道当前对教育有许多时尚的界说和看法，但为了顺利起见，我在整个探讨（演讲、论文、著作，等等）中，将把'教育'这个词只用来表示社会为了通过有目的的教和学来保存其文化的某些方面，而创造和维护的那种社会制度。"这句话传递的意思是："不管其它人所用的'教育'一词是什么意思，我所用的'教育'一词就是这个意思。"② 索尔蒂斯认为，"约定型定义"只不过是一种下定义的"技巧"，或者是一种协商方式，目的是使事情更加有条理、更加明确。

（二）叙述型定义

叙述型定义又称"描述型定义"，即精确地叙述被界说的术语，或术语曾经被使用的方式、方法。在词典中，我们见到的大多是叙述型定义。叙述型定义着眼于"教育实际是怎样"。公众使用叙述型定义比较有一致性。叙述型定义彼此之间的争论不大，即使有，也能够通过客观的方式解决。

（三）计划型定义

计划型定义又称"纲领型定义"，与约定型定义所谓的"我对教育的暂且理解"不同，与叙述型定义所说的"教育实际是怎样"也不同，它更像是二者的混合。这种定义涉及"应然"问题，实际上它包含着"是"和"应当"两种成分。使用这种定义，人们不但把教育本质描述为一种工具或社会的体制，而且也提供了一种计划，含有处方和规范的叙述。计划型定义"有指引实际行动的效果，而不只是在表达适当条件下足以促成实际行动的前提"③。比如，我们可以把"教

---

① ［美］伊士列尔·谢富勒：《教育的语言》，林逢祺译，桂冠图书股份有限公司1994年版，第18页。
② 瞿葆奎主编：《教育学文集·教育与教育学》，人民教育出版社1993年版，第32页。
③ ［美］伊士列尔·谢富勒：《教育的语言》，林逢祺译，桂冠图书股份有限公司1994年版，第18页。

育"描述为"社会借以发展年轻一代认识生活中的善和价值的能力的手段"。这个定义不仅有把教育看作影响社会的一种手段,而且还隐含着以下规范性的要求:教育应当发展人们认识生活中的善和价值的能力。

谢弗勒认为,约定型定义利在沟通,即在促进讨论活动的进行;叙述型定义利在说明,即在厘清词语的正确用法;计划型定义利在行动,即促进行动计划的执行。无论是哪一种定义,都不完全是对教育行为的客观描述,而是渗透着下定义者对教育行为价值、目的、规范等的主观判断。索尔蒂斯认为:"人们不应该对教育的定义经常外显地或内隐地包含某些纲领、规范、规定或价值观而感到惊奇。教育毕竟是人类的一项事业,在这项事业中,人们试图有目的、有见地、谨慎地做些什么。"①

三、"教育"概念的隐喻分析

在理解和表达教育本质的过程中,很多时候人们会使用隐喻的方式。隐喻是修辞格的一种,就是用一种物体或其部分特征来喻指另外一个物体,并暗示两者之间存在一种相似性或关联性。在中外教育史上,有一些著名的教育隐喻。通过这些隐喻,可以分析一些教育家对"教育"的定义。

(一)柏拉图的"洞穴"隐喻

探讨柏拉图的教育观,不可绕过他的洞穴隐喻。通过这一哲学史和教育史上著名的隐喻,柏拉图阐述了自己对"受过教育的人"和"没有受过教育的人"的不同看法。

柏拉图把"没有受过教育的人"比喻成"囚徒",他们如井底之蛙,不可能独自地看到外面世界的任何东西。他们看不到在洞穴外的道路上行走的人,也不知道洞穴外的道路上的交通状况,于是,这些囚徒就猜想,洞穴后壁上的阴影肯定是真正的事物。如果他们被释放而获得自由,面对着外面世界的光明和路上的行人,他们会感觉头晕目眩,难以适应,反而希望重新回到阴影之中。如果有人把他们拖到光明之中,直到他们习惯于看现实中的人,运用他们的理性能力进行分析,他们才可以说是完全自由了。

借助洞穴隐喻,柏拉图认为,教育活动是一种理性活动,是一种心灵的转向,帮助人们从现象世界转向理念世界、从意见世界转向知识世界、从黑暗转向光明。柏拉图关于教育的理解,尽管其哲学立场是错误的,但他有关"教育乃心灵转向"

---

① 瞿葆奎主编:《教育学文集·教育与教育学》,人民教育出版社1993年版,第35页。

的观点却对西方社会的教育观产生了历史性的影响。

(二) 杜威的"生长"隐喻

杜威关于教育的"生长"隐喻是众所周知的,其内涵也相当丰富。"生长"本来是生物界的常用术语,用来描述生物从未成熟状态向成熟状态发展的过程。杜威将生长一词运用于教育领域,并对生长做了如下界定:"这个朝着后来结果的行动的累积运动,就是生长的涵义。"① 杜威坚持认为,生长的首要条件是未成熟状态,生长的过程是连续的,生长的目的是更多的生长,不是外在的目的的达成。这些观点,带有明显的生物学印记。

杜威把教育与生长的过程相提并论,暗示着人的成长与发展的丰富可能性,既肯定了教育在人的发展过程中的重要意义,又强调了教育和学习过程本身的连续性。由于人出生时的未成熟状态,生长预示着人有向上发展的倾向性,有不断生长的可能性,这也说明人本身就潜藏着一种发展的能力。教育要发展这种潜力,要使这样的生长过程变成可能,就要在尊重个体经验的基础上,创造适宜的环境,引发个体不断地进行经验的改组、改造和转化。

透过这个隐喻可以发现,杜威在分析、讨论教育的过程中,首先把教育目的与教育过程融合在一起,两者之间关系是统一的而不是分割的。在有关教育目的的分类上,许多学者把杜威划归为"教育无目的论",其实,这是一种误解。杜威心目中不是没有教育目的,他的教育目的就蕴含在教育过程之中。因为杜威强调的是不断生长的过程,他不愿为生长设立一个目标使其受阻。其次,这个隐喻也表明,人的不成熟或未定型状态具有积极意义,因为它暗示了生长的可能性,暗示了人的可塑性。最后,教育既然是生长过程,那么教育就不会因为学校教育的结束而中断,学校教育是为一个人不断生长提供可持续发展的动力。"学校教育的价值,它的标准,就看它创造继续生长的愿望到什么程度,看它为实现这种愿望提供方法到什么程度。"② 在这样的教育理念引领下,如何为学生的一生发展奠定良好的基础,并为其未来学习提供源源不断的动力,成为学校教育应思考和面对的问题。

(三) 叶圣陶的"农业"隐喻

叶圣陶(1894—1988)说:"教育是农业,不是工业。"这也是一个非常著名的教育隐喻。他的意思是说,教育就像农业一样需要一个缓慢的发展过程,需要

---

① [美] 约翰·杜威:《民主主义与教育》第 2 版,王承绪译,人民教育出版社 2001 年版,第 49 页。
② [美] 约翰·杜威:《民主主义与教育》第 2 版,王承绪译,人民教育出版社 2001 年版,第 62 页。

一个较长的周期，而不像工业活动那样仅仅是批量生产。农业是栽培作物，农作物是有生命力的，有它自身的特点和生活习性，有属于它自身的内在力量。对于这种内在力量，外部环境不能彻底改变它，只能因地制宜、因时制宜地满足它。而且，不同的农作物有不同的生长季节，有不同的栽培方式，有经验的农民都懂得要适时追肥浇水、除草松土，既不能拔苗助长，又不能抑制它生长。

陆有铨也明确提出"教育是农业式的活动"的见解。他认为，"教育是什么"是任何从事教育实践和理论活动的人都无法回避的一个根本问题。对于这一问题，"用一种简便的、比喻的方法来回答，那就是，教育是农业式的活动"[①]。他认为，教育与农业活动有许多内在的一致性：第一，两者活动的对象（人或种子）都具有潜在的发展能力；第二，他们的发展需要条件；第三，人（教师或农民）不能"创造"他们的发展，人的活动只是为他们提供发展的条件。他进一步指出，强调教育是农业式的活动，绝不是为了复活教育学理论中一直受到批判的"种子说""生物决定论"，也不是变相地为它们辩护，而是有感于实践中有人将教育作用人为地放大，把学校当成"教育工厂"，将学生当作动物或物对待等，他希望克服这些弊端，使学校真正成为"教育""人"的场所。

以上人们关于教育概念的日常用法、定义及创造的不同隐喻都是以不同的形式从不同的层次、侧面对教育本质的把握与理解，它们既呈现了人们对教育本质认识的丰富性与复杂性，也说明了人们对教育本质认识的历史性与社会性，为我们正确地认识教育本质提供了丰富的思想资料和方法论启示。

第二节　教育与相关概念的辨析

认识教育的本质，将教育概念与一些相关概念进行比较也是非常有必要的。比较的目的一方面是区别教育概念与一些相近或相关的概念，防止混淆教育概念与相近或相关概念，防止出现以教育的名义做出一些反教育的行为；另一方面是阐明教育概念与一些相近或相关概念之间的联系，将教育概念放到一个更加丰富的概念关系中来加以理解。

一、教育与学习

从广义上看，学习是个人通过经历、实践、研究或课程而在信息、知识、理

---

① 陆有铨：《教育是合作的艺术》，北京大学出版社2012年版，第3页。

解力、态度、价值观、技艺、能力或者行为方面的获取或改变。教育与学习有着密切的关系。教育包含着学习，或者更加准确地说，教育包含着学生的学习，学生的学习活动是教育活动意在引发、维持和更新的对象。从这个角度来说，教育为学习服务，并努力培养学生良好的学习品质，如学习的目的性、自觉性、批判性、合作性和反思性等。不关注学生学习活动的教育者不是合格的教育者，不激励和维持学生有效学习活动的教育行为不是成功的教育行为，不注重培养学生良好学习品质的教育实践也不是可持续的教育实践。

但是，尽管教育与学习有着密切的关系，教育与学习也不能画等号。这是因为，通过任何途径获取知识、改变态度、习得技能和能力、影响人生价值观和信念的行为都可以称为"学习"。教育活动只是构成了学习的一种环境，在其他环境中，学习行为也依然可以发生。在此意义上，学习行为可以不依赖教育而单独存在，如日常生活中的模仿学习、做中学、从错误中学习（吃一堑，长一智）等。从古到今，很多人提倡"活到老，学到老"，说它是终身学习尚可，但说它是终身教育就不免有些牵强附会。许多人有自学的习惯，这是一种独立的学习活动。教育学领域也有终身教育的说法，它与终身学习内涵不一样。所谓终身教育是人们在一生中所受到的各种培养的总和，它开始于人的生命之初，终止于人的生命之末，从摇篮到坟墓，包括人发展的各个阶段及各个方面的教育活动。

联合国教科文组织2015年发表了一份重要报告——《反思教育：向"全球共同利益"的理念转变？》，其中建议把知识和教育视为共同利益。这意味着，知识的创造及其获取、认证和使用是所有人的事，是社会集体努力的一部分。关于学习，该报告也提出了一种全新的观念：学习既是过程，也是这个过程的结果；既是手段，也是目的；既是个人行为，也是集体努力。学习是由环境决定的多方面的现实存在。获取何种知识以及为什么、在何时、何地、如何使用这些知识，是个人成长和社会发展的基本问题。①

随着互联网时代的快速发展和人工智能的发展，传统意义上以课堂为中心的教育和学习格局正在发生革命性的变化。这种变化凸显了正规教育之外非正规和非正式的学习经验的重要性，凸显了个性化学习的特殊性，也促进教育机构建立一种更加流畅的一体化学习制度，让学校教育机构和其他提供非正规教育、非正

---

① 联合国教科文组织编：《反思教育：向"全球共同利益"的理念转变？》，联合国教科文组织总部中文科译，教育科学出版社2017年版，第9页。

式教育的机构开展更加密切的互动，而且这种互动要从幼儿阶段开始，延续终身。

二、教育与教学

"教书育人"是人们对教育工作任务的一种日常表述。理论上，教书与育人应是统一的，教书是育人的途径，育人是教书的目的。但实际上，教书与育人未必统一。有的时候教书与育人相脱节，只教书、不育人的现象也客观存在。这表明，教书或教学与教育并非完全一致。

首先，教学是一种偏向于"教"的专门性活动，是教育的主要实施方式。"教学"概念，中外理解有别。《中国大百科全书·教育》（1985）对"教学"的定义是："教师的教与学生的学的共同活动。学生在教师有目的、有计划的指导下，积极主动地掌握系统的文化科学知识和基础技能，发展能力，增强体质，并形成一定的思想品德。"这一定义既包括教师的教，也包括学生的学。其次，教育与教学的关系属于整体与部分的关系，学校教育是一个整体，包括德育、智育、体育、美育、劳动教育等各种形态，教学与"五育"中的每一个部分都密切相关，是每一个部分实现自己目标的基本途径。最后，教育与教学的关系还是目的与手段的关系，教育是目的，指促使学生向着良善的方向发生变化；教学是手段，指通过课堂教学这一途径促进学生发生这种良善的变化。

赫尔巴特曾经提出"教育性教学"的原则，认为教育的最高目的是培养德性，教学是教育的一个重要手段。"我得立刻承认，不存在'无教学的教育'这个概念，正如反过来，我不承认有任何'无教育的教学'一样。"[①] 在他看来，教学如果没有进行道德教育，只是一种没有目的的手段；道德教育如果没有教学，只是一种失去手段的目的。在实际生活中，普遍存在着"满堂灌"或者"苦学苦教"的现象，它们以牺牲学生的身心发展为代价，对中小学学生的身心发展和创造性思维的培育产生阻碍作用，违背了教育规律，实际上属于缺乏教育性的教学甚至是反教育的教学。

虽然教学不等同于教育，而且各种不同形式的教学也不一定就具有教育性，但是教学显然还是一个基本的教育途径。这是因为教学在很大程度上属于教育的实施方式，教学肯定要考虑教育的一些内在要求。例如，当我们讲"他从事教学多久了"，与"他从事教育工作多久了"，意义相当接近，这与教学属于教育的一

---

① ［德］赫尔巴特：《普通教育学·教育学讲授纲要》，李其龙译，人民教育出版社1989年版，第12页。

种实施方式有关。但是上述这种要求，往往属于教育活动内在的规范要求，在实际生活中，并非只有具有专业资格的教师才能实施"教学"活动，也并非只有学校才能开展教学活动，一些教师之外的人和学校之外的机构，也从事一些教学活动。这些因素夹杂在一起，导致"教学"一词充满歧义，"教学"反"教育"的现象时有发生，值得关注。

三、教育与训练

训练指有计划、有步骤地通过反复练习和强化刺激使学生产生某种稳定的生理、心理反应模式，从而帮助学生掌握某种技能，提高他们某种特定素质和能力的活动。和教学一样，训练也是培养人的一种手段。教育包含着训练，但是训练不一定都是教育。

一个受过教育的人与一个受过训练的人不同。受过教育的人是既有知识又有理解力、往良善方向发展的人，而不是那种只知道如何做或只有某种特定技巧的人。如果某人仅仅熟悉一种技巧，尽管是受到高度称赞的技巧，也不能立刻判定他是受过教育的人。驯兽师训练狗钻火圈，我们可以说"狗受到了良好的训练"，但是如果有人说"狗受到了良好的教育"则会贻笑大方。

训练只要求受训者注意一些有限的外在目标，培养受训者掌握某种特定的技巧和技能，而教育则蕴含着教育者的使命和信念，除了使受教育者掌握知识，形成技能、技巧之外，还要将受教育者往良善方向导引，帮助受教育者形成自己的道德信念和价值观。不管是理解力的扩充，还是道德信念和价值观的形成，仅靠训练是不够的。训练只能在学生身上形成一些初步的习惯，但是无助于学生形成内在的理解和认同。一旦训练时的强化条件消失，或者学生置身于更加复杂的情境中，初步的习惯就会丧失，或者就会失去指导行为的作用。真正的教育需要超越训练，通过理性的培育，引导学生深入地理解学习的内容、原理以及相互之间的整体性联系，并将它们内化到自己的理智与精神世界中，形成理想的智慧品质和良好的人格特质。

四、教育与宣传

宣传是一种出于特定的目的、专门为一些组织、机构甚至政府服务的舆论传播活动。宣传原本的含义是传播特定的观点或见解。因为宣传支持特定的目的，因此，任何一个组织、机构或政府都非常重视宣传的作用，经常把宣传作为一种特殊的教育活动。在一般意义上，宣传确实可以起到改变对象的认知、态度、情感和价值观并影响对象行为的作用。但是，宣传与教育之间存在很大的差异。

首先，宣传是单向的，而教育往往是双向的。宣传主体往往十分强势明确，而接受宣传的对象往往较为被动，在不知不觉中接受宣传的影响。相比宣传而言，教育往往是双向互动的，是以尊重和激发学生的主体性为前提的。教育是教育者和受教育者的双向互动的活动，这一活动具有合自愿性，即只有通过教育者和受教育者的双向互动，才能取得良好的效果。

其次，教育与宣传的前提假设不一样。潘光旦（1899—1967）写过一篇很有名的论文——《宣传不是教育》（1940）。他认为宣传与教育具有相同点，"都是一种提倡智识的工作"①，但双方相同的只限于这一点，不相同之点可就多了。真正的教育有一个重要的前提，那就是必须承认每一个人都有一种"内在的智慧"。与此同时，每一个人都有使用这种智慧应付环境、解决问题的能力。但是，迷信宣传的人却认为智慧是少数精英人士的专利，只有他们才有"改造社会、拯救人群"的理想、才能和智慧，其余绝大多数人只能接受他们的领导，顺从他们的意志。基于这样一种假设，当宣传者把自认为重要的理论和见解编成一套简洁的说法或口号以后，其他人就只能按部就班地学习和执行了。因此，宣传希望听众不加分析和批评地接受宣传者所传播的东西，它不希望听众有太多个人的想法和智慧。②

最后，教育与宣传的手段不同，前者注重启发，后者依靠告知。因为前提假设不一样，所以实施方式也就大有分别。"教育又承认人的智慧与其它心理的能力虽有根本相同的地方，也有个别与互异的地方，凡属同似的地方，施教的方式固应大致相同，而互异的地方便须用到所谓个别的待遇。"③ 教育最合理的施教方式是启发，不是告知，遇到个别化的情况，还需个别加以启发。宣传所用的方式与教育根本不同。宣传用的方式是告知，而不是启发。它把宣传者所认为重要的见解理论，编成表面上十分简洁的一套说法，通过强大的、有力的宣传工具加以传播，希望听众或读者接受从而达到宣传的目的。

需要注意的是，宣传与教育不是截然对立的。如果宣传的意图是为了传播真理、反驳谬误、启蒙群众，宣传的内容又是一些客观的事实，那么，宣传就具有真正的教育意义；如果宣传的意图是为了掩盖事实、愚弄群众，宣传的内容又是主观捏造、子虚乌有的，那么宣传就丝毫不具有教育性，而成为一种纯粹的蒙蔽、教唆或欺骗。马克思主义的宣传观是前一种宣传，因而是有广泛的教育意义的。

---

① 潘光旦：《自由之路》，群言出版社2014年版，第220页。
② 潘光旦：《自由之路》，群言出版社2014年版，第220-223页。
③ 潘光旦：《自由之路》，群言出版社2014年版，第221页。

就像列宁曾经指出的那样："用最有效的方式影响自己的听众,在阐明某个真理时,要尽可能对他们有更大的说服力,使他们更容易领会,并且给他们留下更鲜明更深刻的印象。"①

第三节　教育的本质与理想

陈建华：《论西方的博雅教育传统及其演变》

　　教育的本质是教育活动的根本规定性,是教育活动之所以是教育活动的内在依据,也是所有形态教育活动所具备的共同特征。教育的理想是教育本质的充分实现,是最理想的或最完满的教育。把握教育的本质、追求教育的理想,是教育工作者做好教育工作的思想前提和价值使命。

一、对教育本质的认识

　　教育的本质在教育思想史上和教育现实生活中都是一个非常有争议的问题。有人强调教育的宗教本质,认为教育是为人的来生做准备的,如夸美纽斯（1592—1670）和一些有着宗教背景的教育家；有人强调教育的世俗本质,认为教育主要服务于人的世俗生活,帮助人们过上美好的生活。有人认为教育就是要尊重儿童的自然本性,促进儿童的自然潜能按照它的内在秩序不断实现,如蒙田（1533—1592）、卢梭等一些自然主义思想家；有人认为教育的任务是传承历史文化,造就合格的社会成员,如凯兴斯泰纳（1854—1932）、杜威等。有人强调教育的人文性或伦理性,认为教育是提高个人德性、实现人格理想的过程,如康德、蔡元培等人；也有人强调教育的社会性,认为教育是引导个人超越自我、服务社会和国家的过程,如黑格尔、涂尔干（1858—1917）等。有人强调教育的本体性,认为教育是为人的发展服务的,不太赞成教育为社会政治、经济、文化建设等服务,将教育为人的发展服务与为社会进步服务割裂开来甚至对立起来；反过来,也有人根本否认教育的本体性,只强调教育的工具性和社会功能,完全将教育中的青少年学生当成可以根据社会需要任意加工的"材料",无视青少年学生身心成长的规律和教育过程本身的科学性与伦理性。以上这些有关教育本质的论争,在

---

① 《列宁全集》第21卷,人民出版社1990年版,第21—22页。

思想方法上都不同程度地犯了形而上学的错误，往往是片面地、静止地和抽象地认识教育本质的结果。

在20世纪的中国教育现代化历程中，也多次讨论教育本质问题，这反映了中国社会语境下教育本质问题的特殊性。20世纪20年代，我国思想界和教育界围绕着教育要不要独立或者有没有政治性进行了激烈的争论。一派强调教育的人文性、独立性，认为教育要远离政治，主张"教育独立"，蔡元培、李石曾明确主张这种观点。另一派则反对这种观点，认为教育必然地具有社会性、政治性，教育独立的想法不过是痴人说梦，陈独秀、李大钊、杨贤江等人是这一主张的代表。1940年，毛泽东在《新民主主义论》中则明确地从历史唯物主义的立场出发对教育的社会性、政治性进行了进一步具体的阐述，认为处于新民主主义阶段的文化教育事业就其性质而言是"民族的科学的大众的"，带有我们民族的特性，主张实事求是和理论与实践的统一，为占全国人口90%以上的工农劳苦大众服务。毛泽东对新民主主义教育本质特性的认识，对我国教育事业发展产生了深刻的影响，是指导整个新民主主义革命时期包括解放初期我国教育事业发展的重要思想基础。

改革开放之后，我国思想界和教育界又出现了一次比较大的对教育本质问题的讨论。1977年，邓小平指出："我们要实现现代化，关键是科学技术要能上去。发展科学技术，不抓教育不行。靠空讲不能实现现代化，必须有知识，有人才。"[①]在邓小平有关经济、科学和教育思想的指引下，我国思想界和教育界围绕着教育本质问题开展了广泛而深刻的讨论乃至争论：有人认为教育是上层建筑，强调教育的政治属性；有人认为教育是生产力，开始强调教育的经济属性；有人认为教育是培养人的实践活动，强调教育活动的人文属性；还有人认为教育既是上层建筑又是生产力，既要培养人也要通过培养人促进社会进步，试图弥合一些相互对立的教育本质主张。这次讨论在学术上并没有形成一个大家都认可的教育本质观，但是使学界对教育与生产力发展、经济增长乃至整个国家现代化建设的关系的认识达到了新的历史水平，反映了时代的要求。这直接体现为1985年中共中央《关于深化教育体制改革的决定》中"教育必须为社会主义现代化建设服务，社会主义现代化必须依靠教育"指导思想的提出。

党的十八大以来，中国特色社会主义进入新时代。习近平站在治国理政和中华民族伟大复兴的角度，围绕着"培养什么人、怎样培养人、为谁培养人"这一教育根本问题以及"培养什么人"这一教育首要问题，对教育的性质、目的、价

---

① 中共中央文献研究室编：《邓小平论教育》第3版，人民教育出版社2004年，第25页。

值、内容、方法、发展道路、体制机制等发表了一系列重要讲话,极大地发展了马克思主义教育理论,丰富了中国特色社会主义教育本质理论,成为新时代中国特色社会主义教育理论的重要组成部分。

在习近平有关教育的重大论述中,对教育的一般本质和中国特色社会主义教育的特殊本质都有丰富的论述。关于教育的一般本质,习近平指出:"教育是人类传承文明和知识、培养年轻一代、创造美好生活的根本途径。"① 这个论述,既指明了教育的历史性,也表达了教育的育人性,还阐明了教育的未来性。在2018年全国教育大会上,习近平又指出:教师是人类灵魂的工程师,是人类文明的传承者,承载着传播知识、传播思想、传播真理,塑造灵魂、塑造生命、塑造新人的时代重任。从习近平的这些论述来看,他对教育一般本质的理解就是:教育是文化传承、人才培养和促进社会进步的社会活动。对于教育活动而言,文化传承是前提,人才培养是核心,促进社会进步是价值理想。正是基于这些本质性的特征,教育活动才能够区别于经济活动、政治活动、军事活动等其他类型的社会活动,成为一类具有独特性质和不可替代功能的社会实践活动,成为促进个体健康成长和整个社会文明进步的重要机制。

教育总是存在于一定的时空中的,具有鲜明的历史性和社会性,也反映着不同社会的文化传统、现实境遇和未来理想。不同的时代和不同的社会,教育要传承的文化知识不同,培养的人的规格和素质结构也不同,传播的社会理想更是不同。因此,在此意义上,对教育本质的认识也不能停留在一般性的水平上,而应当深入到具体的社会历史情境之中。

习近平2018年5月2日在与北京大学师生座谈时的讲话深刻揭示了教育本质的一般性和具体性的辩证关系,并从中国的历史和国情出发,阐明了中国特色社会主义教育的本质特征。他指出:"古今中外,关于教育和办学,思想流派繁多,理论观点各异,但在教育必须培养社会发展所需要的人这一点上是有共识的。培养社会发展所需要的人,说具体了,就是培养社会发展、知识积累、文化传承、国家存续、制度运行所要求的人。所以,古今中外,每个国家都是按照自己的政治要求来培养人的,世界一流大学都是在服务自己国家发展中成长起来的。我国社会主义教育就是要培养社会主义建设者和接班人。"② 在2018年全国教育大会上,习近平再次强调指出:"培养什么人,是教育的首要问题。我国是中国共产党

---

① 《习近平谈治国理政》,外文出版社2014年版,第191页。
② 习近平:《在北京大学师生座谈会上的讲话》,人民出版社2018年版,第5-6页。

领导的社会主义国家，这就决定了我们的教育必须把培养社会主义建设者和接班人作为根本任务，培养一代又一代拥护中国共产党领导和我国社会主义制度、立志为中国特色社会主义奋斗终身的有用人才。这是教育工作的根本任务，也是教育现代化的方向目标。"[1] 习近平对中国特色社会主义教育的本质规定进行了丰富的论述，其主要内容包括：教育是民族振兴、社会进步的重要基石；教育是功在当代、利在千秋的德政工程；教育对提高人民综合素质、促进人的全面发展、增强中华民族创新创造活力、实现中华民族伟大复兴具有决定性意义；教育的根本任务是培养德智体美劳全面发展的社会主义建设者和接班人；必须扎根中国大地办教育，坚持党对教育事业的全面领导，坚持以人民为中心发展教育事业，办好人民满意的教育。理解和把握这些中国特色社会主义教育的本质特性和要求，对于不断完善中国特色社会主义教育体系、加快教育现代化、建设教育强国具有重要意义。

二、良好教育的标准

"什么是教育"与"什么是好的教育"往往是同一个问题，人们对教育本质的追问总是表达着好的教育理想。反过来，对什么是好的教育的思考，也有助于对教育本质问题的深刻理解。

我国许多学者对此从不同角度进行了探讨，主要集中在对"好教育"的讨论上。陆有铨认为，"好教育"是适合学生的教育。在他看来，教育是价值关涉活动，人之所以"追求好的东西"，是因为它们能够满足人的需要，这是"好"的基本要素。除此之外，还有另一个同等重要的因素是，人们努力追求的是可能实现的东西。所以，人们追求的"好"东西，既要能在主观上"满足人的需要"，又要能在客观上"可能实现"，否则，就不能称之为"好"。他明确指出："'好'就是'适合'，而且不同时期和不同国家，有不同的'适合'。那么，我们应该追求什么样的'适合'呢？我觉得，要考虑两个方面：国家的需求和人的发展。"[2] 他最后的结论是：选择"适合"的教育比什么都重要，"没有好教育，也没有坏教育，只有适合与不适合的教育"[3]。民国时期担任过北京大学校长的蒋梦麟从"教育培养什么人"的角度，提出"好教育"必须具备三条标准：培养活泼的人，培养能改良社会的人，培养能生产的人。

---

[1] 来源：《人民日报》2018年9月11日第01版。
[2] 陆有铨：《教育是合作的艺术》，北京大学出版社2012年版，第5页。
[3] 陆有铨：《教育是合作的艺术》，北京大学出版社2012年版，第6页。

西方分析教育哲学家也对良好教育的标准进行了分析。彼得斯认为，良好教育的标准必须把握三点。(1) 就价值论而言，必须具有合价值性。教育必须传递有价值的知识和能力，引领受教育者朝着健康的方向发展，让他们得到良好的发展。(2) 就认识论而言，必须具有合认知性。良好的教育必须符合教育内在的规律性，必须能够帮助受教育者达到对事物、对自然界、对人类社会的一种好的认识和理解。(3) 就教育历程和发展心理学而言，必须具有合自愿性。教育必须营造良好的教育环境和师生关系，在教育活动中要排除那些学习者不具自愿性的传授活动和传授历程。彼得斯的分析让我们看到西方学者关于良好教育标准的理论视角。

良好教育的标准不能仅从概念分析和理论总结中产生，更应该诉诸教育所存在的社会历史背景，诉诸经济社会发展对教育提出的客观要求，诉诸人民群众对教育生活的美好期盼。根据对中国教育传统和中国社会发展情况的分析，我们认为，良好的教育应当符合一条根本的标准和四条具体的标准。在新时代中国特色社会主义制度下讨论良好教育，根本的标准就是坚持教育的社会主义方向，坚持党对教育事业的全面领导，坚持以人民为中心的立场，体现社会主义教育的人民性，力争使人民享受其中的公平性、普惠性，办人民满意的教育，努力满足人民群众对美好生活的期盼。

新时代中国特色社会主义的良好教育还应当符合以下四条具体标准：

一是德才兼备。德才兼备是自古以来中国人对教育要培养的人才素质的基本规定，表达了人才思想道德和专业能力相统一的思想。这种思想在今天依然具有重要的意义。显而易见的是，就德才关系而言，无德无才的人是废才，有德无才的人是庸才，有才无德的人是害才，有才有德的人是人才。习近平强调指出："人才培养一定是育人和育才相统一的过程，而育人是本。人无德不立，育人的根本在于立德。这是人才培养的辩证法。"[①] 任何将德才相分离、育才育人相分离的教育，都既不符合教育的规律，也不符合人民群众的美好期盼，更不能满足经济社会发展对教育事业提出的客观要求。良好的社会主义国家的教育就是要培养德才兼备的人，又红又专的人。

二是知行统一。知行统一是中华民族优秀的教育传统，早在孔子时代就已经被教育者们明确意识到，朱熹、王阳明和陶行知等人都明确发表过教育活动要坚持知行统一的言论。朱熹对于知行关系曾经发表过这样的论断："致知、力行，用

---

① 习近平：《在北京大学师生座谈会上的讲话》，人民出版社 2018 年版，第 7 页。

功不可偏。""知、行常相须，如目无足不行，足无目不见。论先后，知为先；论轻重，行为重。"① 王阳明认为知行是一回事："行之明觉精察处，便是知；知之真切笃实处，便是行。若行而不能精察明觉，便是冥行，便是'学而不思则罔'，所以必须说个知；知而不能真切笃实，便是妄想，便是'思而不学则殆'，所以必须说个行。"② 王阳明和陶行知都笃信"知是行之始，行是知之成"。毛泽东在《实践论》中则基于马克思主义的哲学立场进一步发展了中国传统中的知行关系，明确提出："我们的结论是主观和客观、理论和实践、知和行的具体的历史的统一，反对一切离开具体历史的'左'的或右的错误思想。"③ 所以，良好的教育要坚持知行统一，要强调理论和实践的一致、思想观念和行为的一致，努力将青少年学生培养成有理想、有担当、有学问、有才干的实干家。

三是因材施教。从孔子开始，就强调要根据学生的不同兴趣、爱好、特点，为学生设计并实施一些具有针对性的教育活动，促进学生良好的发展，开展适合学生的教育。当然，在现代教育制度建立之后，因材施教受到了一些制度化的约束，很难实现。当前的信息化、智能化时代为因材施教教育理想的实现创造了技术和制度条件。最合适的教育就是最好的教育，已经成为当前我国教育改革的一个指导性理念。

四是有教无类。"有教无类"是《论语·卫灵公》中记述的孔子的一句话，其基本的意思就是教育要面向不同出身的学生，体现了可贵的教育公平精神。当然，在孔子生活的时代以及孔子以后的整个封建社会中，教育都是具有阶级性、等级性和排斥性的，根本不存在什么真正的教育公平。资产阶级的教育也是这样，对此马克思、恩格斯也在《共产党宣言》中予以明确的批判。真正的教育公平只有到了社会主义才有可能。这是因为，社会主义的教育有着强烈的人民性，体现了民主、平等和公平的特征，即无论沿海内陆的区域差异，无论男女老幼性别年龄方面的差异，也无论宗教种族的差异，社会主义的教育都应当承担一种责任，向所有学习者提供一种有质量的公平教育，在新的更高的层次上实现"有教无类"的美好教育理想。

三、教育的理想：人的全面自由发展

教育的理想，集中体现在社会的教育目的——培养什么样的人上。在这一点

---

① 黎靖德编：《朱子语类》，王星贤点校，中华书局1986年版，第148页。
② 王守仁：《王文成公全书》，王晓昕、赵平略点校，中华书局2015年版，第252页。
③ 《毛泽东选集》第1卷，人民出版社1991年版，第296页。

上，古今中外的教育家都有过丰富的阐述。在各种各样的论述中，培养和谐的、全面自由发展的（个）人始终是教育的理想，也是自古以来中外教育家的共同追求。在当前的中国社会，培养全面自由发展的人具体体现为培养能够担当民族复兴大任的德智体美劳全面发展的社会主义建设者和接班人。

在中国教育史上，孔子、王阳明、蔡元培都讨论过如何培养全面发展的人。孔子在这个问题上，一直强调"成人"的教育目的。"子路问成人。子曰：'若臧武仲之知，公绰之不欲，卞庄子之勇，冉求之艺，文之以礼乐，亦可以为成人矣。'"① 从孔子的这段话来看，他所谓的成人其实要具备多方面才艺，是全面发展的人。

王阳明批判当时教育不顾学生的身心特点，摧残儿童心智、阻碍儿童自由发展的现象，指出："大抵童子之情，乐嬉游而惮拘检，如草木之始萌芽，舒畅之则条达，摧挠之则衰痿。今教童子，必使其趋向鼓舞，中心喜悦，则其进自不能已。"② 他认为教育应该遵循儿童的自然本性，只有这样才能促进儿童的自由发展。

蔡元培认为，一个良好的社会，必先良好的个人，要有良好的个人，就要先有良好的教育。良好的教育，就是培养一个具有完全人格的人的教育。学校教育应当解放个人所受的各种束缚，促进个人全面自由的发展，学校教育"与其守成法，毋宁尚自然；与其求划一，毋宁展个性"③。在他看来，"教育是帮助被教育的人，给他能发展自己的能力，完成他的人格，于人类文化上能尽一分子的责任；不是把被教育的人，造成一种特别器具，给抱有他种目的人去应用的"。"教育是要个性与群性平均发达的。"④ 他认为，所谓养成健全的人格，内分四育：体育、智育、德育、美育。体育之所以重要，是因为"健全的精神"宿于"健全的身体"。智育则强调教育要引起学生"读书的兴味"，而不是像注水入瓶一样，注满了就算完事。德育强调知行合一，要抱着试验的态度，要重在实行。美育也需要重视美感教育，加强图工音乐等课。⑤ "以上四育，都宜时时试验演进，要一无偏枯，才可教练得儿童有健全的人格。"⑥

在西方教育史上，也有许多教育家集中讨论教育如何培养和谐的、全面发展

---

① 《论语》，张燕婴译注，中华书局2006年版，第210页。
② 王守仁：《王文成公全书》，王晓昕、赵平略点校，中华书局2015年版，第108-109页。
③ 《蔡元培教育论著选》，高平叔编，人民教育出版社1991年版，第155页。
④ 《蔡元培教育论著选》，高平叔编，人民教育出版社1991年版，第377页。
⑤ 《蔡元培教育论著选》，高平叔编，人民教育出版社1991年版，第316-318页。
⑥ 《蔡元培教育论著选》，高平叔编，人民教育出版社1991年版，第318页。

的学生。亚里士多德认为，教育目的是培养"身心既善且美"的人，强调促进儿童在德、智、体、美四个方面的和谐发展和自由发展。裴斯泰洛齐在教育对人的作用问题上，特别强调教育要适应自然的原则。他认为，教育的目的在于全面和谐地发展人的一切天赋力量，使人的德、智、体各方面能力得到均衡发展，而不是某一种能力得到发展。大科学家爱因斯坦（1879—1955）认为，教育是一个快乐的过程，要营造宽松、自由、和谐的学习环境，增加儿童的学习乐趣，激发他们思考问题的能力，太多、太杂的学科和任务，只会增加儿童的负担，危害儿童独立思考能力的发展。学校的职责，是把学生培养成一个独立思考、自由发展的个体，而非一个专家，专业知识只能让学生成为一种有用的机器，而不能成为一个和谐发展的人。

讨论教育如何培养全面自由的人，分析得最精辟、最全面的教育家和思想家非马克思莫属。马克思认为，人的全面自由发展与社会发展紧密联系在一起。马克思基于人的片面发展的社会根源，提出了人的全面发展理论，首次指出了实现人的自由全面发展的社会基础和现实路径。

从人的全面自由发展教育的内涵上看，在《共产党宣言》和《资本论》中的理解主要是"教育同智育和体育相结合"，认为"它不仅是提高社会生产的一种方法，而且是造就全面发展的人的唯一方法"[1]。1957年，毛泽东在《关于正确处理人民内部矛盾的问题》中将全面发展教育明确为德育、智育、体育三个组成部分，将培养"有社会主义觉悟的有文化的劳动者"[2] 作为社会主义教育的根本目的。1999年，《中共中央国务院关于深化教育改革，全面推进素质教育的决定》将全面发展教育扩展为"德智体美""四育"，极大地丰富了全面发展教育的内涵。2018年9月10日，习近平在全国教育大会上进一步将全面发展教育的内涵和组成部分扩展为"德智体美劳""五育"，强调劳动教育的育德、启智、健体、立美功能，要求大中小学在学生中弘扬劳动精神，教育引导学生崇尚劳动、尊重劳动，懂得劳动最光荣、劳动最崇高、劳动最伟大、劳动最美丽的道理，长大后能够辛勤劳动、诚实劳动、创造性劳动。这些重要论述，进一步凸显了马克思主义人的全面自由发展思想的时代内涵和时代特征，成为新时代中国特色社会主义教育理论的重要内容，也是指引当前和未来我国教育改革发展的基本遵循和行动指南。

从实现人的全面自由发展的现实路径来说，首先，人的全面自由发展的程度

---

[1] 《马克思恩格斯文集》第9卷，人民出版社2009年版，第340页。
[2] 《毛泽东文集》第7卷，人民出版社1999年版，第226页。

取决于现实生产力的发展水平。马克思认为,生产力是社会发展的最终决定力量,也是人全面自由发展的决定力量。生产力的状况制约着人们发展的程度和水平。人的片面发展归根结底是由于生产力不够发达造成的,因此,人的全面自由发展必须建立在生产力高度发达的基础之上,只有生产力高度发达,社会分工才能最终消失,人们才能从社会分工的桎梏中解脱出来,从而在各方面得到全面自由的发展。

其次,人的全面自由发展不仅要以高度发展的生产力为基础,而且取决于高度发展的生产关系。这是因为人在历史上的发展,根本上取决于生产力的发展程度,直接取决于社会关系(社会制度)。高度发达的社会关系是人的全面自由发展的社会条件。马克思认为,资本主义条件下的工人是畸形发展、片面发展、局部发展的人,这一恶果是由资本主义私有制和不平等的政治关系和文化关系造成的。因此,要达到实现人的全面自由发展的目标,必须冲破资本主义生产关系的桎梏和束缚,消灭私有制和旧式分工,建立和完善新的公有制及社会关系,只有这样才能真正实现人的全面自由发展。

再次,个人的主观因素是实现人的全面自由发展的主观条件。在促进人全面自由发展的过程中,发达的生产力和生产关系是人全面自由发展的客观外在条件,人本身的整体素质和综合品质,包括人的德、智、体方面素质的发展是人的全面自由发展的先决条件。因为人的全面自由发展的过程,实质上是人根据自然界和社会发展的客观规律全面地改造自己,丰富自己的需要并提高和拓展自己的能力的过程。在真实的教育活动中,如果教育对象自身的主观积极性没有被调动起来,在整个教育过程中始终保持一种被动的状态,那么,教育和发展的目标就不可能实现。

最后,实现人的全面自由发展的根本途径是社会实践活动。无论是生产力的提高还是生产关系的完善,以及人的自由个性的实现和综合素质的提高,都必须在社会实践活动中进行。社会实践活动改造着客观世界,也改造着作为生产者的人自身,社会实践活动不仅能够锻炼出一个人新的品质,还可以转变一个人的观念,使一个人形成新的交往方式。人在社会实践活动中不仅可以创造劳动财富,为自身发展创造条件,而且可以丰富个人的知识体系,增长经验认识,发展意识和能力,发挥潜能,在改造世界的过程中改造自己,从而实现自我的全面自由发展。

总之,马克思关于人的全面自由发展的学说博大精深,是一个不断发展的理论体系。它是社会主义社会确立教育目的的重要理论依据,也是社会主义社会美好教育理想的主要旨归,为在现实条件下深入思考"什么是教育""什么是理想的教育""培养什么人"等一系列重大教育问题,不断深化我国教育改革指明了方向。

小　结

"什么是教育"的问题是教育理论和实践中的一个根本问题。对这一问题的不同回答形成了不同的教育观,指导着不同的教育实践。对这一问题进行分析是教育哲学的一个首要任务。

在日常的教育生活中,人们对于教育概念的用法大致上有正规教育、非正规教育和非正式教育三种类型,它们之间的差别主要依制度化的程度而定。这三种不同类型的教育各有其优缺点,目前越来越多地强调三种教育形态的有机统一。不同时代、不同文化传统中的思想家和教育家对教育的定义不尽相同,他们从不同角度表达了各自对教育本质的认识。谢弗勒对教育定义三种类型的划分提供了理解教育定义的概念框架。教育的隐喻也是思想家和教育家表达自己教育观的一种语言形式,通过分析教育隐喻,可以了解这些思想家和教育家对教育本质的不同理解。分析教育概念与一些相近概念(如学习、教学、训练和宣传等)的关系,可以帮助我们进一步准确把握教育的内涵,理解教育概念与相关概念之间的异同与关联。

教育本质是教育的根本规定性。教育概念的日常用法、定义和隐喻以不同的方式反映了教育的本质认识。历史上关于教育的本质有各种各样的观点,有些观点之间还是相互冲突的。认识教育的本质,不能只在教育概念的逻辑形式中去寻找,必须深入到教育的实践以及教育所处的历史和社会实践背景中去寻求答案。就教育的一般本质而言,教育是文化传承、人才培养和促进社会进步的社会活动,其中文化传承是前提,人才培养是核心,促进社会进步是价值理想。就中国特色社会主义教育的特殊本质而言,教育是民族振兴、社会进步的重要基石;教育是功在当代、利在千秋的德政工程;教育对提高人民综合素质、促进人的全面发展、增强中华民族创新创造活力、实现中华民族伟大复兴具有决定性意义;教育的根本任务是培养德智体美劳全面发展的社会主义建设者和接班人;必须扎根中国大地办教育,坚持党对教育事业的全面领导,坚持以人民为中心发展教育事业,办好人民满意的教育。

教育的本质与教育的理想不可分割。关于良好教育的标准，也是仁者见仁，智者见智。新时代中国特色社会主义制度下讨论良好教育，根本的标准就是坚持教育的社会主义方向，坚持党对教育事业的全面领导，坚持以人民为中心的立场，体现社会主义教育的人民性，力争使人民享受其中的公平性、普惠性，办人民满意的教育，努力满足人民群众对美好生活的期盼。具体标准包括德才兼备、知行统一、因材施教和有教无类四个方面，它们反映了良好教育的文化根基、中国标准和时代需求。教育的本质、教育的理想最终通过教育的目的体现出来，马克思关于人的全面自由发展的学说和习近平有关人的全面发展的重要论述是当前和未来我国确立教育目的、阐明教育理想、深化教育改革和创新的重要理论基础与价值指引。

思考题

1. 试分析教育的约定型定义、叙述型定义和计划型定义的不同侧重点。
2. 试辨析教育与学习、教育与教学、教育与训练、教育与宣传之间的差异与联系。
3. 你如何理解教育本质的一般性与具体性、普遍性与特殊性的关系？如何理解中国特色社会主义教育的本质特征？
4. 你认为良好教育的标准是什么？请为它们的合理性和正当性进行辩护。
5. 结合实际，分析当代社会中人的全面自由发展的有利条件和制约因素。

第三章 人性论与教育

教育与人的关系是教育研究的永恒议题。对教育问题的深入反思与持续探讨，始终离不开对人本身的追问与思考。持有什么样的人性假设往往影响着人们的根本教育主张和实践。从这个视角出发，教育哲学需要明确有关人性的基本理论观点，深入理解人性论与教育活动的内在关联，不断反思当下社会发展过程中所出现的教育与人性问题。只有这样，才能使教育真正坚持以人为本的原则，促进每一个人的健康、和谐与可持续发展。

第一节 人性论概述

人是什么？人的本质属性究竟是什么？这是哲学中难以回答也难以取得共识的问题。哲学家们基于各自立场对这个问题的探索构成了哲学史上丰富多彩又争论不休的人性论主张。

一、中国哲学中的人性论

根据现存的文献资料，《尚书·周书·召诰》中的"节性惟日其迈。王敬作所，不可不敬德！"[1]，《诗经·大雅·卷阿》中的"俾尔弥尔性"，是关于"人性"问题的初始记载。这些文献虽然没有将"人性"作为一个独立范畴展现出来，但其相关论述可被看作西周时期有关人性思想的最早记载。到了春秋战国时期，"人性"问题作为一个重要的哲学问题，逐渐进入思想家的视野中，并以人性善与恶问题的激烈争论揭开了人性论探讨的历史帷幕。

（一）儒家思想中的人性观点

人性问题是儒家思想中的一个核心问题。第一章中有关中国传统儒家教育哲学思想部分已做了简要介绍，这里再做些补充。总的来说，儒家内部在人性问题上也有不同的见解，这种不同围绕着人性善恶、人性是否有差别以及如何体证和实现人性等问题展开。

---

[1] 《尚书》，慕平译注，中华书局2009年版，第204页。

孔子对人性问题最直接的论断是"性相近也，习相远也"①。"性相近"，突出强调了人具有大致相同的本性，为"有教无类"的教育主张提供了人性论基础。"习相远"，说明了后天的客观环境以及主观努力造就人与人之间的差异。孔子由此提出，"为仁由己"②"我欲仁，斯仁至矣"③"人能弘道，非道弘人"④ 等主张，强调个人在践行仁义、追求人道方面的责任和作用。

孟子继承了孔子人性平等的思想，并进一步提出性善论的主张。他认为，人天生就存在着恻隐之心、羞恶之心、辞让之心、是非之心等"善端"，认为善端的进一步扩充，就会生成仁、义、礼、智四种德性。这些"善端"需要后天的"存养"。如果没有受到良好的环境熏陶和教育，便不会发展成为成熟的道德品质。"以善养人，然后能服天下。天下不心服而王者，未之有也。"⑤ 因此，孟子的性善论，成为其教育和政治思想的理论根基。

与孟子相反，荀子提出了"性恶论"的观点。他认为，人的情感、生理、感官等都有一些本能需求，这些本能需求若不加节制，任其自然发展，则会走向道德的反面。"凡礼义者，是生于圣人之伪，非故生于人之性也。"⑥ 荀子将"礼义"等传统道德观念看成圣人予以引导、施以教化的结果，而并非出自人的本性。"人之性恶，其善者伪也。"⑦ 与孟子一样，荀子非常强调教育与礼法的作用，只不过在荀子看来，这种作用不是"扩充"性质的，而是"矫正"性质的，阻止人天生的恶性向恶的方向发展。

董仲舒（前179—前104）提出了"性三品"的主张，将人性划分为上等的圣人之性、中等的中民之性以及下等的斗筲之性。他认为，圣人之性"过善"，无须继续接受教育；中民之性"有贪有仁"，需要借助教育加以引导；下等的斗筲之性"恶厚"，天生毫无"善"质，缺乏接受教育的潜质。基于这种人性有差等的基本论断，董仲舒强调教化的重要意义。"夫万民之从利也，如水之走下，不以教化隄防之，不能止也。是故教化立而奸邪皆止者，其隄防完也；教化废而奸邪并出，刑罚不能胜者，其隄防坏也。古之王者明于此，是故南面而治天下，莫不以教化

---

① 《论语》，张燕婴译注，中华书局2006年版，第263页。
② 《论语》，张燕婴译注，中华书局2006年版，第171页。
③ 《论语》，张燕婴译注，中华书局2006年版，第99页。
④ 《论语》，张燕婴译注，中华书局2006年版，第243页。
⑤ 《孟子》，万丽华、蓝旭译注，中华书局2006年版，第177页。
⑥ 《荀子》，安小兰译注，中华书局2007年版，第271页。
⑦ 《荀子》，安小兰译注，中华书局2007年版，第267页。

为大务。"① 为此，董仲舒强调应该用儒家的礼乐等不同形式来教育普通百姓，通过兴办学校、选用贤能来治理国家。

作为儒家经典，《中庸》对人性与教育的关系进行了十分精要的阐释。《中庸》开篇即认为："天命之谓性，率性之谓道，修道之谓教。"②《中庸》将"人性"看作天命所致，据此提出的"率性"及"修道"的主张，具有重要的方法论和实践意义。同时，《中庸》还将"诚"看作体证和复归人性的根本道路。"唯天下至诚为能尽其性，能尽其性则能尽人之性，能尽人之性则能尽物之性，能尽物之性则可以赞天地之化育，可以赞天地之化育则可以与天地参矣。"③

（二）道家思想中的人性观点

道家的人性论主张在第一章中也做了简要介绍，这里再做一些分析。与儒家不同，道家不以善恶来分析人性，而是强调人性本自然，将回归自然看作人性实现的现实道路。老子认为："为学日益，为道日损。损之又损，以至于无为，无为而无不为。"④ "为学"之路与"为道"之路迥然不同。庄子也将老子的这一主张加以发展。他在《庄子·天地》中明确提出："泰初有无，无有无名；一之所起，有一而未形。物得以生谓之德；未形者有分，且然无间谓之命；留动而生物，物成生理谓之形；形体保神，各有仪则谓之性。"⑤ 这种观点将"性"看作"道"在人或物上的具体体现，将人性看作"道"与"德"的派生物。道家对自然的绝对遵循摒除了礼仪、规范、教化等外在于人的影响路径，极力保全人内在的自然本性，即所谓的"人法地，地法天，天法道，道法自然"⑥。"自然"才是人类行为的最高标准。因此，道家强调要用"无为"去处世，以"不言"的方式教化人。

（三）法家思想中的人性观点

在人性问题上，法家接受了荀子人性恶的主张，以冷静的态度面对人性趋利避害的特点，着重强调如何通过完善社会制度来解决人性趋利避害可能产生的社会问题。

商鞅（约前390—前338）作为法家的重要代表，从人性的"欲利恶害"的角

---

① 班固撰：《汉书》第三卷，颜师古注，中华书局1962年版，第2503页。
② 《礼记译解》（下），王文锦译解，中华书局2001年版，第773页。
③ 《礼记译解》（下），王文锦译解，中华书局2001年版，第790页。
④ 《老子道德经注校释》，王弼注，楼宇烈校释，中华书局2008年版，第127-128页。
⑤ 《庄子注疏》，郭象注，成玄英疏，曹础基、黄兰发点校，中华书局2011年版，第230页。
⑥ 《老子道德经注校释》，王弼注，楼宇烈校释，中华书局2008年版，第64页。

度出发提出:"民之性:饥而求食,劳而求佚,苦则索乐,辱则求荣,此民之情也。"① "民之生:度而取长,称而取重,权而索利。"② "羞辱劳苦者,民之所恶也;显荣佚乐者,民之所务也。"③ 商鞅认为,人处于不同状态,便表现出不同的欲求,而人性对于利益的追逐加速了人性恶化的进程。教育是不能完全化解人性的内在趋势的,必须通过加强法治、明确奖惩来约束。"夫民力尽而爵随之;功立而赏随之。人君能使其民信于此如明日月,则兵无敌矣。"④

作为法家的集大成者,韩非继承了荀子性恶论的观点。他认为:"人无毛羽,不衣则不犯寒;上不属天而下不著地,以肠胃为根本,不食则不能活;是以不免于欲利之心。"⑤ 这种"欲利之心"使得人的存在发生了很多因"利"而形成的关系。为了更好地规制人性的这种趋向,韩非子积极主张以法为教和以吏为师,"故明主之国,无书简之文,以法为教;无先王之语,以吏为师"⑥。

二、西方哲学中的人性论

西方哲学关于人性所产生的观点纷繁复杂。在不同历史阶段产生了"宗教人""理性人""经济人""自然人""社会人""游戏人""文化人"等多种人性假设。鉴于其对教育的影响程度不同,下面选择"宗教人""理性人""经济人"三种人性假设进行论述,其余人性假设将在后文中展开分析。

(一)"宗教人"的假设

"宗教人"是马克斯·舍勒(1874—1928)首先提出的一个概念。按照这一人性假设,人自认是被神所造的,把神作为崇拜对象。人类早期的宗教仪式和神话都表现了"宗教人"的自我形象。历史学家汤因比(1889—1975)认为,迄今没有哪一个民族未曾有过宗教文明史。因为,人,究其本性,就是"宗教人"。

"宗教人"的假设支配了迄今为止的西方教育史的绝大部分时间,对教育知识的发展和教育实践具有比较长期和广泛的影响。根据"宗教人"的假设,既然在人和上帝的关系上,人只不过是上帝的摹本,那么教育的根本价值在于使人"生来不完善"的神性得到充分的发展。既然只有人的灵魂来自于上帝,而且在人

---

① 《商君书》,石磊译注,中华书局2009年版,第67页。
② 《商君书》,石磊译注,中华书局2009年版,第72页。
③ 《商君书》,石磊译注,中华书局2009年版,第74页。
④ 《商君书》,石磊译注,中华书局2009年版,第96页。
⑤ 《韩非子》,陈秉才译注,中华书局2007年版,第104页。
⑥ 《韩非子》,陈秉才译注,中华书局2007年版,第273页。

死后又归于上帝，那么教育的根本目的就是教人从心灵上认识、热爱、赞美、信仰和服从上帝。既然肉体只不过是灵魂的一个暂时居所甚或"监狱"，那么教师对学生实施严格的禁欲和严酷的体罚就是为了"拯救"他们的灵魂，具有一种神圣的合法性。既然上帝不仅创造了人，而且创造了世间的一切事物，那么无论学习什么样的知识或科目，终极目的都是为了领悟神的精神。

"宗教人"的假设在教育思想中有着根深蒂固的影响，许多被认为是现代教育学先驱者或奠基人的思想家们都坚持以"宗教人"的人性假设作为自己教育论述的基础，如夸美纽斯、福禄培尔（1782—1852）等人。英国哲学家怀特海也认为，教育的本质在于它虔诚的宗教性。法国哲学家马里坦（1882—1973）的教育目的论和价值观就是建立在人的宗教性假设基础上的。

（二）"理性人"的假设

"理性人"是现代西方文化中一个具有广泛哲学、历史和政治意义的人性假设。它起源于古希腊的亚里士多德，在中世纪及文艺复兴时期分别与"宗教人"和"自然人"的假设交织在一起，到了18世纪后逐渐从"自然人"假设中分离出来，成为一种反映当时社会转型要求的新人性假设。

最早揭示人理性特征的是亚里士多德，他有一个后来被无数人无数次引用的命题："人是理性的动物。""理性人"假设的主要内容是：第一，人是有理性的，理性是人的内在本质特性，是人的普遍"类特性"；第二，理性既是区分人与动物的界限，又是区分"文明人"与"野蛮人"的界限；第三，理性是一种高级的认识能力，不同于感性和知性，感性和知性是为了认识现象，形成感性的和经验的知识，理性是为了把握本质，形成系统的、完整的和深刻的理论知识；第四，借助于理性和理性知识，人类就能不断深化知识，把握和重建自身与世界的关系，从而获得自由。

"理性人"的假设对于18、19世纪教育理论和实践的影响主要表现在以下方面。第一，教育必须培养和训练人的理性。文艺复兴时期那种盲目地遵从自然，放纵儿童情感的教育是错误的，中世纪教育将信仰置于理性之上的做法更是错误的。第二，教育活动必须合乎理性。如果说，文艺复兴时期教育活动的首要法则是"遵从自然"，那么，19世纪的思想家们则认为，教育活动的首要原则是"遵从理性"。第三，教育强调纪律和秩序。理性代表着秩序，纪律维持着秩序。在学校教育中，纪律和秩序就是理性的化身。无论是赫尔巴特还是康德和黑格尔，都非常强调纪律在儿童发展中的作用，意图清除纯粹感性和自然的东西，引导儿童的精神超越自己的特殊性而臻达普遍的教化。

(三)"经济人"的假设

"经济人"的概念是英国剑桥大学新古典经济学派创始人马歇尔(1842—1924)提出来的,但是它的基本主张可以追溯到 18 世纪英国经济学家亚当·斯密(1723—1790)那里。后者在《国民财富的性质和原因的研究》一书中虽未明确提出"经济人"的概念,但对"经济人"的内涵本质已经进行了明确阐述。他指出:"一个人尽毕生之力,亦难博得几个人的好感,而他在文明社会中,随时有取得多数人的协作和援助的必要……要想仅仅依赖他人的恩惠,那是一定不行的。他如果能够刺激他们的利己心,使有利于他,并告诉他们,给他作事,是对他们自己有利的,他要达到目的就容易得多了。"[①] 在论述投资问题时,他指出:"他通常既不打算促进公共的利益,也不知道他自己是在什么程度上促进那种利益。""他受着一只看不见的手的指导,去尽力达到一个并非他本意想要达到的目的。也并不因为事非出于本意,就对社会有害。他追求自己的利益,往往使他能比在真正出于本意的情况下更有效地促进社会的利益。"[②]

根据亚当·斯密、马歇尔及其他经济学家的相关论述,"经济人"的假设主要包括以下内容。(1)人本质上是自利的、趋乐避苦的,追求自身利益的最大化是人类行为的主要动机。(2)人在实际生活中表现出来的对他者利益或公共利益的关心既非出自本意,也非出自高尚的道德动机,而是出自对自身利益的关心。对他者或公共利益的关心是实现自身利益及其最大化的合理途径,完全的自私或自我中心行为不是实现自身利益的最佳途径。(3)人的理性或计算的能力在实现人的自身利益最大化中起着关键的作用,而人的情感尤其是同情心在选择合宜的行为方面起着积极的调节作用。

"经济人"的假设把人的自利动机合理化、理论化,一方面反映了 18、19 世纪西方资本主义开拓市场、发展经济的需要,另一方面也与西方社会近代以来兴起的自由主义政治哲学、功利主义伦理学高度相容,因此成为西方社会近代以来一个居于支配性地位的人性假设。就对西方教育理论与实践的影响而言,它不仅直接构成了教育经济学的人性论基础,而且也间接影响了人们有关学习动机和教育价值取向的认识。不过,"经济人"的假设总是给人以冷冰冰、非常功利的感觉,在对人的利他行为动机的解释上也存在严重缺陷,对人的丰富的情感生活、

---

① [英]亚当·斯密:《国民财富的性质和原因的研究》上卷,郭大力、王亚南译,商务印书馆 1972 年版,第 13 页。
② [英]亚当·斯密:《国民财富的性质和原因的研究》下卷,郭大力、王亚南译,商务印书馆 1974 年版,第 27 页。

高尚的精神生活以及壮烈的社会牺牲行为不能给出充分合理的解释。

三、马克思主义哲学关于人性的学说

在马克思、恩格斯之前和同时代，许多哲学家、教育家提出了诸如"宗教人""理性人""经济人"等人性论主张。这些主张，从历史的角度来说，具有一定的合理性与实践价值，对于当时的社会政治经济及教育起到了一定的指导作用。但是，无论从方法论还是从具体的理论主张上说，这些对人的本质的认识都带有浓重的先验主义、神秘主义或原子主义的味道，无助于人们深刻地认识人的本质及现实中存在的人的问题。马克思主义哲学对于人性问题的认识，是基于辩证唯物主义和历史唯物主义立场，从批判历史上种种人性论的方法论及其具体主张开始的。

在谈到应当如何认识人或人性问题时，马克思在《〈黑格尔法哲学批判〉导言》中明确指出："人不是抽象的蛰居于世界之外的存在物。人就是人的世界，就是国家，社会。"① 其方法论意义在于，认识人就必须从人所栖居的社会、国家出发，就必须了解人所生活的社会、国家。在《德意志意识形态》中，马克思、恩格斯进一步指出："德国哲学从天国降到人间；和它完全相反，这里我们是从人间升到天国。这就是说，我们不是从人们所说的、所设想的、所想象的东西出发，也不是从口头说的、思考出来的、设想出来的、想象出来的人出发，去理解有血有肉的人。我们的出发点是从事实际活动的人，而且从他们的现实生活过程中还可以描绘出这一生活过程在意识形态上的反射和反响的发展。"② 很明显，马克思主义哲学所论述的"人"从内容到形式都是现实的、感性的、具体的人，而不是理想的、抽象的或一般的人。

正是基于这种辩证唯物主义和历史唯物主义的方法论，马克思在《关于费尔巴哈的提纲》的第六条中对费尔巴哈（1804—1872）有关人的本质的学说及其方法进行了深刻批判，认为其撇开了历史的进程，从孤立的个体出发，把人的本质"理解为一种内在的、无声的、把许多个人纯粹自然地联系起来的普遍性"③ 的观点是错误的。在马克思看来，"费尔巴哈把宗教的本质归结于人的本质。但是，人的本质不是单个人所固有的抽象物，在其现实性上，它是一切社会关系的总和"④。

---

① 《马克思恩格斯文集》第1卷，人民出版社2009年版，第3页。
② 《马克思恩格斯文集》第1卷，人民出版社2009年版，第525页。
③ 《马克思恩格斯文集》第1卷，人民出版社2009年版，第505页。
④ 《马克思恩格斯文集》第1卷，人民出版社2009年版，第505页。

这段论述表明，人在其本性上并非孤立的、个体的存在，而是由人所实际占有的社会关系所生成的社会的存在。在此意义上，马克思重申并发展了亚里士多德的观点，"人是最名副其实的政治动物，不仅是一种合群的动物，而且是只有在社会中才能独立的动物"①。

人的本质在其现实性上是一切社会关系的总和，但是这并不意味着人是某种既定的社会关系的"奴隶"，也不意味着人在人与环境、人与社会、人与国家的关系上只能处于被动的客体的地位。事实上，马克思主义经典作家认为，人所拥有的社会关系本身就是人所创造的，人相对于他所面对的社会关系而言具有一种能动的作用。"环境的改变和人的活动或自我改变的一致，只能被看做是并合理地理解为革命的实践。"② 这意味着，人的本质不是先验的、固定不变的东西，而是要在丰富的社会生活和革命实践中不断生成和变化的东西。进一步来说，从马克思主义哲学的立场来看，人的本质不是人区别于动物的什么特殊标记，而是人在既定社会历史条件下为美好的理想而不断奋斗、自我改造的生动结果。

总体上说，马克思主义哲学关于人性的观点在以下几个方面与历史上以往的人性主张有了根本不同：人性不是先验的、生来就有的规定性，而是经验的、经由人自身的实践活动形成的规定性；人性不是抽象的、观念中的人的规定性，而是具体的、现实中的人的社会属性；人性不是孤立的、个体的所有物，而是相互联系的社会关系的产物；人性不是用来审视现实社会生活的出发点或参照系，反过来，只有从全部的现实社会生活出发，才能够对人性问题有着更加深刻和准确的认识。

第二节 人性论与教育的关系

教育是培养人的社会活动，对人的认识是教育活动的一个认识前提。一般而言，人们如何认识人，就如何教育人。在对人的认识中，有关人性的认识或假设，又居于核心的地位。上一节在介绍哲学史上有关人性问题的学说时，也简要介绍了它们对历史上教育理论与实践的影响。这一节再进一步分析不同的人性假设对儿童观、教育方法和教育管理的不同影响。

---

① 《马克思恩格斯选集》第 2 卷，人民出版社 1995 年版，第 2 页。
② 《马克思恩格斯文集》第 1 卷，人民出版社 2009 年版，第 500 页。

一、人性论假设与儿童观

儿童观是指对儿童总的看法和根本观点。教育者如何看待儿童，在教育实践中如何对待儿童以及人们对儿童的认识往往反映出其人性假设。对儿童的认识由来已久，但将儿童视为具有什么样形态的个体，儿童与成人之间有何关联，应进行什么样的儿童教育，则必须从人性论的角度加以探讨。

（一）自然人性假设与儿童观建构

自然人性论将人的本性看作具有先验特征的自然属性，认为人性天赋、本性天生。这种自然人性论在人类发展历程中均有所表现，但在中国和西方表现出不同的思想理路。

在中国传统的人性认识历史上，老子作为道家学派的创始人，最早提出了自然主义人性论。他认为，人的本性是无知无欲的，引导人回归到原始、自然状态之中的行为规范是最好的；反之，那些使人产生占有欲和自私心的教育才会使人类发生纷争。继老子之后，庄子不断审视人的生命本质，形成了超乎善恶之上的自然人性论学说。在庄子看来，"道者，德之钦也；生者，德之光也；性者，生之质也。性之动谓之为，为之伪谓之失"①。其意表明，"性"作为人生而具有的素质，是先天完善的，人的任何干预的行动都会使人不断地丧失真性。从这个角度来看，自然人性假设下的儿童观更加强调儿童本身所具有的自然本性，来自成人世界中的教育活动只有尊重并保护儿童所具有的这种天性才能真正促进儿童成长。

在西方，夸美纽斯在 17 世纪时便提出了"教育适应自然"的基本原则，十分重视教育过程中对儿童的年龄、天性等内在特征（秩序）的遵循。这种基于自然人性假设而建构的儿童观深深地影响了卢梭。他在名著《爱弥儿：论教育》中开篇便提出："出自造物主之手的东西，都是好的，而一到了人的手里，就全变坏了。""偏见、权威、需要、先例以及压在我们身上的一切社会制度都将扼杀他的天性……"② 卢梭倡导自然意义上的儿童教育，将儿童从诸多来自社会的束缚中解放出来，释放儿童的本性。"大自然希望儿童在成人以前就要像儿童的样子。如果我们打乱了这个次序，我们就会造成一些早熟的果实，它们长得既不丰满也不甜美，而且很快就会腐烂；我们将造成一些年纪轻轻的博士和老态龙钟的儿童。"③ 因此，

于伟：《公民抑或自然人——卢梭公民教育理论的前提性困境初探》

---

① 曹础基：《庄子浅注》，中华书局 2000 年版，第 355 页。
② ［法］卢梭：《爱弥儿：论教育》上卷，李平沤译，商务印书馆 1978 年版，第 5 页。
③ ［法］卢梭：《爱弥儿：论教育》上卷，李平沤译，商务印书馆 1978 年版，第 101 页。

对儿童的教育就应按照儿童生长的本来面目去实行,而不应僭越儿童应有的样态,实行成人意义上的教育。

(二) 社会人性假设与儿童观建构

社会人性假设植根于人的社会属性,将人先天的"善"或"恶"看作一种缺乏根据的臆断,而真正对人的存在和发展发挥作用的则是后天环境。在中国和西方的思想历史中,这种社会人性的假设论断均长期存在,并影响了儿童观的社会建构。

在中国的思想史上,墨子鲜明地提出,人性犹如未加以浸染的素丝,它本身并不具备任何先天的倾向性。"染于苍则苍,染于黄则黄。所入者变,其色亦变。五入必,而已则为五色矣。"① 因此,针对儿童本性的教育应当是严肃的事情,"故染不可不慎也"②。明末清初的王夫之也持类似的观点,认为人性不是固定的,而是在后天习得的过程中"日生则日成"的,"惟得五行敦厚之化"③,才能促进儿童道德行为的形成。

在西方的思想史上,社会人性假设下的儿童观以洛克与杜威的观点较为著名。洛克认为,人生下来便如同"白板"一样,没有任何标记和先在的观念,人性不是先天赋予的,而是后天逐渐生成的,教育在其中扮演了重要的角色。对于儿童,洛克认为:"我只把他看成是一张白纸或一块蜡,是可以随心所欲地做成什么式样的。"④ 为此,教育者应为儿童精心设计教育过程,挖掘儿童的内在潜能。杜威则认为:"儿童在智力上、社会性上、道德上和身体上是一个有机的整体。我们必须从最广义上把儿童看做社会的一个成员,要求学校做的任何事情都必须使儿童能够理智地认识他的一切社会关系并参与维护这些关系。"⑤ 他将儿童视为社会中的一个重要成员,将学校看成培养儿童社会精神的一种特殊类型的社会。

社会人性假设认为人性是社会建构的,这与一些先验的人性论有了很大的不同。从这种人性论出发来看待儿童的本性,当然是不承认儿童有什么先验的本性包括先验的儿童性的。这种人性论特别强调适宜的环境和教育在儿童发展中所起到的潜移默化的作用,要求教育者为儿童创造良好的环境,并精心设计他们所参

---

① 《墨子》,李小龙译注,中华书局2007年版,第15页。
② 《墨子》,李小龙译注,中华书局2007年版,第15页。
③ 王夫之撰:《船山思问录》,上海古籍出版社2000年版,第46页。
④ [英] 约翰·洛克:《教育漫话》,傅任敢译,教育科学出版社1999年版,第185页。
⑤ [美] 约翰·杜威:《学校与社会·明日之学校》第2版,赵祥麟、任钟印、吴志宏译,人民教育出版社2005年版,第138页。

与的社会活动。这种人性假设在儿童观和儿童教育事务上常犯的一个错误就是过于强调外部环境对儿童的影响，而看不到儿童自身在适应和理解外部环境意义方面的积极能动作用，这是需要教育者时时注意的。

（三）游戏人性假设与儿童观建构

"游戏人"的假设萌芽于18世纪，形成于20世纪初，在当前这个"后工业"或"后现代"社会正受到越来越多人的认可和青睐，但尚未对教育知识和实践产生广泛的影响。

早在18世纪，"自然人"假设发展为"理性人"假设的这一时期，席勒（1759—1805）就指出："只有当人是完全意义上的人，他才游戏；只有当人游戏时，他才完全是人。"① 这段话恐怕是对人的游戏本性最早和最经典的表述。在席勒这里，"游戏"已经不只是一种儿童的"娱乐"或"玩耍"，而是人类的自由本性和完整人格充分展现的途径与证明。在一定意义上，"游戏"就意味着"人的诞生"和"人性的复归"。"游戏人"的概念直到20世纪初才由荷兰文化史学家赫伊津哈（1872—1945）正式提出。在赫伊津哈这里，"游戏人"是作为一种新的人性假设出现的，是与"理性人"与"制造人"相对而言的。

"游戏人"假设下的儿童观具有如下特征。第一，游戏是儿童的天性所在。游戏的冲动不仅表现于人类的儿童时期，而且贯穿人的一生，是人的天性使然。第二，儿童的生活离不开游戏。儿童的生活就是由一系列不同类型的游戏构成的，儿童需要不断参与游戏和创造新游戏。第三，儿童始终处于游戏的角色中。理解儿童，就是理解儿童所参与的游戏；反过来，理解了儿童所参与的游戏，就理解了游戏中的儿童。只有理解了儿童在游戏中的所为、所思、所悟，才能真正理解儿童的成长过程。第四，游戏的剥夺或消失可能将儿童置于危险的境地。总之，"游戏人"假设下的儿童观表明，游戏不仅是儿童日常生活中的一类普通娱乐活动，而且是儿童内在本性的要求，是儿童成长为人的基本方式。

从"游戏人"假设下的儿童观出发，教育环境的创设应当更多地符合儿童的游戏本性，甚至教育活动本身也需要游戏化——在教育中游戏、通过教育游戏以及为了教育而游戏。事实上，大量的经验表明，参与教育游戏，享受教育游戏所给予的愉悦，是儿童参与教育活动的另一种"目的"。这种目的超越任何功利的考

---

① ［德］弗里德里希·席勒：《审美教育书简》，冯至、范大灿译，上海人民出版社2003年版，第124页。

虑。既然儿童只有在游戏中才能"成为"和"看到"他们自己,那么以人的培养为己任的教育就应该充分地展现其"游戏性",使儿童的整个身心经常地处于一种游戏状态——自由、自愿、自足、平等、合作、投入,进而逐渐生成个体的社会属性与精神属性。

二、人性论假设与教育方法

教育是由人来参加并完成的社会实践活动,教育方法的选择理应符合人性。然而,审视当下的教育方法及其运用过程,不难发现,人性的缺失往往成为影响教育方法实效的关键性因素,这就需要我们进一步讨论不同人性论假设影响下的教育方法。

(一) 自然人性假设与教育方法

基于自然人性假设,教育实践活动更多地关注对于儿童身心发展规律的尊重,不断创造各种条件为儿童自由生长提供有利空间,采取各种方法切实保护儿童诸多方面的潜能与天性。

1. 顺应自然

人有自然的属性,人的生存与发展也必然遵循其内在的自然逻辑。无论是中国的传统思想,还是西方古典哲学,均在教育方法上更多地倾向于尊重人的自然属性,着力于"顺应自然"的教育方法。卢梭认为,人类的教育就应该"按照孩子的成长和人心的自然的发展而进行"[1],其实质就在于尊重儿童的自然性,服从自然赋予儿童的内在本性,推动儿童身心的健康发展。我国唐代文学家柳宗元所写的《种树郭橐驼传》一文所倡导的教育精神就是这种自然主义的精神,所反对的就是那种损害事物或儿童本性的做法。

2. 因材施教

作为一种常用的教育原则,因材施教注重对学生个体年龄、知识基础、学识素养等条件的关照,倡导尊重学生的个体差异,关注学生内在的生长秩序,引导学生朝着自身的个性化方向发展。随着班级授课制在世界教育领域的普及,教育更加关注群体的素养提升和班集体建设,而忽视了对个体的关照,在整齐划一的学校教育体系中,因材施教往往成为对教师的一种外在要求。显然,在当前的班级教育中,充分关注到每个学生的个体性差异、有效引导学生的个性化发展,理应成为现代学校教育方法的重要趋向。

---

[1] [法]卢梭:《爱弥儿:论教育》上卷,李平沤译,商务印书馆1978年版,第33页。

3. 情感教育

人生来具有丰富的情感。人的情感性特征使得人的存在具有了丰富的价值意蕴，情感教育就是要尊重人本身所释放出的情感因素。尊重而不是抹杀人的情感，理解而不是压抑人的情感，成为现代教育理应注重的重要议题。虽然情感教育积极倡导关注人的情感，然而现代学校教育在严苛的教育评价体制下越来越忽视对学生情感的培育。很多学校对考试分数、升学率、排名等的盲目追求，所采纳的教育方法也必然具有机械化、高度重复性的特征——高强度的机械记忆、大规模的题海战术、长时间的强化训练以及紧扣考纲的模拟考试等，而这背后恰恰隐藏着对人的情感的极大忽视。关注教育过程中的情感生成，提升学生的情感品质，理应成为现代学校教育方法的重要特征。

（二）社会人性假设与教育方法

基于社会人性假设，教育实践活动更多地关注来自社会的一些共识对学生的外在化引导，以社会化的身份理解学生在学校场域中的存在。通过社会实践、思想理论灌输、集体教育等常用的教育方法体现出社会人性论假设。

1. 社会实践

一说到教育，人们往往自然地联想到书本的学习，想到"三更灯火五更鸡"的寒窗苦读。这种教育的方式或学习的方法不是持社会人性假设的人所青睐的，反过来，他们所青睐的是在真实的社会实践场域学习的方法。涂尔干、杜威、陶行知都是这种方法的倡导者和实践者。比较而言，这种方法更加关注学习者个体在真实的社会场域、社会事件中的认知、感受和反思，并由此帮助学习者获得更加真实的社会意识以及不断改造社会和完善自我的勇气。近些年来，随着素质教育改革的逐步深入，我国一些中小学校实施的社会大课堂活动和研学旅行活动，就属于这种社会实践学习。它们对于矫正应试教育所产生的消极后果有着积极的意义。从社会人性假设出发，那种实践中为一些人所津津乐道的"封闭式管理"或"封闭式教育"缺少充分的合理性，并且会对青少年儿童的情感和社会性发展产生消极的影响，需要加以深刻反思和批判。

2. 思想理论灌输

作为思想理论教育的重要方法，灌输十分强调将外在的思想理论以灌输的方式传递给受教育者，促进受教育者对思想理论的内化，并引导其逐渐外化为自身的实践活动。灌输理论认为，人不可能对思想理论产生自发的认知，思想理论对人的深度影响必须借助带有一定强制色彩的引导与教化。在列宁看来，思想理论

"只能从外面灌输进去"①，而不能由个体自发地产生出来。这种教育方法的实质正是将受教育者作为社会关系中的重要个体，将社会系统性的观念共识或支配性的意识形态传递给受教育者，逐渐引导受教育者形成对社会主流思想的价值认同，进而完成受教育者的社会化过程。

3. 集体教育

与自然人性假设在教育方法上的个体主义倾向不同，社会人性假设强调真正的共同体或集体生活在教育活动中的重要性，认为人只能通过真正的共同体或集体生活才能认识自己、发展自己、提升自己。离开了共同体或集体生活，人的发展尤其是青少年的发展就会陷入停顿的状态。正如马克思和恩格斯在《德意志意识形态》中所指出的那样："只有在共同体中，个人才能获得全面发展其才能的手段，也就是说，只有在共同体中才可能有个人自由。"② 深受马克思、恩格斯这些思想的影响，马卡连柯认为，只有在集体中并通过集体，个人自由和丰富个性才有可能发展起来，社会主义和共产主义的教育目的也才能真正实现。教育者要想对个人施加影响，最有效的途径不是个别谈话，而是建设好他身处于其中的集体。马卡连柯甚至认为，个人身上的问题并不是个人独特的问题，而是集体问题的反映。不关注和解决造成个人问题的集体的问题，教育者也难以真正地解决个人身上的问题。

三、人性论假设与教育管理

教育管理指向具有丰富内涵的教育者、受教育者及其之间复杂的人际关系。在教育管理过程中，对人的关注和解读生发出不同的管理方法、管理模式与管理效果，而不同的管理现象也必然潜藏着对人性的不同认知。

（一）"经济人"假设与教育管理

近代教育管理思想中的人性假设，较著名的莫过于"经济人"假设。"经济人"假设不仅为西方经济学提供了必要的理论前提和分析工具，同时也是古典管理理论的思想基石。它的出现与近代工业组织追求科学和效率的需求紧密相连。

从"经济人"的人性假设出发，教育管理活动中出现了一些具有代表性的管理理论，其中最有影响的是泰勒（1856—1915）的"科学管理理论"。法约尔（1841—1925）的"一般管理理论"也具有思想主张上的"家族相似性"。他们的

---

① 《列宁选集》第1卷，人民出版社2012年版，第317页。
② 《马克思恩格斯文集》第1卷，人民出版社2009年版，第571页。

基本主张为：(1) 把高效率地完成组织任务视为管理工作的优先目标；(2) 分工和专业化，认为这是管理活动的基本手段；(3) 统一指挥，即组织内部应建立一套自上而下的明确的权力等级系统；(4) 工作标准化，将工作细分为若干部分，依标准程序展开工作；(5) 制定严密的规章制度；(6) 注重经济上的奖励和惩罚制度。除此之外，"经济人"假设还给教育管理活动提供了一种观念上的启示：通过设计一个合理的组织结构，编制一套完善的规章制度，遵循一系列的科学的管理原则，再辅之以严格的奖惩手段，教育组织也能像其他一切组织一样，在有限的条件下实现最佳的管理目标。

受制于"经济人"假设自身的理论缺陷，这种教育管理模式在彰显其现代性的过程中也出现了科学理性无限膨胀、功利化与技术化表征明显、集权化、科层化等危机。譬如，在标准化测试、模拟化检验、达标性检测、针对性训练、目标化习题等不断出现的背景下，很多中小学生都在学校教育中接受着来自各方面的"科学化"考评。考试分数似乎成为衡量学校发展状况、学生成长状况的唯一标准；分数趋势图、排名统计表、进步幅度表等冰冷的工具成为表征学生学业状况的主要方式；班级排名、流动红旗在激励班级进步的同时也加剧了不公平；"末位淘汰制"更是强化了教师评价中的功利主义倾向。总体来说，基于"经济人"假设的教育管理评价模式消解了个性生长的多维空间，引发许多深刻的精神和文化问题，值得进一步反思和批判。

(二)"社会人"假设与教育管理

"社会人"假设可以从不同学科、不同角度来理解。从经济学管理的角度，"社会人"体现为追求效率、成就感和社会责任感；从哲学角度，"社会人"体现为构建社会个体生存意义；从社会学角度，"社会人"体现为社会的身份认同；从心理学角度，"社会人"体现为对归属、被尊重和自我实现的需要。

对于"社会人"假设运用较多的是管理心理学领域。"社会人"假设是梅奥(1880—1949) 等人在霍桑实验的基础上提出的人际关系理论。霍桑实验是以哈佛大学教授梅奥为首的一批学者于 1924—1932 年在美国芝加哥西方电气公司所属的霍桑工厂进行的一系列实验的总称。实验最初的目的是根据科学管理原理，探讨工作环境对劳动生产率的影响。后来梅奥参加该项实验，研究心理和社会因素对工人劳动过程的影响。1933 年他出版了《工业文明的人类问题》，提出著名的"人际关系理论"，开辟了行为科学研究的道路。人际关系理论认为：社交需要是人类行为的基本激励因素，人际关系是形成人们身份感的基本因素；工业革命依赖的工业化使工作失去了许多内在的意义，这些意义需要从社交关系中寻找出来；与管理部门采用的奖酬和控制的反应相比，职工更容易对同级同事群体的社交因素做出反应；职工对管理部门的反应程度取决于主管者对下级归属的需要、被接纳的需要、身份感的需要满足的程度。在管理方面，"社会人"的假设常常作为"经济人"假设的补充，于是便有了"经济社会复合人"假设、复杂人假设等管理学理论。

如果说古典管理理论过于强调制度化管理的科学和效率，把人当作只受成本—收益计算调节的"经济人"，以"社会人"假设为核心的人际关系理论则十分看重人的动机、工作满意度、非正式组织的意义对于提高劳动生产率的价值。"社会人"假设十分看重如下因素在管理活动中的作用：（1）士气；（2）团体动力；（3）民主监督；（4）人际关系；（5）行为动机思想。人际关系理论认为，只有充分调动人的工作积极性，改善组织中的人际关系，才能达到有效管理的目的。在20世纪四五十年代，人际关系理论对于教育管理活动产生了重要的影响，如提倡改善学校人际关系；认为学校行政管理要满足教师心理需要，提高学生的人际交往能力；提倡民主管理，呼吁学校在制订计划时加强师生的合作参与；等等。

（三）"文化人"假设与教育管理

"文化人"假设是19世纪末20世纪初借助大量人类学的反思形成的一种新的人性假设。卡西尔（1874—1945）的"符号人"也属于"文化人"假设的一种，他在《人论》中指出："我们应当把人定义为符号的动物（animal symbolicum）来取代把人定义为理性的动物。只有这样，我们才能指明人的独特之处，也才能理解对人开放的新路——通向文化之路。"①

"文化人"假设主要包括以下四方面内容。其一，人是文化的产物，文化是人与动物相区别的关键因素。简单点说，人是有文化的，而动物是没有文化的。其二，人的文化世界是一个创造的过程。文化与自然相对，不是自然馈赠的，是由人自己所创造的。人既是文化的产物，又是文化的创造者。从这个意义上说，文化就是人化。其三，人在与他人的交往中，在复杂的社会和文化活动中，展开自己的存在方式并塑造自己特有的能力、属性。其四，因为人类生存于其中的文化是多样的，因而人性也是多种多样的，要学会尊重和欣赏异文化中的他者。

"文化人"假设呼吁教育管理的文化意识。教育管理的内容丰富，包括人、

---

① ［德］恩斯特·卡西尔：《人论》，甘阳译，上海译文出版社1985年版，第34页。

财、物以及信息的管理等，但其核心是人的管理。而人又是文化的产物，不同的人总是带有不同的文化经验。如果管理者在管理的理念、模式和活动中，缺少文化意识或文化敏感性，只是简单地运用行政规制和经济杠杆来从事管理活动，必然不能达到管理的目的，甚至可能产生许多管理问题。具体一点说，基于"文化人"的人性假设，教育管理要求树立共同的教育愿景和理想，用它们来引导人、凝聚人；要关注管理对象的文化经验，尊重他们各自的文化身份，防止管理行为中的文化歧视、伤害和排斥；注重跨文化交流，理解人际交流与文化交流之间的内在关系，通过文化符号的解读来理解管理对象的行为；将培育自由、平等、公正和追求卓越的教育文化作为管理的重要目标和途径，充分发挥教育管理的育人功能和价值引领作用。

第三节　当代教育中的人性问题与责任

人性不是静态的，而是具有可变性的。人的实践活动是人性发展变化的根本原因。在历史的漫长道路上，人性在一定社会关系中产生并通过一定社会关系表现出来。

人是教育的核心，教育是发展人、完善人的活动，教育中的人性问题是教育理论与教育实践中的重要问题。在当代，教育的实践活动在不断重塑人性，人之为人的根本规定性表现出了这个时代所具有的独特表征，同时也正遭遇挑战、威胁，甚至在某些方面存在丧失的可能与风险。如忽视人的身心发展规律的教育实践活动，就反映出一种无视人的自然属性的倾向，对教育对象的身心产生了较大伤害甚至摧残。面对当前我国经济与社会发展过程中不断涌现出的新特征、新问题，教育可以从顺应人的身心发展规律、促进人的社会性与个性的充分与和谐发展等方面尽更多责任，做更多努力。

一、当代教育中的人性问题

当代教育中人性问题的发生并非由于人类生物学方面的变异，而是因特定历史发展阶段中人类生活于其中的社会环境变化、实践活动变化而导致的。现代社会中科学技术的快速发展，人们对生存性教育的过度重视与追求，导致了人性问题在现今教育领域产生了新的表征。

（一）忽视学生身心发展规律

人首先是具有自然属性之人，作为教育对象的人（学生），其成长是有规律的。马克思在《1844年经济学哲学手稿》中指出："人直接地是自然存在物。人作为自然存在物，而且作为有生命的自然存在物，一方面具有自然力、生命力，是能动的自然存在物；这些力量作为天赋和才能、作为欲望存在于人身上；另一方面，人作为自然的、肉体的、感性的、对象性的存在物，同动植物一样，是受动的、受制约的和受限制的存在物。"① 恩格斯在《反杜林论》中指出："人本身是自然界的产物，是在自己所处的环境中并且和这个环境一起发展起来的。"②

马克思和恩格斯的论述实际上包括两个方面的含义：第一，人作为自然的生命个体，必须依赖自然界而生活，必须同其他生物一样从自然界中获取维持生存所必需的生活资料；第二，人也受自然界制约，是受动的。

在教育领域同样如此，作为教育对象，学生的发展与成长同样要受到身心发展顺序、速度及水平等多方面的制约，在人受教育的自然性基础方面，人是受自然界制约的，也是被动的。实际上，教育与人的身心发展水平的自然性基础互相依托、互为条件。而现行的教育对这种被动的受制约性缺乏深刻认识，对学生身心发展规律的认识不够、研究不够、尊重不够，有时甚至无视人的身心发展的规律。比如在设计育人目标时，更多考量的是社会发展对人才培养的需求，忽视了学生的身体、脑、认知、情感等发展阶段特点，忽视学生在特定年龄阶段的兴趣、爱好、活动和经验特点等。这样的教育把人与社会对立起来，把社会作为人类整体的利益绝对化、抽象化、理想化，简单地从社会和人类整体出发，而不是从人的发展出发设定教育目标。落实到教育教学层面，教师认为所有内容都可以教给学生而不考虑学生能不能接受，由此造成学生负担日益繁重，身心发展受到严重影响。

（二）忽视学生社会性、个性的充分、和谐发展

人作为自然存在物有自己的自然存在和自然属性，同时，人作为社会存在物有自己的社会存在和社会属性。"人不是抽象的蛰居于世界之外的存在物。人就是人的世界，就是国家，社会。"③ 马克思揭示了人的发展与社会之间内在的、不可分割的逻辑联系。马克思把人看成社会的产物，是一切社会关系的总和，通过弘扬人的社会属性推动实现个人的全面发展。在其现实性上，人是一切社会关系的

---

① 《马克思恩格斯文集》第1卷，人民出版社2009年版，第209页。
② 《马克思恩格斯文集》第9卷，人民出版社2009年版，第38-39页。
③ 《马克思恩格斯文集》第1卷，人民出版社2009年版，第3页。

总和，个人的社会性发展的完善程度直接关联到个人的全面发展程度。交往是人非常重要的社会属性之一，是形成共同人性的重要形式，是人的本性、才能、价值观展现的重要途径。但从教育现状来看，当代以独生子女为主体的学生群体由于特殊历史原因，在社会性交往方面存在一些较为突出的问题：如合作精神差、规则意识差、责任感差、容易任性、唯我独尊、自恋、缺乏自主意识、不想长大、社会化程度偏低等。

另外，强调通过弘扬人的社会属性推动实现个人的全面发展，并不意味着对人的个性的压制，二者并不矛盾。马克思并不是泛泛地谈论"人的全面发展"，他注重的是"个人全面发展"和"自由个性"的确立。[①] 而现代社会的教育，更加强调整齐划一、一刀切、完美主义式的教育，忽略了人作为个体的差异性的存在。特别是在教育实践中，教师常常用单一的标准来衡量学生。这种教育培养出来的学生缺乏个性、独特性、创造性。追求同一的教育，目的只是为了造就数以万计的劳动力，按照集中化、同步化、规范化、标准化的要求为工业社会培养人才。这种教育所关注的是培养出的人才是否符合标准而不是人是否有个性、独特性、创造力，甚至不关注人是不是完整、完善的。这种教育是机械化的教育，某种意义上是把人改造成物的教育。

（三）忽视学生的精神成长

思维着的精神是人区别于动物最主要的特性之一，是人具有自己精神活动的独特属性。现代社会的教育在一定意义上是一种生存性教育，是教人"何以为生"的教育，是一种功利化教育。这种教育被人首先当作自己生存与发展的手段。生存性的教育在为现代社会高效率地培养人才方面取得了巨大的成功，但却使教育的每一个环节都趋于技术化，忽视教育的整体性和人的完整性，使得教育过程中的人文关怀日益减损，结果带来的是教育价值的迷惘和教育意义的迷失。

现代社会的教育还因其"标准化""工业化"特征容易忽视学生的精神成长。教师掌握了教育内容和标准答案，既是学生知识和道德的源泉，又成了标准、规范和秩序的化身。学生丧失了自己作为独立个体的地位和意识，成了一种容器，一种等待加工的"产品"。现代社会的教育由于过度追求教育的效率，追求教育过程的程序化、技术化，情感陶冶、启发诱导弱化，师生情感交流减少，学生日益

[①] 俞吾金：《也谈人的全面发展问题》，《毛泽东邓小平理论研究》2004年第1期，第27—30页。

成为学习的机器。

二、以人为本：现代教育的人性关怀

人在现代社会中的生存与发展正面临着人性被遮蔽、被扭曲、被掏空的威胁。为了人类整体的生存与发展，现代教育有责任向学习者指出这些威胁，并鼓励他们自主地反思这些威胁的现实表现和消极后果。应对现代社会尤其教育中产生的人性问题，现代教育仅仅做到这些是不够的，还必须发挥自身的积极性、主动性和创造性，引导人性朝向更加完善、更加全面自由的方向前进。

在教育理论界，由于持有不同的人性论主张，研究者对教育如何才能做到人性化并培育完善的人性的认识也很不相同。有的持自然人性论的主张，强调教育要遵循自然、遵循学生的兴趣，主张"消极的教育"；有的持社会人性论的主张，强调教育要走出课堂、走出校园，主张积极的教育，希望引导学生到更广泛的社会中去；有的持文化人性论的主张，强调教育要增强文化的敏感性，努力培养学生开放的、多层次的文化认同和跨文化交流的能力；有的受宗教人性论的影响，强调良好的教育要建立在信仰的基础之上。

马克思主义的人性论主张，为教育的人性化奠定了科学的基础。既然人性不是先天固有的，而是后天在社会生活和社会实践中形成的，教育对人性的关怀就不能脱离实际的社会生活和社会实践。既然人性不是个体所固有的抽象物，在其现实性上是社会关系的产物，教育对人性的培育就不能离开对具体的社会关系的审视与改造。既然人性是自然属性、社会属性和精神属性的统一，那么教育的影响也必须抵达人性的这三个领域，并不断提升它们的品质，促进三者之间的和谐发展与整体统一。

基于马克思主义的人性论主张，现代教育在其核心价值取向上必须坚持"以人为本"的原则。这里的"人"不是观念中的、抽象的、纯粹个体的人，而是生活在真实的社会关系中的活生生的、具体的、共同体中的人。因此，这里所说的以人为本的原则，与资本主义国家一些教育学者所倡导的人本主义、人道主义原则有着根本性的不同，与我国古代社会所倡导的"民贵君轻""民为邦本"等民本思想也有实质性的不同。

具体而言，以人为本的教育，需要在努力促进实现"个人的全面自由发展"的过程中，重点关注以下几个方面。

（一）遵循学生的身心发展规律

符合人性的、以人为本的、促进个人全面发展的教育，首先是符合人的身心发展规律的教育。

人，首先是自然存在物，是自然界的一部分，具有自然属性。虽然马克思一贯反对把人看成是纯粹的"自然人"，反对把人的自然属性看成唯一的或者根本的属性，反对单纯地用生物规律、自然法则来解释人的现象和行为，但是马克思一以贯之地坚持人首先是自然存在物。如果说马克思在《1844 年经济学哲学手稿》中非常明确地提出"人直接地是自然存在物"①还带有费尔巴哈人本主义的痕迹，那他和恩格斯在《德意志意识形态》这部成熟的著作中仍然非常明确地坚持了人是自然存在的观点，"全部人类历史的第一个前提无疑是有生命的个人的存在"②。马克思、恩格斯都曾经强调，人的自然属性受社会属性的影响已经完全不同于动物的自然属性，人来源于自然，就逃脱不了自然界内一切有机体身心发展的规律。因此，以人为本的教育首先就是要关注人的自然性、自然禀赋，具体体现在如下方面。

第一，教育要遵循学生身心发展的自然顺序。学生的身心发展总体上是按照一种自然所固有的顺序展开的，不同的阶段体现出不同的特点。无论持有何种教育观、持有何种办学理念、进行何种教育改革、尝试何种教育教学方法，都要立足于学生身心发展的阶段性、顺序性。教育须从体系、理念、内容、方法等方面系统地对这种自然顺序体现出适应性。

第二，教育要呵护好学生的自然禀赋。由于人的自然因素存在，人具有自然力、生命力，是能动的自然存在物。这些力量作为天赋、潜能、基质存在于人身上。也就是说，人天生就拥有自然力。人的自然力，对于教育来说，是一种先天的存在，而教育是"后来者"。

这种自然力是人生而固有的特性，是人类文化存在的一种基础性条件，如同空气、水等之于人的生命一样。作为自然力的天性对人的发展是一种容易视而不见、习以为常的生产性力量。比如人的好奇心就是这样一种天性。当人面对未知之物时，会自然地产生探究冲动，这种心理就是好奇心。爱因斯坦把好奇心看成人最重要的智力源泉。他认为："在学校里和在生活中，工作的最重要动机是工作中的乐趣。"③ 教育的关键在于发展"每个健康儿童都具有的天赋的好奇心"④。没有这种强烈好奇心的探寻冲动，人类只能像动物一样匍匐于大地，难以成为万物

---

① 《马克思恩格斯文集》第 1 卷，人民出版社 2009 年版，第 209 页。
② 《马克思恩格斯文集》第 1 卷，人民出版社 2009 年版，第 519 页。
③ 《爱因斯坦文集》第 3 卷，许良英等编译，商务印书馆 2010 年版，第 172 页。
④ 《爱因斯坦文集》第 3 卷，许良英等编译，商务印书馆 2010 年版，第 171 页。

之灵。

出自"自然造物主"的自然力、天性是人的一生发展的生产性力量,但教育却很容易忽视它,甚至会使其逐渐泯灭,这对于培养健全的人、有创造力的人来说是一种"灾难"。因此,教育应免于对"自然法"的忽视、违抗甚至是僭越,而是顺应而为。以人为本的教育,强调以尊重人的生命力、自然力为起点,关爱、尊重、保护、利用自然力的存在,从而提升生命的意义和价值。

(二)促进学生社会性和个性的协调发展

立足马克思主义对人的社会属性的认识,尤其对人的社会性与个性、主体性相互关系的认识,符合人性、以人为本的教育,既要培养学生丰富的社会属性,同时也要涵养学生鲜活的个性。

一方面,教育要培养学生丰富的社会性。马克思、恩格斯承认人作为自然的存在,但反对把人仅仅看作自然存在物,强调现实的个人都是在一定的社会联系和社会关系中存在的,因而人更为重要的是一种社会存在物。"只有在社会中,这些个人才是'作为人的人'。离开社会联系和社会关系、在社会之外的人,只能是非现实的、抽象的人。"[①] 人是社会的人,社会性对人来说是现实的、具体的、无法逃避的。假如人仅仅获得自然属性,那么他还算不上完整的人。他只有在介入了社会,自身具备了所身处的社会文化圈的文化基因,具备了所身处社群的核心的政治、经济、道德等方面的特征后,才算是"真正的人""完整的人"。

因此,为社会造就高素质的人才,培养人丰富的社会属性,是以人为本的教育的基本职责和重要使命。人的社会属性是内容非常丰富的概念,随着人所属的社会群体的变化而变化。人的社会属性包括人的政治属性、经济属性、文化属性、族群属性、职业属性等。个体的人只有具备了这些基本的社会属性,才能成为某一社会系统中的合格成员,被这个社会系统所接纳,并有机会为这个社会系统的改进做出自己的贡献。在学校教育中,社会性习得的过程主要蕴含在知识技能的习得、行为规范的养成以及价值观念的形成过程中。因此,教育应从目的、目标、内容、管理、知识技能等多个角度,尤其从培养学生自主精神、合作态度、规则意识和责任观念方面,为培养未来合格社会成员和优秀公民奠定基础。

另一方面,教育要涵养学生鲜活的个性。个性也是人内在生长的基本规定性。世界上从来没有两片完全相同的树叶,也很难找到两个完全相同的人。以人为本

---

① 夏甄陶:《人是什么》,商务印书馆2000年版,第7页。

的、人性化的教育，在注重人的社会性培育的同时，也要注意涵养学生鲜活的个性，为他们个性的健康成长提供广阔的舞台。马克思既重视人的社会性也重视人的个性。"在马克思看来，二者不是对立的，而是统一的。人是社会的人，人的一切方面都具有社会性，人的个性也是如此……有的人把人的个性和人的社会性对立起来，认为人的个性发展必然导致社会联系的削弱，造成集体的瓦解和社会的涣散。这是错误的。"①

因此，以人为本的教育在强调培养学生社会性的同时，要防止社会性过度所带来的对个性的压抑，促进社会性与个性的协调发展。理想的教育，在培养学生丰富的社会性的基础上，更是个性化的、因材施教的教育，是可以充分尊重学生生命多样化的教育。更进一步说，这种教育是可以充分考虑不同个体与生俱来的体力、精力、体质、体能、神经系统活动类型的教育；是考虑年龄、性别、相貌、人种等方面差异的教育；是考虑不同个体在需要、动机、兴趣、理想、信念、世界观、气质、性格、能力等方面差异的教育；是考虑不同个体在社会角色、道德水平、知识结构、人际交往等因素方面背景差异的教育。

（三）努力追求"手段与目的"的协调统一

有尊严的幸福生活，是人所独有的生活追求。在通往有尊严的幸福生活的道路上，努力实现个人的全面自由发展，首先要把人视为"内在目的"，而不是作为实现某种"外在目标"的工具和手段。这包括既不能仅仅把人当成"共同体的工具"，也不能把人视为实现某种历史目的和意义的工具和手段。人成为"内在的目的"意味着人与"物"作为工具与手段有根本性的区别，人具有内在的、至高无上的价值和尊严。马克思和恩格斯在《德意志意识形态》中明确指出："个人怎样表现自己的生命，他们自己就是怎样。因此，他们是什么样的，这同他们的生产是一致的——既和他们生产什么一致，又和他们怎样生产一致。因而，个人是什么样的，这取决于他们进行生产的物质条件。"② 人不再受生命本能的支配而摆脱了"物"的存在方式，成为"以自身为根源"、有"自为本性"的自我创造性存在，具有自我主宰、自我创造的特性。

具体到教育领域，教育者要看到，作为教育对象的人（学生）不是器物，而是活生生的生命个体。学生有自己的爱好、性格、特长，有自己的成长轨迹。教育者要在教育实践中坚持以人为本的价值原则，这是时代发展对教育的要求。促

---

① 袁贵仁：《马克思主义人学理论研究》，北京师范大学出版社2017年版，第129页。
② 《马克思恩格斯文集》第1卷，人民出版社2009年版，第520页。

进人的全面、和谐、自由的发展是教育的根本任务所在。教育要关心人，关注人的生存和发展；要关注人的完整性、独立性和个体性；要把人作为一个有情感、有个性的完整的人。

当然，这里不是要否定"何以为生"的生存性教育。教育的重要任务也包括人"何以为生"，把人当作自己生存与发展的手段也是必要的。人只有首先成为手段，才能成为并实现自己的目的。个人只有不断接受教育，才能成为社会需要的人力资源的一部分，才能更好地生存与发展。

总之，现代教育要想在解决时代的人性问题上有所作为，首先必须以马克思主义的人性学说为指导，辩证地分析历史上和现实生活中形形色色的人性主张及其对教育实践的影响，深刻反省自己的人性观，坚持以人为本的原则，尊重学生的身心发展规律，促进学生社会性与个性的充分和均衡发展，促进教育的工具价值与目的价值的有机融合，努力造就人格健全和有丰富人性的社会主义事业建设者和接班人。

小　　结

教育与人的关系是教育研究的永恒议题。人性是人在与动物的本质性区别中所显现出的一种基本规定性。中国传统哲学中的儒家、道家、法家等不同思想流派十分关注人性的基本问题，提出各自不同的人性主张。西方哲学史上也有许多哲学家对人性问题进行了深刻探讨，并形成了"宗教人""理性人""经济人"等不同的人性假设。马克思主义哲学基于辩证唯物主义和历史唯物主义，超越西方传统哲学对人性先验的、抽象的和孤立的理解，提出"人的本质不是单个人所固有的抽象物，在其现实性上，它是一切社会关系的总和"[①] 的光辉论断，为我们分析和讨论教育理论和实践中的人性问题提供了科学的思想指导。

基于不同的人性假设，人们逐渐生成了不同的儿童观："自然人"假设将儿童作为一种具有内在本性的个体；"社会人"假设将儿童视为社会成员，着重强调儿童的社会性特征；"游戏人"假设将儿童视为游戏者，认为只有在游戏中才能提升儿童的行为品性。不同的人性假设也有不同的教育方法偏好："自然人"假设强调教育过程中要顺应自然、因材施教、注意情感教育；"社会人"假设则十分看重社

[①]《马克思恩格斯文集》第1卷，人民出版社2009年版，第505页。

会实践的教育意义，允许思想理论的灌输，并强调集体教育在人的发展中的重要方法意义。在现代教育管理中，不同的人性假设也孕育了不同的管理模式："经济人"假设支持了偏重控制和奖励的泰勒理论；"社会人"假设十分关心组织中的人际关系以及工作氛围；"文化人"假设则强调管理过程中的文化敏感性、文化经验和跨文化对话。人性假设的偏失往往引发学校管理的危机，因此，现代学校管理需要对其人性基础进行综合性和批判性反思。

人性问题就是指人之为人的根本规定性所遭遇的挑战、威胁以至于存在丧失的可能与风险问题。人性问题的发生并非由于人类生物学方面的变异，乃是与人类生活于其中的社会环境的变迁有着密不可分的关系。现代社会中人们对生存性教育的过度重视与追求，导致了人性问题在现今教育领域产生了新的表征，如：忽视学生身心发展规律，忽视学生社会性、个性的充分、和谐发展，忽视学生的精神成长等。教育在正面解决这些问题上，尤其在促进人性朝向更加和谐、丰富、完满的方向发展上负有重要责任。要善尽这种重要的责任，现代教育需要坚持以人为本的原则，具体可以通过遵循人的身心发展规律、促进学生社会性与个性的协调发展以及努力追求手段与目的的协调统一来实现。更重要的是，现代教育要对自己在目的厘定、内容选择、管理活动、方法设计、结果评价中的人性基础进行深刻反思与重构。

思考题

1. 综合中外各种人性论，谈谈你自己对人性问题的看法。
2. 马克思认为："人的本质不是单个人所固有的抽象物，在其现实性上，它是一切社会关系的总和。"① 你如何理解这句话？
3. 社会人性论假设为审视儿童观提供了重要的社会建构视角，你如何理解它的儿童观？
4. 现代中小学学校管理正发生着深刻变革，试分析不同变革模式背后的人性论假设及其合理性。
5. 结合当前的教育实践，简述在具体的教育过程中如何更好地贯彻以人为本的原则。

---

① 《马克思恩格斯文集》第 1 卷，人民出版社 2009 年版，第 505 页。

第四章 认识论与教育

教育的基本过程就是帮助学生掌握知识，并在此基础上培养能力和养成良好的思想品德，不断提升学生的人生境界和公民素养。因此，哲学的认识论与教育理论、教育实践之间存在着某种本质性的联系。教育的许多问题，如课程问题、教学问题、评价问题等，我们如果不从认识论的角度加以思考或反思，就不能深入认识和彻底理解它们。

第一节 认识论概述

认识论是哲学的一个重要组成部分，也是哲学的一个传统研究领域。认识论要分析和解决的问题主要涉及知识的性质、条件、标准、类型、价值、辩护、评价以及知识与行为的关系等。我们通常所说的真理及真理的相关问题严格来说也属于认识论范畴。

一、中国传统的认识论

从古代到近代，中国哲学家对认识论问题不懈探索，形成了既具有中国特色又充满辩证法的认识论思想。姜国柱、周德丰根据认识论范畴，从以下方面概括了中国传统的认识论。[1][2]

（一）主客体关系与认识发生论

主体与客体的区分是人类认识发生的基本前提，在中国哲学史上最早区分主客体的是《管子·心术》中提出的"其所知，彼也；其所以知，此也"这一命题。其后，墨子提出"知，材：知也者，所以知也，而必知，若明"[3]；荀子提出"凡以知，人之性也；可以知，物之理也"[4]；王夫之提出"'所'著于人伦物理之中，

---

[1] 姜国柱：《中国认识论史》，武汉大学出版社2013年版。
[2] 周德丰、杜运辉：《中国传统哲学认识论的理论成就及其当代价值》，《天津师范大学学报（社会科学版）》2009年第5期，第7-13页。
[3] 《墨子》，方勇译注，中华书局2011年版，第338页。
[4] 《荀子》，方勇、李波译注，中华书局2011年版，第352页。

'能'取诸耳目心思之用"①;"体俟用,则因'所'以发'能';用用乎体,则'能'必副其'所'"②。这些著名论断都认为客体是主体认识的对象和基础、依据,主体的认识既依赖和反映客体,又作用于客体。

在中国古代认识论史中"最早的一篇具有哲学认识论性质的著作"③《尚书·洪范》中就已有关于"视""听""思"的论述。孔子提出的"学而不思则罔,思而不学则殆"思想,墨家提出的"循所闻而得其意"思想,都在一定程度上说明了感性认识与理性认识的关系。庄子提出"知者,接也",并借"庖丁解牛"充分肯定了由"技"到"道"的认识飞跃。荀子认为人的耳目鼻口等天官或感官与"心居中虚"的"天君"或理性能力相互联系,"征知必将待天官之当簿其类,然后可也",而"天官簿类"也有待于心之"征知"。张载的"见闻之知,乃物交而知"思想,朱熹的"格物致知"思想,都充分肯定了直接经验与理性思维、感性认识与理性认识的辩证统一。

(二)知行关系和致知方式论

中国传统哲学"知""行"问题的突出特点就是明确肯定知与行、认识与实践的辩证统一,强调知为行之始,行为知之成。孔子在《论语》中提出"言之必可行";墨子在《墨子·兼爱下》中提出"言必信,行必果";荀子在《荀子》中提出"入乎耳,著乎心,布乎四体,形乎动静"的"君子之学"与"入乎耳,出乎口"的"小人之学";朱熹在《朱子语类》中提出"知之非艰,行之惟艰",认为"工夫"全在行上;王夫之在《尚书引义》中提出"知行相资以为用",强调知行一致,表达了行重于知的思想。魏源(1794—1857)、严复(1854—1921)、康有为(1858—1927)、谭嗣同(1865—1898)、梁启超(1873—1929)等的知行观继承了传统知行观重视伦理道德、仁智并举的基本精神。而孙中山(1866—1925)出于加强"心理建设"的需要,提出并系统论述了"行易知难"的知行学说。

孔子提出的"叩其两端"思想和"博学而详说之,将以反说约也"的"由博返约"思想,《荀子·解蔽》中提出的"兼陈万物而中悬衡"和"解蔽"思想,都表达了他们对致知方式的认识。胡适(1891—1962)受杜威实用主义思想影响,阐述了实验主义方法论,把致知方式具体分为怀疑、假设和求证三个步骤,并且认为真理就是对假设的证明。

(三)认识标准和主体修养论

中国哲学的一个优良传统就是强调"以行验知""以行证知"。墨子最先提出

---

① 王夫之:《尚书引义》,中华书局1976年版,第144页。
② 王夫之:《尚书引义》,中华书局1976年版,第141页。
③ 夏甄陶:《中国认识论思想史稿》上卷,中国人民大学出版社1992年版,第12页。

认识的标准问题，主张"言必立仪"，以确定"是非利害之辨"，并明确提出通过知觉、效用和经验三种方式来判断是非曲直的真理检验方法。后来荀子提出的"符验"论、韩非子提出的"参验"方法、王充（27—约97）提出的"效验"论、程颐（1033—1107）和朱熹强调的"力行"思想、王夫之主张的"力行""实践"思想等都重视行对知的验证。近代的严复、孙中山等则提出将科学实验作为检验认识真伪的标准，具有更为浓厚的科学色彩。

老子提出以"为道日损"作为认识世界的主体条件。《管子·心术》提出"不修之此，焉能知彼"的命题，充分强调主体修养对认识的重要性，并以"虚""静""因"为修养方法。孟子提出"求放心"，荀子明确提出"解蔽"的问题，试图通过"虚壹而静""兼陈中衡"的方式达到对事物的正确认识。

（四）"物无孤立"和"相反相成"的辩证思想

恩格斯指出："当我们通过思维来考察自然界或人类历史或我们自己的精神活动的时候，首先呈现在我们眼前的，是一幅由种种联系和相互作用无穷无尽地交织起来的画面，其中没有任何东西是不动的和不变的，而是一切都在运动、变化、生成和消逝。"[①] 中国先哲很早就形成了"物无孤立""相反相成"的辩证思想。

《诗经》中有"天命靡常"的诗句；《易经》中有"无平不陂，无往不复"的哲理；董仲舒在《春秋繁露·天容》中提出"天之道，有序而时，有度而节，变而有常"，张载在《横渠易说》中指出，"变，言其著；化，言其渐"。这些都是强调运动、变化而又不失规则、规律的辩证思想。

中国古代认识论中最让人惊叹的部分在于强调"物生有两"和"相反相成"。《国语·周语》提出"阳伏而不能出，阴迫而不能蒸，于是有地震"；《老子》提出"有无相生，难易相成，长短相形，高下相倾，音声相和，前后相随"，"祸兮福之所倚，福兮祸之所伏"；《朱子语类》提出"天地间物，未尝无相对者"，"有阴必有阳"；张载在《正蒙·太和篇》中提出"两不立则一不可见，一不可见则两之用息"；等等。他们都试图用相反相成的矛盾运动来解释世界的形成和变化。

简而言之，中国古代哲学家对于人的认识能力充满信心，对于认识的发生、发展、检验标准、认识方法以及认识主体的修养等都提出了自己独特的主张，形成了独具中国特色和魅力的认识论传统。这一传统不仅引领着中国古代知识的进步，而且也为中国传统教育奠定了认识论基础。许多重要的教育主张都可以在古代认识论中找到依据。

---

① 《马克思恩格斯文集》第9卷，人民出版社2009年版，第23页。

二、西方主要的认识论

在古希腊时期,哲学家们就开始研究认识论问题。赫拉克利特和巴门尼德(约前515—约前445)充分肯定人的认识能力,区分了感觉和理智这两种认识形式。柏拉图认为变化无常的具体事物是不真实的,它是"意见"的对象,而不是知识的对象,只有永恒不变的理念世界才是真实的知识的对象。亚里士多德肯定认识起源于感觉,认为感觉就是外在事物在灵魂上留下的痕迹,理性活动的任务就是在个别中认识一般。在中世纪,宗教占绝对统治地位,哲学成了神学的奴婢,科学被宗教信仰排斥,神启成了最高真理。从古至今的多数哲学家都肯定世界的可知性,也有一些哲学家坚持世界的不可知性。近代西方哲学研究的重点是认识论,并形成许多流派。

(一)经验主义认识论

经验主义认识论有着古老的起源,但是直到17世纪才形成系统的理论学说。经验主义的主要代表人物有培根、洛克、贝克莱(1685—1753)、休谟(1711—1776)等人。经验主义有温和的经验主义和激进的经验主义两种不同的派别,前者虽然认为所有的知识均来源于感官印象,但还承认意识的机能;后者则公开要求人在认识过程中保持一种被动的地位,从而获得外部世界的客观印象。

培根认为,真正的知识只能从感觉经验中获得,他要求人们在认识世界时排除各种先入为主的观念或信念的束缚。"人类作为自然的仆人和解释者,仅当他能够实事求是地进行观察或遵循自然的道路进行思想时,才能够对自然理解得越来越多。除此而外,他既不能认识任何事情,也不能做任何事情。"[①] 培根从唯物主义经验论出发,系统地提出了以归纳法为基础的实验方法,对近代自然科学和哲学的发展产生了重要的推动作用。

洛克继承了培根等人的唯物主义经验论,对唯理主义的天赋观念学说进行了尖锐的批判,明确否定了天赋观念的存在。他认为,心灵像一块白板,没有任何观念,一切构成知识的观念都来源于经验。经验包括作为观念的外在来源的感觉和作为观念的内在来源的反省。洛克还在认识论意义上区分了物体的两种性质并提出了两种性质的观念:大小、形状、数目、位置、动静等是物体固有的"第一性质",人们关于它们的观念是真实的;颜色、声音、气味、滋味是物体的"第二性质",它们不是物体固有的,而是由主体附加到物体第一性质上的。洛克侧重于唯物主义但是自相矛盾的认识论对后来的哲学产生了多方面影响。贝克莱在此基

---

① Francis Bacon, *The New Organon and Related Writings*, The Bobbs-Merrill Co., Inc., 1960, p. 39.

础上提出了主观唯心主义的认识原则,休谟则将经验论导向彻底的怀疑主义。狄德罗(1713—1784)、爱尔维修(1715—1771)等发展了洛克的经验主义认识论,以感觉论为基础,建立了比较彻底的唯物主义反映论。

(二)唯理主义认识论

唯理主义认识论又称唯理论或理性主义认识论。与经验主义认识论相反,唯理主义认识论否认感觉经验和感性认识能力在获得知识方面的可靠性,转而强调天赋观念和理性能力在获得知识方面的主导作用。近代以来,唯理主义认识论的主要代表人物有笛卡儿、斯宾诺莎(1632—1677)等人,康德、黑格尔总体上也属于这个阵营。

笛卡儿强调心灵的理性能力和天赋观念的作用,坚持运用普遍怀疑的方法奠定知识的可靠基础,从"我思故我在"这一确定的命题出发演绎出更多的确定的知识,初步回答了知识的来源、知识的结构、知识的真理性、求知的方法等一系列认识论问题,同时也留下了心物二元论的巨大缺憾。

斯宾诺莎运用几何学的方法发展了具有辩证法色彩的唯理主义认识论。他承认外在于思想的事物是认识的对象,认识是观念对客观物质世界的反映。但他同时认为,理性认识不是从感性认识中得来的,人们无须通过感性认识即可直接从真观念出发去演绎出更多的真观念,从而获得真理性认识。他虽然承认感性认识有外界的来源,但又认为它是不确定的,因而不是真正可靠的知识,甚至是导致认识存在各种缺陷的原因。他主张,思想与外物的符合必须建立在观念与观念一致的基础上。他还提出了实体一元论,在一定程度上克服了笛卡儿二元论的缺陷。

康德为了克服经验主义和唯理主义的片面性,在哲学领域发动了"哥白尼式的革命"。他提出人类知识的来源包括感性和知性两个部分,并试图把感性和知性结合起来。他认为:"思维无内容是空的,直观无概念是盲的。……只有从它们的互相结合中才能产生出知识来。"① 他主张,科学知识应该是既能增加新东西又具有普遍必然性的知识,只有把综合判断与分析判断联合起来形成分析综合判断,才会获得科学知识。康德以此回答了人的认识何以可能的问题,建立了比较牢靠的认识论基础,在一定程度上既避免了认识问题的独断论,又防止了认识的相对性,在当时实现了对唯理主义认识论和经验主义认识论的扬弃,同时也走向了物自体不能认识的不可知论。

---

① [德]康德:《纯粹理性批判》,邓晓芒译,人民出版社2004年版,第52页。

黑格尔自觉克服了认识论和本体论的对立，较好地以唯心主义辩证法解决了思维和存在、主体和客体的辩证关系问题。他立足认识论、辩证法和历史一致性的原则，深刻阐述了人类知识的形成机理。费尔巴哈主张人是现实的感性存在，批判了黑格尔的唯心主义认识论，但他离开人的社会性、历史性和实践来考察认识问题，使得其认识论总体上仍然停留在机械唯物主义直观反映论水平。

（三）实用主义认识论

皮尔士、詹姆斯和杜威等在新的经验论基础上，批判继承近代经验主义认识论，广泛吸取其他各派哲学认识论的精华，形成了实用主义认识论。他们认为经验虽然不能等同于认识，但是可以成为认识的根基。他们提出经验的连续性原则和交互作用原则，据此批判感性认识和理性认识的对立、客观知识和主观知识的对立、理智和情感的对立等一系列认识论中的二元对立，进而追求知行、理论与实践、身心等的统一。同时，他们批判了思维和经验的分离，认为思维或者反思作为明智的经验方法和明智的学习方法，就是识别我们所尝试做的事和所承受的结果之间的关系，思维就是有教育意义的经验的方法。

关于认识成果的检验，他们在将知识理解为实践行动的工具意义的基础上，提出"有用即真理"的真理观，认为认识成果需要行动效果来检验，观念和思想只有在具体情境中实际应用、获得检验、产生效果，才具有现实性和真正意义，这充分反映了行动和实践对于认识的重要性。

实用主义认识论作为扬弃了"旁观的认识论"的"参与的认识论"，以制定科学的认识论和方法论为己任，把哲学和科学研究的对象限定在人的现实生活和经验所及的范围内，强调行动、过程和效果，注重非理性的情感、意志以及本能和直觉，更强调人的认识活动的能动性和创造性，推动了现代认识论的变革。但实用主义完全将效用作为评价认识真伪的标准，存在着难以克服的缺陷。因为行动的效用虽然与作为行动前提的认识的真伪有关，但并不完全决定于认识的真伪。

三、马克思主义的认识论

马克思主义的认识论从彻底的唯物主义出发，辩证地、历史地按照认识本身的过程考察认识，真正科学地揭示了认识发生、发展的一般规律。

（一）实践是认识的基础

"实践是认识的来源、动力和目的，是检验认识的真理性的标准。"[①] 这是马克

[①] 《马克思主义哲学》编写组：《马克思主义哲学》，高等教育出版社、人民出版社 2009 年版，第 261 页。

思主义认识论的根本观点。马克思主义认为，实践是人特有的存在方式，是人自觉能动地改造世界的物质活动。实践既不是物质的机械运动、生物的刺激反应活动、高等动物本能的活动，也不是感性地、机械地反映客观事物的本质及其规律的能动活动以及离开客观事物及其规律性纯粹由主客观精神支配的能动活动，而是以客观物质世界的本质和规律为根据，把感性认识与理性认识相结合，自觉、主动和有目的、有计划地改造物质世界的物质活动。

实践离不开认识，但它首先是认识的物质基础。实践作为认识的物质基础，不仅包括实践对象的物质，而且包括实践主体和对象的人。人首先是物质的，是实践和认识主体的物质基础，然后是物质和精神的统一，是沟通客观世界与主观世界、主体与客体、实践与认识的桥梁。人是在具体的、历史的社会关系中生活和实践的人，不是抽象的人。人作为认识的主体，首先在于人是实践的主体，然后才是认识的主体。只有从事实践活动，人才能形成和发展自己的认识能力。事物和现实之所以能成为实践和认识的客体，就在于它们是主体能动的实践活动的对象。

认识不仅只有在实践的基础上才能发生，而且也只有依赖实践的推动才能发展和证明其真理性。"实践是检验真理的唯一标准，实践是检验路线、方针、政策是否正确的唯一标准。"[①] 只有坚持科学的实践观，才能对认识的发生和发展、认识的目的和作用以及认识的真理性的标准等一系列认识论问题做出科学的解释。

（二）能动反映是认识的本质

一切唯物主义认识论都是反映论，马克思主义不仅坚持反映论，而且把反映论作为认识论的基石。马克思主义哲学认为：物质世界在意识之外并且不依赖意识而客观存在，物质世界是可知的，人们认识世界是可能的；人的认识是人脑对外部现实世界的反映，是物质最高级的反映形式；人的意识或思维能够认识客观的现实世界，人通过对现实世界反映形成的表象、概念能够正确地认识世界，认识的内容来自客观世界和历史文化的影响。马克思主义认识论坚决否定一切形式的唯心主义认识论，也坚决否定断言世界的本质不可认识的不可知论，坚持从物质到意识、从客观到主观的认识路线。

马克思主义认识论不同于旧唯物主义的反映论，认为人对客观世界的反映不是以单个人消极直观的对外部客体的反映，而是在复杂的社会联系中和能动的实践活动基础上实现的。能动反映论的基本内容是：人的认识是以实践为基础的创

---

① 《邓小平文选》第 3 卷，人民出版社 1993 年版，第 28 页。

造性的反映活动，是以人的认识结构为前提的具有选择性和建构性的反映活动，是抽象、概括事物的本质和规律的反映活动，是一种不断深化的反映活动。①

（三）辩证统一是认识的发展过程

马克思主义认识论既承认物质与精神、客观与主观的对立关系，又追求认识对客观物质世界能动反映和精神与物质、主体与客体、主观与客观的统一、辩证关系，克服了旧唯物主义经验论和唯理论的片面性。它科学地阐明了主体客体化、主观客观化与客体主体化、客观主观化的认识发展的辩证过程，揭示了认识运动过程中精神与物质、主体与客体、主观与客观等各种因素之间的辩证关系。把辩证法应用于反映论，应用于认识的过程和发展，是马克思主义认识论的一个根本标志。

马克思主义认识论指出，人在实践基础上得到的关于外部世界的感性认识，包括感觉、知觉、表象等形式。感性认识作为对外部世界的直接反映，是人们获得知识的起点，属于认识的初级阶段。认识主体在获得感性认识的基础上，必须用理性思维对感性材料进行逻辑加工，即遵循从感性具体到思维抽象，又从思维抽象上升到思维具体的方法并坚持逻辑与历史相统一的原则，通过归纳和演绎、分析和综合，以概念（范畴）、判断、推理的形式，形成理论知识的体系，把客体作为许多规定性，即多样性的、统一的整体在思维中以观念的形式综合和再现。"理性认识依赖于感性认识，感性认识有待于发展到理性认识，这就是辩证唯物论的认识论。"② 理性认识是对事物抽象、概括的反映，也是对事物本质、全体和内部联系的反映，是认识的高级阶段。认识的能动性不仅表现为从感性认识到理性认识的能动飞跃，而且还表现为从理性认识到实践的能动飞跃。人在获得理性认识以后，必须通过理想、目的、计划、方案、中间实验等形式，使之应用于实践，向现实转化。这是实践检验理论、使理论现实化的过程，是整个认识的过程。

真理是对客观世界及其规律的正确反映。虽然一切在实践基础上产生并经过实践检验的认识，都具有不依赖主体、不依赖人和人类的内容，即客观真理，但一定历史条件下的社会实践的性质和发展水平，决定相应时代认识的结构和发展水平。马克思主义哲学的认识论反对那种建立永恒不变的绝对认识体系的企图，也反对对认识活动及其结果做出超越历史的抽象评价，强调认识的历史特点和真理的具体性，强调客观世界及其规律的变与不变、绝对真理和相对真理的辩证统一。在整个人类社会历史

---

① 《马克思主义哲学》编写组：《马克思主义哲学》，高等教育出版社、人民出版社2009年版，第264-265页。
② 《毛泽东选集》第1卷，人民出版社1991年版，第291页。

发展过程中，人的实践不断向前发展，人对客观现实的认识也不断向前发展。在实践基础上由感性认识上升到理性认识，又由理性认识向实践能动地飞跃。"实践、认识、再实践、再认识，这种形式，循环往复以至无穷，而实践和认识之每一循环的内容，都比较地进到了高一级的程度。"① 认识的内容由此而不断地拓展和深化，展现了整个人类认识在实践中从相对真理向绝对真理不断跃进的辩证过程。

郝文武：《当代认识论的新发展》

第二节 知识的性质、类型与课程

知识的性质是知识和学科分类、课程和学科建设的基础，划分知识的性质的标准不同，形成的知识分类、课程也不同。学科是根据不同性质的知识组成的相对独立的知识体系，不同性质的学科有不同的知识体系、目标追求，有不同的教学与研究内容、方式和成果。

一、知识的性质与学科性质

（一）知识、学科与课程的分化和综合

人对世界的认识是从无到有、由表及里、从近到远、由浅入深的过程，也是从混沌到有序的过程。远古人对世界的认识是混沌的，不仅没有分门别类的认识，而且对整体的认识也是笼统、模糊、表层的。古代各种科学知识都包罗在统一的哲学之中。亚里士多德的哲学及其分类已经具有了学科分类的初级形态。他说的第一哲学相当于现在的哲学，第二哲学与第三哲学类似于现在的自然科学、人文社会科学的各门学科。近代以来，学科迅速分化，新学科不断涌现，形成门类丰富且多样的自然科学、人文社会科学和交叉科学的学科体系。

人对世界的认识一方面是追求深刻性，另一方面是追求全面性。深刻有助于全面但未必全面，全面有助于深刻但未必深刻。深刻必须分化，全面必须综合。学科的分化与综合、深刻与全面是辩证的和相互促进的。学科分化是学科综合的基础或前提，没有学科的分化就没有学科的综合，学科分化到一定程度必然形成综合；学科分化得越深、越细，学科综合的水平就越高。相反，学科发展只有深

---

① 《毛泽东选集》第 1 卷，人民出版社 1991 年版，第 296-297 页。

刻、没有全面，或只有分化、没有综合，学科分化和深刻发展到一定程度就很难再继续深入。

学校课程的分化和综合与学科的分化和综合的发展道路相一致。古代学校的课程基本上是综合的，近代以来逐渐分化。文艺复兴前后，学校课程发生了很大变化。14世纪以前，学校课程主要有文法、修辞学、辩证法、算术、几何学、天文学、音乐等"七艺"，到文艺复兴时期的14—16世纪增加了文学、历史、地理学、天文学四门，再到17—18世纪增加了论理学、伦理学、代数学、三角法、植物学、动物学、物理学、化学八门。现当代学校，一方面，无论是在中小学还是大学，课程门类都呈现出不断增加的趋势；另一方面，中小学出现学科整合、跨学科教学，大学里各专业又出现加强通识教育、大类培养等趋势。

郝文武：《学科和课程分化与综合的辩证法》

（二）不同学科的知识性质和学科性质

数学是研究数量、结构、变化、空间以及信息等概念的一门古老的学科，从某种角度看属于形式科学的一种，但实际上，它存在于各种科学之中，是各种科学的基础，特别是自然科学的基础。毕达哥拉斯（前580至前570之间—约前500）认为"万物皆数"。罗素指出："我相信，数学是我们信仰永恒的与严格的真理的主要根源，也是信仰有一个超感的可知的世界的主要根源。"①

自然科学是研究无机自然界和包括人的生物属性在内的有机自然界的各门学科的总称，是研究自然界的物质形态、结构、性质和运动规律的科学，包括物理学、化学、生物学、天文学、地球科学等基础科学和医学、农学、气象学、材料学等应用科学，是人类改造自然的实践经验（即生产斗争经验）的总结。自然科学的认识对象是整个自然界，即自然界物质的各种类型、状态、属性及运动形式，目的在于揭示自然界发生的现象以及自然现象发生过程的实质和规律，并预见新的现象和过程，为在社会实践中合理而有目的地利用自然界的规律开辟各种可能的途径。自然科学认为超自然的、随意的和自相矛盾的现象是不存在的。自然科学研究的最重要的两个支柱是观察和逻辑推理。

人文社会科学是人文科学与社会科学的统称，有时也称为哲学社会科学。人文社会科学与数学和自然科学都是对客观事物的本质、发展规律的揭示，可以相互渗透、相互转化，具有内在相关性、相似性和统一性。但由于根源于

---

① ［英］罗素：《西方哲学史》上卷，何兆武、李约瑟译，商务印书馆1963年版，第64页。

人类精神活动与社会活动的特殊性，人文社会科学具有与自然科学不同的特点。

从目的来看，数学和自然科学主要在认识论框架下展开，目的在于揭示自然界的本质与物质运动的规律，追求认识的真理性，试图规范和指导改造自然的实践活动，造福人类。人文社会科学除了在认识论框架外，还在价值论框架下展开，目的在于通过对人类文化与社会本质、发展规律的研究，丰富人类精神世界，提升生活质量，指导改造社会的实践活动。人文社会科学不仅有助于营造一个促进经济与社会发展的和谐环境，而且注重追问探讨与人类生存、发展、幸福有关的价值与意义方面的问题。

从对象来看，人文社会现象与自然现象的差异是造成人文社会科学与自然科学差异的根源。自然现象具有不依赖主体而存在和发展的客观性和普遍性，科学研究活动中的主客体界线分明，具有较强的实证性。而人文社会科学的研究对象具有主观性和文化性，相当程度上不具备重复性；研究对象本身是由有意志、有目的和有学习能力的人的活动和人所构成的社会组成，认识活动中的主客体界线比较模糊。自然科学的研究对象大多与时代背景无直接关系，而人文社会科学的研究对象与时代发展关系密切，多带有明显的时代烙印。人文社会科学只有把研究对象置于具体时代背景之中才能揭示研究对象的本质。总之，与自然现象的自在性、同质性、确定性、价值中立性、客观性等特点相比，人文社会现象具有人为性、异质性、不确定性、价值与事实的统一性、主客相关性等特点，从而形成了人文社会科学的诸多特色。

从方法来看，自然科学更多地使用以实证、说明为主导的方法，而人文社会科学更多地使用内省、想象、体验、直觉等方法。人文社会科学近100年来则借鉴了很多自然科学的方法，但同时受到文化性、价值性等约束。自然科学和人文社会科学可以互相补充，因为它们在探究和解释世界的方式上存在根本区别，使用不同的概念，并用不同的语言形式进行表达。自然科学使用事实、规律、原因等概念，并通过客观语言沟通信息；人文社会科学使用现象与实在、命运与自由意志、特殊与普遍等概念并用感情性和目的性的语言表达意义。人文社会世界的主体性、文化性、独特性、丰富性特征，要求认识主体具备把握意义世界的主观感悟能力，而这种能力的形成与个体的生活经历、社会立场密切相关。自然科学和人文社会科学的区别在于其分析和解释的方向：自然科学从多样性和特殊性走向统一性、一致性、简单性和必然性；相反，人文社会科学则突出独特性、异质性、复杂性和创造性。

从手段来看，自然科学通常使用实验手段，在人为控制的条件下，简化、纯化研究对象，使对象的属性及其变化过程重复出现，从而观察和认识研究对象，达到客观统一的认识。人文社会科学很难使用实验方法，即使社会科学研究中采用"试验""试点"，也总是随时间、地点和具体对象而改变，很难做到简化和纯化研究对象，也不可能使研究对象的属性重复出现。由于人文社会科学现象的复杂性，至今只有经济学、社会学等个别社会科学门类采用数学方法作为辅助研究手段。

从知识性质来看，自然科学的知识具有客观性和普遍性，可为任何阶级、民族和国家服务。自然科学内部不同学派之间的争论，多是基于认识差异上的学术争论，一般不涉及阶级偏见。而在人文社会科学活动中，认识者往往既是认知主体，又是被认知的客体。作为主体，他能认识客体与自己；作为客体，他是人生意义的产生者、民族文化的承担者、社会活动的参与者、自我认识的历史存在。人文社会科学的知识是客观性、价值性与艺术性的统一，往往程度不一地打上阶级或民族的烙印，难以毫无差别地为一切阶级、民族和国家服务。因此，人文社会科学比自然科学更多地受到统治阶级的干预和控制。正如贝尔纳（1901—1971）所说："社会科学的落后主要不是由于研究对象具有一些内在差别或仅仅是复杂性，而是由于统治集团的强大的社会压力在阻止着对社会基本问题进行认真的研究。"[①] 人文社会科学工作者总是从属于一定的阶级、民族和国家等利益集团，与人文社会现象之间存在着或多或少的利害关系，研究成果往往透着各自的知识背景、价值观、民族文化传统，带有阶级倾向性。这也就是为什么世界上只有一种物理学、化学和天文学，却并存着多种哲学、历史学、法学和教育学等的原因。这种学科性质与知识性质的统一性与多样性是教育者在开展各种不同学科的教育时所应当首先予以明了的。

（三）交叉科学的知识性质和学科性质

近现代学科综合的一个重要表现是不同学科之间相互渗透形成了许多交叉学科或边缘学科。由于分化而交叉，分支学科门类进一步增多，由于交叉而综合，综合学科门类也不断增多。现代知识的分化和综合既表现为自然科学内部的分化和不同学科之间的综合，人文社会科学内部的分化和不同学科之间的综合，也表现为自然科学与人文社会科学之间的综合及其综合学科的分化。

近现代以来，从古老的地学中分化出来的海洋学又繁衍出 130 多门分支学科。

---

① ［英］贝尔纳：《历史上的科学》，伍况甫等译，科学出版社 1959 年版，第 549 页。

经济学在近几十年就派生出100多门分支学科。正是由于学科的分化，在物理学与化学的结合点上出现了物理化学，在工程学与物理学的交叉点上出现了工程物理学，在量子力学与生物学的扩展性发展的边缘出现了量子生物学等自然科学内部相互渗透的第一代边缘学科；出现了以特定自然界为对象的运用化学和物理学、结晶学、热力学、材料学、物理化学等多种理论、知识、方法综合研究的光导纤维等第二代综合性学科；出现了信息论、控制论、系统论等自然科学和人文社会科学结合的第三代综合性学科。近现代学科发展的这些特点都是学科分化和综合相互影响的结果。

学科和课程的分化和综合相结合既是社会发展的需要，也是人自身发展的需要。人的全面发展是自古以来人类追求的理想，不同的人有不同的学习、职业和专业兴趣。为了人的全面发展，必须重视人文社会学科和课程与自然科学学科和课程及其教学的结合或综合，重视人文精神和科学精神的形成及其统一。丰富的综合知识与在此基础上形成的精细的专业知识对实现人的全面发展和满足人的不同兴趣都有重要价值。社会是由许多部门或门类组成的有机整体，是由相互联系的普通个人和专业人才组成的复杂系统。社会发展既需要知识和能力相对全面的综合型或复合型专业人才，也需要分科型、特技型、应用型专业人才和有所发现、发明和创新的创造性人才。解决穿衣问题、住房问题、交通运输和环境生态等问题都毫无例外。当代大学的物理化学、地球物理学、分子生物学、科学技术哲学、教育哲学、工程管理、教育管理等课程都是学科交叉和综合的体现。

二、知识类型与课程建构

不同类型的知识有不同的认识对象、表述方式、概念体系、认识方法和价值、功能等。按照研究对象、方法的性质划分，知识可以分为自然科学知识、社会科学知识与人文科学知识；按照表征形式划分，知识可以分为陈述性知识与程序性知识；按照是否可以言传划分，知识可以分为隐性知识与显性知识；按照关涉范围划分，知识可以分为普通知识与专业知识。

课程是关于教育教学的目标和内容的方案、计划和进程，课程知识是根据知识的性质、类型、方式和作用，为了学校教育而专门筛选和精心组织的知识。课程知识及其类型与人类的一般知识及其类型既有密切联系又有很大差异，课程研究的一项重要任务就是深入理解课程知识及其类型。按照上述知识的分类，课程知识也可以做出相应分类，另外，课程知识还可以分为学科课程知识与活动课程知识、分科课程知识与综合课程知识等。

(一) 自然科学知识、社会科学知识、人文科学知识与课程建构

自然科学知识作为描述性知识和追求普遍性或普适性的知识，主要通过概念符号和数量化反映人对自然世界的认识，其获得主要凭借对纯粹物质事实的观察与实验，其发展方式是线性的，新知取代旧知。社会科学知识作为规范性知识和追求社会化或群体性的知识，通过多种方式反映人对社会世界的认识，其获得主要凭借对渗透着价值的社会事实与实践的观察与价值研究，其发展方式是阶段性的，主流的社会科学理论经常出现"三十年河东三十年河西"的状况。人文科学知识作为反思性知识和追求个性化或特殊性的知识，主要通过生活体验和意义理解反映人对人文世界的领悟，其获得主要凭借对各种价值规范及其历史实践的批判与反思，其发展方式是螺旋式的，越往前发展，越要回到古典。

与之对应，自然科学知识的教育和课程建构强调理性知识及其认识方式的教育，强调客观知识及其观察、实验、实证的教育，强调学科知识的教育。人文科学知识的教育和课程建构应重视主观知识及其理解、体验的教育，重视活动、经验的教育。社会科学知识的教育和课程建构介于两者之间，重视理性知识与主观知识的结合，学科知识与活动、经验知识的结合，观察、实证与理解、体验的结合。

(二) 陈述性知识、程序性知识与课程建构

陈述性知识也称为命题性知识，主要用来描述"是什么"或解释"为什么"的问题，而程序性知识则主要用来回答"怎样办"或"如何做"的问题。程序性知识的获得并不一定需要事先掌握相关的陈述性知识，许多程序性知识并不一定都能还原为陈述性知识。陈述性知识是人们在无数次尝试错误后，经过长期的反思和总结，在分析、解释这种行动有效或低效的理由时逐渐形成的。程序性知识又可分为技术形态的程序性知识和实践形态的程序性知识。技术形态的程序性知识单靠讲解和示范，不能够熟练掌握；实践形态的程序性知识只能意会不能言传，是一种隐性（缄默）知识。

课程建构必须处理好陈述性知识与程序性知识的关系，不仅要使学生知道是什么、为什么，形成和提高学生的思维能力，也要使学生学会怎样做，能很熟练地做好，形成和提高学生的动手能力或实践能力。

石中英：《波兰尼的知识理论及其教育意义》

(三) 隐性（缄默）知识、显性知识与课程建构

根据波兰尼（1891—1976）的理论，缄默知识作为一种个人知识，是只能意会、不能言传的知识，具有很强的情境性和实践操作性，很难交流、传递。显性

知识作为公共知识，是完全能够用语言表达的知识，具有普遍性、可交流性和传递性。缄默知识不是课程的正式内容，但也是其重要内容，它以潜移默化的方式对课程产生重要的基础影响。学生从隐性课程中一般学到的都是一些缄默的知识。课程建构和教学中显性知识的传递只有通过缄默知识的应用才能获得成功，缄默知识的大量存在促进了课程知识生态的合理性，为课程建构的有效实施和教学艺术的完善带来更大的可能空间。不过，一些缄默知识的存在也可能会给显性知识或教科书知识的学习掌握带来困难和障碍，需要仔细辨别。

（四）普通知识、专业知识与课程建构

普通知识和专业知识可以理解为基础知识和专业知识、实用知识或应用知识的关系。它们的教育和学习也可理解为通识教育和学习与专识教育和学习的关系。普通知识是不同行业、职业和专业的所有人都应具备的知识，专业知识是从事不同行业、职业和专业的人应该具备的专门知识。普通知识可分为一般的普通知识和复杂的普通知识，专业知识可分为一般的基础的专业知识与复杂的高级的专业知识。

课程建构要处理好普通知识教学与专业知识教学的关系，使普通知识成为专业知识的坚实基础，使专业知识在普通知识基础上对学科专业和社会专业发挥更好作用。

三、课程建构和教育教学中的知识选择

什么知识最有价值？19世纪英国学者斯宾塞（1820—1903）提出的这个问题一直引发课程论和教学论专家的思索。这个问题的潜台词是：人类的知识宝库过于丰富，教育不可能将所有的知识都作为课程内容直接呈现在教育过程之中，因此，课程与教学研究必须对浩瀚的知识进行精心的筛选，以确定构成学生学习的科目、内容和学业评价的对象。知识选择在任何社会和时代对课程建构和教育教学都有重要意义，尤其是在"知识爆炸"时代和信息化、学习型社会。

（一）课程建构和教育教学中知识选择的实质

知识选择是对知识的取舍，课程建构和教育教学中的知识选择是根据教育目的、教育对象、学科特点、社会发展需要和知识资源等对知识的取舍。认识来源于实践，实践的首要特征就是目的性，实践的目的性决定认识的目的性，实践和认识的目的性决定了知识和课程建构、教育教学中知识的选择性。有目的就有选择，自然自在既无目的，也无选择；自觉自为既有目的，也有选择。

自然世界和社会世界都非常丰富和复杂，人类对自然和社会的认识既有限，又无穷无尽。个人和学科对自然和社会的认识都是有限的，课程建构和教育教学

中的知识不仅都是有目的、有计划地进行选择的,而且反映的基本是经科学研究证明是正确、准确甚至是精确的、社会公认的知识。

课程建构和教育教学中的知识选择既受社会政治、经济、文化和科技发展的影响,也受民族、国家甚至地域的影响,教育目的和教育对象是课程建构和教育教学中的知识选择的直接根据。课程建构和教育教学中的知识选择既可能产生又必须化解不同民族、国家甚至地区及其不同历史时期、不同价值追求和发展特点的冲突,尽力使它们相互借鉴和促进,使继承与发展相统一;既可能产生又必须化解不同学科、学习阶段及其价值追求、发展特点的冲突,尽力使它们相互借鉴和促进,使整体与部分、不同价值追求和发展阶段和谐统一。

知识与权力有密切和复杂的关系,既有因国家和社会各团体或组织形成、选择和应用知识的不同价值追求、水平层面而构成权力的复杂关系,也有因知识发现和创新者、学习者、教育者、应用者形成和选择知识的不同价值追求、水平层面而构成权力的复杂关系,还有这两方面交互作用而形成的复杂关系。西方现代哲学家福柯、哈贝马斯(1929—)等学者有许多研究,各有不同认识。究竟是权力制造知识还是知识增强权力,既要具体问题具体分析,不能以偏概全,又要从历史和世界视角形成全面系统的认识,不能笼统而论。即便是对耳熟能详的培根的《新工具》中的"Human knowledge and human power come to the same thing"[1],不同学者也有不同翻译和解释:有的学者将此译为"知识和人类的力量是同义语"[2],概括为"知识就是力量";有的学者将此译为"人类知识和人类权力归于一"[3],概括为"知识就是权力";还有学者认为,这句话在一定程度上也反映了知识与能力的关系,也可以理解和解释为"知识就是能力"[4]。

(二)课程建构和教育教学中知识选择的依据

课程建构和教育教学中知识选择的依据主要涉及四个方面。

一是依据教育价值和目的。人的自然观和人类观是世界观和价值观的根,世界观和价值观是教育本质观的根,教育本质观是课程本质观的根,课程本质观则是课程教学方式或课程教学行动的根。不同的根有不同的果,不同时代的人对自

---

[1] Francis Bacon, *The New Organon*, Cambridge University Press, 2000, p. 33.
[2] 华东师范大学教育系、浙江大学教育系合编:《西方古代教育论著选》第2版,人民教育出版社2001年版,第414页。
[3] [英]培根:《新工具》,许宝骙译,商务印书馆1984年版,第8页。
[4] 周林东:《培根名言"知识就是力量"三解——兼论弗兰西斯·培根的宗教观对其知识观的影响》,《复旦学报(社会科学版)》2007年第5期,第39—46页。

己是什么和应该是什么，自己是怎样形成和应该如何形成的认识不同，对教育本质和课程教学的认识也不同。

教育问题归根结底是培养人的问题——培养什么样的人和怎样培养人的问题，其他问题都是这个问题的细化、深化或具体化。培养什么样的人是教育目标问题，怎样培养人是教育内容和方式问题。人本来是什么和应该是什么，教育形成人的目标就是什么。人怎样培养和应该怎样培养，教育就选择什么知识和课程内容与采用怎样的方式培养人。人的本质和教育本质都是合规律性与合目的性的统一。教育目的是不同层类教育的总目标，不同层类教育还有具体目的或目标。我们的教育必须为社会主义现代化建设服务、为人民服务，必须与生产劳动和社会实践相结合，培养德智体美劳全面发展的社会主义建设者和接班人。这是现当代中国的教育方针和总目标，在遵循这个教育方针和总目标基础上，基础教育、高等教育和职业教育等还有具体目标。

二是依据社会文化。人是实践的产物，也是文化的结果。每个人甚至每个社会的实践都是具体的，但他们面对的文化则是整体的，是古往今来的集合。历史长期形成和沉积的世界观、价值观、思维方式和生活习惯时时刻刻影响着每一个人及其社会。文化是海洋，社会和个人是泳者。课程是对文化的选择。课程改革必须寻根溯源，固本立纲，从源头开始，形成广泛的文化基础和文化背景，消解其难以推进的思想、文化和社会根源。不同文化背景下教育和课程教学改革可以借鉴，但不能"克隆"。"没有一个国家的课程理解或课程'模式'是'可出口的'，至少在'出口'的时候不会不冒损害'进口'国的独特性的风险。每一个国家必须努力用自己的术语去理解：当课程被阐述并向年轻一代教授的时候，其紧迫问题是什么。"[①]

三是依据教育对象。社会教育的对象是不同层面的人群和个人，学校教育的对象主要是青少年学生。良好的思想品德、基本的科学文化知识、认识和实践能力与技能是现当代人必须具备的基本素质。这既是现当代义务教育的根据，也是中小学基础教育课程建构和教育教学中知识选择的根本依据。但"基本"与"基础"有不同含义，"基本"取决于是否普遍适用各行业，"基础"不仅如此，还取决于对掌握更高深知识是否必需。也就是说，中小学基础教育课程建构和教育教学中知识选择不仅要考虑现当代每一个人必备的基本素质，而且要考虑能为高等

---

① [美]威廉·派纳等：《理解课程：历史与当代课程话语研究导论》（上），张华等译，教育科学出版社2003年版，"中文版序"第1页。

专业教育和职业教育打好基础。

四是依据学科性质。如前所述，自然科学和人文社会科学虽然都是系统的知识体系，但又是具有明显区别的两种不同性质的知识体系。自然科学的知识是具有客观性、普遍性的知识，是新知取代旧知的直线式发展方式。这就要求在选择自然科学知识时，要放眼世界，要反映科学前沿，同时要注重那些经典的科学实验、范式或方法的介绍与掌握。比较而言，人文社会科学的知识虽然也有客观性、普遍性的意义，但是其理解上已经不同于自然科学知识的客观性与普遍性，而带有社会文化性和价值性。这样一来，在选择人文社会科学知识的时候，一方面要注重对本民族人文社会科学知识传统尤其是那些文化经典的介绍，另一方面在选择外来的人文社会科学知识的时候，要说明其生产时独特的社会历史和文化环境，提醒教育者和学习者以一种批判的态度来对待这些知识。

（三）课程建构和教育教学中知识选择的原则

课程建构和教育教学中知识选择的原则是基于上述依据，并考虑课程建构和教育教学实践而提出的，旨在为越来越活跃的课程改革和教育教学改革提供一般性的指导。

一是科学性与思想性相结合。在课程建构和教育教学活动中，既要注重知识选择的科学性，也要注重知识选择的思想性，努力做到这两个方面的统一。从内涵上说，知识选择的科学性就是指要选择那些在相应学科领域比较可靠的、经过充分证实、证明并且得到学术界所公认的知识。或者简单一点说，所选择的应当是一些真理性的知识，而不是某个人或某个组织的意见、偏见或信念性的知识。而知识选择的思想性则是指要选择那些对学生的思想意识、道德素养、价值观形成和人格养成有正面的、积极的和持续性影响的知识。这也是教育实践活动本身的目的所追求的。一方面，知识选择的思想性以科学性为前提，另一方面，知识选择的思想性又构成了对科学性的一种补充或限制。事实上，并不是所有在科学性上没有问题的知识都适合被选作课程知识，进入教育教学过程中去。因此，课程建构和教育教学中对知识的选择要坚持科学性与思想性相结合的原则，把事实与价值、真与善、智慧建构与思想引领有机地、具体地统一起来。

二是学科逻辑与心理逻辑相结合。任何一类学科知识都有其内在的逻辑，主要表现为该学科独特的知识传统、范畴与命题之间的结构关系及其研究路径、范式与方法等，这些要素彼此之间具有一种整体性关系。因此，课程建构和教育教学活动在选择知识内容时，必须考虑这种整体性的学科逻辑，不能随心所欲、毫无章法地选择其中的一些范畴、命题、公式、经典实验等作为课程内容、学习材料。否则，即使能帮助学生获得有关某个学科的一鳞半爪的印象，也会损害他们对这个学科的整体性理解。不仅一个学科内部有其独特的逻辑，各个学科之间也有其结构关系，先学哪个学科，后学哪个学科，也是不能随意确定的，应当有充分的依据。任何不尊重学科逻辑，甚至肆意违反学科逻辑的课程建构和教育教学改革最终都不能达到目的，甚至会导致课程和教学质量下降。由于知识内容的选择终究还是为学习者服务的，因此在尊重和体现学科逻辑的同时，也必须考虑学生的心理逻辑，主要是学生在学习某一学科时所表现出来的心理特点、经验准备和必备条件。知识选择过程中的心理逻辑是对学科逻辑的一种补充或限制，要求在课程设置或教学内容选择与呈现方面适应并引领学生的心理发展，从认知领域的发展，到情感和社会性的发展，再到价值观和人格的完善。课程建构和教育教学中学科逻辑与心理逻辑相结合，既有助于克服学科中心主义的弊端，也有助于防止学生中心主义的危害，为在教育过程中实现知识传承与智慧建构及思想价值引领的统一创造有利条件。

三是知识的统一性与多样性相结合。人类的知识从起源上说是多样的，不同的国家和民族在自己的社会实践活动中都孕育和产生了自己的知识体系。这些知识体系指导着各国和各民族的生存与发展，维系着各自的社会生产和生活。在这些多样的知识体系中，有一些知识类型，主要是有关自然的或客观世界的认识，自近代以来逐步地采用科学的范式，获得了统一性。但是还有一些知识类型，主要是有关人生和社会制度、社会秩序和社会理想的知识，还保持着多样性，继续支撑和指导着各国和各民族的人文与社会生活。以往的课程建构和教育教学活动，主要考虑了具有统一性的科学知识，对于人类知识的多样性，特别是本土性知识、地方性知识缺乏考虑。这种状况导致许多本土性知识、地方性知识的边缘化与合法化危机。为应对这种危机，当代教育"必须探索主流知识模式之外的其他各种知识体系。必须承认和妥善安置其他知识体系，而不是将其贬至劣势地位"[①]。要解决这个问题，学校教育在课程建构和教育教学活动中，就必须用更加客观、平衡与民主的眼光来整合西方知识与本土知识、全球性知识与地方性知识、主流知

---

① 联合国教科文组织编：《反思教育：向"全球共同利益"的理念转变？》，联合国教科文组织总部中文科译，教育科学出版社 2017 年版，第 22 页。

识与被压迫知识等之间的关系。

第三节　教育中的批判性思维

教育不仅是知识的传承过程，也是思维的培养过程，而且这两者不能直接画等号。在各种各样的思维类型和品质当中，批判性思维具有特别重要的作用。批判性思维是构成一个人创造力的重要意识条件。从教育实践及其国际比较来看，我国大中小学校在培养学生的批判性思维方面存在着明显的不足，亟待加强和改进。

一、什么是批判性思维

批判性思维既是一种思维的态度，也是一种综合的思维技能。作为一种思维的态度，它相信一切人的思维的局限性以及向批判开放的必要性；作为一种综合的思维技能，它旨在通过一定的标准重新评价已经发生的思维过程，从而不断地改善思维过程，获得更加合理的认识和更加充分的行为正当性。批判性思维的起源可以追溯到苏格拉底、柏拉图以及孔子、孟子等人，表现为他们对一些信念和知识的质疑、检讨和对自身认识有限性的反思。1910 年，杜威在《我们怎样思维》中提出"反省思维"的概念，可以视为现代批判性思维概念的雏形。在杜威看来，"对于任何信念或假设性的知识，按照其所依据的基础和进一步导出的结论，去进行主动的、持续的和周密的思考，就形成了反省思维"[①]。杜威提倡反省思维主要是希望改变以往那种随意的、盲目的、依靠习俗或权威的思维习惯，希望培养一种有依据的、连续的、主动的"科学思维"方式，使其成为教师与学生思考、解决问题的普遍原则。

当代哲学认为，反思与构思不仅彼此之间紧密联系，而且都与思想紧密联系。人先有思想后有反思，思想和反思都是为了构思，没有思想既谈不上构思，也谈不上反思。反思不仅紧跟在思想后面，而且还是以后构思的组成部分和过程。反思有日常反思、科学反思和哲学反思三个层面：日常反思是主体对自己的思想和行为的检查和评价，评价必然包括肯定或否定；相对于日常反思的科学反思是思

---

① ［美］约翰·杜威：《我们怎样思维·经验与教育》第 2 版，姜文闵译，人民教育出版社 2005 年版，第 16 页。

想的自我反思，即主体对思想的思想，对认识的认识，对理论的理论；而哲学反思则是对思想的前提反思或前提批判，把理论思维的前提本身作为追问、质疑和反思的对象。①

批判性思维是一种最常规的人类思维，它与人的开放性与超越性联系在一起，是人类文明进步重要的主体性条件。它不是外在于人类生活的，而是所有人的生活的具体内容之一。只要是一个正常的、健康的人，一个有开放性、可塑性的人，他就会不断地进行批判。东西方文明及其发展都源于批判，都依赖批判，都得益于批判。② 批判以怀疑为起点，以否定或证伪为方式，但否定未必就是批判。否定之否定是肯定，是赞同甚至是赞扬，不是怀疑和否定。哲学家普罗克洛（412—485）首先提出的、黑格尔发展完善的三段式思维是常规思维，其中的正反合中的反就是批判和否定。正反合是事物发展的过程，也是思维的规律。一切发展过程都可分为发展起点阶段的原始同一（潜藏着它的对立面），即"正题"；发展第二个阶段的对立面显现或分化，即"反题"；发展第三个阶段的"正反"二者的统一，即"合题"。正题为反题所否定，反题又为合题所否定。但合题不是简单的否定，而是否定之否定或扬弃。合题把正反两个阶段的某些特点或积极因素在新的或更高的基础上统一起来。

二、批判性思维与创造力培养

批判性思维与创造力有密切关系，形成批判性思维的目的是形成创造力，形成创造力的前提是形成批判性思维。百年大计，教育为本；实现现代化，科技是关键，教育是基础。形成创造力需要良好的社会和教育条件：社会和教育形成良好的批判性与创造性文化、教育形成有效的教育教学目标、过程和方式是形成学生批判性思维与创造力的基础。

（一）批判性思维是形成创造力的前提条件

批判性思维和创新性思维的共同特点在于思维的品质或价值取向，而不在于思维的具体方式。"创造性思维的关键组成部分是思想的产生，而批判性思维的关键组成部分是思想的判断。"③ "创造性思维是发散的，批判性思维是聚合的；创造性思维试图创新，批判性思维旨在对现有的事物的价值或有效性加以评定；创造

---

① 孙正聿：《哲学通论》，辽宁人民出版社1998年版，第147-176页。
② 欧阳康：《批判性思维的前提性反思》，《高等教育研究》2012年第11期，第71-75页。
③ [美] Ronald A. Beghetto、James C. Kaufman 主编：《培养学生的创造力》，陈菲、周晔晗、李娴译，华东师范大学出版社2013年版，第109页。

性思维是对公认原则的突破，批判性思维是对公认原则的应用。尽管创造性和批判性思维可能是同一个硬币的不同面，但两者并不等价。"① 其实，"不存在终极的知识源泉。每个源泉、每个提示都是值得欢迎的；每个源泉、每个提示都有待于批判考察"②。如果说怀疑批判、自由民主、探究发现、多元立体和主客观统一是常规思维的本质特征，那么批判性思维也应该具有这些特征。如果说怀疑一切、挑战权威、刨根究底、不断追问是批判性思维或探究性思维的特点，那么批判性思维就应突出这些特点。

发散与聚合、求异与求同、演绎与归纳都可能是批判或肯定，可以创新；领悟思维或信仰逻辑也可能批判或肯定，可以创新。学习不仅应从精神、态度和思维开始，还要从批判的过程和方式开始，甚至语言表达、技术形成和应用开始。教师既要提升学生的发散、求异、演绎思维能力，也要提升学生聚合、求同、归纳的思维能力。

(二) 批判性思维是提高创造力的基本保证

科技意识是科技发现、发明和发展、创新的前提条件，其显著标志和合理逻辑应该是既重视科技伦理又重视科技的发明创造。把科技意识仅看作不违反科技伦理的意识，必然使人谨小慎微甚至明哲保身，不敢大胆批判、猜想、想象，是国家、民族和个人缺乏科技发明创造的根源；把科技意识仅看作具有强大科技发明创造能力的意识，可能使人不讲道德，是科技泛用、滥用给人类带来危害的根源。

探寻真理、增进知识和形成理论，起于发现问题，终于解决问题。波普尔 (1902—1994) 认为："我们动辄寻找规则性，把规律强加于自然。这种倾向导致教条思维的心理现象，或者更一般地导致教条的行为：我们期望规则性无所不在，试图甚至在子虚乌有的地方也找到它们；不服从这些企图的事件，我们很容易看做一种'背景噪声'；我们墨守自己的期望，甚至在这些期望并不恰当、我们应当承认失败的时候也是这样。""显然，这种教条的态度使我们墨守自己的最初印象，表示一种坚定的信念；相反，批判的态度，随时准备修改其信条，允许怀疑并要求检验，则表示一种不太坚定的信念。"③ 在波普尔看来，批判态度，也即自由讨

---

① [美] Ronald A. Beghetto、James C. Kaufman 主编：《培养学生的创造力》，陈菲、周晔晗、李娴译，华东师范大学出版社 2013 年版，第 126 页。
② [英] 卡尔·波普尔：《猜想与反驳——科学知识的增长》，傅季重等译，上海译文出版社 2005 年版，第 39 页。
③ [英] 卡尔·波普尔：《猜想与反驳——科学知识的增长》，傅季重等译，上海译文出版社 2005 年版，第 69-70 页。

论理论以发现其弱点并加以改善的传统，才是导致科学发现的关键因素。

把批判性思维和创造性发展的价值追求、目标设定与相关过程和方式、知识和能力形成紧密结合，有利于引领和营造创新文化。创新文化对于教学而言意味着视学生为对象主体，加强对话，欢迎质疑，破除固化的榜样，扩大民主和自由度，真正破除过度追求标准化的满堂灌的注入式教学，建构充分调动学生学习积极性、主动性的真正开放式的启发式教学，努力培养学生积极创新和敢于批判、勇于探索、善于创造、既善于面对成功又敢于面对失败的综合品质。

（三）批判性思维培养要贯穿教育全过程

20世纪以来美国科学家占据诺贝尔奖的绝大部分。这源于美国始终重视批判精神、批判性思维与创新精神、创新能力的紧密联系及相应能力的形成和培养，把批判性思维看作一个国家和世界的优先需求。世界高等教育会议1998年发表《面向二十一世纪高等教育宣言：观念与行动》，指出高等教育机构必须教育学生能够批判地思考和分析问题；课程需要改革以超越对学科知识简单的认知性掌握，必须包含获得在多元文化条件下批判性和创造性分析的技能。

从小养成批判性思维的习惯和能力，对形成创造性有重要意义。布鲁纳（1915—2016）认为："无论哪里，在知识的尖端也好，在三年级的教室里也好，智力的活动全都一样。一位科学家在他的书桌上或实验室里所做的，一位文学评论家在读一首诗时所做的，正像从事类似活动而想要获得理解的任何其他人所做的一样，都是属于同一类的活动。其间的差别，仅在程度而不在性质。"[①] 确实，儿童是富于批判意识的，表现为儿童在认识活动中更倾向于尊重客观事实、没有权威的观念、适时地修正自己的成见、向新的更加有说服力的观点开放，等等。这种批判意识与科学家需要的批判意识没有本质上的差别。教育机构应当从小呵护儿童的这种批判意识，并积极引导他们将这种原初的批判意识向更加高级的批判性品质发展，以不断提升他们的批判性思维水平。反过来，如果儿童从小就生活在一个充满权威和成规陋习的社会和教育环境中，他们的提问、质疑和批判的意识被压制，那么他们长大之后，自然会成为只知道服从和顺从的人，而不会成长为勇于批判和善于创造的人。

三、批判性思维的教与学

教学是教育的基础和中心，是教师的教与学生的学组成的双边认识和实践活

---

① ［美］布鲁纳：《教育过程》，邵瑞珍译，文化教育出版社1982年版，第33-34页。

动。知识教学是教学的基础，但教学的目标不仅限于知识教学，还包括促进学生良好品德的形成和能力的发展。教育教学目标、内容和方式决定教育教学结果，确立明确的形成批判性思维和创造性的教育教学目标、选择和运用有利于形成批判性思维和创造性的教育教学内容和方式，对形成批判性思维和创造性思维具有十分重要的意义。

（一）注重独立人格和鲜明个性的培养

不懈追求真理的独立人格和鲜明个性是一个人批判性思维形成的基本的主体条件，因此，在批判性思维的教学中首先要着力形成学生不懈追求真理的独立人格和鲜明个性。以批判性思维为依托的个人学术自由是科学研究的生命，独立人格是个人学术自由的基本保障。人类发展史上的许多原创性科技发明都是科学家个人自由研究的结果，而不是有计划、有组织地研究的结果。几乎所有科学家都特别强调学术自由。爱因斯坦多次强调，在科学共同体的内部与外部创造并形成一个宽松、自由的环境是科学进步的先决条件，"个人自由给我们带来了知识和发明的每一个进展"[①]，学术自由是每个人探索真理以及发表和讲授他认为正确的东西的权利。对学术自由的任何限制都会抑制知识的传播，从而也会妨害合理性的判断和合理性的行动。自由行动和自我负责的教育，比起那种依赖训练、外界权威和追求名利的教育来要优越得多。他认为，应当始终将发展独立思考和独立判断的一般能力放在首位，而不应当把获得专业知识放在首位。[②] 爱因斯坦甚至反对有计划、有组织的科学研究，他认为："科学史表明，伟大的科学成就并不是通过组织和计划取得的；新思想发源于某一个人的心中。因此，学者个人的研究自由是科学进步的首要条件。除了在某些有意挑选的领域，如天文学、气象学、地球物理学、植物地理学中，一个组织对于科学工作来说只是一种蹩脚的工具。"[③] 教学和学习虽然不同于科学研究，但在内在逻辑上与科学研究有许多相通之处，都需要以个人自由学习、自由探究为基本条件，都需要将独立人格的形成和鲜明个性的展现作为坚定的价值追求。

（二）把学生兴趣、好奇心、想象力培养放在首位

对于学生批判性思维的形成而言，兴趣不仅是最好的老师，而且是第一推动力。学习首先是要有兴趣，然后才是有义务。爱因斯坦指出：在学校里和在生活中，工作的最重要动机是工作中的乐趣，是工作获得结果时的乐趣，以及对这个

[①] 李醒民：《爱因斯坦》，商务印书馆2005年版，第290页。
[②] 《爱因斯坦文集》第3卷，许良英等编译，商务印书馆2010年版，第174页。
[③] 李醒民：《爱因斯坦》，商务印书馆2005年版，第327页。

结果的社会价值的认识。"我从事科学研究完全是出于一种不可遏止的想要探索大自然奥秘的欲望，别无其他动机。我酷爱正义，并竭尽全力为改善人类境况而斗争，但这些同我对科学的兴趣是互不相干的。"① 培根也说过："真理（它是只受本身的评判的）教给我们说，研究真理（就是向它求爱求婚），认识真理（就是它的获得）和相信真理（就是享用它）乃是人性中最高的美德。……一个人的心若能以仁爱为动机，以天意为归宿，并且以真理为地轴而转动，那这人的生活可真是地上的天堂了。"② 在批判性思维的教学中，除了一般的兴趣之外，尤其需要关注和启发的是对创造新事物的方式、过程和结果方面的兴趣。

想象是批判性思维的重要方式，想象力是批判性思维能力的表现。想象力比知识更重要，因为知识是有限的，而想象力概括着世界上的一切，推动着进步，并且是知识进化的源泉。而好奇心又是想象力和科学创造的源泉。好奇是发现具有本质性问题的理智型的人的强烈感情和深沉体验，是从顿悟到解决问题的微妙途径。"谁要是不再有惊奇也不再有惊讶的感觉，他就无异于行尸走肉，他的眼睛是迷糊不清的。"③ 在批判性思维的教学中，大力培养学生的好奇心和想象力就是在源头上优化批判性思维的具体方式，提升批判性思维的能力水平，从而提高批判性思维的整体品质。

（三）开展研究性的教与学

从理论上来说，批判性思维的教学有直接和间接两种基本途径。直接的途径就是开设批判性思维的课程，这个途径当前也为国内的一些大中小学所使用。间接的途径就是将批判性思维的训练融入学校日常的教育教学过程尤其是学科教学中去，这一点是目前国内的批判性思维教学亟待加强的。

诺丁斯反对单纯传授批判性思维及其技能、技巧的教学，主张批判性思维的教学应该鼓励个人的激情投入。她认为："一些批判性思维的方法几乎是公式化的，那么就可能变成另一门课——仅仅学过而已，然后就被弃置一旁，与真实生活不再有关系。如果教授方法太死板，创造性思维也会受损。学生们会掌握一些批判别人论据的技能，但不能投入地建构和支持自己的立场。最危险的是学生可能满足于破坏性的批判，成为技能娴熟但没有情感的旁观者。"④ 批判必须研究，形

---

① 李醒民：《爱因斯坦》，商务印书馆2005年版，第323页。
② 李醒民：《爱因斯坦》，商务印书馆2005年版，第410-411页。
③ 《爱因斯坦文集》第3卷，许良英等编译，商务印书馆2010年版，第58页。
④ ［美］内尔·诺丁斯：《批判性课程：学校应该教授哪些知识》，李树培译，教育科学出版社2012年版，第27页。

成批判性思维必须进行研究性教学，即研究性的教和研究性的学，研究包括正规思维、立体思维、复杂思维、批判思维甚至灵感或直觉思维等，目的是创新。为了形成研究性教学、批判性思维和创造性思维，特别开设一门研究型、批判性和创造性课程是必要的，但它们必须首先渗透并贯穿所有课程教学的过程和环节，甚至日常生活中。如果大多数课程是非研究型和非批判性课程，而只有一两门课程是研究型和批判性课程，它们将淹没在非研究型和非批判性课程的汪洋大海之中，那么，不仅学生的批判性思维品质和创造性能力难以形成，而且授课教师可能会因效果不好而丧失信心。

（四）教师要树立批判性思维的榜样

教师是影响学生健康成长的重要他人。要培养学生的批判性思维品质，教师首先应该拥有这种品质，并且愿意创造一种具有批判性教学空间的课堂文化氛围。"培养思维倾向最好的教学方式就是沉浸于一种示范、讨论、重视并强化该思维的文化之中。这种课堂文化包括：示范好的思维、给予批判性和创造性思维机会和奖励、讨论有效思维的战略和原理，以及强化有效思维。当然，这种教学首先需要教师自身具备这些倾向和能力。"[①] 教师首先要有批判性思维和创造力并自觉将其以适当的方式展现出来；教师要充分发挥示范作用，做到以身作则、为人师表；教师要自觉追求教育教学过程、教育教学方式和教育教学评价的批判性，努力让自己的教育工作迸发出批判和创造的活力。

小　结

认识论是关于人类认识及其成果的性质、条件、标准、类型、价值、辩护、评价等的理论，是哲学的一个重要领域。中国传统的认识论思想比较丰富，在认识的发生、发展、标准、价值、方法等问题上都提出了自己的主张，形成了中国古代认识论特有的一些范畴。西方的认识论传统从大的方面说有经验主义、唯理主义或理性主义、实用主义等派别，它们对认识的条件、标准、方法以及辩护方式等有不同的看法。马克思主义认识论是科学的认识论，带有高度综合的性质，突出强调了实践的观点、能动反映的观点以及认识辩证发展的观点，为教育活动

---

① ［美］Ronald A. Beghetto、James C. Kaufman 主编：《培养学生的创造力》，陈菲、周晔晗、李娴译，华东师范大学出版社2013年版，第126-127页。

提供了根本性的认识论指导。

人类的认识领域大体上可以区分为数学与自然科学领域以及人文社会科学领域，前者是一个纯粹的事实与逻辑的领域，后者则深受人类的趣味、价值和理想等文化因素的制约，是一个涉及价值和理想的领域。对象特征的不同，使得这两个知识领域以及制度化的学科领域在认识目的、方法、组织以及价值取向等方面都有显著的不同，这是我们在开展相关领域课程研究时应当予以注意的。交叉学科知识与学科领域的出现是当代人类认识或知识领域出现的新现象，对于大中小学的研究、课程与教学等领域也产生了深刻的影响。不同性质的知识和学科构成了划分课程类型的一种标准。除此之外，人们还可从陈述性知识与程序性知识、隐性知识与显性知识以及普通知识与专业知识的角度来划分和认识课程的类型，进行课程的建构。课程的建构除了反映知识的性质因素外，也折射出知识选择的因素。知识选择是课程建构以及教育教学活动中常见的现象，既受到教育价值和目的的约束，也受到社会文化、教育对象、学科性质等的约束，应当坚持科学性与思想性相结合、学科逻辑与心理逻辑相结合、知识的统一性与多样性相结合的原则。

批判性思维是一种审慎的、反省的和注重前提反思的思维方式，不仅与人的创造性有着内在的联系，而且也是帮助学生适应现代社会生活的重要思维品质。批判性思维的手段是批判，但目的是建设。从关系上说，批判性思维是创造力形成的前提条件，是提高创造力的根本保证，因此，批判性思维的培养应该贯穿教育全过程。在我国现代教育体系中，批判性思维的培养总体来说是不够的，教学过程中死记硬背的满堂灌现象还比较严重，亟待开展批判性思维的教学。批判性思维的教学要注重独立人格和个性的培养，要把学生的兴趣、好奇心和想象力放在首要位置，要大力开展研究性的教学活动，同时教师要树立起批判性思维的好榜样。

思考题

1. 马克思主义哲学的认识论有何显著特征？它与中国传统和西方近现代主要的认识论有何本质区别？
2. 数学与自然科学、人文社会科学之间的主要差别在哪里？对于相关领域的课程与教学有什么启示？
3. 课程建构和教育教学中知识选择的主要依据有哪些？

4. 什么是批判性思维？它与人的创造力有何联系？
5. 如何在教学过程中培养学生的批判性思维能力？根据培养批判性思维和创造力的目的和要求，现当代课程的教与学应进行哪些改进？

第五章 价值论与教育

人所生存的世界不仅是事实形态的世界，也是价值形态的世界。人在社会实践中产生了价值意识，从而形成价值观念。价值是哲学的基本概念，价值论是哲学研究的重要领域。从价值论的角度探讨教育问题，既能够体现教育哲学研究教育问题的独特视角，又有助于确立当前我国教育改革的价值取向，还能够深化价值教育理论的研究，推进当前我国学校的价值教育实践，更好地完成立德树人根本任务。

第一节 价值论概述

"价值"是哲学的基本概念，这个概念在经济学、伦理学等学科中也被广泛使用。哲学上，价值概念有两个不同又彼此相关的意义：一方面，"哲学上的'价值'是揭示外部客观世界对于满足人的需要的意义关系的范畴，是指具有特定属性的客体对于主体需要的意义"[1]；另一方面，价值即价值观，是决定和评价人的行为的正当性原则，它决定了人类行为"好"与"坏"的标准。"人的活动及其成果，说到底，不过是人的价值观的外在表现。"[2] 不同的哲学派别，对于价值和价值观的认识有很大的差别。

一、中国传统的价值理论

学术界一般认为，价值哲学源于19世纪的西方哲学。那么，中国传统思想中是否有价值理论？如有，有些什么样的价值理论？这是我们要回答的问题。中国传统价值理论主要蕴藏在中国传统哲学之中。

（一）儒家崇尚道德的价值论

儒家哲学是中国传统哲学的主流。孔子整理了大量的文化典籍并开创儒学，后继者历代有贤，道统与学统延绵不绝，蔚为大观，构成了中国传统的道德价值论。

---

[1] 本书编写组：《马克思主义基本原理概论》第5版，高等教育出版社2013年版，第81页。
[2] 袁贵仁：《价值观的理论与实践：价值观若干问题的思考》，北京师范大学出版社2006年版，第3页。

儒家的道德价值论有如下几个特点。第一，天人合德的价值本体论。儒家讲求"人性""天命"，并将人性与天命统一于"仁"。儒家肯定"天命"的最高价值，认为"天命"是具有客观必然性的，是可以认识和践行的。《论语·泰伯》中说，"唯天为大，唯尧则之"①。儒家基本认为人性是善的，"仁者爱人"，人可以通过"仁"而知天。《论语·述而》中说，"我欲仁，斯仁至矣"②，通过仁可以达成天人合一。第二，"义以为上"的价值取向。儒家主张仁义礼智信，注重培养君子，提出仁义的价值取向。《论语·阳货》中说，"君子义以为上"③，孟子更有"舍生取义"之说。第三，"人能弘道"的价值实践。《论语·卫灵公》中说，"人能弘道，非道弘人"④。

儒家哲学不仅仅是一种理论学说，儒者也是一类人生道德实践家，从格物致知、正心诚意到修身齐家治国平天下，发挥人的主体性，舍生取义，杀身成仁，是有"浩然之气"的大丈夫，贯彻着"人能弘道""自强不息"的进取精神。

(二) 道家崇尚自然的价值论

道家哲学在中国思想史上风格特异，从先秦老庄到魏晋玄学，延绵转续，格调清虚，光彩奇异。

道家的价值论有如下几个特点。第一，道法自然的价值本体论。道家把"道"作为世界的本原，宇宙万物，由"道"所生，生生不息。"道"既是宇宙本体，又是万物发展变化的总规律，人的行为的最高准则是"法道""体道""同于道"。第二，辩证而相对的价值标准。道家的价值本体在"道"，但每个人确立什么样的价值标准却是辩证而相对的，因为在道家思想看来，祸福相倚，物无贵贱，事物发展变化的规律是"反者道之动"。第三，虚静无为的价值选择。老子主张"道常无为而无不为"，"为无为则无不治"，庄子主张"逍遥游"，这些都是虚静无为的表现。虚静无为是指没有私求、顺应自然、自由自在的精神境界。

(三) 法家崇尚法权的价值论

法家是先秦哲学的重要流派，代表性的人物有管仲、子产、李悝、吴起、商鞅、慎到、申不害、韩非等。法家的思想缘起复杂，与诸子百家关系错综，内部派别有异，但价值主旨相似，主要包括三个方面。第一，尊法重权的价值主张。法家主张"以法为本""以法治国"，突出了"法"的价值，或重"法"，或重

---

① 《论语译注》，杨伯峻译注，中华书局2006年版，第96页。
② 《论语译注》，杨伯峻译注，中华书局2006年版，第85页。
③ 《论语译注》，杨伯峻译注，中华书局2006年版，第214页。
④ 《论语译注》，杨伯峻译注，中华书局2006年版，第190页。

"术",或重"势"。但是,"法"本身是一种工具,是依附于君主的权力的。法家所依靠的"法""术""势"只有与封建王权相结合,才能体现其价值功用。第二,功利尽举的价值准则。法家推崇法治的目的是要富国强民,对人的言行要用功用标准来衡量,"夫言行者,以功用为之的彀者也"①,使每个人能够争功建业。第三,功用参验的价值检验原则。韩非在《奸劫弑臣》中说:"循名实而定是非,因参验而审言辞。"② 法家功利尽举的价值准则要经过"功用"来"参验"。"参"就是将各方面的情况汇聚起来参照比较,"验"就是用实际的功效来检验。参验既是法家的认识论原则,也是价值检验原则,体现了法家的功利主义效果论。

(四)墨家崇尚义利并重的价值论

墨子早期学儒家思想,后来从其游侠及小生产者立场出发创立了墨家学说,形成了义利并重的价值论。墨家的价值论有如下特点。第一,义利兼顾的价值主张。墨家反儒家礼教却不反仁义学说,认为价值在于仁义与功利的结合,兼爱为仁,以义为利。"仁人之事者,必务求兴天下之利,除天下之害。"③ 墨家主张天下人应该"兼相爱""交相利",并以此为其政治主张。第二,尚功赖力的价值取向。墨家以增加天下民众的利益为价值导向,认为"为功"就是"利民",就是仁义的实际表现,富国善民就是"善政"。每个人要"赖力"而生,人之"力"是区别于动物的标志,是创造价值的体现,也是国家治理的基础。因此,墨家要培养意志坚强、勇于担当的"兼士"。第三,"三表"的价值检验标准。墨子是中国哲学史上较早探索认识和评价标准的思想家,提出了"三表""立仪"的检验原则,其检验标准在于认识论和价值论的结合、动机和效果的结合。所谓"仪"就是认识事物的标准,"三表"就是三条标准:"有本之者,有原之者,有用之者。于何本之?上本之于古者圣王之事。于何原之?下原察百姓耳目之实。于何用之?废以为刑政,观其中国家百姓人民之利。此所谓言有三表也。"④ 也就是说,价值检验要以古代圣王的历史经验为根据,要以百姓见闻实际为根据,要以实际功效为标准。

二、西方价值理论的产生与发展

早在古希腊时期,西方哲学就开始探寻世界的目的、善与人的生活问题,关

---

① 梁启雄:《韩子浅解》,中华书局1960年版,第400页。
② 梁启雄:《韩子浅解》,中华书局1960年版,第104页。
③ 吴毓江撰:《墨子校注》第2版,孙启治点校,中华书局2006年版,第172页。
④ 吴毓江撰:《墨子校注》第2版,孙启治点校,中华书局2006年版,第394页。

涉对价值问题的思考，但价值哲学成为哲学的分支学科则是从 18 世纪英国哲学家休谟对事实与价值的区分开始的。

休谟把知识分为事实的知识和价值的知识，事实的知识是从经验中得来的知识，由经验来检验，而价值的知识不是从经验中得来的，不能由经验证明，并且提出了由"是"能否推导出"应该"这个著名的"休谟问题"。康德认同休谟区分事实与价值、事实的知识与价值的知识的观点，把世界分为事实世界和价值世界，认为价值世界是经验的现象世界之外的本体世界，是人类理性能力所不及的真正自觉、自由的世界。休谟和康德关于事实与价值、"是"与"应该"的区分，对价值哲学的产生具有重要的影响。

西方学术界普遍认为，价值学的真正创始人是 19 世纪中期德国哲学家洛采（1817—1881）。他把世界划分为事实、普遍规律和价值三大领域，与之对应的知识形式是知性自觉、形而上学与普遍价值，认为只有价值才是目的，其他都是手段。尼采也被视为价值哲学的先驱之一，他认为价值是人创造的，现实世界与人的关系只是价值关系，一切文明的生活态度都依赖于此文明所具有的价值，一切价值都因时间、地点的不同而不同，并提出了"重估一切价值"的著名论断。

19 世纪后期，德国的新康德主义弗莱堡学派赋予价值哲学很高的地位，其主要代表人物是文德尔班（1848—1915）和李凯尔特（1863—1936）。他们把价值问题作为哲学的中心问题，把价值置于逻辑学和形而上学的顶端，企望建立一种新的哲学基础学科。文德尔班的价值哲学观点主要表现在三个方面。第一，从根本上说哲学是研究价值的，哲学只有作为具有普遍有效的价值科学才能存在，哲学就是最一般的价值理论。第二，存在着两个不同的世界，即事实的世界和价值的世界。事实的世界是表象世界、现象世界、理论世界；价值的世界是本体的世界、"实践"的世界。但这两个世界都是主观的世界，而不是实在的、客观的世界。与这两个世界相适应，有两种知识：事实的知识和价值的知识。事实的知识的命题是普通逻辑判断，而价值的知识的命题则决定于主体的情感、意志和态度。价值命题和价值判断是主观的。第三，价值属于情感、意志等主观世界，离开意志与情感，就不会有价值。他认为，价值首先意味着满足某种需要或引起某种快感的东西。

李凯尔特继承和推进了文德尔班的价值哲学思想，并用以解释社会历史文化。他认为，世界是由现实和价值构成的，主体和客体是现实世界的一个部分，与这个部分相对立的是价值世界。哲学研究这两个部分的关系及统一问题，哲学研究的对象就是价值。他特别强调评价，认为价值是区分自然和文化的标准，自然是没有价值的,不需要从价值的观点去考察,而文化是有价值的,必须从价值的观点去考察。"价值决不是现实,既不是物理的现实,也不是心理的现实。价值的实质在于它的有效性,而不在于它的实际的事实性。"①

奥地利哲学家弗朗茨·布伦坦诺(1838—1917)从广义心理学的角度,以伦理问题为切入点,用"意向性"和"现象直观"的方法来研究价值问题,开创了现象学价值论。他讨论了心理现象和物理现象的区别,认为有三种基本的心理现象:表象、判断和情绪活动。其中只有情绪活动才能把握价值,人们只能在爱与恨、适意与不适意的情感中把握价值。布伦坦诺的两位学生迈农(1853—1920)和艾伦菲尔斯(1859—1932)从心理学和逻辑学的角度研究价值论,深化和推动了价值哲学的发展。他们都是主观价值论的代表,迈农认为价值的基础是情感,是使我们欢喜的东西,而艾伦菲尔斯则认为价值应当以欲求为基础,价值是一种对象与主体欲求之间的关系。

布伦坦诺的现象学方法影响了他的学生胡塞尔(1859—1938)的哲学研究,胡塞尔的学说带动了现象学运动。舍勒应用现象学方法,开创了现象学价值论,与布伦坦诺不同的是,舍勒是客观价值论思想的代表。

价值哲学在19世纪末20世纪初形成以后,在西方各国受到广泛重视,引发了许多哲学家的多方面深入探讨,提出了许多重要的思想观点,几乎每个学派、每个哲学家都涉及价值哲学问题。举其大要,有直觉主义价值论、现象学和存在主义价值论、人格主义价值论、实用主义价值论、逻辑实证主义价值论,等等。到20世纪60年代,以元价值论为研究范式的西方价值论沉寂了,但到20世纪70年代,它终于完成了化蛹成蝶式的范式转换,其标志就是1971年罗尔斯(1921—2002)的《正义论》出版。由此西方价值论的研究进入一个新阶段,即以现实价值问题为研究核心的规范价值论阶段。

三、马克思主义的价值思想

马克思主义是真理观和价值观的统一,既是知识体系,又是价值体系;既追求科学真理,又追求价值信念。在马克思、恩格斯的思想体系中,价值思想是鲜明而突出的,我们这里主要论述的是其哲学中的价值思想。

(一)关于价值的科学阐释

马克思主义以其实践哲学为基础,从理论上解释了价值及其形成机制,对价

---

① [德] H. 李凯尔特:《文化科学和自然科学》,涂纪亮译,商务印书馆1986年版,第78页。

值观念进行了科学的解释，形成了特色鲜明的马克思主义价值学说。

马克思主义从主客体关系、从社会物质生产来分析人的本质，从而确立了价值关系，把价值观念作为社会意识的一种重要形态。马克思、恩格斯认为："思想、观念、意识的生产最初是直接与人们的物质活动，与人们的物质交往，与现实生活的语言交织在一起的。人们的想象、思维、精神交往在这里还是人们物质行动的直接产物。表现在某一民族的政治、法律、道德、宗教、形而上学等的语言中的精神生产也是这样。"① 此外，马克思、恩格斯还多次论述了社会物质生活的方式制约着社会生活、政治生活和精神生活，从社会物质生活的变化来说明价值观念的变化。

不仅如此，马克思主义还特别强调价值观念的反作用。包括价值观念在内的社会意识的发展是以经济发展为基础的，"但是，它们又都互相作用并对经济基础发生作用。这并不是说，只有经济状况才是原因，才是积极的，其余一切都不过是消极的结果，而是说，这是在归根到底不断为自己开辟道路的经济必然性的基础上的相互作用"②。这说明，价值观念并不是被动消极的，它不是经济的附属物，也会对经济、现实生活和社会发展起重要的引导作用。

(二) 马克思主义的主要价值规范

马克思主义经典作家建立了马克思主义的价值理论，论述了一些价值理念和价值规范，这些价值规范直到今天依然具有深刻的理论意义和重大的现实意义。

1. 自由和解放

自由和解放是马克思主义理论中一对极其重要的价值规范。马克思将人看作"类存在物"，而类的特性就是自由的、自觉的活动。恩格斯在《社会主义从空想到科学的发展》中指出："随着社会生产的无政府状态的消失，国家的政治权威也将消失。人终于成为自己的社会结合的主人，从而也就成为自然界的主人，成为自身的主人——自由的人。"③ 自由是一种理想的价值追求，而在资本主义社会条件下，真实的自由并不存在，要实现人的自由，就要改变资本主义的生产关系，解放就成为一种具有实践意义的价值规范。马克思主义追求的解放是人类的解放，以废除资本主义所有制和获取广大无产阶级利益为直接目的，以人的自由的实现为最终目的。

2. 公平和正义

---

① 《马克思恩格斯文集》第1卷，人民出版社2009年版，第524页。
② 《马克思恩格斯文集》第10卷，人民出版社2009年版，第668页。
③ 《马克思恩格斯文集》第3卷，人民出版社2009年版，第566页。

马克思主义不仅讲公平和正义，而且比西方自由资本主义讲得更深刻和透彻。马克思认为，资产阶级学者和改良主义者常常鼓吹公平正义，但不去追问公平正义的历史基础和现实条件，因而其公平正义只限于资本主义的框框里。马克思主义批判了资本主义的公平正义观，从现实的生产关系和具体的历史背景出发，把公平正义解释为一个实践性的和历史性的范畴，从而揭示了公平正义的普遍价值。

3. 平等和民主

马克思主义在批判资本主义政治经济制度的基础上，提出平等和民主的价值规范。马克思、恩格斯从社会政治因素和经济基础来分析平等和民主，批判资本主义制度造成了生产关系和社会政治地位的不平等，主张"一切人，或至少是一个国家的一切公民，或一个社会的一切成员，都应当有平等的政治地位和社会地位"①。马克思主义从人类大多数人的利益出发，把民主作为无产阶级的原则和普遍的社会原则，指明了人类社会发展的基本向度，也是人的发展的基本追求。

第二节 教育价值

黄济：《教育价值与人的价值》

教育是人类所特有的一种社会现象，是有目的、有意识地培养人的社会实践活动。这种社会实践活动对人的需要是有意义与作用的。教育对人和社会的意义与作用就是教育的价值。教育有育人价值，有社会价值。发挥教育价值的导向作用能够促进教育事业的健康发展。

一、教育价值的概念

教育价值是指作为客体的教育现象的属性、功能与作为社会实践主体的人的需要之间的一种特定关系。这种关系既是一种实践关系，又是一种价值关系，意味着教育的某种特性及其对人和社会的意义。简言之，教育对人的发展和对社会发展的作用与意义就是教育价值。人们对于教育是否具有价值、具有什么样的价值的认识和评价就是教育价值观。

"纵观古今对于教育价值的论述，虽然众说纷纭，莫衷一是，但就其最基本的

---

① 《马克思恩格斯文集》第 9 卷，人民出版社 2009 年版，第 109 页。

方面而言，不外从社会需要来论述教育价值或从人的发展来论述教育价值，或者二者兼而有之。"[①] 理解教育价值的概念，就是把教育作为一个客观存在的客体进行价值评价，其核心在于把握主体的需要与客体的属性二者之间的关系。一般来说，这里的主体是广义的范畴，既可以是社会主体，也可以是个人主体。一定社会或阶级、集团对教育的需要不同，教育行为的价值取向标准就不一样；处于一定社会历史阶段的个人，也因自身所处的位置不同而对教育的需求不一样。因此，教育价值的观念具有历史性、社会性和相对性，不存在抽象的、普遍的和绝对的教育价值观。

教育价值概念中所讲的客体，是指主体的需要对象，是客观存在的教育实践活动。从其构成要素来说，它含有目的、内容、方法、制度等方面的因素；从其体系构成来说，有学前教育、初等教育、中等教育、高等教育等不同的层次；从其类型来说，有学校教育、家庭教育、社会教育以及特殊教育、职业教育等不同的形态。因此，分析和讨论教育的价值，很多时候也需要深入教育实践活动的构成要素、教育层次、教育类型等更加具体的层面上进行，比如学前教育的价值、基础教育的价值、高等教育的价值，等等。

由于上述主体需求的多样性和客体存在形态的多样性，教育实践活动始终处于一种复杂的价值谱系当中，时刻面临着价值的判断、选择、实现和评估的问题。教育价值问题也因此成为教育理论和实践中的一个根本问题。

二、教育价值的类型与秩序

进行教育价值分类，有助于我们认识教育价值中所包含的复杂关系，有助于确立全面正确的教育价值观，从而使教育在更大程度上满足人和社会发展的需要。

（一）哲学界关于价值分类的探讨

我国哲学界的价值分类有多种。李连科在《哲学价值论》中认为，"最高的也是最起码的价值"有"自由""物质价值""精神价值""人的价值"等类别。袁贵仁在《价值学引论》中论述了"价值的存在形态"。他首先肯定了任何价值都必然存在于人化的领域、文化的领域，一切价值都必然是文化的价值，文化和价值的关系表现在三个方面：第一，价值观念是文化的内核，是文化的最重要的组成部分之一；第二，文化是人们判断某客体价值的参照系，客体的价值如何取决于它所处的文化背景；第三，价值形态和文化形态相对应，有什么样形态的文化，

[①] 黄济：《教育哲学通论》，山西教育出版社 2008 年版，第 420 页。

就有什么样形态的价值。① 在此基础上,他论述了物质的价值、精神的价值和人的价值。王玉樑也认为,价值类型可分为物质价值、精神价值和人的价值三大类。其中,物质价值包括自然价值、人化自然价值和社会存在的价值。他对精神价值进行了较为详细的分类,包括主观精神的价值和客观精神的价值,社会心理和社会意识形式的价值。社会意识形式的价值又细分为三个亚层次:政治思想和法律思想的价值,科学、道德、艺术的价值,哲学和宗教的价值。

从上述主张来看,我国哲学界关于价值类型的概括大同小异,主要包括:(1) 物质价值,包括自然价值,主要指生态和环境价值;(2) 精神价值,即人们所说的广义的文化的价值,主要包括政治、法律、道德、科学、艺术、哲学和宗教等的价值;(3) 人的价值,几位学者在论述人的价值时,都论述了教育在提升人的价值中的作用。

(二) 教育价值分类的探讨

关于教育价值的分类,国内外有很多研究,也有很多分类方法。最简单、最明确的一种分法就是把教育的价值分为"内在价值"与"工具价值",或称"内在价值"与"外在价值"。在西方教育哲学发展史上,最早明确提出教育价值类型两分法的是杜威。杜威认为,教育的价值就是教育对现实社会和人的生活所带来的益处。杜威所说的内在价值主要是就一个事物本身而言的,当某一教育内容或要素成为教育的直接目的时,它就具有内在价值的属性;所谓工具价值,就是指当一个事物成为实现别的目的的手段、方法或途径时,它就具有外在价值的属性。杜威坚持认为,内在价值和外在价值不能截然分开,它们总是相对的,同一客体在不同的关系背景中可能同时具有两种价值属性。

我们认为,进行教育价值分类必须考虑哲学价值论的分类,必须结合教育的本质属性与基本职能,便于确立全面合理的教育价值观。因为教育是一种培养人的社会实践活动,教育的两大基本职能是促进人的发展和社会发展,故此,我们把教育价值分为教育的育人价值和教育的社会价值两大类。

1. 教育的育人价值

教育价值的根本就是对人的生存和发展所具有的促进和提升作用。教育是培养人的一种社会活动,教育的本体价值就是培养人,提升人的价值是教育的本体功能。"教育的根本问题是人的发展问题。有目的地培养人,是教育这一社会现象与其他社会现象的根本区别,是教育的本质特点。教育之所以为教育,全赖乎于

---

① 袁贵仁:《价值学引论》,北京师范大学出版社1991年版,第84—88页。

此。培养人是教育的立足点,是教育价值的根本所在,是教育的本体功能。"[①]

2. 教育的社会价值

教育的社会价值是由教育的属性和所具有的社会功能决定的。依照教育与社会关系的理论,这里所说的社会是指宏观的社会结构,包括政治、经济、文化三个主要方面。人们一般认为,教育具有政治价值、经济价值和文化价值。

教育具有什么样的性质和功能,是由特定社会的政治经济制度所决定的,教育反映了统治阶级的利益和需要,体现了特定社会的政治价值。教育的政治价值表现在以下几个方面:其一,通过传播特定社会的政治意识形态,形成、巩固和维护特定社会的政治思想观点和行为方式,完成人的政治社会化;其二,通过造就和选拔政治管理人才,促进政治体制的变革与完善;其三,通过提高全民文化素质,推动国家的民主政治建设;其四,形成社会舆论,影响社会政治的发展变化。

教育通过选择、传承和发展社会生产经验、科学技术与管理知识,培养参与社会经济活动的劳动者和专门人才,从而促进社会经济的发展,体现其经济价值。教育的经济价值表现在以下几个方面:其一,教育培养有科学文化素质的劳动者和专门人才,把可能的劳动力转变为现实的劳动力,为经济建设提供人才;其二,教育通过传播知识、技术,把知识形态的生产力转化为直接的生产力;其三,教育通过提高劳动者的知识、能力和素质,发挥劳动者在社会生产中的创造性,提高劳动生产率。当代社会,知识作为一种资本,教育作为一种提高人力资本的方式,在社会经济中起着越来越大的作用,教育的经济价值已受到世界各国的高度重视。

教育具有文化属性和文化的传承与发展的重要功能,正是这种属性和功能决定了教育的文化价值。教育的文化价值表现在以下几个方面:其一,教育是传承与保存文化的重要手段,教育通过传递特定的文化,从而保护一定的文化;其二,教育为人类文化的发展和更新培育人才,提高人们的精神道德水平和审美创造能力,促进文化的发展;其三,教育通过选择吸收世界各国的优秀文化,进行跨文化教育,从而促进文化的交流与融合,推动文化建设,创造新的文化特质。

当然,教育的育人价值与教育的社会价值是相互联系又相互统一的,其联系与统一的基础就是人与社会的辩证关系。人都是社会中的人,社会也是由人所构成的共同体。脱离社会的人与脱离个体的社会都是不存在的。任何将人与社会割

[①] 王道俊、郭文安主编:《教育学》第 6 版,人民教育出版社 2009 年版,第 16 页。

裂开来、对立起来的观点都是抽象的、片面的、有害的。因此，在教育价值的认识问题上，离开社会的需求，单纯地强调教育的育人价值，或者离开人的发展需求，单纯地强调教育的社会价值，在理论上都是错误的，在实践上也是有害的。马克思主义的教育价值观必须坚持育人价值与社会价值有机的、辩证的和具体的统一。

（三）教育价值的秩序

教育价值具有多样性，多样的教育价值在教育实践活动中常常发生价值冲突，使得教育实践活动不断面临着价值选择的问题。教育价值选择的基本方法就是确立价值秩序，回答在某种特定的情境中哪些教育价值处于优先的位置，应该得到优先实现的问题。建立教育价值的秩序就是要对教育的价值进行排序，确立哪些价值是首要的，哪些价值是次要的，要坚持和追求哪些价值，要拒绝和反对哪些价值。

在哲学价值论中，舍勒、哈特曼（1894—1970）和杜威等都试图对价值进行分类与排序。舍勒把价值分为四个序列：第一序列是感觉价值，第二序列是生命价值，第三序列是精神价值，第四序列是神圣价值。他认为存在着一种先验的价值秩序，生命价值高于感觉价值，精神价值高于生命价值，神圣价值高于精神价值。"一个对于整个价值王国来说特殊的秩序就在于：价值在相互的关系中具有一个'级序'，根据这个级序，一个价值要比另一个价值'更高'或者说'更低'。就像对'肯定的'和'否定的'价值之区分一样，它包含在价值本身的本质之中并且并不只对那些为我们所'熟悉的价值'有效。"[①] 赵汀阳认为，价值上优先的东西不是逻辑上更大更高的东西，而是存在和发展上更重要的东西，"概念的逻辑次序可以说是按照世界或者按照语言去构造的，而概念的价值次序则是从人的需要出发的，于是，逻辑次序感觉起来就是一级一级爬上去的，而价值次序却永远表示着某种东西与人的需要之间的远近距离"[②]。我国有学者把价值排序问题变成价值选择问题，并提出了价值选择的原则：第一，合规律性与合目的性的统一；第二，社会选择与个人选择的统一，社会需要与个人需要的统一；第三，兼顾与急需的统一；第四，择优与代价的统一；第五，多样化与最优化的统一；第六，价值目标与价值手段的统一。[③] 袁贵仁认为，在人的各种需要中有一种"优势需

---

① [德] 马克斯·舍勒：《伦理学中的形式主义与质料的价值伦理学——为一种伦理学人格主义奠基的新尝试》，倪梁康译，商务印书馆2011年版，第146页。
② 《赵汀阳自选集》，广西师范大学出版社2000年版，第105-106页。
③ 王玉樑：《当代中国价值哲学》，人民出版社2004年版，第198页。

要","一般认为能够满足主体'优势需要'的客体是对特定主体最有价值的客体"①。这些观点为认识教育价值排序提供了理论基础。

在实际社会生活中,对教育价值进行排序是个复杂的理论问题,也是一个重大的现实问题,这涉及国家、社会和个人的价值选择,也体现了不同主体的优势需要。对社会中的个体来说,不同个人处在不同的际遇,面临不同的需要与问题,在不同的时期对教育价值有不同的需要。因而,他们在选择教育的价值时更倾向于选择对他们来说"最有用的"或者"最及时的",也就是对个人发展影响最大的教育价值。这是无可厚非的,也是可以理解的。当然,在个体的教育价值选择过程中,国家和社会完全可以通过一定的方式进行引导和调节,从而使个体的选择与国家和社会的需要实现最佳的契合。

从国家和社会层面来说,如何构建合理的、规范的教育价值秩序是一个体现国家价值导向的重大问题。规范教育价值秩序就要对教育价值进行清理、批判和排序,引导人们形成正确合理的教育价值观,发挥教育价值观的导向和引领作用。第一,要对流俗的教育价值观进行检测、质疑与批判,反对和淘汰落后的和错误的教育价值观。第二,要从价值观方面对社会发展和教育发展的趋势进行分析和把握,构建新的适应和符合社会发展、教育发展规律的教育价值观念。第三,要综合考量国家、社会和个人等多种因素,建立合理有序的教育价值观念体系。一个国家或社会的教育价值观念是有其结构的,有结构就构成体系。建立合理有序的价值观念体系的目的就是要发挥教育价值观的定向、引导和规范作用,使其渗透到人们活动的各个领域,形成价值共识,调节人们的思想和行为,促进教育的发展和变革。

三、当前我国教育变革的价值取向

教育是民族振兴、社会进步的重要基石,是功在当代、利在千秋的德政工程,对提高人民综合素质、促进人的全面发展、增强中华民族创新创造活力、实现中华民族伟大复兴具有决定性意义。教育是国之大计、党之大计。当前,我国教育改革向纵深推进,必须发挥价值的引导作用,形成积极健康和全面合理的价值取向。

（一）坚持教育优先发展

教育是民族振兴和社会进步的基石,这是我国改革开放以来形成的共识。党

---

① 袁贵仁:《价值观的理论与实践:价值观若干问题的思考》,北京师范大学出版社2006年版,第76—77页。

的十一届三中全会以来,党和国家高度重视教育事业的发展,党的十二大报告把教育确立为经济建设的战略重点之一,党的十三大以来的历次报告都强调了教育的优先发展的战略地位。党的十九大报告更明确指出:"建设教育强国是中华民族伟大复兴的基础工程,必须把教育事业放在优先位置,深化教育改革,加快教育现代化,办好人民满意的教育。"① 坚持教育优先发展,是落实科教兴国战略、人才强国战略和创新驱动战略的基本途径。教育在国家战略发展中具有不可替代的突出作用,是国家富强和民族振兴的希望,也是人民群众幸福生活的保障。教育既是国计,又是民生,发挥教育的价值先导作用可以促进国家经济社会的发展,满足人民群众的需要,保障和增进人民的幸福生活。

(二) 坚持教育"四为"服务价值方向

为谁办教育的问题,是教育发展的一个根本性价值方向问题。习近平指出,发展教育事业,必须坚持为人民服务,为中国共产党治国理政服务,为巩固和发展中国特色社会主义制度服务,为改革开放和社会主义现代化建设服务。教育为人民服务,体现了现代教育的民主性、人民立场和群众观点。现代教育具有民主性和普惠性,而不是培养少数统治者或社会精英阶层的教育。我国是社会主义国家,教育是为广大人民群众服务的,要通过教育提高人民群众的科学文化素质,从而发挥人民群众的积极性和创造作用,致力于社会的发展和进步。教育为中国共产党治国理政服务,就是要坚持党对教育事业的全部领导,全面贯彻执行党的教育方针,培养能够了解党的历史和使命、忠诚于党的事业、能够担当民族复兴大任的时代新人。教育为巩固和发展中国特色社会主义制度服务,就是要通过教育帮助青少年牢固树立"四个自信",坚定不移地走中国特色社会主义道路,努力成为德智体美劳全面发展的社会主义建设者和接班人,而不是旁观者和反对派。教育为改革开放和社会主义现代化建设服务,一方面要大力向青少年宣传我国改革开放和社会主义现代化建设取得的伟大成就,另一方面要不断提高国民素质,培养大批有本领、有担当、有志向、有创新精神和实践能力的奋斗者和实干家。

(三) 坚持社会主义核心价值观的引领作用

建设中国特色社会主义现代教育体系,要有价值自觉和价值追求,必须坚持社会主义核心价值观(富强、民主、文明、和谐,自由、平等、公正、法治,爱国、敬业、诚信、友善)的引领作用。社会主义核心价值观体现了社会主义意识

---

① 习近平:《决胜全面建成小康社会 夺取新时代中国特色社会主义伟大胜利——在中国共产党第十九次全国代表大会上的报告》,人民出版社2017年版,第45页。

形态的本质要求，引领实现中华民族伟大复兴。党的十八大报告指出，社会主义核心价值观是兴国之魂，决定着中国特色社会主义发展方向。我国的教育体系必须坚持社会主义核心价值观的价值引领作用。要处理好社会主义核心价值观、中国优秀传统文化价值观和人类优秀文化价值观的关系，充分发挥文化软实力的作用：要继承中华民族优秀的传统文化，并且加以传承和创新，整合到现代教育的内容体系中来；要汲取全人类的优秀文化，在碰撞、冲突与融合中加强国际沟通与理解，寻求人类文明的价值共识，加强教育的国际交流，推动我国教育现代化。

（四）坚持促进教育公平、提高教育质量

社会公平是社会和谐稳定的关键，教育公平是社会公平的重要基础。教育是非常重要的民生工程，涉及千家万户，惠及子孙后代。促进教育公平是社会公平的客观要求，是为人民服务宗旨的具体体现，也是我国教育改革发展的战略重点。教育公平是党和国家制定教育政策与策略的重要价值取向，促进公平是国家的基本教育政策。要保障受教育的机会公平，促进义务教育均衡发展，扶持困难群体，还要通过资源配置，支持边远贫困地区、民族地区等教育的发展，缩小区域差距、城乡差距和校际差距，推进教育公平的不断发展。而教育公平的根本是质量公平，区域之间、城乡之间、校际之间的教育差距根本上表现为质量差距。因此，促进教育公平与提高教育质量在价值取向上是内在统一的。促进教育公平的根本目的在于从整体上提高教育的质量，建立和完善公平优质、充满活力的中国特色社会主义现代教育体系。

第三节　价值教育的理论与实践

价值与教育的关系表明，教育离不开价值，在某种程度上说，一切教育都是价值教育。价值教育的核心就是坚持正确的教育价值方向，向青少年学生传授正确的价值观，并用正确的价值观引导和激励学生的人格发展、思想形成和文化素质的提高，培养有理想、充满意义和具有创造能力的人。

一、价值教育的概念与特征

（一）价值教育的概念

价值教育又称价值观教育，是完整教育内容体系的一个重要组成部分。在概念关系上，价值教育是与"知识教育""技术教育"等相对应的一个范畴。从内容上说，价值教育是以掌握知识为基础并以历史上和现实生活中的价值观为内容对受教育者所实施的观念批判、引导与强化的教育活动，其目的在于通过这些价值观的学习、理解、掌握，不断地形成个人正确的价值观念、丰富的价值情操、健全的价值理性并最终形成个人坚定的价值信念和美好的价值品格。从这个意义上说，价值教育是有关人们如何行为才是"正当的""对的""好的"以及"高尚的"的教育，是有关人们行为正当性原则的教育，因而也是有关培养正直的、真正的、有良好品格的、有追求的和有创造欲望的人的教育。缺乏价值教育的教育是不完整的教育，甚至是失败的教育。

价值教育的实践形式丰富多样，不同的国家有不同的主导形式。道德教育是价值教育的主要载体，担负着向青少年一代传递道德价值并培养他们道德品行的任务。公民教育中也包含价值教育的内容，是开展核心价值观教育的重要途径。思想意识教育也具有丰富的价值教育内容，主要传递一个社会占主导地位的主流政治价值观。国外的一些宗教教育还担负着传递某种特定宗教价值观的任务。

从具体的价值教育途径来说，课堂教学是传授价值的一种常见且最基本的方式。知识教学既是价值传递的基础，同时也可以进行价值观念的传授、澄清或引导。此外，集会、集体活动、社会实践、团队活动、个别指导、学校氛围以及被称为隐性课程的内容等，都是价值教育的具体途径。

（二）价值教育的特征

价值教育以个体的人对人的生存意义的认识及引导人主动参与对价值世界的建构为目的。在具体的教育活动中，价值教育追求的是人的价值素质的整体提高和价值结构的和谐统一，形成人的全面合理的价值观，培育真善美和谐统一的完善人格。这种教育具有与其他类型的教育所不同的特征，体现在如下几个方面。

1. 价值教育的民族性和历史文化性

综观世界各国的价值教育，无不立足于各国、各民族自身的特点，以一定社会理想的、富有民族性和历史文化特征的价值谱系来教育人、提高人的价值素质，体现出鲜明的民族性和历史性。教育与人的生存状况是紧密联系在一起的，而人是一定社会关系中的人，是一定历史文化中的人。人既有人之为人的普遍性，又有立足于特定社会历史文化和社会生活现实的规定性。这就决定了价值教育要以各国家、民族所珍视、追求的价值观念来教育人。事实上，各国的价值教育也是在其民族特性和历史文化的基础上进行的，如英国注重宗教教育、精神性的教育是以其宗教传统为基础的；美国注重公民教育和价值观的个体选择特性与美国的建国历程是紧密联系在一起的。从这个角度来说，我国的价值教育首先就要立足我国的社会历史文化背景，将我国优秀的传统价值与当代人类社会的共同价值有机结合，弘扬中华民族精神，培养走进世界历史中的人。社会主义核心价值观是我国社会主义意识形态的本质体现，是当代中国的主流价值理念。当前的价值教育要坚持不懈地培育和弘扬社会主义核心价值观，引导师生做社会主义核心价值观的坚定信仰者、积极传播者和模范践行者。

2. 价值教育的共同性

价值教育在具有民族性和历史文化性的同时，亦具有共同性。世界现代化进程把人类的命运紧密地联系在一起，使人类的生存真正成为一种"类"的存在，人类面临许多共同的生存问题。马克思早就说过，大工业"首次开创了世界历史，因为它使每个文明国家以及这些国家中的每一个人的需要的满足都依赖于整个世界，因为它消灭了各国以往自然形成的闭关自守的状态"[①]。在当今全球化背景下，人类社会面临更多的共同问题，如生态平衡、环境保护、可持续发展等问题，这些都促使人类反省自己的生产和生活方式，建立人类生活的共同道德标准，使人类生活真正能够休戚与共。当代价值教育所秉持的一些理念，如可持续发展、全球伦理等预示着人类生活的整体性和共同性。面对一个文化多样、政治多元、利益纷争的全球化社会，价值教育也应该体现其共同性，倡导全球共享的价值观念，克服狭隘的发展观和利益观，培育"人类命运共同体"的意识，使人的生存成为共生性的存在。

3. 价值教育的理想性和精神性

价值教育以人的价值性为基本人性假设，主张用理想性的、精神性的价值谱系引导人的成长和发展，关注人的生存目的，使人有理想、有信念、有目标、有追求，能够创造和超越。价值教育蕴含着人类的理想精神，体现出人类自我教化的思想向度和自我完善的精神追求，为人的生存提供了意义感和目的性。

4. 价值教育的选择性

作为引导人自由全面发展的价值教育还具有选择性，它提供人们一定的价值内容或谱系，引导人们在追求真善美的统一中学会对不同的价值进行甄别、判断与选择。价值教育的选择性的实质是培养人的价值抉择能力。

二、20 世纪美英的主要价值教育思想

20 世纪世界各国有不同的历史境遇和现实特点，价值教育在政策、内容、措

[①] 《马克思恩格斯文集》第 1 卷，人民出版社 2009 年版，第 566 页。

施、方法等方面都有不同的特征。美国是比较注重价值教育的国家，但是，由于其历史文化和政治的原因，美国的价值教育在不同的阶段有不同的特征。英国的价值教育兴起较晚，但发展态势迅猛。21世纪世界各国都非常重视价值教育，例如澳大利亚政府出台了学校价值教育计划的国家框架。此外，印度、新加坡等国家也都结合国情进行价值教育。下面简要介绍20世纪美国和英国的主要价值教育思想。

(一) 美国的价值教育思想

1. 美国价值教育的历史和思想基础

美国公共教育的责任和监管权力不在联邦政府而在各州，各州有自己的教育政策与财政拨款。由于美国特殊的历史，要使一些自治的和竞争性的团体联合成为一个联邦的、民主的国家，有很多困难。大量的移民流入带来不同的语言、宗教、文化，在这种背景下，公共教育被看作提防这些威胁同时又要培育新的美国意识的依托。20世纪30年代以前，价值观教育在美国的学校，尤其在公立学校教育中占有非常重要的地位，是学校教育的重要组成部分。然而在此之后，价值观教育受到冷落，逐渐被边缘化，到了20世纪50年代，学校中正式的价值观教育课程几乎完全消失。

从历史上看，美国早期殖民者由世俗基督教团体根据其宗教和道德信仰建立社团，其中影响最大的是清教徒。清教徒组织建立的学校延伸了家庭和教会的功能，保存其神权政治的生活方式。这对美国早期教育有很大的影响，道德教育是教育的中心，道德教育与宗教教育融合不分。有学者在分析价值教育的背景[①]时，将美国作为一个特例来看待。第一，美国采用的是不同于单一教会的宗教传统和与宗教分离的政治制度。作为制度的政治组织，没有制订道德教育指导或法律陈述的权限，因此，各州的课程很少涉及道德价值。第二，美国的政治体制缺乏作为社会权威的传统和基础，不能凭借这种权威实施统一的道德教育。第三，在美国的社会领域中，道德权威合理化的核心根据是基于个人主义的选择与交换的原理，即基于市场原理的经济制度，民主参与与选择的政治制度和自由的、宗教式参与的文化基础。在这种激进自由主义的传统中，不存在宗教或社会权威的组织传统，以此为基础进行道德教育就非常困难。所以，学校课程中既不设道德，也不设宗教，学生受到价值观方面的教育主要来自社会

---

① [美]卡明斯等：《从课程看道德及宗教教育——价值教育的国际比较（之一）》，钟启泉编译，《外国教育资料》1997年第2期，第5—12页。

与公民学科的教育。

从美国的政治哲学来看，美国学校价值教育受到自由主义的深刻影响。自由主义是美国政治生活的主流意识形态，美国继承了古典自由主义的思想和精神，发展出当代的新自由主义，以个体权利和自由作为其政治哲学的基点。新自由主义的政治中立立场及对多元文化价值观的尊重与宽容，使得美国公立学校主张"价值中立"或"价值无涉"。学校对待价值问题的基本态度就是反对灌输，主张自治、反思与对话，如杜威和柯尔伯格（1927—1987）就强烈反对灌输，价值澄清学派主张价值中立。20世纪后期，对自由主义政治哲学有所批判的社群主义思想兴起，社群主义强调社群、传统、共同价值观和习俗等对个体品德的影响，注重公民的社会责任感和美德，为美国的品格教育运动提供了精神动力和思想资源。在这个背景下，美国公立学校也对道德教育进行了一些改进，学校教育逐渐加强了道德教育。当然，美国的社会文化基础使得美国的价值教育形成了自己的特点，即普及公民教育，审慎进行道德教育，发展其他方式的价值教育（主要是品格教育）。

2. 当代美国价值教育的转向

20世纪70年代末到80年代初，价值澄清学派和柯尔伯格的道德认知发展理论主宰了当时美国的道德教育方向。20世纪中叶，美国社会的剧烈变化使得人们的思想观念混乱，传统的价值观受到冲击，道德教育满足不了人们的要求。为了帮助学生选择指导其行为的价值观，价值澄清学派应运而生。他们制订教育计划，提出一套确立学生信念的标准，鼓励教师在教学中形成非权威的评价气氛，帮助学生进行价值澄清，形成自己的价值观。但是，价值澄清学派由于非指导性和道德相对主义色彩，受到批评和冷落。柯尔伯格的道德认知发展理论注重学生道德心理的发展和道德水平的提高，赢得了较好的社会评价，但由于缺乏正面指导，也受到许多批评和指责。而且，价值澄清学派和柯尔伯格的道德认知发展理论由于在对待传统道德教育上的偏颇和方法上的矫枉过正，忽视了正面的道德指导，也受到了人们的质疑。

20世纪90年代，一种新的价值教育思想的崛起引起了世界范围的广泛关注，这就是品格教育运动。品格教育不同于20世纪70年代和80年代的价值教育策略，不回避程式性的和指导性的价值观。品格教育是一种具有自我意识的体系化价值教育项目，它假定有一套普遍的价值观和行为准则值得在教育中推行，这些价值观包括诚实、好公民、努力工作、坚毅、尊重权威等。品格教育既是传统的又是革新的，它鼓励学生根据一套经过时间检验的价值观行事，受到美国右翼政治和一些社会团体的支持。① 品格教育在世界产生了很大的影响，掀起了新一轮的价值教育思潮，在美国受到了一定程度的重视，但由于美国的社会文化特点，美国的学校还是很谨慎地对待它。

美国的价值教育还表现在其他的教育和课程计划上，主要有如下几种。

第一，服务教育。一些学校开设学生服务课程，为学生提供参与各种形式的社会服务的机会，如厨房服务、诊所服务、个别指导、清洁工作等。学生只有参与社会服务活动，才能毕业。

第二，冲突解决技能课程。一些学校提供冲突解决技能课程，训练学生掌握处理学生个体之间或群体之间的冲突和纷争的技能，组成学生小组，服务于学生。

第三，民主教室计划。民主教室计划主要是让学生参与学校管理，对学校管理的一些事务负责，培养学生参与学校管理的责任和能力。

第四，道德教育的哲学思维。一些学者主张要指导学生对其所面临的道德难题进行仔细分析，在逻辑和理性的基础上进行交流和对话，以此解决道德问题。

第五，精神教育。这个问题的提出，是一部分美国公众对精神事务兴趣增长的结果。一些人认为，人作为一种精神性的存在，应当学习如何处理精神或心灵方面的一些问题。而传统的教育则忽视了这种学习需要的满足。因此，他们试图提出一个关于人类学习的整体的观点，强调某些精神现象（如灵魂、精神、内在生活和超越性）的意义。

（二）英国的价值教育思想

作为老牌资本主义国家，英国有完整的资本主义制度，又是保留君主立宪制的资本主义工业化的国家，古老的文化传统和历史悠久的宗教体系与发达的现代文明相结合，使英国的价值教育独具特色。

1. 价值教育的社会基础和教育基础

英国的教育免费向5—18岁的孩子开放，16岁之前的孩子必须上学。学校主要由地方组建和管理，每个地区根据学生的年龄段、学校类型和规模组建学校，每所学校由管理委员会负责学校的运行，学校接受地方教育当局的控制和资助。近些年来，学校能够通过教育和劳工部直接接受中央政府的资助，但大多数学校仍然在地方教育当局的控制和管理之下。此外，不同派系的宗教团体有权组建学校并接受国家资助。

---

① Joan Stephenson, Lorraine Ling, Eva Burman, Maxine Cooper, eds., *Values in Education*, Routledge, 1998, p. 200.

世界上很多国家的价值教育与道德教育和宗教教育是紧密联系、融为一体的，英国也不例外。英国的道德教育有悠久的历史，1870年颁布《初等教育法》以前，英国的教育是为了培养古典绅士，并进行强制的宗教教育。《初等教育法》颁布以后，国家开始管理教育，提倡教育的世俗化，但道德教育仍以宗教教育为主。1944年，英国颁布了《巴特勒教育法》，虽然肯定了学校的宗教教育，但社会政治、经济发生了很大的变化，道德教育受到进步主义、人本主义等教育思想的影响，为新型工业社会培养合格的公民，引进了美国的社会学科教育，主张个性自由。

20世纪后半叶，英国经济转向以第三产业为主的服务经济，与此同时，伴随着全球化的进程，多元化社会格局形成，社会道德退化，各种社会问题出现，道德教育受到空前的重视。为了正视和平衡各种价值观的冲突，倡导共享价值观，英国学校推广以正直、维护纪律和法律、尊重他人等为内容的核心价值观。20世纪后期，价值教育在英国迅速兴起。

2. 价值教育的有关法规和政策

在西方发达资本主义国家中，英国的价值教育起步较晚，但进展很快，影响很大，这完全得益于国家的法规和政策。政府的重视，不仅全面促进了价值教育的开展，而且推动了英国价值教育研究的深入发展。英国1988年《教育改革法案》的颁布，是对价值教育的重新重视和价值教育思潮兴起的一个重要标志。该法案在重点关注对课程进行控制的时候，明确要求学校提供一种广泛而和谐的课程，致力于学生在学校和社会中的精神、道德和文化的发展。这种要求之后在英国国家课程委员会的相关报告中演变为学生的精神、道德、社会和文化的发展，并由教育标准办公室在视察过程中提出法定要求。

1988年《教育改革法案》出台以后，英国国家课程委员会非常重视对各级各类学校学生的价值观教育问题，认为教育体系"有责任教育个体自己进行思考和行动，具有一套可以被接受的个人素质和价值观，这些也能满足成年人生活的更广泛的社会要求"[1]。英国国家课程委员会对职业教育、公民教育、经济与工业理解、环境教育和健康教育五个跨课程主题的指导，明显突出了价值观的问题。"公民教育应该帮助学生形成一种个人的道德法规，并探讨价值观和信念。应当促进那些共有的价值观，例如关心他人、勤俭和努力、自尊和自律，以及像诚实和正

---

[1] ［英］莫尼卡·泰勒：《价值观教育与教育中的价值观（上）》，杨韶刚、万明编译，《教育研究》2003年第5期，第35-40页。

直这类道德品质。"① 英国国家课程委员会鼓励学校形成一个整体的学校观和学校的价值观声明,如学校要促进哪些价值观,通过学校文化和学校生活证明的价值观,加强学校对学生的价值观引导。同时,要求学校在价值观教育上要有成效,如学生在正规的学校教育结束以后,能够阐明自己的态度和价值观,提出一套可以被社会接受的价值观和原则,对自己的行为提供指导。

教育标准办公室的视察推动了价值教育的开展。学生的精神、道德、社会和文化的发展,最初是与教育质量、教育标准和教育资源三个重要的视察领域并列的,后来放在教育质量领域,视察员就学校课程、学校生活和学校教育的开展对价值教育进行评价并撰写报告,要求学校检查和评价学校价值教育的效果。教育标准办公室的视察本身反映了一种价值观,即形成学生适当的价值观是有意义的。

3. 价值教育的主要内容和途径

英国的价值教育强调个人与社会的价值、道德价值和民主的公民身份,当然,也不排除其他的价值。在学校背景中经常提到的价值有:文化的多样性、文化认同和国家意识,智力和学术价值,和平、国际理解、人权和环境价值,性别平等和反种族主义,工作和经济价值,健康,以及诸如容忍、互相依存和合作等共同的人类价值。总的来说,英国的价值教育包括以下几个方面的内容。

一是英国核心价值观教育。英国作为一个老牌资本主义国家,很早就重视核心价值观教育了。尽管不同时期对核心价值观的理解不完全一样,但大体上包含了民主、法治、个人自由、互相尊重和相互容忍等内容,爱国主义也贯穿始终。英国的核心价值观教育主要是通过公民学科来进行的。第二次世界大战以后,英国从美国引进了类似于社会学科的公民学科,开设社会学科或政治学科。公民学科的教学,大部分以讲授、背诵乃至以培养爱国精神的仪式为中心展开,内化了政府或有影响力的利益集团倡导的一些核心价值。在学校的社会生活中,学生通过学生会等团体组织和活动也在实践着英国核心价值观的要求。

二是个人、社会和健康教育。这是非法定的课程,主要在小学开设,不同的学校有不同的开设方式,甚至认识态度、使用的课程名称也不同,如个人和社会教育,个人和社会发展,个人、社会和道德教育,个人、社会和宗教教育等。很多学者肯定了个人、社会和健康教育对学生道德发展的积极作用。

---

① [英] 莫尼卡·泰勒:《价值观教育与教育中的价值观(上)》,杨韶刚、万明编译,《教育研究》2003 年第 5 期,第 35-40 页。

三是国家课程中的价值渗透。特定的国家课程本身固有一些内在价值,如科学、技术、艺术和人文学科,学生学习这些课程可以习得其中隐含的价值。这些价值比道德价值更宽广,包括理性、精确和个人性的价值,如愉悦、欣赏等。当然,国家课程是否可以合法地用于道德和其他价值的教学,在英国是个有争议的问题。但是,许多学者和教育者看到了学科教学的价值教育潜能,英国国家课程委员会明确要求学校和教师摆脱价值中立的观点,重视课程的价值教育功能。

英国的价值教育贯穿于学校教育的全过程,主要途径有:宗教的关怀和学校精神的熏陶,学校的政策与价值观宣传,教师的示范作用,学生的社会活动体验,规则与纪律约束等。

4. 价值教育方法的综合化

英国在价值教育上注重方法的综合化。价值教育的描述性方法注重教育学生探索和发展自己的价值观,开发价值推理和判断能力,重视个体的价值选择。描述性方法源于皮亚杰(1896—1980)的道德判断和柯尔伯格的道德认知发展理论,以价值澄清学派为典型,包括价值推理方法。

在英国,由于传统自由经济和工业社会的影响以及学术界的逻辑实证主义传统的渗透,价值澄清和实证主义的方法在20世纪60年代以后一直占统治地位,价值教育的描述性方法受到重视。这种方法强调意义与价值澄清、理性和个人自律,重视价值教育的过程而不是结果,注重个人的价值选择。这种方法有很多好处,但也受到越来越多的批评,最主要的指责是认为这种价值教育方法是个人主义的和相对主义的,未能引导年轻人去欣赏和继承社会文化传统和规范,导致功利主义和自由主义价值观的膨胀。

价值教育的指导性方法注重价值观的直接灌输和指导,它要界定社会适当的价值观,向学生传授共有的价值观。当英国的描述性方法受到批评时,国家政策和一些学者鼓励运用指导性方法。在价值教育中,两者逐渐结合起来,形成价值教育方法的综合化。有学者总结了价值教育的三种主要方法:示范和模仿;训练和习惯化;探求和澄清。①

石中英:《关于当前我国中小学价值教育几个问题的思考》

价值教育方法的综合化使得学校的价值教育呈现出勃勃生机,方法也多种多样,例如:学校的价值声明,教师的价值示范,课程中的价值引导,倡导社会共享的价值

---

① J. Mark Halstead, Monica J. Taylor, eds., *Values in Education and Education in Values*, The Falmer Press, 1996, p.11.

观。还出现了很多具体的教育方法，如讨论，团体公正，集体礼拜，课外活动，圆桌时间，个人叙述，伙伴协调，角色扮演，合作学习，批判性推理，主题日，等等。

三、当前我国大中小学校的价值教育

我国的教育传统是非常注重价值教育的。中国古代传统教育主要是人生意义与价值的教育。近代以来，加强了科学知识教育，但从来也没有忽视价值教育。从教育实践来看，我国大中小学价值教育的主要形式有道德教育，公民教育，思想政治教育，环境、健康与可持续发展教育等。除了这些类型的教育以外，还有许多专题教育活动、学校文化建设等，都是进行价值教育的非正规形式。从内容上说，当前我国大中小学的价值教育主要包含了人类基本价值观、中华优秀传统价值观和社会主义核心价值观三个组成部分，其中社会主义核心价值观教育在我国大中小学价值教育体系中处于核心和引导地位。

（一）人类基本价值观教育

在人类文明发展进程中，各个民族和国家在交流中逐渐形成了一些基本的价值共识，就是人类基本价值观。世界上存在不同类型的文明和不同民族的文化，其文学、艺术、哲学、伦理等精神文化领域中都蕴含着一些共同的因素，因为这些因素，跨民族、跨文化交流才得以成为可能，民族间的文化交流、传播和相互学习才得以形成。价值共识不是以抽象人性论或逻辑理性为依据的普世价值，而是在人类交往实践中形成的。

加拿大教育学家克里夫·贝克（1939—　）认为，价值发生在每个人的日常生活之中，在很大程度上，价值植根于人性本身。"价值植根于'人生幸福'或者说'美好生活'。如果我们认定某些行为和追求促进了人生的幸福，那么我们就说它们是正确的、好的、有价值的。"① 他认为，幸福人生包含着对基础价值的实现，这些基础价值包括生存、健康、幸福、友谊、助人、自尊、被人尊重、知识、自由、自我实现、意义感觉，因为这些价值具有终极性，体现着人生的目的。人类基本价值观有精神价值，包括良知、豁达与远见、整体感、惊奇、感激、希望、独立与超然、谦恭、爱、儒雅与和善；有道德价值，如谨慎、责任、勇敢、自制、可靠、真诚、诚实、公正、无私；还有社会和政治价值，如和平、正义、程序正当、宽容、参与、合作、分享、忠诚、坚实、公民权利与义务。随着社会历史发

---

① ［加］克里夫·贝克：《学会过美好生活——人的价值世界》，詹万生等译，中央编译出版社1997年版，第3页。

展，人类面对越来越多的共同性问题，如生态问题、气候问题、生命伦理问题、可持续发展的价值观念问题等，这些问题要在社会实践交往中形成国际共识，以利于人类的和谐发展。

价值教育以个人的价值观培养为重点，以个体的人的意义与价值世界的建构为目的，在具体的教育活动中，追求的是人的价值素质的整体提高和价值结构的和谐统一。要形成人的协调、合理的价值观，就必须进行人类基本价值观的教育。人类基本价值观综合渗透于文学、艺术、哲学、伦理、科学等各个学科之中，在社会实践领域无处不在。因而，在进行价值教育的途径上，要综合运用各种教育内容和形式，融入各种教育活动之中。各个学科教学是主要途径，要运用学科特点和针对学生发展的实际，采取直接的价值观教学、逻辑思维训练、对话与交流、体悟与感受、拓展与实践等形式。学校开展的各种社会实践教育活动和学校文化建设活动等都是进行价值教育的很好形式，要把人类基本价值观贯穿在各种教育活动之中，增进学生的价值观体验，丰富他们的思想情感，提升他们的人生境界。

(二) 中华优秀传统价值观教育

中华民族五千年的文明发展孕育了中华优秀传统文化，形成了中华优秀传统价值观。中华优秀传统价值观是中国文化的核心，是中国人的思维方式、伦理道德、审美取向、人生信仰和处世原则的体现，这些价值观是在长期的社会发展历程中经过选择和积淀形成的，又影响着中国文化的走向和中国人人格的建构。对于中华优秀传统价值观，从不同的视角有不同的总结和表述，有哲学家探讨了天人关系、人与社会的关系和人与己的关系，也有哲学家从哲学范畴出发探讨道德、仁义、理欲、公私、群己等问题，揭示了相关的价值观念。中国传统文化中存在一些大家都认同的价值观念，如和合共生，仁爱民本，重义轻利，忧患担当，自强不息，厚德载物，勤劳节俭，敬老慈幼，等等。这些价值观至今仍然具有强大的生命力，维系着中国人的伦理价值和精神生命，应当悉心呵护和积极传承。

中华优秀传统价值观是中华民族最深层的精神追求，是中华民族独特的精神标识，是中华民族凝聚力和创造力的源泉，是我们在世界文化激荡中屹立不倒的根基。加强中华优秀传统价值观教育，对于青少年认识中华民族的历史传统、文化积淀和基本国情，增强爱国主义情感，坚定中国特色社会主义道路，实现中华民族伟大复兴的理想信念，推动文化传承和创新，具有重大而深远的意义。

进行中华优秀传统价值观教育有很多途径与方法。我国传统教育就是一种具有价值取向的教育，尽管中国传统教育由儒家、道家等不同思想的教育所组成，但他们都通过教育探寻人之存在的意义与价值，其具体内容都是以人的思维方式、价值取向、行为方式以及人生境界等为基本范畴来展开的，在展现各家教育在注重人生意义与价值的具体内容不同的同时，又标示出中国传统教育的共同特质：立足于教育的道德价值，关注个体人生的精神寄托，完善人格，提升人生境界，维系和谐的天人关系和社群结构。在一定程度上可以说，中国传统教育主要是进行价值教育，是对人进行人生目的的教育，是提供人们的信仰与人生意义寄托的教育。这种教育对当今的教育有很多启示，具有学习和借鉴作用。当代价值教育要尊重和继承优秀传统价值观，注重对青少年的教育引导，用中华民族创造的一切精神财富培育中国人。

（三）社会主义核心价值观教育

党的十八大报告提出："倡导富强、民主、文明、和谐，倡导自由、平等、公正、法治，倡导爱国、敬业、诚信、友善，积极培育和践行社会主义核心价值观。"2013年12月，中共中央办公厅印发《关于培育和践行社会主义核心价值观的意见》（以下简称《意见》），正式将上述24字确立为社会主义核心价值观的基本内容。《意见》指出："积极培育和践行社会主义核心价值观，对于巩固马克思主义在意识形态领域的指导地位、巩固全党全国人民团结奋斗的共同思想基础，对于促进人的全面发展、引领社会全面进步，对于集聚全面建成小康社会、实现中华民族伟大复兴中国梦的强大正能量，具有重要现实意义和深远历史意义。"党的十九大报告进一步指出，社会主义核心价值观是当代中国精神的集中体现，是社会主义核心价值体系的内核，凝聚着全体人民的共同价值追求。

习近平在各种不同场合强调了社会主义核心价值观教育的重要性和必要性，把培育和弘扬社会主义核心价值观作为凝魂聚气、强基固本的基础工程。他说："核心价值观是文化软实力的灵魂、文化软实力建设的重点。这是决定文化性质和方向的最深层次要素。一个国家的文化软实力，从根本上说，取决于其核心价值观的生命力、凝聚力、感召力。"[①] 他明确提出，要切实把社会主义核心价值观贯穿于社会生活的方方面面，通过教育引导、舆论宣传、文化熏陶、实践养成、制度保障等多种路径，使社会主义核心价值观内化于心，外化于行。他特别强调，社会主义核心价值观教育"要从娃娃抓起、从学校抓起，做到进教材、进课堂、进头脑"[②]，帮助青少年学生"扣好人生的第一粒扣子"，使红色基因代代相传。在2016年12月的全国高校思想政治工作会议上，他进一步强调：高等学校要坚持

[①] 《习近平谈治国理政》，外文出版社2014年版，第163页。
[②] 《习近平谈治国理政》，外文出版社2014年版，第164—165页。

不懈培育和弘扬社会主义核心价值观，引导广大师生做社会主义核心价值观的坚定信仰者、积极传播者、模范践行者。习近平还对广大教师、知识分子及党政干部提出了带头践行社会主义核心价值观的要求。

进行社会主义核心价值观的教育，要落实到经济发展实践和社会治理中，要加强社会主义核心价值观宣传教育，开展涵养社会主义核心价值观的实践活动，更要把培育和践行社会主义核心价值观融入国民教育全过程、教育教学和管理服务各环节。当前我国大中小学正在积极进行社会主义核心价值观的教育，重点在"融入"上下功夫，综合运用课堂教学、实践养成、文化熏陶、制度保障、研究宣传等方式，将培育和践行社会主义核心价值观工作落实到教育教学和管理服务各环节。

小　　结

价值问题既是个非常重要的学术问题，又是个被广泛谈论的社会话题，是文化的核心问题，在教育领域中具有特别重要的意义。教育是负载着价值的社会行为，一方面受着某种特定的价值观所指引，另一方面总是传递着社会主导的或核心的价值观念。从价值论的角度来审视和反思教育实践活动中的根本问题是教育哲学的一个重要任务。

关于价值的内涵，学界有许多不同的理解。本章将价值看成特定属性的客体对于主体需要的意义，是一个关系范畴。中外的哲学价值论彰显价值问题的学术理路，为探寻教育价值和实施价值教育提供了理论资源。马克思主义哲学中的价值思想为我们思考价值问题提供了科学的方法论指导，马克思主义经典作家对于资本主义价值观的批判以及就此展开的许多价值论述对于我们今天思索教育价值和价值教育问题具有重要指导意义。

教育具有育人价值，表现为培养人，提升人的价值；教育也具有社会价值，主要体现为教育的政治价值、经济价值和文化价值。教育的育人价值和社会价值应当是有机统一的，不是彼此分离和对立的。当前我国教育变革的价值取向必须坚持教育优先发展的战略、坚持为社会主义现代化建设和为人民服务、坚持社会主义核心价值观的引领作用、坚持促进教育公平和提高教育质量。

价值教育即价值观教育，是完整教育活动的重要组成，旨在通过特定价值观的传递提升人的价值素养并最终养成良好的价值品格。世界各国都非常重视价值教育，价值教育也基于不同的文化背景体现为各种不同的形式。我国的道德教育就是一种非常重要的价值教育形式。此外，价值教育还反映在其他的教育实践领域，通过多种多样的形式得以实现。当前我国大中小学校越来越重视价值教育，主要的价值教育内容有人类基本价值观教育、中华优秀传统价值观教育和社会主义核心价值观教育。加强社会主义核心价值观教育，以社会主义核心价值观来统领大中小学的价值教育，为广大青少年学生扣好人生的第一粒扣子，是当前和今后我国教育实践的一项重大任务。

思考题

1. 马克思主义哲学中的价值思想包括哪些主要内容？
2. 教育有哪些价值？谈谈你对教育价值的认识。
3. 什么是价值教育？为什么要在大中小学倡导价值教育？
4. 价值教育有哪些具体的途径与方法？你认为当前中小学应该如何加强和改进价值教育的实践？
5. 结合实际分析，中华优秀传统文化中有哪些价值观是人们高度认同并应该传承和发展的？
6. 结合实际分析，当前我国大中小学校在开展社会主义核心价值观教育方面都有哪些途径和方法？

第六章 伦理学与教育

在人类的思想发展史上，伦理、道德与教育自古以来就相互联系。一方面，伦理、道德作为人的生活关系和准则，规范着人们的生活方式和生活质量，成为教育的主要内容之一；另一方面，教育作为培养人的一项社会活动，旨在培养符合社会需要的有道德的人，对于保持和促进社会伦理关系的稳定和发展具有基础性作用。研究伦理学与教育的关系，对于教育和教育学的发展、道德和伦理学的发展以及社会的发展都有重要作用。

第一节 伦理学概述

赫尔巴特曾指出，教育学的主要学科基础有两个：一个是实践哲学，也就是伦理学，它决定教育的目的；另一个是心理学，它决定教育的内容和方法。由此可见，伦理学作为教育学存在和发展的理论基础之一，对教育理论和教育实践发挥着基础性作用。

一、中国传统的伦理学

中国拥有丰富的伦理学说和伦理思想，如以孔子、孟子、荀子等人为代表的儒家伦理思想，以老子、庄子等人为代表的道家伦理思想，以墨子为代表的墨家伦理思想，以及东汉末年传入中国并逐渐本土化的佛家（佛教）伦理思想等。

（一）儒家伦理思想

儒家伦理思想是中国传统伦理思想的主流。这一伦理思想传统以"内圣外王"为主线，以提升人的思想修养和人生境界为目的，既表现为以"立德""立言"为特征的内圣修养之路的人生哲学，又表现为"齐家""治国""平天下"的外王之路，构成社会政治理想和立功之路。

孔子是儒家伦理思想的创始人，他建立了以"仁"为核心的伦理体系。孔子认为，周朝礼仪崩溃的根本在于缺少根本的"仁"德，这个"仁"德，就是比礼仪和礼乐形式更为根本的伦理法则。在孔子看来，统治者如做到"仁"，亦即"爱人"和"忠恕之道"，便可天下归顺。同时，他还认为，对于普通个人而言，做到克制自己的欲望和情感，真心以礼仪规范规约自己，也可以达到"仁"的标准。

以"仁"为核心，孔子建立了一套个人修养规范。具体来说，个人做到忠、恕、孝、悌、信、行、恭、宽、敏、惠等道德规范，做到文质彬彬，就是君子。他为每个人的社会角色都设立了规范，只有做到了这些规范，君主才像君主，大臣才像大臣，父亲才像父亲，儿子才像儿子。孔子尤其提倡君臣关系中具有交互性的礼仪规范，君主对待臣下要礼贤下士，臣下才会对君主忠心耿耿。孔子认为，按照仁的思想来教化个人，个人便会有羞耻心，行为合乎礼仪规范；整个社会只要按照他提出的以"仁"为核心的礼仪规范运行，就会是和谐的、稳定的、平安的。

与孔子相比，孟子更强调"义"，把"仁"的要求具体化、绝对化，并应用到广泛的人生事务和社会治理中去。他用"鱼与熊掌"为喻，提出了著名的"舍生取义"的主张："生，亦我所欲也，义，亦我所欲也，二者不可得兼，舍生取义者也。"① 在回答梁惠王如何增进自己国家的利益问题时，孟子明确提出："王！何必曰利？亦有仁义而已矣。"② 他认为只有这样才能够避免上下逐利、国家危殆的局面。孟子也正是从"义"出发，系统地建立了他的民本思想，认为人民是最重要的，其次是社稷，最后才是君主。孟子的这些思想构成了中国古代政治伦理和政治教化的核心思想。

荀子在战国末期目睹了诸侯国之间、君臣父子之间的杀戮、阴谋，更看到了人性之恶的事实。与孟子不同，荀子看到人天生所有的欲望、情欲等非理性的特质。荀子认为，要对人的这些欲望、性情进行人为的教化、规约，最后"化性起伪"，生成善性。由于荀子更重视对人性"恶"的防范和改造，所以更加重视外部约束对人性的教化和改造。

唐朝韩愈（768—824）继承了孔孟等人的伦理思想，希望在尊佛排儒的时代重构道统。他在《师说》中直接将教师的职责界定为"传道授业解惑"，三项职责之中，传道（孔孟之道）居于首位。

宋儒周敦颐通过太极图说建立了一个宇宙起源和演化的谱系。在此基础上，程颐、程颢（1032—1085）吸收佛家形而上学中的抽象思辨精神，为儒家的具体伦理规范提供了一个"天理"概念。天理是与"多"相对的"一"，是与"器"相对的"道"，是与"用"相对的"体"，是与"殊"相对的"共"，是与"末"相对的"本"，是制约人欲的根本力量，是一切具体伦理道德规范的"根本"。有

---

① 《孟子》，万丽华、蓝旭译注，中华书局2006年版，第252页。
② 《孟子》，万丽华、蓝旭译注，中华书局2006年版，第2页。

此"天理",人就要格物穷理,穷理尽性,就要存天理,灭人欲。后来朱熹通过编订"四书",不仅为士人举子提供了晋升阶梯,而且为个体提升道德修养提供了通过洒扫、应对、进退之节进行外在修行以便格物致知的修身之道。这一外在修身之道被后来的陆九渊(1139—1193)和王阳明看出破绽,他们一反外在修养之路,强调人心在通向天理之路的"明心见性"的功能和作用。

宋明理学经过程朱陆王及其弟子们的不断完善、发展,经过统治阶层的认同并作为士人举子的考试内容,更经过社会中士人乡绅等中间阶层的信奉和传播,到宋末,"一种伦理道德同一性被逐渐建构起来,一种普遍被认同的思想世界开始形成,并终于奠定了中国人的日常生活世界"[①]。至此,中国人那种特有的伦理道德特质,不仅在书本和思想中,而且在日常生活行为中就形成了。

(二)道家伦理思想

道家以老子和庄子为代表。老子崇尚道德,但老子的道德不同于儒家的伦理规范道德,而是一种大本大源的大道、法则,是宇宙的起源和一切事物产生的根本。这种道德是自然无为的。按照这样的道德要求,人们要放弃仁义,回归自然,回归小国寡民、自给自足的田园时代。庄子把自然无为的道德用到个人修养方面,建立崇尚自然、重生命长久的人生哲学。他反对儒家的礼法约束、教化规训,提倡素朴、自然。虽然在总体上老庄的伦理思想与文明的进步是相悖的,但是在封建专制的严酷时代,道家伦理思想却为人生提供了一条退路,在官场不得意时,可以归隐山林、寄情于山水。此外,道家道德大本大源的思想不仅可为具体的社会制度不能很好地运行时提供改革或者革命的理由,替天行道,以推进社会的进步与发展,而且对尊重自然的生态文明建设也有一定的借鉴意义。正因为如此,南怀瑾先生才说"儒家是粮店,道家是药店",这是有些道理的。

(三)墨家伦理思想

墨家伦理以墨子伦理思想为代表,宣扬"兼相爱、交相利",认为天下大乱的根源在于人们之间不相爱。人们互不相爱,是因为各有自爱。自爱的表现有臣自爱而不爱君主而亏君,子自爱而不爱父亲而亏父,弟自爱而不爱兄长而亏兄,最终导致祸乱。所以,若要使天下太平,就必须使人人相爱,相互给予对方利益、好处。此外,墨子还提出节用、非攻的道德思想。虽然墨子的伦理思想没有成为主流,但在后来的演变中,也成为中国伦理传统的一部分。历史上,"兼相爱、交相利"的思想也成为后来游侠精神的思想基础之一。

---

① 葛兆光:《中国思想史》第2卷,复旦大学出版社2001年版,第278页。

（四）佛家伦理思想

对中国文化而言，佛教是外来的文化。但是佛教在与儒家、道家等文化碰撞、磨合中，互相融合发展，最终形成了中国本土化的佛教，其理论体系按照中国学术的传统，也称佛家。

平等慈悲是佛教的基本道德原则。这一思想是佛教教义的基本伦理，是佛教关于人与人、人与自然、人与社会关系的基本原则。"平等"是"慈悲"的思想基础，"慈悲"是"平等"的道德体现。佛教典籍宣扬"平等大悲"，主张以普遍、平等无差别的慈悲心怜悯一切众生。"平等"是无差别的意思，是指人与人之间的平等，众生平等、有情众生与无情众生平等、一切法平等，等等。在佛教看来，众生都具有佛性，人与人之间只存在道德善恶大小之别，而不存在等级的高低。平等慈悲的思想是古代中国平等思想的重要来源。

惩恶劝善是佛教的道德伦理精神。佛教认为"万有皆从因缘生"，善因必产生善果，恶因必产生恶果，这就是因果报应论。它告诉人们，行善能够给人带来福报，作恶则会使人遭到恶报。要去苦得乐，就必须修善止恶。这样的惩恶扬善观是以佛教自身的超脱目的为标准的，同时也是为了自身的快乐和幸福结果而做的。所以这种惩恶劝善不是为了善本身，而是带有一定功利色彩。

自利利他是佛教的道德伦理准则。在佛教看来，自利就是自度、自觉，是指为自己的解脱而精进修行。利他是度他、觉他，是为救济众生而致力行善。佛教徒要想真正成佛，就一定要自利利他，仅仅自利并不能达到涅槃。实现了自利利他，即为利行圆满。佛教伦理不只重自利，更重利他，强调两者的统一不可分。利他以自利为前提，自觉才能觉他。要有利他行为，主体自身必须有一定的觉悟，把个人的真正解脱与世间改变联系起来，众生的完善才是主体彻底的完善。

自觉自励是佛教强调的修持戒律的道德修养方法。修持论是佛教伦理学中的重要内容，要求人们持法修行、正身、正行、正意、正念，努力使自己成为一个道德高尚、最终能够达到涅槃境界的人。佛教戒律纷繁复杂，但主要是五戒、十善、四摄、六度等。"五戒"指不杀生、不偷盗、不邪淫、不妄语、不饮酒，是佛教信徒应该受持的五种禁戒，是佛教最基本的教规。"十善"是五戒的扩展，指十种善行，即不杀生、不偷盗、不邪淫、不妄语、不两舌、不恶口、不绮语、不贪欲、不嗔恚、不邪见。"四摄"是布施、爱语、利行、同事，是修菩萨行者引导众生修持的四种方法，是人与人和谐相处的一种原则。"六度"是修习由生死此岸到达涅槃彼岸的六种途径和方法，即：布施、持戒、忍辱、精进、禅定、智慧。

综上，中国传统伦理学思想流派众多、内容丰富，表达了中国古代思想家对人的伦理生活的高度关注以及对如何提升人的道德境界的不断探索，为中国古代社会的发展提供了伦理指引。但是，他们的伦理学说，或者以天命为基础，或者以自然为基础，或者以天理为基础，或者以因缘论为基础，没有对伦理问题的社会基础，尤其是社会经济基础进行深入分析与讨论，很难把握伦理道德的本质及其起源，这使得他们精心勾画的道德图景、社会理想难以实现。

二、西方伦理学的主要流派

根据麦金太尔（1929—　）的观点，在马基雅弗利（1469—1527）、霍布斯（1588—1679）等哲人的笔下出现了与传统伦理道德不同的道德主体：个人。① 这就意味着，依据这个"个人"可以把西方的伦理学划分为两个时期的两类伦理：17世纪以前以古希腊"三杰"（苏格拉底、柏拉图、亚里士多德）的伦理思想为核心的共同体道德伦理；17世纪以后以个人主义为核心的个人主义道德伦理。在其各自的伦理体系里面，又划分为不同的流派。这些流派被后来的伦理学家分为规范伦理学和元伦理学，其中，规范伦理学最主要的流派包括德性伦理学、功利主义伦理学、义务论伦理学和实用主义伦理学。

（一）德性伦理学

德性伦理学发端于古希腊的苏格拉底、柏拉图，由亚里士多德开创。虽然他们各自的伦理学主张有所差别，但是都有一个共同的特征，那就是在一个共同的政治体或城邦及其内部关系的背景下，确定每个人的角色和位置，并根据每个人的角色和位置描述将其与他人区别开来。

柏拉图伦理学的核心概念是"正义"。正义包括"个人正义"和"国家正义"，个人正义是国家正义的基础。个人正义是指构成个人灵魂的欲望、激情和理性各自拥有相应的美德，与欲望相应的美德是节制，与激情相应的美德是勇敢，与理性相应的美德是智慧。当个人灵魂的三个部分都受到理性的制约和引导，使各自拥有相应的美德并各安其位时，就是实现了"个人正义"。由于每个人的先天禀赋不一样，所以在其灵魂中占主导地位的力量也不一样，有的人是欲望占主导，有的人是激情占主导，有的人是理性占主导。欲望占主导的人需要拥有节制的美德，激情占主导的人就会拥有勇敢的美德，理性占主导的人就会拥有智慧的美德。拥有不同美德的人在城邦中就会有不同的位置。节制的人适合做平民，勇敢的人适合做卫士，智慧的人适合做统治者。在一个政治共同体中，只要平民、卫士、

---

① ［美］阿拉斯代尔·麦金太尔：《伦理学简史》，龚群译，商务印书馆2003年版，第170页。

统治者这三类人按照角色和规范来行事，各得其所、和谐相处，那么国家就是正义的。当然，要让人具有节制、勇敢、智慧的美德是需要教育来帮助完成的。因为这些美德本身就是知识，所以可以通过学习获得。

亚里士多德和他的老师柏拉图都认为在共同体背景下，每个人需要具有相应的美德才会有相应的位置。但与柏拉图不同的是，亚里士多德认为人需要有德性或者美德，拥有美德是为了"善"，也就是幸福。

在亚里士多德看来，任何事物，包括任何技艺，都有一个符合其本性的最终目的，这个最终目的的实现就是"善"。比如一把长笛的目的就是让人吹奏出最美的乐曲，一个工匠的目的就是造出最完美的器具，而一个人的目的就是实现最完美的本性——理性智慧，因此最幸福的生活是智慧的沉思。幸福指向事物本身目的而不是外在目的的实现。亚里士多德探讨了各种具体德性规范，并且把这些规范分为理智德性和伦理德性。理智德性包括睿智、慎思、谨慎等，可以通过学习和教育获得；伦理德性是实践的德性，包括慷慨、节制、仁慈、勇敢等，很难通过学习获得，只能通过实践得来。但是，任何一种德性都必须遵循中道原则，不符合中道原则的德性不是美德。比如，节制是一种中道美德，介乎"放纵"和"禁欲"之间；勇敢是一种中道美德，介乎"鲁莽"和"怯懦"之间。

亚里士多德的德性论非常重视实践，他认为，苏格拉底和柏拉图的德性论只讲求知识就是美德，一个人知道了美德知识就会去履行美德，这是有局限性的。因为，有很多人即使知道美德是好的，也不去做。所以伦理德性必须在实践中才能形成，而不能通过教育形成。慷慨只有在慷慨的实践中才会形成，勇敢只有在勇敢的实践中才会形成。

在古希腊共同体被马其顿帝国打破之后，个人赖以确立身份德性的共同体道德体系就崩溃了。这就有了后来的斯多葛学派向宇宙寻求确立身份的法则，要人安于宇宙秩序、法则的安排，从而为基督教伦理奠定了基础。而伊壁鸠鲁学派则面向自身寻求道德的根据，认为快乐就是美德，从而为后来的功利主义道德论奠定了基础。古希腊"三杰"基于共同体主义的道德及其德性目的论在20世纪末又有复兴的趋势。

（二）功利主义伦理学

功利主义伦理学以边沁（1748—1832）、密尔（1806—1873，也有人译为穆勒）为代表，认为人应该做出能"达到最大善"的行为。所谓最大善是指此行为所涉及的每个个体苦乐感觉的总和，其中每个个体都被视为具有相同分量，且快乐与痛苦是能够换算的，痛苦仅是"负的快乐"。功利主义伦理学不考虑一个人行为的动机与手段,仅考虑行为的结果对最大快乐值的影响。能增加最大快乐值的就是善,反之即为恶。边沁和密尔都认为,人类的行为完全以快乐和痛苦为动机。边沁认为,功利主义就是按照可能增大或减小利益有关者的幸福的倾向,也就是促进或妨碍这种幸福的倾向,来赞成或非难某项行动。①

功利主义的道德只把功利结果作为衡量一个人道德与否的标准,并不考虑人的动机和情感,因此忽视个人目的的意义性和自由选择。同时,功利主义道德的功利、幸福、快乐等道德基础受制于环境、条件,使人的道德选择处在不断变化当中,没有稳定而普遍的道德原则。此外,由于功利主义道德考虑的是满足最大多数人的最大幸福,因此有可能为了大多数人的利益而忽视或者牺牲少数人的利益,有可能形成多数人对少数人的"暴政"。鉴于功利主义道德的以上弊端,康德对此进行了批判和纠正,创立了义务论伦理学。

(三)义务论伦理学

康德认为,义务出于人的善良意志。作为善良意志的体现的义务"就是由于尊重规律而产生的行为必要性"②。这就是定言命令,且只有一条,即"要只按照你同时认为也能成为普遍规律的准则去行动"③。康德所认为的德性义务不是和"权利"对等的"义务",你对别人尽了道德义务,却不能因此而向别人要求享有某些道德权利。也就是说,出于义务而不是合乎道德的行为必须为尽义务而尽义务,不能带有任何外在的功利目的、情感目的。康德在这里确定的义务是以自由选择为前提的。自由是理性的,不是来自于自然规律的强迫和内在欲望的驱使;自由是自律的,不是外在强迫的。康德特别指出,自由和无条件的实践法则是互相蕴含的,自由是道德法则的存在基础。因此,道德律是自立法、自守法的自律,而不是服从外在的权威和规则的他律。自由是使人成其为人的根本,只有当人具有自由时,他才能进行选择,才会提出遵循何种行为准则的问题,才有行为的道德法则存在的可能性;反过来,只有在意志为遵循道德法则进行决断时,我们才能清晰地看到意志的自由,才能为自己的自由选择承担起责任或义务。

针对康德的义务论伦理学,很多人认为他是绝对主义,是不讲个体自由的和不顾及具体历史条件的。其实这是对康德的误解。康德的义务论正是在功利主义行为结果论的基础上,给予道德自由的条件,避免功利主义道德在不同情境下的特殊性对普遍规则的戕害和对人的逼迫。所以,康德的义务论伦理学不是简单地

---

① [英]边沁:《道德与立法原理导论》,时殷弘译,商务印书馆2000年版,第58页。
② [德]康德:《道德形而上学原理》,苗力田译,上海人民出版社2002年版,第16页。
③ [德]康德:《道德形而上学原理》,苗力田译,上海人民出版社2002年版,第38-39页。

让人服从义务规则，而是这些规则即使不是个人制定的，也需要经过个体认同和选择。简言之，义务论道德就是出于个人理性的对于普遍法则的自由制定或认同、选择而产生的道德责任。

与功利论和义务论相伴随的还有情感论或情感主义伦理学。这方面的代表是休谟、亚当·斯密等。情感论认为人的德性既不是来源于功利计算，也不是来源于理性推理，而是来源于人的情感。休谟认为，那些社会认可的、促进行为规范的吸引力和公信力很少源于理性，而多源于情感和价值感。理性和判断在实际上可能通过促进和引领情感作为行动的中介原因，但是，有时美德根源于我们对别人的同情。人的许多美德行为或行动都来源于不假思索、不用理性判断和功利计算的情感直觉，这就好像是天生的仁慈之心。但是，这样的道德情感是不普遍的、不可靠的，因为它受到个人主体的状态、时间、环境等条件的限制。情感是变化的，此时有道德情感，彼时未必有；此地有道德，彼地未必有；对此人有同情，对彼人未必有。正因为如此，康德才批判基于情感的德性论，称之为不普遍的、不可靠的道德理论，进而用义务论道德来纠正它。

但是，康德的义务论道德的逻辑前提——善良意志是先验的、超历史的，如何能在历史中确立至高无上的、普遍的善良意志并且又在历史经验中被实现，确实是考验人类智慧的一道难题。

(四) 实用主义伦理学

实用主义伦理学是以美国皮尔士、詹姆斯和杜威等人创立的实用主义哲学为基础提出来的伦理主张。

实用主义哲学是美国哲学家在吸收唯名论哲学、功利主义和实证主义等已有哲学观点基础上形成的哲学流派。其基本观点是，一个理论、一个观点是不是真理、是不是科学判断的检验标准，不在于其是否符合客观实在，而在于是否在行动中有效。他们将这一基本观点应用到道德研究中，形成了一系列实用主义的伦理学观点。

第一，道德是有实际效果的善的行为，善即有用，即价值。不存在绝对的、唯一的、终极的善与价值，善与价值是相对的、多元的、个别的、具体的、特别的。健康、富有、勤勉、节制、可爱、有礼、学问、审美的才能、创造、勇敢、忍耐、周到等都是人们所公认的善。

第二，道德行为产生于人们解决价值冲突做出价值选择的需要。道德源于人的本性，人的本性在于饮食、合群等本能需要、情感和习惯。人们在现实需要、欲望满足的过程中产生各种各样的价值追求以致形成冲突。如何提供解决冲突问题的有效方案，解决这些冲突使欲望处在理性监管之下，从而产生有利于社会存在和个人存在的选择结果，则是道德行为的价值所在。

第三，科学影响道德，道德影响科学的目的和过程。杜威认为，当物理学、化学、生物学、医学有助于具体的人类苦难的考察和救治计划的发展的时候，它们就是道德的。道德生活是一种有目的的生活，意味着思想和感情、理想和动机、评价和选择，因此，对于道德生活的观察与分析需要有心理学的参与，也不拒绝科学的判断。

第四，新个人主义价值观。不同于传统的"经济个人主义""政治个人主义""宗教个人主义"，也不同于决定论的集体主义，"新个人主义"是杜威提出的处理个人和社会关系的价值观。新个人主义一方面认为个人具有自由意志，另一方面强调个人和组织机构对社会发展负有责任。与此个人主义相适应的社会是一种作为个人创造的条件而处于开放和变动之中的共同经验进程，社会和社会的活动越开放、越丰富，给个人以自由创造的机会就越多，个人才能的发展就越快，其价值实现就越大。

实用主义伦理学重视道德行为的有效性在一定程度上克服了道德理论与道德实践、道德判断与道德行为的分裂。但是，实用主义伦理学也有很大的局限性。首先，其基本观点在逻辑上不严密。也许是特别强调行动、效果的原因，实用主义伦理学不注重唯一的、稳定的核心概念的理论建构，以致把"有用"等同于"真理"，等同于"善"，等同于"价值"，而真理又等同于有用、善和价值。这就造成真理价值和效用价值不分、道德经验和实践经验不分、道德价值和行动价值不分、有用价值和道德价值不分等逻辑混乱的局面。其次，实用主义伦理学尽管推进了伦理科学研究进程，但更多地是推进了作为道德知识的伦理判断的科学性，仍然没有解决"是"向"应该"的转化难题。即使一个人的伦理判断再科学，也并不意味着具有道德行为效果的普遍性和必然性。

三、马克思主义伦理学

马克思主义伦理学是基于马克思主义经典作家关于道德问题的论述以及马克思主义基本观点和方法来分析道德现象形成的伦理观点。

（一）道德起源于社会经济关系并反映人们的利益关系

马克思、恩格斯把道德看成一种社会意识，认为人类的道德现象总是依赖一定的经济关系和社会结构的。"人们自觉地或不自觉地，归根到底总是从他们阶级地位所依据的实际关系中——从他们进行生产和交换的经济关系中，获得自己的伦理观念。……一切以往的道德论归根到底都是当时的社会经济状况的产物。"[①] 一定的经济关系和社会结构决定了人们的利益关系和利益观念，而道德规范的产生就是在这些经济关系和社会结构中更好地实现和分享彼此利益的需要的反映。尽管道德产生于经济关系并反映利益关系，但并不直接决定于经济关系和利益需求，不然就会陷入庸俗的唯物主义。同时，道德的能动性又能超越当下，展望未来，通过新与旧、善与恶、先进与落后的斗争推动人类文明的进步。

（二）共产主义道德是真正的人的道德

在马克思主义看来，由于社会是在阶级对立中运动的，所以道德始终是阶级的道德。它或者为统治阶级的统治和利益辩护，或者当被压迫阶级变得足够强大时，代表被压迫者对统治阶级的反抗和他们未来的利益。所以道德具有阶级性和历史性。道德的阶级性和历史性植根于现实中剥削者和被剥削者不平等的、异化的经济关系。共产主义则是一个代替那些存在着阶级和阶级对立的资产阶级旧社会的联合体，"在那里，每个人的自由发展是一切人的自由发展的条件"[②]。只有在这样的联合体中，才会消灭阶级对立的经济根源，才使人和人的关系、人和社会的关系不再统治人本身，从而回归人本身，人此时才成为自身目的和手段的统一体，才成为真正的人。道德也不是为了互惠互利或者满足自己利益的工具，而是基于自律的一种自由选择，道德成为真正的人的道德。

（三）革命的功利主义道德

马克思主义认为，在具体的社会主义制度实践中，以实现真正的人的道德为理想的共产主义者就需要从追求个人幸福变为追求人类幸福，同时以为大多数人带来幸福作为自己的幸福。马克思说："历史把那些为共同目标工作因而自己变得高尚的人称为最伟大的人物；经验赞美那些为大多数人带来幸福的人是最幸福的人；……如果我们选择了最能为人类而工作的职业，……那时我们所享受的就不是可怜的、有限的、自私的乐趣，我们的幸福将属于千百万人……"[③] 毛泽东也认为，共产党人的革命目的是革命的功利主义的，唯物主义者并不一味地反对功利主义，只是反对超阶级的功利主义，而主张阶级的功利主义。他说："世界上没有什么超功利主义，在阶级社会里，不是这一阶级的功利主义，就是那一阶级的功利主义。"[④] 共产党人的一切言论行动，必须以合乎最广大人民群众的最大利益，

[①] 《马克思恩格斯文集》第9卷，人民出版社2009年版，第99页。
[②] 《马克思恩格斯文集》第2卷，人民出版社2009年版，第53页。
[③] 《马克思恩格斯全集》第1卷，人民出版社1995年版，第459页。
[④] 《毛泽东选集》第3卷，人民出版社1991年版，第864页。

以被最广大人民群众所拥护为最高标准。这一道德观点要求在保证个人正当利益的基础上把个人利益、集体利益和国家利益结合起来，而个人利益的正当性除了必要的物质和文化需要、诚实劳动之外，最根本的是"有益于社会整体利益及其发展"，同时在关键时刻具有自我牺牲精神。①

在当前我国的社会现实中，这种马克思主义经典作家所向往的高尚的、真正的人的道德尽管已经成为我们的道德理想，但并未普遍地、现实地建立起来。一些极端的利己主义、狭隘的功利主义、腐朽的享乐主义现象依然存在。所以，怎样坚守社会主义和共产主义道德理想，引领我们克服一切不利于生产力发展、社会文明进步、人们精神境界提升的因素，应当是马克思主义伦理学和中国特色社会主义教育实践必须回答的紧迫课题。

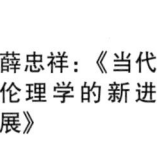

薛忠祥：《当代伦理学的新进展》

第二节　道德教育的伦理学基础

道德教育能否生成真正的道德人，关键在于它是否建立在合理的道德哲学根基之上。探讨道德善恶等问题的道德哲学为道德教育提供了最直接的合理性论证并决定着道德教育的目标、内容、方式和评价是否具有道德价值，因此，"道德哲学家在确保认真考虑道德教育所必需的精密性和深刻性上起重要作用"②。在一定意义上讲，有什么样的道德哲学，就会有什么样的道德教育。

一、德性伦理学与道德教育

在伦理学和道德教育的关系史上，德性伦理学对道德教育的影响是最持久、最紧密的，直到今天，德性伦理学的影响依然很大。

德性伦理学，无论是它的古典形式，还是当代形式，都强调道德是由一系列的美德构成的，这些美德都属于共同体道德。这个共同体先于个人，是个人人格同一性的背景要素。共同体之所以能称为共同体，是要给共同体的成员带来共同享有的利益。基于这种假设，共同体的成员一方面把有助于实现他们的共同利益

---

① 罗国杰、马博宣、余进编著：《伦理学教程》，中国人民大学出版社1985年版，第164页。
② Barry I. Chazan, Jonas F. Soltis, eds., *Moral Education*, Teachers College Press, 1973, p.15.

的行为看成符合道德的;另一方面把有损共同利益的行为看成是恶的。在这个意义上,美德就是一种共同体所期望的品质。没有美德,也就没有幸福可言。所以,与功利主义道德把履行道德、追求外在的善的行为当成获取功利的手段相比,德性伦理学把履行道德、追求内在的善当成道德教育目的本身,而只有拥有内在善的人才有资格拥有共同体分配的幸福。同样,只有拥有美德的人,才能维护共同体的长治久安,以享受更美好的幸福生活。

在今天,德性伦理学基础上的道德教育就是美德教育或者品格教育,它的目的是使个体形成美德,成为具有道德品质的人。而这个有品质的人是由人本身是否具有共同体所设定的各种品德要求决定的。德性伦理学首先要求有一系列的核心道德品质:古希腊哲学家所设定的正义、智慧、勇敢、节制等德目;西方中世纪设立的信仰、坦诚和慈爱等德目;美国富兰克林(1706—1790)所提出的节制、少言、秩序、决心、节俭、勤勉、坦诚、公正、中庸、整洁、镇定、节欲、谦逊等德目;中国古代儒家提出的仁、义、礼、智、信、忠、孝、恭、宽、敏、惠等德目;当代社会所要求的"五爱"(爱祖国、爱人民、爱劳动、爱科学、爱社会主义),以及社会主义核心价值观——富强、民主、文明、和谐,自由、平等、公正、法治,爱国、敬业、诚信、友善等德目。作为共同体内的个人,只有掌握并践行了这些德目,才算具有美德,才有资格成为共同体中的一员,才能够分享共同体分配的资源和幸福。

在具体的道德教育方法上,美德教育注重相应的行为习惯的养成以及成年人的榜样示范作用。美德教育特别强调道德知识的学习,认为只要每个人在认知上知道了某一德目的内涵,就易于做出相应的道德行为。德性伦理学及建立于其上的美德教育或品格教育,在道德教育的历史和现实中都具有很重要的地位。不过,在具体的道德教育实践中,美德教育还具有一些不足:第一,美德教育虽然重视内在德性的培养,但是最终还要让个体参与到共同体生活当中,德性难免成为获取幸福的工具,这与功利主义的道德教育有相同之处;第二,由于美德教育崇尚共同体道德,个体没有决定道德的权利,容易忽视个体的自由选择和自由意志;第三,美德教育只重视个体的道德认知和道德判断教育而忽视真实的道德情感和道德行为,不免导致道德认知和道德行为的脱节。

二、功利主义伦理学与道德教育

功利主义伦理学所强调的"功利",是在利益、方便、优势、有利、实惠、好处、幸福的意义上使用的。功利主义主张,最终的好处是个人的好处,是个人的幸福和福利,其他事物能够有价值,只是在于它们促进了个体的好处、福利。边沁在提出他的功利原则时认为,当我们对任何一种行为予以赞成或不赞成的时候,我们是看这一行为是增多还是减少当事人的幸福。而密尔则认为:"承认'功利'或'最大幸福原理'为各种道德生活的根本,这个信条主张:行为之正当,以其增进幸福的倾向为比例,行为之不正当,以其产生不幸福的倾向为比例;幸福,是指快乐和痛苦的免除;不幸福,是指痛苦和快乐的丧失。"① 按照这种逻辑,使功利最大化也就成了道德生活的首要目的而不是派生目的,人们之所以道德地待人仅仅是因为,道德地待人是实现价值最大化的途径。罗尔斯将这种观点称为"目的论",也就是功利目的论,意思是说,正当行为的标志是利益最大化而不是平等待人。

功利主义认为,道德是实现功利和幸福的工具。在道德教育方法上,功利主义伦理学所提倡的方法一般是行为主义的表扬和惩罚方法。根据道德就是获取功利的手段原理,只要个人做了有益的好事,就受到奖励;如果做了坏事,就受到惩罚。这样个人为了得到好的结果而努力做好事,为了避免惩罚而不去做坏事。同时,榜样的力量也促使功利目的的实现。

功利主义伦理学既影响了行为主义道德教育方法,重视对行为结果的奖励和惩罚以促进善行或遏制恶行,同时也是日常生活意义上人们较为普遍的道德意识和道德选择。在功利主义伦理学的影响下,人们潜意识里就认为无论对错,只要行为结果有利就是好的,而一旦善行不能带来好的结果,那么这种善行也是不值得的。所以,基于功利主义目的的行善只是以结果是否对自己有利来判断。根据班杜拉(1925—)的社会学习理论,当人们发现恶行能得到好结果时,便会有人选择恶行;而当善行得到不好的结果时,有人就会放弃善行。

所以,尽管趋乐避苦的功利最大化能够促进某些善行,但是,功利主义伦理学所主导的道德教育具有很大的局限性:第一,由于它强调多数人的利益,往往忽视那些做出牺牲的少数人的利益,这不公平;第二,只强调行为结果是否带来好处,而忽视行为者本身的动机是否合乎道德,降低了行为本身的道德价值;第三,依靠利益导向,不免使人沦为追求功利的工具而失去真正的伦理精神。

三、义务论伦理学与道德教育

义务论伦理学的初衷是既要避免因为共同体的外在强迫而导致失去个人自由的情况出现,又要避免道德沦为获取功利的工具而使人失去做人的尊严。基于义

---

① 周辅成编:《西方伦理学名著选辑》下卷,商务印书馆1987年版,第242页。

务论伦理学的道德教育可以称为"责任教育"。这种道德教育虽然强调个体的道德义务或者道德责任，但并不是由外在的力量强迫的，也不是由行为的功利结果诱导的，而是个体基于自由和普遍规则做出来的选择。每个人的行为动机只有是出于道德义务而不是表面上符合道德义务的，这种行为才是具有道德价值的。

基于义务论的道德教育，其核心概念是义务、权利、责任、服从等。道德教育就是要培养年轻人的义务感和责任感，特别是社会责任感，强调严格的纪律以及在教育教学过程中对原则的服从。但是，这里的服从是由主体理性为自我的立法，服从貌似外在的法则其实就是服从自我的选择。因为这里的法则是以每个个人的理性为目的、经由每个个体理性所认同和选择的法则，是人的目的本身，不是约束个人的外在工具。服从普遍法则就是服从自我的自由意志。

责任教育不是为了行为的结果，而是强调任何行为结果的获得或者行为过程都是在自律下责任指导的行为。同时，责任教育不但是一种认知，更重要的是一种内心信念，一种善良意志。只有基于这样的责任动机行事，才具有最高的道德价值。所以，对于义务论伦理学的道德教育理论而言，只有履行了道德义务或者道德责任，人才具有人的尊严。

在具体道德教育模式上，皮亚杰和柯尔伯格的认知发展道德教育模式受义务论伦理学的影响最大。认知发展道德教育模式认为，道德的成熟在于道德认知发展达到抽象的观念或原则水平，在这一原则水平上，道德将不会受到情感、权威、互惠互利的利益影响，而是绝对的规则。皮亚杰的道德发展理论认为，人的道德是从他律走向自律的，在4—8岁服从权威，在8—10岁达到自律性的互惠互利，在10—12岁达到公正的观念阶段。只有到公正的观念阶段，儿童才不仅考虑规则本身，还会考虑一些特殊情况。

柯尔伯格在皮亚杰的基础上，提出了自己的道德认知发展阶段理论。他将人的道德发展分为前习俗水平、习俗水平和后习俗水平三个水平，同时又将每个道德发展水平分为两个阶段，这样道德发展就呈现为六个阶段：第一阶段是惩罚和服从阶段，个体关注行为的直接后果与自身的利害关系；第二阶段是朴素的利己主义阶段，个体持"对我有何益处"的立场，将正确的行为定义为对自己最有利的行为；第三阶段是好孩子阶段，取悦别人就是好的，个体关注其他人赞成或反对的态度，保持与周围社会角色的和谐关系；第四阶段是维护权威的阶段，认为尽职尽责就是好的；第五阶段是遵守法规和契约的阶段，以社会价值和个人权利作为是非标准；第六阶段是个人的良心和原则阶段，认为个人应当依照普遍原则和良心行动，践行康德所说的义务伦理。

侧重于道德认知发展的道德教育模式最突出的优点在于强调认知因素、道德判断力在道德发展中的核心地位和作用，有助于矫正其他道德教育模式强调习惯训练、榜样示范、结果奖惩等的不足和弊端。但是，如果把道德的成熟完全归于道德认知的发展，那就是以偏概全，忽视了道德情感、意志和行为训练的作用。同时，过于强调道德认知和道德判断在道德教育中的作用，还会导致道德生活中的知行脱节问题。这些都是需要教育者加以警惕的。

四、元伦理学与道德教育

元伦理学认为，在道德哲学领域，对善、恶、正确、错误等概念的使用本身就是混乱的，以致影响到对道德本质的理解及其与道德教育关系的讨论。所以，当代道德哲学的任务不仅要描述、阐明各种道德理论，而且还要分析、澄清某些一般性道德语言的特性，用人们共通的语言说明一些主要道德概念的作用方式。在这方面，当代分析道德哲学家，特别是语言分析哲学家的贡献最为人们所称道。

他们认为，首先，当人们使用善、恶这些概念时，不是从描述性意义上使用的，而是对某种现象的一种评价反应；其次，诸如善、恶等概念不只是对现象本身的语言反应或评价，而且还包括对某种特殊现象的反应和评价。也就是说，我们用善、恶指称某些现象（如施舍、欺骗）并表示我们对这些现象的拥护、选择或是反对。

在道德教育领域，分析教育哲学家的代表，彼得斯、赫斯特、谢弗勒等人，致力于对道德语言的分析，期望通过这项工作来指导道德教育的实践。这里以彼得斯对"美德"与"习惯"概念的分析为例加以说明。众所周知，德性伦理学非常强调习惯对美德形成的作用，这一点遭到了皮亚杰、柯尔伯格等人的批评，后者强调道德认知和道德判断在品格形成中的作用。彼得斯认为，美德有四种类型：（1）十分特殊的美德，如守时、整齐、诚实等，它们与特殊的行为类型相联系，缺乏内在的理由和动机；（2）美德，如同情心，包含着明确的行为动机；（3）更加人为的美德，如正义和忍耐，其中包含了与权利和制度更相关的理由；（4）更高层次的美德，如勇敢、正直、坚持不懈等，它们必须在面临相反倾向时经由主体的意志选择而做出。同时，彼得斯分析了"习惯"这个概念，指出"习惯"的三种用法：一是描述性的用法，指一个人惯常做的事情；二是解释性的用法，说明某种行为的原因，如"出于习惯"；三是指一种广泛的、反复练习的学习方式，即"习惯化"。[①] 通过这些概念分析，彼得斯认为，尽管确实需要重视自亚里士多

---

① ［英］彼得斯：《道德发展与道德教育》，邬冬星译，浙江教育出版社2000年版，第97—117页。

德以来就认可的习惯在青少年早期道德形成中的作用,但习惯与美德不能画等号,用习惯化来解释美德、更加人为的美德、更高层次的美德等道德形成,更是不充分的。建立在更加复杂的动机、理由以及普遍原则指导下的道德行为不可能是习惯性行为,必须体现道德判断和道德激情的综合作用。彼得斯的这些工作,为深入理解道德习惯、道德判断、道德情感等在道德行为中的作用及其对德育的意义提供了新的视角。

因此,元伦理学对道德概念、道德判断的具体、深入分析有助于澄清道德实践和道德教育中的许多问题,帮助人们摆脱由于道德语言模糊或混乱带来的困扰。但是,他们把是非善恶的道德问题简化为语言问题,希望从解决语言问题入手解决道德问题,这无论是在理论上还是在实践上都是不现实的。真正的道德问题有其深刻的社会根源,道德教育不能无视这种社会根源而成为语言的游戏。这不仅无助于诸多道德问题的解决和学生道德品格的培养,反而会加大学生道德认知和道德行动的距离。

第三节 教育活动中的伦理问题

伦理学不仅对道德教育的实践发挥影响作用,而且对所有教育活动也发挥指导作用。教育活动中的伦理问题就是追问广义教育实践过程中的伦理原则及其正当性问题。鉴于教育实践的复杂性,这里仅就教育改革、教育制度、教育方法、教师专业等的伦理学问题展开讨论。

一、教育改革的伦理

教育改革是人们有意识地变革教育以实现预期目的的社会行为。教育改革包括各种类型,其中最为核心和根本的改革是教育体制改革。教育体制改革属于社会体制改革。体制改革是指"宏观社会变迁中的一种具体的、关乎社会制度变革和进化的历史过程,是人们基于某种目的对社会制度所做的改造和创新"①。任何对现成社会制度进行的改造和创新都是基于人们理性选择的行为,因此这一理性选择,必定会包含某种不同以往的思想动机和价值评判,并以某种伦理思想为

---

① 劳凯声:《教育体制改革与改革伦理问题》,《首都师范大学学报(社会科学版)》2011年第4期,第1-16页。

依据。

(一) 教育改革伦理的内涵

教育改革伦理，就是用伦理学视角审视教育改革行为，看它是否实现教育至善的目的。何为教育至善？教育至善就是教育本性的充分实现。亚里士多德说："一切技术，一切规划以及一切实践和抉择，都以某种善为目标。"① 正如医术的目的是为健康、造船术的目的是为航行、战术的目的是为取胜、理财术的目的是为致富一样，每一种技术、每一种规划，都必须按照其本性实现其自身的善的目的，才是合理的。改革就是去除那些束缚事物本性、阻碍其至善目的实现的外在因素，让事物本身的目的充分实现。所以，教育改革就是去掉阻碍教育家办学的各种因素，让教育家的智慧充分发挥；为教育者的教育才华充分发挥创造条件，以便引领每个受教育者找到合乎自己特性的成长方式而得到健康发展。

不同的人对教育改革有不同的期望，因为他们都处于自身不同的价值观和目的选择中。但是，每个人对于教育改革的价值期盼并不一定合乎教育本身目的的实现，因此未必是合理的、正当的。有学者认为教育改革必须满足三个条件才能成功：一是能否促进所有学生的发展，它涉及教育改革的道德正当性问题；二是能否对积极支持并参与教育改革者予以合理的利益回报，它涉及教育改革的社会合法性问题；三是能否采取民主的推进方式，它涉及教育改革的过程有效性问题。② 这里所说的三个条件，其实也就是教育改革的至善性目的的体现，或者说是教育改革的伦理正当性条件。

(二) 坚守教育改革伦理价值

教育改革的伦理价值就是充分保证教育本身价值的实现，促进人的全面发展和社会全面进步；坚持教育公益性原则，实现教育公平；充分供给教育资源，保证人们自由选择教育服务的权利；发扬教育民主，释放教育活力，形成教育合力。

1. 发挥政府主导作用，保障教育的公平性

在教育方面，为了保障教育公平，政府应对教育实施宏观调控。除了建立完善的公共财政拨款制度，向社会提供基本的教育服务之外，政府还应建立和完善有利于促进教育公平的长效机制，促进受教育机会和资源的公平分配。通过教育采购制度和校产的公益信托制度等方面的创新，实现公共教育资源所有权与经营权的合理分离与有效整合，提高公共教育资源利用的公益性。

---

① 《亚里士多德全集》第 8 卷，苗力田主编，中国人民大学出版社 1992 年版，第 3 页。
② 吴康宁：《教育改革成功的基础》，《教育研究》2012 年第 1 期，第 24—31 页。

2. 引入市场机制，激发体制活力，保障教育的公益性

将市场的公平竞争机制和自由选择机制引入教育领域，改变政府垄断教育的局面，实现包括私人和民间团体在内的教育服务供给的多样化，已经成为当前公共教育体制改革的一个基本思路。但营利性组织对教育的介入必须首先满足社会成员对教育的多元化需求，体现教育的公益性。对营利性组织举办的教育必须制定明确的法律规范，使教育这种公共服务在严格的条件下经过转化，进入市场，实现市场运作。营利性组织在介入教育市场时，所具有的资格和能力与其他市场不同，因而所享有的权利也不同，特别是对资本的寻利性应做出必要的限制并保持有效的法律监督。

3. 发扬教育的民主性，形成教育合力

现代教育是涉及社会每一个成员的公益性事业，关系到每一个公民的利益和自我价值的实现，关系到社会的公平，因此需要全社会的积极参与。教育主管部门在重大改革方案制定和执行过程中，应广集民间智慧，扩大社会参与，倾听人民心声，实行民主决策。为此，有关部门应建立社会参与的途径和机制，广纳群言，让大众参与教育管理和监督，形成教育合力。

二、教育制度的伦理

制度是人类相互交往的规则。它抑制着可能出现的、机会主义的和乖僻的个人行为。① 从广义上理解，制度既包括传统意义上由国家政府所提供的正式的制度安排，也包括人与人之间相互交往的规则。教育制度是社会制度的一部分，指教育活动中约束各主体（政府、市场、学校、家长、学生等）之间相互交往的一系列规则。这里主要对由国家和政府所提供的制度安排进行伦理分析。

（一）教育制度伦理的必要性

制度伦理就是关于"制度的道德"，也叫制度德性，指的是一项制度得以建立的道德基础。好的制度就是有了坚实的和可接受的伦理基础的制度。它既包括制度本身蕴含的实质性价值追求，也包括人们对制度的合理性、正当性所进行的道德的、价值的评价。同时，制度伦理还具有惩治恶行、引领向善的功能。如果一个社会制度本身设计合理，符合道德的精神，那么就会对生活于其中的个体产生极大的道德感召力，有利于提升人们的道德素养。如果一项制度本身在道德上是有问题的，

---

① ［德］柯武刚、史漫飞：《制度经济学：社会秩序与公共政策》，韩朝华译，商务印书馆2000年版，第35页。

那么它只能破坏人们实际上已经存在的伦理关系，败坏人们的伦理精神。

教育制度伦理具有目的导向和行为调控双重功能，既要反映和调节人们对教育事业发展的价值期待和追求，同时也规约人们对教育事业的价值期待和追求。所以，在具体的教育实践中，教育制度伦理要参与纾解各种教育伦理困境。例如，在我国普遍存在的教育改革应该是生产者导向还是消费者导向；教育发展的基本目标应该是公平、效率还是自由、选择；我国教育制度设计应该追求大众的教育还是精英的教育；在政府作为举办教育主导力量的同时，是否应扶持私人和民间团体等社会力量的参与；教育是更多关注强势群体和强势地区的需要还是应充分照顾弱势群体和弱势地区的需要；中央政府和地方各级政府应该承担怎样的教育责任；等等。要解决这些问题，必须要从伦理学的角度来审视和设计相关教育制度。

劳凯声：《公共教育体制改革中的伦理问题》

（二）教育制度的伦理维度

教育是一项公共事业，涉及每一个人的发展和未来生活前景。因此，教育资源的分配，应当体现这种公共性，使得每一个人都获得同等的教育机会，在教育过程中受到同等的教育关怀，有同样的机会通过教育获得有价值的发展，并有利于自己的未来生活。从这个角度来说，一种教育制度是不是道德上可接受的，就要看它是不是指向上述各方面目标的实现。如果一种教育制度或政策，它的建立或颁布不仅无助于上述目标的实现，而且阻碍上述目标的实现，那么它在道德上就是不可接受的。历史上教育中的性别歧视、不正当的竞争以及一些幕后的腐败行为，之所以在道德上是不可接受的，正是由于它们损害了上述目标的达成。

判断一种教育制度是不是道德的，根本的标准就是看它是不是公平的。公平也是教育制度的首要德性。如同其他社会领域的公平一样，教育公平包括起点公平、程序公平和结果公平。起点公平是指教育机会的公平，保障每一个学生依照法律享有同等的受教育机会。比如，有些高校在招生时对学生身体健康状况提出特别要求，规定有哪些疾病或残疾的学生不能入学，或拒绝录取除了身体健康状况外，其他条件都符合录取要求的学生，这就是不公平的，违反了起点公平的原则。程序公平指的是学生在教育过程中应当受到同等对待，免受排斥、歧视和不平等对待。比较教育机会的不公平而言，教育过程的不公平对学生学习积极性和正义感的伤害最大，也是教育实践活动中最不能容忍的事情。一些学校在校内分出快慢班或实验班，在班级里将学生分成好中差，并且在师资配备、教育态度乃至师生交往方面区别对待，都是教育过程不公平的表现，应当加以批判与克服。

教育结果公平容易引起误解，以为只有当所有学生都达到同等的学业成就时，才是结果公平，这是不对的。教育结果公平主要指为每个学生的最佳发展创造条件，使得每个学生都有获得成功的机会。教育结果公平是建立在教育机会公平和教育过程公平基础上的，没有前两种教育公平的实现，就没有教育结果的公平。真正符合伦理的、善的教育制度，应当是同时体现并致力于维护机会公平、过程公平和结果公平的教育制度。任何一种公共教育制度，都应当接受三个维度的公平性审查。

三、教育方法的伦理

教育方法是为实现教育目的和目标，将师生与教育资源结合起来的所有策略、工具和手段的总和。教育有法，教无定法。教育方法的确定要服从于它所服务的目标、所适用的主体和教学材料的属性。教育方法的伦理要求主要是看一种教育方法的选择和使用是否充分体现了教育目的和目标的要求，是否有利于保护师生的人格尊严，促进他们发挥积极性、主动性和创造性，是否具有效率。也就是说，伦理上可接受的教育方法应当使教育者教育技艺得到最充分的发挥，使学习者有尊严地、充满激情地投入到学习中。运用这样的教育方法，教育者、学习者永远没有倦怠感，师生虽可能加班加点完成很多任务，但也不觉负担重，因为那是出自自身本性的、至善目的的。具体而言，教育方法的伦理要体现以下几点。

1. 促进师生发展

一种教育方法的选择或使用，应当是建立在师生已有的发展水平之上，并能够促进师生的发展。只有师生充分发展了，附属在其身上的个人与社会等的具体需要才会得到满足，他们分别作为教育和学习的主体的价值才能得到充分实现，某种教育方法的伦理性、正当性也才能充分显现出来。例如，在道德教育中经常应用表扬或惩罚的方法，使用与否着重看这种方法是否最终有益于师生的发展。如果使用这些方法的人本身并不了解方法的价值指向，只会用表扬或惩罚的方法对学生的学习行为进行正强化或负强化，导致学生只对满意的或者不满意的结果感兴趣，并不认同这些方法使用背后的教育意图，那么这些方法的使用本身在伦理上就是可质疑的。人们平常所说的道德教育方法的非道德性，就是批评那种用不道德的方法来进行道德教育并最终有害于学生道德乃至人格发展的行为，如默认或鼓励学生通过集体作弊的方式来获得集体荣誉等。

2. 尊重自由选择

任何教育方法的实施都必须保证师生发挥自身的积极性和创造性，否则师生处在被强迫、被束缚的环境中，不利于教育目标的达成。要保证师生积极性和创造性的充分发挥，就必须尊重师生的教育教学自主权和学习发展自主权，让他们大胆尝试，大胆选择，最终找到适合自己发展的最好方法。任何人在任何活动方法中只有自由选择，才会获得充分的尊重，只有自由意志得到充分的尊重和体现，才不会倦怠应付。在道德上可接受的任何教育方法都应当以促进师生的自由选择为前提。

3. 提升教育效益

教育效益不仅体现在教育投入和产出的水平上，而且体现在教育目标、学生发展目标实现的程度上。只有教育目标、学生发展目标充分地实现了，教育效益才会真正地提升。而教育效益的获得不仅仅是通过知识传授获得的成绩、名次、地位，更重要的是学生各方面素质，包括知识、理解力、情感品质、价值观等的提高，即学生在教师的指导下通过学习活动获得自主生活、自主学习、自主管理、自我控制、自我评价的意识、能力和相关的良好人格特征。

四、教师专业的伦理

教师专业伦理是伴随着教师的专业化发展而对教师的道德素养提出的规范性要求。在教师专业化运动以前，教师的专业伦理要求并不突出，对教师的职业道德要求与对一般人的道德要求没有明显的区分。但是，随着教师专业化的深入发展，对教师职业的伦理要求越来越专业和规范，教师的伦理就需要从一般性的职业道德伦理转向教师专业伦理。

(一) 教师专业伦理的内涵

专业伦理是教师专业化发展的重要内容和必然要求。教师专业化运动兴起之前，各国教师所遵循的是一般性的职业道德，在中国更多的是传统师德。从最初的一般性的德行要求到具有道德法典意义的许多专业伦理规范，从重视知识、技能教育的技术性培养逐步过渡到专业精神与专业知识、技能水平提升的兼顾是教师专业化历史发展的一个重要侧面。早在1929年美国教育协会成立之后，美国就通过了《教学专业伦理规范》，此后每十多年修订一次。1975年，美国教育协会对其专业伦理规范的结构和陈述进行了重大修改，通过了《教育专业伦理典章》。该典章除了在导言中强调"为师者的责任就是以最高的标准恪守这些伦理原则"等内容之外，还详细规定了教师必须履行的对学生和对教育专业的16种义务（各8种）。[1]

---

[1] [美] 肯尼斯·A. 斯特赖克、乔纳斯·F. 索尔蒂斯：《教学伦理》第4版，洪成文、张娜、黄欣译，教育科学出版社2007年版，第1-2页。

20世纪80年代，美国教师教育协会在要求新教师必须掌握的知识中明确提出了教师应当掌握专业合作、专业伦理、法律权利和责任等方面知识的主张。与此相关，专业伦理方面的课程也已成为美国现当代教师教育的重要内容。

我国于1991年颁布《中小学教师职业道德规范》，并于1997年、2008年进行了两次大的修订。2008年的版本从爱国守法、爱岗敬业、关爱学生、教书育人、为人师表、终身学习等方面对教师的职业道德提出了要求。

2018年，为适应新时代中国特色社会主义教育改革发展的新要求，教育部印发《新时代高校教师职业行为十项准则》《新时代中小学教师职业行为十项准则》《新时代幼儿园教师职业行为十项准则》，明确提出师德师风是评价教师队伍素质的第一标准，是对广大教师的警示提醒和严管厚爱，是深化师德师风建设，造就政治素质过硬、业务能力精湛、育人水平高超的高素质教师队伍的关键之举。教育部要求各级教育行政部门和大中小学校和幼儿园要将师德师风建设纳入教师管理全过程，在教师年度考核、职称评聘、推优评先、表彰奖励等工作中必须进行师德考核，实行师德失范"一票否决"。这些有关教师职业行为的最新准则，充分反映了教育的规律性要求和青少年健康成长的要求，体现了教育专业实践的政治性、伦理性和中华民族优秀的教师文化传统。

（二）教师专业伦理与一般职业道德的区别

1. 二者作用范围不同

一般职业道德要受到外在的社会舆论和力量的规约，而专业伦理要求在自己的专业领域之内享有专业自主权。专业自主是指在专业的自律范围内，直接负有做出判断、采取行动的责任。专业自主权确保专业人员能够在不受直接监督的情境下，运用自己的专业知识和专业能力，为具有特殊需要的人提供服务，它不纯粹是一个业务问题，其中还隐含诸多伦理问题。专业自主权因而不但包括业务自主权，还包括道德自主权。例如，学生只要在教育领域中犯错，无论是道德上还是知识方面的，教师都可以行使专业自主权对学生进行表扬或批评、奖励或惩罚而不受专业外的干涉。"一门专业如果没有系统的合理的伦理规范，公众或其他行业团体将代之设立一套规范，这门专业将因此丧失其道德自主性。"①

2. 二者发挥作用的机制不同

专业伦理的践行主要靠专业人员的道德自律。普通职业道德规范也是自律与他律的统一，但相比之下更容易接受他律的约束。作为一种专业道德要求，师德

---

① 陈桂生：《学校教育原理》，湖南教育出版社2000年版，第373页。

规范有别于普通职业道德规范，应站在专业高度，重建师德规范，体现专业的自律精神。教师专业伦理规范与一般性师德要求相比较，最主要的特点是，强调从专业特点出发讨论伦理规范的建立，而不再是一般道德在教育行业里的简单演绎与应用。所建立的伦理标准都有较为充足的专业和理论的依据，充分考虑了教师专业工作和专业发展的特点与实际，全面、具体、规范，要求适中。

（三）我国教师专业伦理的基本原则

我国教师专业化和专业伦理发展虽然起步晚，但是在标准上应该拥有较高的原则要求，只有如此才能后来居上。教师专业伦理既影响着教师的专业水准，又决定着教师的专业品格，同时对教育同行及学生都有示范功能。基于此，我国教师专业伦理的基本原则应该有以下几点。

1. 专业虔敬

专业虔敬就是教师以纯粹、虔诚之心对待自己的教育专业，对自己的专业充满激情，以敬畏之心对待自己的服务对象——学生。教育既是迷恋他人成长的学问，也是在迷恋他人成长中促进自身成长的学问。因此，教师要笃信为人民利益、自由解放和全面发展服务的大道，要明道、传道；教师对待自己的专业要精益求精、业务精湛；要学为人师，行为世范；对待学生和学生成长，要有敬重之心，不可欺骗，不可引诱，不可教唆，不可强迫，不可越俎代庖，要充分尊重学生人格，引导学生探索求知、问思学行。当前的教师职业道德规范要求教师关爱学生，富有爱心、责任心、耐心和细心。这是走向教育虔敬的基础，只有心怀教育虔敬的人，才是真正有教育信仰的人。

2. 专业自律

专业自律是教师在教育教学活动中，以专业理性和专业自主为前提所形成的自觉的自我约束。专业自律既是针对教师个体而言的，也是针对教师集体而言的。专业自主是指教师和教师集体教育教学专业活动中拥有"专业"发言权，不受业外人士的非专业干扰。教师和教师集体是否拥有高度的专业自主权，是学术自由和教学自主的一个重要指标。专业自觉是指教师对教育教学专业活动的认同、反思、接受并主动积极参与其中。当前，我国教师职业道德规范中有终身学习的规定，便是教师专业自觉的表现。

3. 专业信念

专业信念是教师和教师集体基于对所从事的教育教学专业活动的价值判断与意义理解所形成的一种对该专业坚定不移的心理态度和精神状态，是教师专业伦理的重要因素。这种信念潜藏在教师心灵深处，会时常唤起教师内心世界的教育冲动，并成为一种推动力，使教师的道德情感得到升华，摆脱"谋生"思想，产生"事业"意识，站在教育家的高度审视自己的专业，从而不断促进教师的专业伦理发展。专业信念使教师具有高度专业自信，是教师专业知识、专业道德认知、专业情感的综合，为教师带来职业的幸福感。

小　结

伦理学与教育、教育学的关系源远流长，相互交织，不可割离。古希腊哲学家提出的"美德可教吗"这一经典问题，既是一个伦理学的问题，也是一个教育学的问题，更是一个道德教育实践的前提性问题。对这一问题的深入思考，必须进入伦理学领域。

中西伦理学各有传统，在全球化的今天也有互相对话的空间和机会。中国古代儒家、道家、墨家、佛家的伦理学思想博大精深、交相辉映，是今天我们解决人类、国家、社会乃至个人等相互关系问题的智慧源泉；德性伦理学、功利主义伦理学、义务论伦理学和实用主义伦理学是西方传统伦理学的四大流派，对西方的道德教育有着深远的影响。在当代，元伦理学的出现也为道德范畴的分析提供了可选择的路径。马克思主义伦理学是伦理学的集大成者，它最突出的特征是不再孤立地看待道德现象，而是把道德现象纳入社会历史发展以及整个社会政治、经济结构系统中加以考察，揭示了道德现象的历史性、社会性与阶级性，把道德问题的解决与社会问题的解决联系起来，为我们深刻认识道德及德育问题提供了科学的方法论基础和丰富的思想资源。

伦理学不仅为教育学提供理论基础，而且还直接决定和影响着道德教育的目的、内容、方式、方法和评价。不同的伦理学流派直接影响着道德教育的目的、方式、方法。德性伦理学强调道德认知、直接灌输、习惯养成以及榜样示范等在道德学习中的作用；功利主义伦理学则从后果的角度重视对行为结果的反馈在个体道德行为形成与道德发展中的中介作用；义务论伦理学不仅从理性认知的角度，更重要的是从自由选择和普遍性论证的角度，一方面强调对普遍性道德原则的认知，另一方面强调道德教育过程中的道德自由与道德判断；元伦理学则从澄清道德概念的角度为道德教育提供逻辑基础。每一种伦理学影响下的道德教育各有所长，各有不足，要辩证看待，综合应用。

伦理学与教育的关系经历了从"教以道德"到"道德地教"的发展历程，同时伦理学对教育的价值引领不仅仅在于道德教育目的和内容的确立，而且还在于对于教育活动进行全面的伦理审视。教育改革伦理需要凸显教育至善的目的，教育制度伦理旨在促进教育公平，教育方法伦理需要凸显教师和学生发展需要的充分实现，教育专业伦理在于保障教师专业操守、提升教育专业自信。对教育活动开展全方位的伦理审视，是保障教育活动朝着正确价值方向前进的重要条件之一。

思考题

1. 试比较中国传统伦理学思想各个派别之间的异同。
2. 分析马克思主义伦理学对于学校道德教育理论和实践的指导意义。
3. 对基于西方不同伦理学流派的道德教育理论与实践进行评述。
4. 分别从教育改革、教育制度、教育方法、教师专业等角度举例说明什么是教育伦理，并谈谈自己的观点。
5. 阅读以下案例，并从教育方法伦理和教师专业伦理的角度对这名班主任的态度和做法进行分析与评论。

　　案例：一个都不能少

　　某高中一年级新生在开学前进行军训。军训的组织以班级为单位。为期一周的军训快结束的时候，为了展示军训的成果，学校组织全体一年级新生举行了一场比赛，比赛的内容除内务整理、军体拳表演、队列汇操外，还有匍匐前进、翻越障碍物等。

　　为了在比赛中取得好成绩、好名次，有的班级暗示一些身体和心理素质比较差如肥胖、胆小等的同学比赛当天以身体不适为由请假。但是，高一（1）班的班主任蒋老师坚决不同意本班这么做，他说比赛必须全班同学参加，一个都不能少。碰巧，该班也有一名同学身材比较肥胖，在匍匐前进科目上花费了很多时间，在翻越障碍物时遇到了很大的困难。他经过多次努力，在全班同学的助威声中终于完成任务。最后，该班的成绩和名次在全年级中倒数第一，没有获得任何奖励。

第七章 美学与教育

"美是目的。"这个命题的意思是,对于人类来说美与审美不是工具,它本身就是目的,有内在的价值。关于美的沉思以及美育问题的讨论,自古以来就是哲学家、教育学家所关注的核心问题之一。加强大中小学美育,对于提高民族的审美素养与创造力具有重要意义。

第一节 美学概述

美是人类经验内容的重要组成部分,是人类价值评价的重要标准,具有鲜明的情感性、关系性、社会性和实践性等特征。美学对人类经验中的这一部分做出了理论的解释和说明。古今中外的众多思想家贡献了很多重要的美学理论,它们是美育研究和实践的基本思想资源。

一、中国传统的美学思想

按照历史分期,可以将中国传统的美学思想分为先秦时期、两汉时期、魏晋南北朝时期、隋唐时期、宋元时期、明清时期和近代的美学思想。

黄济:《中国美学和美育思想概述》

(一) 先秦时期的美学思想

从春秋战国开始,中国美学思想逐渐形成以孔子为代表的儒家美学、以庄子为代表的道家美学等不同派别。儒家"天行健,君子以自强不息"的乐观,道家"天地有大美而不言"的超脱等,对中国人的审美趣味和人生态度产生了深远的影响。

儒家美学的创始者和重要代表是孔子,他的美学思想建立在"仁"的思想基础上。孔子从"仁"出发,总结、概括和发展了前人思想,第一次解释了美与善的关系、审美与艺术的社会作用等问题。孔子在《论语·述而》中说,"志于道,据于德,依于仁,游于艺",将"六艺"(礼、乐、射、御、书、数)看作实现自己德治仁政理想并成就君子人格的具体路径。孔子这里说的"六艺"虽不能直接等同于今天的艺术教育或美育,但其中确实包含了大量的艺术教育或美育的成分,如乐教、诗教等。

相对于孔子强调个体在群体中所得到的和谐感，孟子更强调个体人格的主动性、独立性，因而高扬一种人格美。他提出要"养浩然之气"，其人格精神不但存于胸臆之中，而且"塞于天地之间"。孟子的"浩然之气"是个体的情感意志同个体所追求的伦理道德目标交融统一所产生的一种情感状态，它不仅是人格的善的评价，而且明显具有审美性质，超出了伦理学的范畴而具有了美学的特征。

与儒家美学处处肯定美与善、美与真的统一不同，道家美学则强调天地之大美，以及美丑对立的相对性。老子说："天下皆知美之为美，斯恶已。"① 他认为美在自然，反对戕害自然而追求人为的美。庄子则说"朴素而天下莫能与之争美"②，"澹然无极而众美从之"③，表明美在于超功利的自然无为。道家把个体生命的价值、个体与他人互不相争的自由发展放在最高位置，认为这样可以从世界的苦难中获得解脱，始终保持精神上的自由，达到美的境界。

（二）两汉时期的美学思想

两汉美学依次可分为三大思潮：一是以《淮南鸿烈》为代表，从道家思想出发的美学；二是直接与以屈原为代表的楚骚美学传统相联系的司马迁美学观；三是由董仲舒开始，王充等紧随其后的儒家美学。《淮南鸿烈》质朴地认为美是客观的，人应当到广阔的外部世界去寻求美，它还强调艺术创造中主体的独创性。司马迁信仰儒家"仁者爱人"的思想，同时超越了儒家"怨而不怒"的局限，对邪恶黑暗的不公现象进行激烈的抗争和批判，他把个体崇高的人格理想与社会矛盾的复杂联系引入美和艺术的领域。董仲舒同样看到了当时激烈的社会矛盾，他试图通过改造儒家理论去解决矛盾，使社会达到和谐。董仲舒重申了儒家以"仁"为美的思想，把它和"天人感应"的理论结合起来，认为"仁"是"天"的属性、意志，天地的美就在于它无私哺育万物。

（三）魏晋南北朝时期的美学思想

要研究魏晋南北朝时期中国人的美感和艺术精神的特性，《世语新说》一书里有不少重要的资料和启示。根据宗白华的概括，其中至少包含以下数点：（1）体现了生活上、人格上的自然主义和个性主义；（2）体现了晋人对山水之美的发现；（3）体现了对于自然和人世的深情；（4）表现了解放的精神、自由的精神；（5）表现了高级社交文化；（6）体现了晋人的神韵之美；（7）体现了晋人的"人

---

① 《老子》，饶尚宽译注，中华书局2006年版，第5页。
② 《庄子》，孙通海译，中华书局2014年版，第138页。
③ 《庄子》，孙通海译，中华书局2014年版，第166页。

物的品藻";(8)体现了独特的道德观、礼法观。①

这一时期的《文心雕龙》是中国古代的一部"艺术哲学"著作。刘勰(约465—约532)在《文心雕龙》中提出"意象"这个词,并对审美意象进行了重要分析。"意象""隐秀""风骨""神思""知音"是刘勰提出的几个当时最具时代特色的美学范畴。作为"文学自觉时代"的理论成果和代表著作,《文心雕龙》建构了完整严密的逻辑体系,而其核心则是"自然之道"。

(四)隋唐时期的美学思想

隋末唐初的美学重申先秦儒家主张美善统一、重视文艺的积极社会作用的思想,但没有陷入"只要善、不要美"的片面性。唐代在新的历史条件下,确立了一种与统治阶级积极创业、励精图治的要求相适应的奋发向上、刚健有力的审美趣味和审美理想。中唐以来迅速发展起来的禅宗浸入美学领域。禅宗关于通过直觉、顿悟以求得精神解脱,追求绝对自由的人生境界,在唯心主义的神秘形态下阐释了对审美与艺术创造的心理特征的深刻理解。

隋唐时期的书画和诗歌得到蓬勃发展。在审美意象方面,隋唐学者提出了"同自然之妙有""度物象而取其真"等命题,从而把"意象"和"气"这两个范畴联系起来。在审美创造方面,则提出了"外师造化,中得心源"等命题。在审美欣赏方面,提出了"凝神遐想,妙悟自然,物我两忘,离形去智"等命题。这些思想体现了老庄哲学和禅宗思想的融通对中国古典美学的重大影响。唐朝诗歌美学,主要体现在孔颖达对"诗言志"的重新解释,白居易在"新乐府运动"中提出了一些命题以及"境"作为美学范畴的问题等。

(五)宋元时期的美学思想

宋代美学的重要特点是面向现实人生,高度重视生活情趣,任情感自然地流露和表现,推崇平淡天然的美,鄙视宫廷艺术的雕琢伪饰。苏轼的美学思想具有深层的社会心理内容,对元明清三代产生了重要影响。宋末严羽在《沧浪诗话》中正式以禅宗哲学作为理论依据,探讨了诗歌创造的审美特征,指出文艺创作与理论思维不能混同,强调直觉、灵感在文艺创作中的重要作用。"以禅喻诗"成为宋代的一种风气。

元代美学思想直接承接宋代,只是局部有所深化。画家倪云林(1306—1374)提出"写胸中逸气",突出强调主体情感、心灵在艺术中的表现,是宋代和禅宗相

---

① 宗白华:《论〈世语新说〉和晋人的美》,《宗白华全集》第2卷,林同华主编,安徽教育出版社1994年版,第267-284页。

连的文人画的美学思想在艺术实践中的进一步发挥。倪云林对"据于儒，依于道，逃于禅"的人生态度的赞赏，反映了元代处于异族统治下的士大夫知识分子的思想情感，同时也贴切地概括了自晚唐以来儒、道、禅三家美学思想趋于合流和相互渗透的趋势。

（六）明清时期的美学思想

明朝文艺创作领域兴起的浪漫主义潮流，在美学上形成一股具有近代个性解放气息的思潮。这股思潮的主要特点是把"情"提到一个新的水平，主张在审美与艺术中无顾忌地、大胆地表现个人的真情实感，推崇自我、崇尚独创，反对因袭复古之风。受王阳明"心学"影响的李贽是这一思潮最早的代表。他提出所谓"童心说"，主张"天下之至文"是"童心"亦即"真心"的表现，美和艺术是与一切违背"真心"的虚假行径不相容的。

王夫之极大地拓展了传统儒家的视野，把美学诸问题推向深入。他明确把"诗"和"志"、"诗"和"意"区别开来，认为"诗"的本体是审美意象，即"情"与"景"的内在统一。他还通过对"现量说"进行三个层次的含义解读，指出美是天地间固有的，诗歌意象在本质上是自然美的真实反映。他把审美感性、审美直觉和唯物主义反映论统一起来，建立了一个博大精深的唯物主义美学体系。

（七）近代的美学思想

戊戌变法前后，西方近代思潮涌进中国，对传统的文学和艺术产生了重要影响。近代最早传播西方美学的王国维，以叔本华（1788—1860）的悲观主义为出发点，认为人的本质是意志，意志是生活之欲，美和艺术的创造能解脱这种生活之欲的苦痛。所以，"解脱"是贯穿他的美学思想的基本观念。《人间词话》《论教育之宗旨》《孔子之美育主义》《教育小言》等是王国维的重要美学论著。在王国维美学思想中，"境界说"最为著名。他以"境界"一词来概括中国古典诗词、戏曲的美学特征，通过情景，强调对象化、客观化的艺术本体世界中所透露出来的人生境界。蔡元培也较早地传播了西方美学思想，在现代中国教育界倡导美育或美感教育，并使之成为现代中国教育体制的组成部分。他把美学与社会教育联结起来，提出"以美育代宗教"的主张，力图以资产阶级平等、自由、博爱的观念反对封建专制，用现实世界的人性信仰来代替幻想世界的神性信仰。

二、西方主要的美学思想

（一）古希腊罗马时期的美学

这一时期最早提出比较有系统的美学思想的是一些研究宇宙的哲学家。公元前 6 世纪的毕达哥拉斯认为，数无处不在，美同样离不开数，美就是数的和谐，由比例形成艺术的结构美和灵魂的和谐美。

苏格拉底提出的美学命题是"美就是合适的"。他把美学的中心从自然和谐转到社会和谐，从此美与善就密切联系在一起了。

柏拉图认为，世界的根本是"理念"，现实世界是从理念世界派生出来的，美的事物之所以美，是由于它有美的理念。

亚里士多德认为，不存在脱离现象世界的理念世界，艺术也不是"影子的影子"，而是通过现象反映本质，通过个别反映一般。由于艺术通过现象所反映的是本质，所以艺术比历史更真实，更带普遍性。艺术所模仿的绝不是如柏拉图所说的只是现实世界的外形（现象），而是现实世界所具有的必然性和普遍性，即它的内在规律和本质。这个基本思想是贯穿《诗学》的一条红线，是现实主义的一条基本原则。

（二）中世纪美学

中世纪的神学专注于制定可行的神学体系，并不要求对美学进行广泛研究。在中世纪思想家中，奥古斯丁（354—430）是一个例外。他的美学思想，实际上由两个基本方面组成：一是由秩序释美，强调由上帝创造世界的神圣秩序；二是相应地对世俗艺术进行谴责，秉承了柏拉图的传统。托马斯·阿奎那（1225—1274）为中世纪美学带来了转折。他认为，只有一眼见到就使人愉快的东西才叫作美。这大概是西方美学史上第一次联系感官来给"美"下定义。尽管在他看来，美本身最终仍要追溯到上帝那里，但至少由感官（主要是眼和耳）所直接经验到的感性世界本身的美已被承认了。阿奎那的思想中包含的人文主义思想，已经在预示文艺复兴时代的到来。

（三）文艺复兴时期的美学

文艺复兴时期美学思想的根本特点，是从神学迷雾中走出来，面对现实的人，歌颂人的理性、智慧和力量，歌颂人的世俗美和欢乐。学者们认为：美不再是来自上帝的赋予，而是来自对自然所做的选择，凸显人的力量。艺术应当像镜子一样，真实地再现客观的自然。这样，观察自然和模仿自然，逼真地再现自然，就成为当时美学思想对于文艺创作的基本要求。文艺复兴时期的美学，在人与神的对立中发现了人，并将艺术引向人，但还不了解人本身也是矛盾的对立物，不了解理性与存在、认识与情感、思维与感觉、个体与群体的统一是通过矛盾运动才实现的。

（四）欧洲近代美学

欧洲近代美学始于启蒙运动时期。狄德罗是法国启蒙运动美学的代表人物。他提出"美是关系"的论点，认为只有"关系"的性质才能使事物成为美的事物，"美是关系"意味着美在事物的客观性质，事物的性质是美的根源。他认为事物性质可以在人们心灵中引起各种各样的观念，但只有唤醒关系观念才最适于用"美"来称呼。

18世纪德国美学家鲍姆嘉登（1714—1762）在美学史上第一次给美学进行了命名，他因此被公认为"美学之父"。他的美学思想建立在莱布尼茨的理性主义哲学体系之上，将美学与逻辑学（关于理性认识的科学）和伦理学（关于实践的科学）都严格区分开来。

受鲍姆嘉登的直接影响，康德认为，美是不涉及概念而普遍地使人愉快的。人把握对象的形象时，如果感性知性达到一种和谐的境地，就会引起美感。这是从主体的静观而来的对象的合目的性。由于感性知性的和谐境界是人们在一定条件下可以达到的，所以从主体看来对象的合目的性所引起的美感是普遍的，并且可以普遍地互相传达。康德美学的突出贡献和新颖点在于他第一次在哲学历史里严格系统地为"审美"划出一个独立的领域，即情绪。情绪表现为认识与意志的中介体，区别于客观知觉的感觉。他在审美领域强调了情绪的纯主观性质，认为鉴赏没有一个客观的原则。

席勒把德国古典美学推向高潮，是西方崇高与悲剧关系论的初创者。他主要的美学著作有《审美教育书简》《论朴素的诗与伤感的诗》。他把感性冲动和理性冲动结合形成游戏冲动，认为游戏冲动的对象是活的形象，是最广义的美。活的形象是指在对象中融合了审美主体的生命内容，从而使对象的形象成为主体自身生命内容的体现。只有在游戏冲动中，人才是自由的。因为这种冲动真正把人的感性和理性结合起来。他认为，在审美过程中，思维、感觉和情感交织在一起。美不仅是我们的对象，而且是我们主体的状态。审美游戏已经不是盲目的本能活动，而是掌握了必然性的自由创造。

（五）西方现代美学

西方现代美学是德国古典美学结束后，欧美各国相继产生的美学思想和流派的总称。这些思想和流派在发展过程中受到不同哲学思潮的影响，也与近现代科学的发展直接相关。它们在研究途径上运用了社会学、心理学等方法，在研究对象上逐渐由探讨美的本质转向探讨审美经验。其中具有代表性的有德国哲学家叔本华、尼采，美国实用主义哲学家杜威以及俄国哲学家车尔尼雪夫斯基（1829—

1889）等。

叔本华深受柏拉图、康德和佛教的影响，认为只有在主体摆脱了生存意志的束缚，上升为纯粹的不带意志的主体时，方能获得审美能力。他用"自失"一词来表达个体失去意志、直观者和直观融为一体的状态。尼采的美学哲学思想受到叔本华的生命意志本体论的影响，并发展出"生命—强力意志"的哲学。他提出重估一切价值，认为传统的真善美观念抑制了生命的价值。《悲剧的诞生》是尼采唯一一部较为系统的美学著作。在这本书中，他从古希腊艺术和文化的精神入手，分析了日神精神和酒神精神的区别和联系，并从两者的矛盾统一中阐述艺术的本质和发展动力。他认为科学和道德阻碍了生活，而艺术高扬生活，肯定生活，艺术中所展现的痛苦，在于求得精神的解脱和平静，在巨大的不幸面前保持永久的欢愉，显示了其"生命—强力意志"。

杜威是实用主义美学的代表，他在其美学代表作《艺术即经验》中，强调美学的任务在于恢复艺术与人类经验之间的联系。他把广义的艺术和狭义的艺术品区分开来，认为审美经验融于日常生活经验之中，反对自康德以来对智力领域（科学）、实践领域（行为）和审美领域（艺术）所做的划分，他认为任何一种经验只要达到完美的状态，就具有审美的性质。

在俄国美学中，车尔尼雪夫斯基强调艺术反映现实，现实中本来就有了美，艺术才能把它反映出来。他由此提出了"美是生活"的命题，认为艺术美是现实美的摹本。同时，艺术并不是原封不动抄袭和照搬自然，而是把现实生活中个别事物提高到一般意义的创造成果。俄国美学的特点，是明确主张艺术应当为社会服务，应当关心社会改革和发展。

三、马克思主义的美学思想

马克思、恩格斯的美学思想见诸他们的哲学著作、经济学著作之中。马克思主义的美学思想，需要放在马克思主义理论的整体概念框架和命题体系中去理解。

（一）劳动创造了美

马克思指出："动物只是按照它所属的那个种的尺度和需要来构造，而人却懂得按照任何一个种的尺度来进行生产，并且懂得处处都把固有的尺度运用于对象；因此，人也按照美的规律来构造。"① "人也按照美的规律来构造"这一论断在美学上具有重要的价值。人类通过劳动，改变了劳动对象，使得劳动对象成为符合

---

① 《马克思恩格斯文集》第1卷，人民出版社2009年版，第163页。

需要（包括美的需要）的客体。从这个角度来说，美的起源不是抽象的、先验的、神秘的，是劳动创造了美，美寓于人类的创造性劳动之中，成为人类通过劳动改造客观世界的一个独立的尺度，劳动者才是最美的。所以说，美是人的独特属性的一部分，人类在本性上就是艺术家。正是人类把自己理解的美带入自己的生活中，带入人类的历史生活中，使得人类的历史成为不断地追求美的历史。

（二）美的社会属性

在历史上，许多美学家将美或审美体验看成一种纯粹的个体体验，强调审美的个体性、私人性。马克思则突破了这种传统的理解，致力于阐明美的社会性。他写道："劳动为富人生产了奇迹般的东西，但是为工人生产了赤贫。劳动生产了宫殿，但是给工人生产了棚舍。劳动生产了美，但是使工人变成畸形。"① 这种现象尽管在历史上早已存在，但马克思首次指出这种现象的不合理性或矛盾性，并努力分析其背后的社会成因。在马克思看来，造成这种现象的根本原因不是工人阶级不爱美或者天生缺乏美的素养，而是因为资产阶级剥削的结果，是因为不合理的社会制度和经济制度的存在。要从根本上解决这个问题，仅从一些生产过程或工艺学角度来考虑是不够的，必须变革社会的生活制度和经济制度。

（三）美是社会斗争的领域

艺术活动是一种上层建筑，对经济基础有依赖关系。因此，美也是无产阶级的重要斗争领域和斗争武器。马克思和恩格斯在《共产党宣言》中、恩格斯在《论住宅问题》中，都讨论过资本主义社会的艺术家为什么不能帮助改善无产阶级的艺术生活状况的问题。在资本主义社会当中，艺术家也成为资本家的雇佣对象。"资产阶级抹去了一切向来受人尊崇和令人敬畏的职业的神圣光环。它把医生、律师、教士、诗人和学者变成了它出钱招雇的雇佣劳动者。"② 在更早的一篇文章《大陆上社会改革的进展》中，恩格斯批评了那些"粗暴的人"："他们想把世界变成工人的公社，把文明中一切精致的东西，即科学、美术等，都当作无益的、危险的东西，当作贵族式的奢侈品加以消灭；这是由于他们完全不懂历史和政治经济学而必然产生的一种偏见。"③ 在马克思、恩格斯看来，美的问题不可能逃脱社会斗争的影响，不同的社会阶级会将自己特殊的审美偏好带进社会斗争当中去，并将其打上政治的烙印。

---

① 《马克思恩格斯文集》第1卷，人民出版社2009年版，第158-159页。
② 《马克思恩格斯文集》第3卷，人民出版社2009年版，第363页。
③ 《马克思恩格斯全集》第3卷，人民出版社2002年版，第480页。

（四）美是全面发展的人的生活的一部分

马克思写道："只有音乐才激起人的音乐感；对于没有音乐感的耳朵来说，最美的音乐也毫无意义。"[①] 为了让人们能够认识美、享受美的愉悦并且创造美，需要培养他们的审美感受和激发他们的审美潜能。美可以让人们更加热爱生活、更加朝气蓬勃，能够丰富人们的情感生活，让人们在生活中发挥更加积极的作用。所以，审美不是一种与实际生活无关的高高在上的享用，而是一种带有意识形态特点的活动。人民对于自由和美的需要，渗透到社会生活的一切领域和日常生活之中。在《资本论》中，马克思具体考察了资本主义社会关系形成、发展和必将灭亡的规律，考察了资本怎样以逐步发展起来的社会化生产力为依据，一步一步造成只是承担一种社会局部职能的局部个人，资本主义的消极后果怎样同社会化生产发生矛盾，大工业又怎样决定全面发展的个人代替片面发展的个人的历史必然性。概言之，马克思主义要求用一个全面发展的人，来替代过去的劳动者形象，认为这是社会生产力发展的历史必然。与异化、工具化的劳动者相比，这种全面发展的人重新获得了生活中美的元素。

第二节 美育的美学基础

美育是全面发展教育的重要组成部分，加强大中小学的美育工作是当前我国教育改革与发展的重要任务。上一节有关美学理论的介绍已经为美育工作提供了哲学的基础。这一节再进一步具体、深入地讨论美的需要与美育的必要性、美的特性与美育的特性、美的类型与美育形式的多样性。

一、美的需要与美育的必要性

审美对于人的精神自由和人性完满来说，都是绝对必需的。没有审美活动，人就不能实现精神的自由，也不能获得人性完满，人就不是真正意义上的人。人不同于动物，不仅有物质需要，而且有精神需要，这是人性的特征。不满足人的精神需要，人性就不是完满的，人就不是完满意义即真正意义上的人。精神的需求也是多方面的，其中一个重要方面就是人要真正感受到自己活在这个世界上是有意思的，有味道的。这就是蔡元培说的人在保持生存之外还要"享受人生"。这

---

① 《马克思恩格斯文集》第1卷，人民出版社2009年版，第191页。

个享受不是物质享受，而是精神享受，是精神满足、精神愉悦。审美活动给予人的正是这种精神享受。由于审美活动的核心是审美意象的生成，所以审美活动可以使人摆脱实用功利的和理性逻辑的束缚，获得一种精神的自由。审美活动又可以使人超越个体生命的有限存在和有限意义，获得一种精神的解放。

美育的必要性来自人对美的内在需要，美育促进人的自我成长，促进社会和谐发展。具体说来，美育的如下功能可以说明美育的必要性。

（一）美育促进个体的自我成长

在个体成长方面，美育的功能主要在于促进自我的成长，特别是感性自我的成长。就如审美活动本身一样，个体自我的成长是感性自我与生理自我、实利自我、道德自我和理智自我的统合和不断提升。美育培养的自我尽管是高度个性化的自我，但却可以与外界产生普遍的联系和沟通，因此同时具有普遍性的自我。它超越了"小我"的褊狭和实利，通过审美活动中自我人格境界的提升和拓展而不断向他人开放、向自然开放；在个体人格中，它向本能开放，又向更高的精神境界开放。因此，它是丰富、完整、充满活力的自我形态，体现了个体对自我生命超越的自觉和自由。也正是由于这样，马斯洛（1908—1970）才将美的需要置于人的需要的最高端。

（二）美育促进个体的创造性发展

审美和艺术是人类创造性发挥最充分的领域。创造性的发挥首先是创造性人格的培养，也就意味着美育应从人的整体着眼，在理性的调控下发展人的内在精神因素，培育人格整体的有机完整性。美育就是美感教育，美感是多种心理因素对审美对象的整体反应。美育可以不断唤醒和激发儿童的生命活力，并在此基础上对儿童进行发现问题和解决问题的思维能力的培育。归根到底，一个具有源源不断的好奇心和发现意识的生命，才能具有自觉的创新意识和创新能力。在本章第三节中，我们还将对此问题进行系统分析。

（三）美育促进个体的社会性发展

在美育过程中建立起来的社会情感和社会意识具有一个突出的特征，即它是一种个性与社会相协调的情感要求和价值观。如果说审美自发性可以充分满足个性情感自由的话，那么审美的自主性那种有序的和寓于一定社会的审美图式的情感，则把个性引向社会，使一己的自由与他人的自由相协调。在自由的审美活动中，个体不仅获得一种崭新的生存境界，而且由此产生一种积极的社会理想，一种追求每一个人都自由发展并与他人保持协调的自由意识。具有这种社会理想的人，将会对社会的变革带来积极的动力和影响，这正是美育的社会功能所在。

（四）美育促进人与人之间的沟通与理解

美可以消除人与人的隔阂，帮助人进行情感和心灵的沟通。美育的这种功能源于审美的超越性，它超越了某些民族的、时代的、阶级的界限，具有普遍性。美育促进人际交流的功能还来自审美、艺术常常采取非语词化的表现方式。艺术的对话具有超语言的性质，它以表达与理解的真切与完整，把人类的生存感受与经验鲜活地传递开去。因此，在美育活动中，人与人的交流和沟通超越了功利化的、完全基于理性的计算，而使自我整体地融入和他人的对话、交流中，并在这一有他人在场的审美情境中得到在原有的理解基础之上更深、更广的理解和互动，实现人与人之间基于真实情感的良好关系的建立。

（五）美育促进人与自然和谐关系的建立

"天人合一"作为中国古代传统思想的核心之一，体现了文化审美的最高理想，即人与自然的和谐统一。人与自然既是相对独立的，又是相互依存的关系。人从自然中获得生存的素材，同时改造自然，在自然的改造中建立起与自然和谐相处的关系，而不是破坏自然的生态和打破自然生态的平衡。审美文化的独特作用，在于它能引导人们以一种亲和的态度去对待自然，敬畏自然，从而建立与自然和谐相处的关系。

二、美的特性与美育的特性

18世纪末，席勒第一次明确提出"美育"的概念。美育是美的教育，既是审美的教育，也是立美的教育。作为美的教育，美育当然要体现美的特性。美的特性是美育的依据，是美育确立正确价值取向的知识基础。当前，我国大中小学美育实践中之所以会出现一些问题，如美育的应试化、知识化以及泛道德化，一个认识上的根源在于教育者未能很好地把握美的特性及其对美育工作提出的价值要求。

马克思主义的美学思想为我们全面地认识美或审美活动的特性提供了科学的思想基础和方法。从马克思主义的有关美学思想来看，美不是抽象的，而是具体的；不是先验的，而是经验的；不是孤立的，而是与人类的社会生产和生活紧密结合在一起的。人类的审美活动最终指向个体的全面发展。这些对美的特性的深刻认识也表明，审美教育在根本的价值取向上也不是为审美而审美，而是通过审美活动这个独特的形式进一步理解与建构更加美好的人与世界的关系。具体来说，可以从以下三个方面来把握美的特性以及美育的特性。

(一) 美的情感性与美育的趣味性

直观地说，美是一种富有强烈情感性的体验，审美因此也是一种饱含情感的实践活动。从这个角度来说，美育活动本身也要体现这种美或审美的情感性特征，通过一些特定的审美形象使活动本身充满吸引力、趣味性。

美育的趣味性是指美育过程对受教育者应具有吸引力，使其始终对审美创作与欣赏保持浓厚兴趣。从主体方面看，美育的趣味性源自美育过程中对个性差异的充分尊重，它意味着满足每一个受教育者的个性情感生活需要，鼓励学生个性和独创性的充分发展。受自发性驱使的美育过程充满活力，趣味无穷，个体全身心地投入其中，达到忘我境界。然而，这一境界的达到，不是靠外在的强制或控制，而是靠个体在自由、安全的环境下充分个性化的探索和尝试。有个性差异的、注重过程本身的、自由的探索和尝试等，都很类似"游戏"，美育的趣味性正与游戏的趣味性特征密切相关。

(二) 美的体验性与美育的过程性

美是一种主观的感受。美的感受是审美主体对审美客体进行鉴赏、评价之后的体验。审美活动的魅力尽管集中地通过美的感受得以表达，但是最关键的还是透过审美活动的过程得以生成。从这个角度来说，美或审美的活动，不在于审美主体最后产生了什么有用的结果，而在于审美活动过程本身。美在过程、美在体验、美在欣赏，这些观点就是对美的体验性与审美活动过程性的简练表达。

与美或审美活动的体验性相一致，美育的价值取向也要突出其过程性。美育作为促进个体的情感生命成长的教育，它的目的、功能和价值均实现于美育过程之中。在一定意义上，对于美育而言，过程即目的。关注过程的美育才是体现了美的特点的美育。在这一点上，美育与智育、德育、体育等都有较大不同。虽然这些教育活动也重视过程，如体育有"重在参与"的口号，但最终关注的却是结果。美育虽然关注结果，但更注重过程。一部音乐和绘画作品，只知道其艺术价值是不够的，最重要的是要去欣赏它。

美育过程性的另一层意义在于受教育者的积极投入、参与和创造。实现美育目的的审美体验活动过程本身是主体能动创造的过程。在西方美育思想史上，古罗马诗人和文艺理论家贺拉斯（前65—前8）第一个提出"寓教于乐"的思想。审美活动、审美能力、审美意识，以及艺术技巧等的获得和发展都需要使欣赏者感受到愉悦，积极投入才成为可能。但审美自由又需要理性，只有这样，个性情感才能得到充分表现与升华。因此，美育的过程性体现了动态的、主体积极投入的创造过程，这是一种融情感与理性为一体的审美实践活动。

（三）美的和谐性与面向整体人格的美育

美是和谐，这是自古希腊毕达哥拉斯时代以来广为人们所接受的一个观点，也是中国传统美学的一个重要内容。美是和谐，不单单指美的事物是展现出和谐的结构、和谐的秩序、和谐的运动的事物，在主观上，也是指美的感受和美的体验源于宁静、和谐的内心状态。这种内在的与外在的和谐一致，才是审美体验的源泉。一个内心冲突不断的人，一个内心充满着知识、道德、利益、价值等冲突的人，恐怕是难以体会自然之美、科学之美、道德之美、秩序之美、文化之美的，更是难以体会人性之美和天地大美的。

建立在美的这种特性基础之上，美育过程应涉及受教育者整体人格的每一个方面，具有全面性的特征。康德把"审美的判断"说成是"在心意诸能力的活动中的协调一致的情感"，意味着审美情感是一个包含所有心理功能的广阔领域。席勒由此提出了美育的全面性，认为在美育的过程中，个性人格的分裂可以消除，以恢复到"人性整体的心境"，即"审美状态"。

性情的陶冶最后指向人格的完善，人格既指人的性格、气质、能力等特征的总和，也指个人的道德品质。人格是一个逐步建构的过程。在审美活动中，审美对象所蕴含的意义潜移默化地影响到人的内心状态，使人沉浸在高尚、优美的审美境界中，从而唤醒人内在具有的非功利的价值指向，建立起高尚、美好的人格。

（四）美的社会性与美育的时代性

个人是审美活动的主体，审美活动本身具有个体性、私人性，这毋庸否认。但是，个人的审美趣味、标准、理想却很难说是纯粹个体性、私人性的，而是某一特定时代、特定社会背景下的产物。马克思主义美学的重要主张之一就是揭示并承认美的社会属性，并因此强调美作为一种社会斗争的领域，作为一种积极的精神力量融入无产阶级的解放和社会主义事业的建设中，反对那种病态的、自私的、毫无生气的审美活动。对于美或审美活动的这种社会性、时代性，孔子早已经领悟到了。孔子在有关诗教、乐教等的论述中，都十分自觉地应用这种社会价值的标准加以选择和评论，以期使得诗教、乐教这种古代重要的美育形态能够符合时代的要求。

基于美的这种社会性，美育活动中只讲趣味性、过程性以及人格的完善还是不够的，还必须继承中国几千年独有的艺术和美学传统，坚持正确的社会主流价值方向，弘扬昂扬向上的时代精神。正如2014年习近平在《在文艺工作座谈会上的讲话》中所指出的："追求真善美是文艺的永恒价值。艺术的最高境界就是让人动心，让人们的灵魂经受洗礼，让人们发现自然的美、生活的美、心灵的美。"①也是在这次讲话中，他对于中华民族优秀的文艺作品如数家珍，特别强调指出："我们要结合新的时代条件传承和弘扬中华优秀传统文化，传承和弘扬中华美学精神。中华美学讲求托物言志、寓理于情，讲求言简意赅、凝练节制，讲求形神兼备、意境深远，强调知、情、意、行相统一。我们要坚守中华文化立场、传承中华文化基因，展现中华审美风范。"②

三、美的类型与美育形式的多样性

美是多样而丰富的。对于任何一种美的形态，人们几乎可以立即想到它的多样性。无论是自然的美，还是社会的美，也无论是艺术的美，还是科学的美，都是如此。浸润于这种美的多样性、丰富性，美育活动也是多样的、丰富的。不同形态的美育共同构成了美育的体系，担负着美育的责任和使命。

（一）美的类型

美是一种体验，审美是一种活动。但是美的体验和审美的活动不能凭空产生，必须借助于一些美的事物或审美对象才能产生。根据美的事物或审美对象的不同，我们可以把美的类型区分为自然美、社会美、艺术美和科学美等四种形态，它们相互映射，共同构成美的世界，构筑美的生活，陶冶美的心灵。

1. 自然美

自然是美的故乡，自然美即借助于自然之物所呈现出来的美的形态，小到一草一木，中到江河湖泊，大到宇宙星球等。从主观体验上说，自然美可以给人以小巧精致的审美感受，也可以给人以辽阔壮观的心灵震撼。

在美学界，学者们一般将自然美划分为两种亚类型：一种是原始的自然美，也就是大自然自己所呈现的美的景观；一种是人化的自然美，在自然的基质之上，打上了人的主体性的烙印，是"自然的人化"或"人化的自然"。对于前一种自然美，这里无需多言，每一位有健全审美趣味的人都可以体验到。对于后一种自然美，又可以分为广义和狭义两种。狭义的"自然的人化"如经过整修的园林、人工开凿的梯田、麦浪滚滚的田野，等等。广义的"自然的人化"则接近于中国古代哲学家所憧憬的"天人合一"的境地，审美主体在情感和精神上达到了与天地

---

① 习近平：《在文艺工作座谈会上的讲话》，人民出版社 2015 年版，第 24 页。
② 习近平：《在文艺工作座谈会上的讲话》，人民出版社 2015 年版，第 26 页。

互参和合一，领悟到"天地有大美而不言"的广博、厚重与雄奇。

2. 社会美

自然是审美的对象，社会生活也是审美的对象。以社会生活为审美对象所产生的美感即为社会美。人们平常所说的"淳风美俗"就是一种社会生活中的美。20世纪80年代我国社会普遍提倡的"五讲四美"（五讲：讲文明、讲礼貌、讲卫生、讲秩序、讲道德；四美：心灵美、语言美、行为美、环境美）表达了人们对社会美的强烈追求。除此之外，社会美还表现为对社会制度、社会生产、社会文化、社会秩序以及社会关系等的欣赏、体验和憧憬。

就社会制度而言，有的制度维护等级和特权，坐视贫困、疾病和弱肉强食而不管，这种制度被人们称为"丑恶的"或"万恶的"制度；理想的社会制度则与之相反，强调仁爱、自由、平等和公正，反映了人们的美好社会理想。就社会生产而言，如若生产本身体现了人类的自由和创造性劳作的精神，那么这种社会生产就构成了一幅幅美丽的画卷；如若其本身充满了剥削和压迫，甚至生产者被生产过程本身异化，那么这种社会生产就会令人厌倦和作呕。就社会文化而言，文化本身是人类自由和创造性精神的外化和客观化，构成审美的对象。这一点正如联合国教科文组织所说："从美学上讲，文化多元性呈现一种不同文化的系列，令人愉悦。"① 从某种程度上说，正是这种人类不同文化的美，焕发出巨大的魅力，构成人们不辞辛劳地从一个地方到另一个地方旅游或迁徙的内在动力。同样，和谐的社会秩序与良善的社会关系，也构成审美的对象，并给人们以愉悦、充实和幸福的审美体验。

由于社会美与人们的价值理想有关系，因而与自然美比起来，社会美往往不是一种直接给予的审美体验，而是一种价值评价之后产生的审美体验。持有不同社会立场和价值理想的人，可能对同样的一种社会制度、关系、行为产生不同的审美体验。在有些人看来是美好的社会事物，在另一些人看来可能是丑陋的；一个时期人们崇尚的社会审美标准，在另一个时期可能就被抛弃了，被另外的社会审美标准所取代。从这个意义上说，与自然美相比，社会美具有社会的、历史的相对性。但是，这并不是说，在社会审美领域，没有什么客观的、相对恒定的标准。事实上，从古至今，斗转星移、世事沧桑，人们依然对那些被认为是美好的、值得追求的社会制度、关系和行为有比较稳定的和一致的看法，它们指引着人类

---

① 联合国教科文组织：《世界文化报告——文化、创新与市场（1998）》，关世杰等译，北京大学出版社2000版，第3页。

社会进步的方向，构成人类社会发展的美的尺度。

3. 艺术美

与自然美、社会美相比，艺术美更是美的化身，更加充分地表现了美的特性。自然美和社会美都具有很强的现实性，艺术美虽然也来自于生活，但是却高于生活，反映了艺术家对生活的深刻洞察和独特的审美趣味。正如毛泽东在《在延安文艺座谈会上的讲话》中指出的那样："人类的社会生活虽是文学艺术的唯一源泉，虽是较之后者有不可比拟的生动丰富的内容，但是人民还是不满足于前者而要求后者。这是为什么呢？因为虽然两者都是美，但是文艺作品中反映出来的生活却可以而且应该比普通的实际生活更高，更强烈，更有集中性，更典型，更理想，因此就更带普遍性。"① 文学艺术是这样，其他的艺术作品也是这样。音乐、舞蹈、雕塑、绘画、建筑、影视、动漫，等等，都有其自然的或现实的基础，但经过艺术家别具匠心的创作后，又都高于自然或现实，拥有更为强烈的情感、道德和价值教化的力量。

美是艺术品的内在规定性。没有美感的艺术作品不会在历史上留存下来。但是，艺术作品中的美有的可以被审美主体直接经验到，有的则需要一些专门的知识作为辅助。比如中国书法之美是一种非常独特的美的类型。书法风格有的圆润丰满，有的精瘦骨感，有的飘逸洒脱，有的庄重大气，有的古朴典雅，不一而足，不断创新。要欣赏不同风格的书法，没有一定的书法知识和修养是很难办到的。因此，要想欣赏艺术的美，每个人需要不断地提升自己的艺术修养。

4. 科学美

比起上述三种美的形态来说，科学美是一种理智之美，主要是指在科学活动中所产生或体验到的美的愉悦。这种美的愉悦可能产生在科学活动开展之初，如未知问题或未知世界对科学家的吸引；也可能产生在科学活动过程之中，如严谨的科学实验、推理过程中所蕴含的美感；更多地产生在科学活动的结果中，如科学家通过科学活动获得了对所研究问题或世界的更加简洁、明晰或统一的解释。

对科学美的追求是科学家从事科学活动的一个内在动因。这种内在动因对于科学活动的重要性不亚于科学家的责任感或某些功利考虑。不容否认，对社会、国家和人类的责任，对于科学功利的某些考虑，都是驱使一个人从事科学研究的动因，有时候还是非常具有主导性的动因。但是，没有对科学美的体验和追求，

---

① 《毛泽东选集》第3卷，人民出版社1991年版，第861页。

科学家就会失去从事科学活动的内在动机，就不能享受科学活动的内在乐趣，也很难去忍受科学活动本身常常会遭遇的挫折、失败、寂寞乃至世人的嘲笑、抱怨和不解。真正的科学活动，既是求真的活动，也是向善的活动，更是立美的活动，是真善美相统一的活动。

（二）多样化的美育形式

根据以上美的类型的划分，在教育实践中，人们一般把审美教育的形式分为自然美育、社会美育、艺术美育和科学美育，它们共同构成了美育的完整体系。

1. 自然美育

自然美育是指由运用各种各样原始的自然美和人化的自然美所进行的审美教育活动。从对象上看，各种千差万别的自然景观（包括原始的自然和人化的自然）构成了人们欣赏的对象。驻足于这些千差万别的自然景观面前，人们不禁会感到心旷神怡、美不胜收。从内涵上看，自然美育既包含了一些自然美景的直接给予，也包含了自然美景所带给审美主体的一些启示性的东西。中国传统美学和美育中尤其强调自然美育的人文意义。从实施途径上说，自然美育的基本途径就是将学生带到原始的自然或人工的自然中去，给他们以充分的时间和自由去发现、体验和领悟色彩斑斓的自然之美，感悟人生的真谛和世界的秘密，最终建立人与自然和谐相处、相互创生的审美境界。从具体的方法上说，自然美育既可以与一些学科（如语文、绘画、音乐等）的教学相结合，也可以通过春游、秋游等活动课程来实施。

2. 社会美育

社会美育是指以社会美为中介所开展的审美教育活动，其目的在于帮助青少年学生认识和体验到社会生活中的美与丑、善与恶、光明与黑暗、进步与落后，从而在他们的心田里播下正确的世界观、人生观和价值观的种子。如前所述，尽管社会美具有比较显著的社会性与历史性，但是也有其客观的和稳定的标准。一部人类社会的历史就是一部美与丑、善与恶、光明与黑暗、进步与落后的斗争史，也是人类不断地争取自由、平等、公正、法治和幸福生活的历史。社会美育的主轴要沿着上面这个方向展开，只有这样才能帮助青少年学生领略到社会之美——一种比自然美更加绚烂的价值之美。

社会美育与价值观教育密不可分，因为社会美本身就是对某种社会制度、关系和行为开展价值评价的结果。符合某种公认的价值理想或原则的社会制度、关系和行为就是美的、善的、光明的和进步的；不符合某种公认的价值理想或原则的社会制度、关系和行为就是丑的、恶的、黑暗的和落后的。在真实的社会生活中，"美的"评价与"正当的"评价密不可分。从这个角度来说，社会美育不可能孤立地进行，应当与价值观教育融为一体。从教育内容上说，可以选择那些体现正确价值观和符合社会进步方向的社会事件、人物、故事、仪式活动等来开展社会美育。从教育途径上说，可以带领青少年学生参观工厂、农村、高科技企业、政府部门以及革命博物馆、历史博物馆、科技馆等社会场所来体验社会美，也可以通过各种各样的社会实践活动、志愿者活动、创新创业活动等来体验和创造美好的社会事物。

3. 艺术美育

艺术美育是指通过文学、音乐、舞蹈、戏剧、电影、电视艺术、美术、设计等门类的艺术活动来进行的审美教育。艺术作品传达了艺术家特有的审美经验，艺术活动是艺术家通过特定艺术形式，把自己的精神和心灵外化为可以直观感受的艺术形象。因此，艺术作品是人的思想、精神和心灵最集中、最全面、最典型的反映，是最重要、最具审美价值的审美客体。通过欣赏艺术家的艺术作品，可以培养人们丰富的形式美感，使人们真正领略到自然的审美价值。

除了审美欣赏，艺术教育注重艺术的实际操作和技能训练。艺术技能实践不但有利于人的审美创造力的形成，而且在很大程度上更有效地促进了人的审美感受力和表现力的发展。艺术教育主要通过音乐美育、绘画美育、书法美育、舞蹈美育、戏剧美育和影视美育等形式来实施，是大中小学校审美教育的主要形态。

4. 科学美育

科学美育是指借助于科学活动来开展的审美教育。在中小学校，科学美育主要是指围绕着各个学科的教学活动，特别是数学、物理、化学、生物学、地理以及信息科技等学科的教学活动，对学生进行审美教育，使青少年学生对科学的本质、魅力有更加深入的认识和体验。除学科教学活动外，一些以学生为主体开展的课外科技活动也是开展科学美育的重要途径。

科学美育主要培育学生对美的规律的认识。就如爱因斯坦所说，我们面对的这个世界可以由音乐符号组成，也可以由数学公式组成。科学美育可以帮助学生提高对客观世界的认识和热爱。同时，科学美育还培养学生对"真"的追求，以"真"的态度，追求"真"的学问，培养一丝不苟的治学精神，并在对科学的探索中发现科学的规律之美、严谨之美和真实之美。自然科学的"美"包含了对自然、宇宙的无限性、未知性探索带来的审美体验，在全身心探求真理的过程中体验到自然神秘性的美，进而培养对自然、对科学、对真理的敬畏之心，以严谨、理性的态度对待人和自然相处中的种种问题和挑战。

第三节　美育与人的创造性培养

美育是人的全面发展教育的重要组成部分，有助于个人的自由全面的发展，这是美育最根本的价值所在。在此基础上，美育与人的创造性培养也有着直接的、内在的关联，是人的创造性形成和提升的重要基础。在今天这样一个强调知识经济、强调创新的时代，如何认识美育在创新性人才培养过程中的作用，是美育的一个富有时代特点的新课题。

一、人的创造性的三个基础

想象、专注和内心自由是人的创造性的三个基础。

（一）想象

创造性是以与众不同的方式解决问题的一种态度和能力。从这一点来说，创造性提供了一种新的问题解决模式，使得人们有可能摆脱已有的路径依赖。这是人类了不起的一种特殊才华，它使人类文明不断进步甚至发生质的飞跃。创造性能力当中最核心的素质基础就是想象力。没有想象力以及建立于其上的想象活动，人类要在问题解决上摆脱路径依赖是非常困难的。

休谟在《人性论》中解释了想象力的这种创新机制。在休谟看来，人类的认识始于感官给人的各种印象。但是，来自感官的印象是彼此孤立的，这也成为人类认识困境的第一道屏障，让我们无法对实体做出确定的判断。只有在经验当中，我们才可以接受那些根据印象而做出的对于实体的判断。进一步地，印象在转换为观念之后，并不总是保持活泼的属性。更主要的是，印象不能为我们提供更多的判断。在日常生活中，人们所谓的关系观念、抽象观念、时空观念、因果观念等的形成，无不需要想象的出场。这些都不是印象可以直接提供的。概言之，对于一般观念的形成和使用，需要应用想象。而且，从印象到简单观念，人类心灵还一直是消极的。只有在应用想象对各种观念进行推理和判断时，心灵才是主动的。这些经过心灵主动加工而得来的复杂观念，才可以称为"知识"。

在休谟对"想象"的论述中，我们看到了人类思维的自由空间。想象可以自由地移置和改变它的观念。① 在休谟的分析当中,"想象"这种官能既是自由的,又有一定的限度。正是靠着这种自由且有限度的想象,新观念得到了编织,进而推动人类知识的新进展。在此意义上,我们可以说,谁缺乏想象力,谁就不可能为人类的知识做出新的贡献。

(二) 专注

从态度上看,高创造性的人一定是有着专注品质的人。对于某一特定生产、生活或科学认识活动中的问题,他们有着长期的关注,投入了大量的时间和精力,甚至已经达到"痴迷"或"着魔"的程度。一些科学家传记中经常描写的科学发现中的"直觉""灵感",其实就是这种专注态度的产物。没有专注的态度,就没有指向问题解决的直觉的出现或灵感的迸发。在这种专注态度的指引下,科学家会去检验以往解决问题的每一种方案,试验自己所构想的每一种方案,检查科学研究过程中的每一个细节,省思科学研究过程中出现的每一个困难、异常,并借助想象不断地从整体上思考问题解决的新方向。

(三) 内心自由

内心自由是人类自由的一种,与诉诸社会权利实现的外在自由(如政治自由、经济自由、信仰自由等)有所不同。内心自由主要是指思想自由、人格自由和意志自由,是一种在思想、人格、意志等精神领域的高度自主的状态。对于一个社会而言,要想培养一大批的创新性人才,一个更加宽松、宽容的外部自由环境是不可缺少的。但是,对于个体而言,要想成为有创造性的人,就应当首先成为内心自由的人。

爱因斯坦在《自由与科学》一文中对这种内心自由给予了高度的重视。他认为:"这种精神上的自由在于思想上不受权威和社会偏见的束缚,也不受一般违背哲理的常规和习惯的束缚。这种内心的自由是大自然难得赋予的一种礼物,也是值得个人追求的一个目标。"② 从人格特征上说,一个拥有内心自由的人,也是一个拥有高度自主性、独立性和内心平和的人,不容易为外界的权威、流行时尚和狭隘功利所俘获,而后者正是创造的敌人。学校教育应该把培养青少年学生的内心自由作为培养他们创造性的一个前提条件。

人的创造性是一种综合的素养和能力,不是某一方面单一的素养和能力,最终体现在产生新的知识、制度、技术以及产品等结果上。但是,无论人的创造性

---

① [英]休谟:《人性论》,关文运译,商务印书馆1980年版,第21页。
② 《爱因斯坦文集》第3卷,许良英、赵中立、张宣三编译,商务印书馆1979年版,第180页。

由多少种具体的素养和能力构成，想象、专注和内心自由都是从事创造性工作的心理和人格基础。想象力、专注态度和内心自由的匮乏，无论是对于一个人而言，还是对于一个民族而言，都是影响他们创造力生成和提升的关键因素。在此意义上，释放人们的想象力、培养人们对待任务的专注态度、引导他们保持内心自由，就成为创新性人才培养的重要责任。

二、审美素养与人的创造性

（一）审美素养

审美是一种活动，审美素养是人们在这种活动中所积累起来的感受、经验、见识和能力水平。审美素养有其先天的生物学基础，如眼睛对色彩的感受性、耳朵对声音的感受性、身体对节奏的感受性以及思想精神对和谐的感受性，等等。但是，审美素养并不是由先天素质决定的，后天的适当练习和培养也至关重要。缺少及时的、适当的和充分的练习或培养，即便一个人拥有比较良好的先天审美素养，也不可能在审美实践活动中，产生比常人更多更好的审美体验。

杜卫：《美育与创新教育》

审美素养对于审美活动来说既是结果又是条件。本章在前面分析美的类型时，已经提出一个人的审美素养对于审美活动的重要性问题。有的美的类型，如自然美，就其形式而言，是自然直接给予审美主体的，无须什么与众不同的审美素养。绚烂的彩霞、皎洁的月色、壮丽的山峰、浩瀚的银河，可以直接引发审美主体美的感受。但是，其他类型的美，包括社会美、艺术美、科学美，无论就其形式而言还是就其内容而言，都不能直接被审美主体体验到，必须通过价值的评价、艺术的评价和认知性的评价才能够被审美主体体验到。这就对审美主体的审美素养提出了比较高的要求。在这些审美活动领域，审美素养高的审美主体可以更容易或者更充分地体验到不同类型的美，产生如同普通人在欣赏自然美时所具有的惊奇、满足、震撼、丰富、如痴如醉等情感体验。

个人在审美活动上的素养，是衡量个人经验品质的一个参数。审美素养高的人，意味着拥有更广泛、丰富的经验，可以跨越自身所处群体的限制，通过自己的同情和想象进入别的群体中，甚至进入历史上存在而现在已经消失的其他群体中。另外，是否能够提升个人的审美素养，也成为一个衡量学校教育品质的标准。有的教育尽管可以丰富个人的学识，但是个人并不能就此获得丰富的审美体验。这样的教育可能就是识记的教育，而不是能够培养学生创造力的完整的教育。

（二）创造性的审美基础

如前所述，人的创造性，从其最终结果而言，体现在一些新的知识、制度、技术及产品等的生产上；从其过程而言，则离不开人的想象力、专注和内心自由。而这些事关人的创造性水平的核心品质又直接地通过多种方式与人的审美素养、审美经验或审美活动不可分割。

以审美素养为基础的审美活动本身是一种创造性的活动，具有高度的新颖性、自由性和独特性。欣赏一幅图画，不同欣赏主体的视角、路径和方法是不同的，并由此产生了不同的审美体验。注目一场秋雨，不同的人也会产生不同的思绪，个人的主观经验打开得越充分、参与得越充分，在审美活动中产生的情感和意义体验也就越丰富、越独特。所以，在审美的领域，人们经常谈到的是"风格"，不同的音乐风格、不同的绘画风格、不同的舞蹈风格、不同的习俗风格、不同学科活动的理智风格，等等。风格是人们对于某一种审美经验的创造性表达。失去风格和对风格的追求，审美活动及其产生的作品也就相应地失去了美的品质，变成一种标准化的、没有任何味道的商品。

以审美素养为基础的审美活动，不仅本身是一项创造性的活动，还可以涵养诸多创造性活动所需要的共同的心理和人格特质，如想象力、专注和内心自由等。美是建立在想象的基础上的，没有想象，也就没有美的产生。再和谐的事物，都有其不和谐的地方，但是人们的想象力可以弥补这种不和谐。正是想象力使得人们可以感受到比美的实在还要美好的事物。与对想象力的唤醒相伴，专注也是审美活动中不可或缺的态度要求。在审美活动中所谓的"移情"现象，也是建立在专注基础上的。没有专注，就没有移情。没有移情，审美主客体之间的距离就不可能消逝，美的意义空间就不可能出现。一个内心杂乱的人既听不懂一首音乐，也看不懂一幅山水画。只有当他抛弃一切的烦恼，专心致志地聆听一首音乐、观看一幅山水画的时候，他才能真正地进入审美的境地，产生美的体验。专注的态度有助于抵挡一切外来的干扰，帮助人们摆脱狭隘功利或相互冲突的价值的纷扰，听到自己内心的声音。至于内心自由，在审美的活动中，则更是一种必不可少的条件。

因此，人的创造性的培养，不是一种狭隘的思维训练，也不是一种直接指向新的产品生产的活动。人的创造性的培养，尤其是青少年的创造性培养，是一种完整的教育过程。在这一过程中，美育同样起着不可替代的作用。美育不仅担负着提升青少年审美素养的任务，而且还间接地有助于培养他们的创新心理和人格特征，最终使他们成为创造性的存在者，创造着自己以及自己生存的社会历史环境。

三、教育的科学化与审美化

18世纪中叶，普鲁士发明了世界上第一个平民教育系统以后，各国的教育形态逐步趋同。我们现在能见到的典型的公立学校教育的方案在全球范围内都有一些共有的特征：在现代学校教育当中，各级学校就像是一个个车间；教师就像是流水线上的工人；学生就像是在工厂里等待加工的毛坯；课程不是教师决定的，教师的工作是按照既定的工艺高效地传递这些课程；在这里，教师的聪明才智被埋没了；更严重的是，基于这样的课程所完成的教育产品，都是千篇一律的，学生的个性、创造性都受到了制度性的压抑。

现代教育对学生创造性与个性的压抑在很大程度上来源于其科学化的课程哲学。现代课程的这种特点早在课程学的最初创立者那里就已经显现出来了。在1924年出版的《课程编制》一书中，巴比特（1876—1956）把课程编制工作和规划与修一条铁路相比，并用"教育工程师"的比喻来概括课程编制者的角色。这是20世纪早期的"社会效率运动"在学校教育上打下的烙印，而且至今未见褪色。

以巴比特为代表的这种课程领域的工程学思维，强调的是教育工作的科学性。他所应用的"工作分析"的方法，受到早期工业生产中应用的科学管理学理论的影响，与泰勒原理中的"工作研究"概念如出一辙。从历史发展的角度来看，应该说此类课程理论的出现是一种时代进步。这是对斯宾塞在1860年出版的《教育论》中若干教育主张的一次落实。至此青少年应该学习什么课程，再也不是因循守旧、墨守成规的一件事情了。也就是说，与服从传统、服从习俗的课程选择思路不同，科学课程理论把课程设计作为一件审慎、严肃的事情对待，这是它先进的一面。

但是和时代进步一样，在当时看来的进步，在抛弃旧做法的同时也抛弃了很多好的东西。课程领域的科学化，固然让课程学成为一门独立的学问，让课程设计变成一个专门的研究对象。但是，这同时剥夺了教师个人的课程权力。与巴比特所谓的"教育工程师"相比，负责教学工作的教师总是处在相对弱势的地位。他们在应该教青少年什么内容的问题上，渐渐失去了发声的意愿、权力、能力和欲望。这也可以认为是教育专业化时代对于教师专业能力的一种去专业化过程。这种教育的隐疾，在现代学校教育中已经集中爆发出来。

与上述有关现代学校教育的科学化主张不同，在教育领域也一直有一派声音在强调教育过程的艺术化特点。这派主张相信教育当然要包含理智的部分，但是仍然有无法用理智去分析的部分。这在教育实务中回应了休谟所刻画的人类认识图景——教育中除了应用理智，还有大量空余地带，需要艺术的介入。例如，艾斯纳（1933—2014）提出一种美学的认识论，把审美与认知联系起来，认为所有的人类活动都有审美的维度。[①] 里德甚至认为，没有美就没有办法获得真和善。在人类认识活动中，美比真和善占据更靠前的位置。

哈艾特（1906—1978）对于教育中的科学化倾向和教育的艺术性有一段很生动的论述。他说："在人与人之间，假使只有所谓'科学的'关系存在，则这一种关系必然是不充足的，且可能是畸形的。当然，每一位教师，其计划工作必须秩序井然，有条不紊，其处理事实，亦必定要精确无误。不过这一点亦不能使教学'科学化'，因为教学和情绪及人的价值有关。情绪是不能有系统地估价和应用的，而人的价值，亦不是我们在科学的范围内所能充分领会的。用'科学方法'抚养成人的小孩子，或许会变成一个可怜可悯的怪物。……只要任教的老师和受教的学生们同为人类，'科学的'教学（即使教的是一门科学），必然是不够的。教学并不像导致化学作用，而更近于绘画，或者作曲制谱。"[②]

总之，科学化的教育是不充分的，教育中不能缺少艺术的成分。并且，根据上面这些主张，教育过程中的这种艺术成分显然不是附加在理智过程以外的。审美化的教育与科学化的教育是同一个教育过程的两个侧面。强调教育过程的审美侧面，是医治上述现代学校教育病的一种方案。当严谨、清晰、理由充分的教育过程，同时包容了激情、崇拜、牺牲、壮丽、伟大、悲壮等需要发挥想象和创造性的经验之后，教育过程才是完整的。这样的教育过程，时刻欢迎个人创造性的、深切的投入，而不仅仅要求个人做精确、冷静、中立的思考。

小　结

对美的追求，是人类生活的亘古主题。古今中外涌现出来的众多美学理论，对人类经验的这一维度不断进行追问和回应，构成了人类思想史上一道道美丽的

---

① E. Eisner, "Aesthetic Modes of Knowing", in E. Eisner ed., *Learning and Teaching: The Ways of Knowing*, NSSE, 1985, pp. 23–36.
② ［美］吉尔伯·哈艾特：《教学之艺术》，严景珊、周叔昭译，协志工业丛书出版股份有限公司1980年版，第5-6页。

风景，值得我们驻足欣赏、深思领会。马克思主义美学思想一方面继承了历史上的一些美学思想，尤其是德国古典哲学中的美学思想，另一方面也在美的产生、美的社会属性以及美与社会进步等问题上提出了自己独到的观点，为我们审视美学和美育问题提供了科学的思想指导和理论基础。尽管学术界在一些基本美学问题上都一直没有定论，但是各种美学论争本身的延续说明，美的问题是关涉人类完整人格和社会发展的重大问题。

现代教育从其起源和主导其发展的各种关键因素来看，都更注重知识的教育和伦理的教育，对于美的教育是有所忽视的。如果说在前工业社会和工业社会，这种偏颇尚且不成为问题的话，那么在当下的知识经济时代、数字媒介时代，就需要重新考量了。就我国而言，民国初年蔡元培先生曾经将美育列入教育宗旨，并提出过"以美育代宗教"命题，对于推动20世纪我国教育体系中的美育起到了重大的启蒙作用。在这个新的时代，个性化的、审美化的、创造性的生存将成为一种基本的生存模式。因此，对下一代的社会建设者们来说，重要的将不仅仅是他们要有矫健的体力、高度的智力、完备的德性，也要有更加丰富的审美经验和创造性涌现。

美的需要、美的特性以及美的类型构成了美育理论和实践的重要基础。美的情感性、过程性、和谐性与社会性是美育价值取向的重要基础，为个体的全面发展和健全人格的养成服务是美育的基本价值取向。同时美育也要体现时代的特点，注重传播中国美学精神。美的类型多样，由此决定美育的基本形式包括自然美育、社会美育、艺术美育、科学美育等。美育通过保护和提升个体的想象力、专注和内心自由为创造性培养打下坚实的基础。审美素养是创造力形成的重要条件，与此同时，教育特别是学校教育本身也必须以审美化来弥补科学化之偏颇，同时注重美育环境的营造。

思考题

1. 谈谈你对马克思主义"劳动创造美"这一命题的认识和理解。
2. 在东西方诸多美学理论中，你最赞成哪一家的理论？请进一步阅读有关资料，并试着用它来说明一些典型的美学现象。
3. 试辨析美育与艺术教育的异同。
4. 结合实际，谈谈美育与创造性人才培养的关系。
5. 美可教吗？如果可教，有哪些途径和方法？

第八章　社会哲学与教育

学校教育是培养人的社会实践，通过促进人的社会化而对社会发生作用；学校教育本身也是一种社会过程，受社会发展的制约。更为重要的是，广义的教育跨越了学校的范围而延伸到社会生活中，这一趋势在终身教育时代尤其明显。因此，社会哲学中的视野、理论和方法，将会拓展我们对教育实践中人与社会的关系、教育与社会的关系以及相关教育问题（如目的问题）的深入思考。

第一节　社会哲学概述

社会哲学是对社会生活的反思，是对人与社会相互作用方式的思考，是对社会结构、社会发展方式以及理想社会秩序等社会根本问题的探究。社会哲学在当代虽然是新兴学科，但是，在中国和西方的历史上，都有着丰富的社会哲学思想。马克思主义的社会哲学思想是对历史上社会哲学思想的概括和总结，是无产阶级解放的思想武器，是我们建设中国特色社会主义并实现美好社会理想的指导思想。

一、中国传统的社会哲学思想

什么是社会生活的本质？如何解释社会的变迁？如何构建理想的社会秩序？中国古代思想家对这些问题进行了大量的思考，提出了各自的主张。

（一）儒家的社会哲学思想

先秦儒家的社会理想是和谐社会。《礼记·礼运》记载了孔子对此的阐述："大道之行也，天下为公，选贤与能，讲信修睦。故人不独亲其亲，不独子其子，使老有所终，壮有所用，幼有所长，矜寡孤独废疾者，皆有所养；男有分，女有归；货恶其弃于地也，不必藏于己；力恶其不出于身也，不必为己。是故谋闭而不兴，盗窃乱贼而不作，故户外而不闭，是谓大同。"① 孔子的理想社会是"三代"②，而理想社会中的人应是有仁爱精神的人，就是能够做到推己及人，换位思考，站在他人的角度为他

---

① 《礼记译注》，杨天宇撰，上海古籍出版社2004年版，第265页。
② 三代是对中国历史上的夏、商、周三个朝代的合称。

人着想。孔子还主张"己所不欲,勿施于人"①,强调"民无信不立"②。

孟子在政治方面主张施行仁政,且十分重视诚信。孟子提出人际关系的"五伦说",即"父子有亲,君臣有义,夫妇有别,长幼有叙,朋友有信"③。他将"朋友有信"纳入"五伦"之中,认为"信"是朋友之间相互交往必须遵循的道德准则。孟子将"信"与"诚"结合起来,突出了诚信的重要意义。"是故诚者,天之道也;思诚者,人之道也。至诚而不动者,未之有也;不诚,未有能动者也。"④"诚"是天道的体现,"思诚"则是做人的原则。极度诚心而不能使人感动的,是天下不曾有过的事;不诚心,没有能感动别人的。

儒家认为家庭和睦是社会安定和谐的基础。"父父、子子、兄兄、弟弟、夫夫、妇妇,而家道正;正家而天下定矣。"⑤"故孝、弟、忠、顺之行立,而后可以为人。可以为人,而后可以治人也。"⑥《论语·为政》也记载:"或谓孔子曰:子奚不为政?子曰:书云:'孝乎惟孝,友于兄弟,施于有政。'是亦为政,奚其为为政?"⑦《孝经·孝治章》引用孔子的话,"昔者明王之以孝治天下也"⑧,家庭伦理更为直接地扩大到整个国家生活领域,如《尚书·尧典》中所说:"克明俊德,以亲九族。九族既睦,平章百姓。百姓昭明,协和万邦,黎民于变时雍。"⑨

儒家还强调"礼"的约束。孔子说:"非礼勿视,非礼勿听,非礼勿言,非礼勿动。"⑩ 不学礼无以立。在儒家看来,礼的制定就是为了稳定社会秩序,礼仪的重要意义是它所象征的一种秩序。"礼"是从天子到庶人,人人必须遵守的行为规范,如此,就会形成整个社会井然有序的秩序结构。荀子说:"礼起于何也?曰:人生而有欲,欲而不得,则不能无求;求而无度量分界,则不能不争;争则乱,乱则穷。先王恶其乱也,故制礼义以分之,以养人之欲,给人之求,使欲必不穷乎物,物必不屈于欲,两者相持而长,是礼之所起也。"⑪ 他还提出:"《礼》者,

---

① 《论语译注》第 2 版,杨伯峻译注,中华书局 1980 年版,第 166 页。
② 《论语译注》第 2 版,杨伯峻译注,中华书局 1980 年版,第 126 页。
③ 《孟子译注》第 3 版,杨伯峻译注,中华书局 2010 年版,第 114 页。
④ 《孟子译注》第 3 版,杨伯峻译注,中华书局 2010 年版,第 158 页。
⑤ 《周易译注》,黄寿祺、张善文撰,上海古籍出版社 2004 年版,第 281 页。
⑥ 《礼记译注》,杨天宇撰,上海古籍出版社 2004 年版,第 814 页。
⑦ 《论语译注》第 2 版,杨伯峻译注,中华书局 1980 年版,第 20—21 页。
⑧ 《孝经译注》第 2 版,胡平生译注,中华书局 2009 年版,第 46 页。
⑨ 《尚书译注》第 2 版,李民、王健撰,上海古籍出版社 2004 年版,第 1 页。
⑩ 《论语译注》第 2 版,杨伯峻译注,中华书局 1980 年版,第 123 页。
⑪ 《荀子》,方达评注,商务印书馆 2016 年版,第 331 页。

法之大分、类之纲纪也,故学至乎《礼》而止矣。夫是之谓道德之极。"①

儒家注重教化在构造理想社会方面的作用。所谓教化,"以身训人是之谓教,以身率人是之谓化"②,主要通过一些榜样作用和社会教育来实现。"夫风化者,自上而行于下者也,自先而施于后者也。是以父不慈则子不孝,兄不友则弟不恭,夫不义则妇不顺矣。"③

最后,社会的治理离不开法律。孔子提出:"道之以政,齐之以刑,民免而无耻;道之以德,齐之以礼,有耻且格。"④ 这段话里明显体现出德治重于法治或优于法治的思想,但同时也没有否认法治的作用。在此基础上荀子进一步提出德治与法治并重的思想,主张把法作为治国的首要准则。他说,"法者,治之端也"⑤,还说"义立而王,信立而霸"⑥,提出王霸兼施的治国政策。

(二) 道家的社会哲学思想

老子对理想社会的描绘是:"小国寡民,使有什伯之器而不用,使民重死而不远徙。虽有舟舆,无所乘之;虽有甲兵,无所陈之;使人复结绳而用之。甘其食,美其服,安其居,乐其俗。邻国相望,鸡犬之声相闻,民至老死不相往来。"⑦ 在这种社会环境中,人们的基本生活得到了保障,但思想保守。道家不仅仅追求人与人之间的和谐,还强调心灵内在的和谐以及人与自然的和谐。庄子就强烈地批判了名利对人淳朴天性的破坏,主张人的心灵要从内在冲突与焦虑中脱离出来,回归自然的和谐与安宁。

要达到理想的社会,道家提倡"无为而治"。老子说:"道常无为而无不为。"⑧ "为无为,则无不治。"⑨ 庄子也说:"是故至人无为,大圣不作,观于天地之谓也。"⑩ 如何达到"无为"呢?老子曰:"不尚贤,使民不争;不贵难得之货,使民不为盗;不见可欲,使民心不乱。"⑪ 治理社会需清静无为而不可扰民、虐民,

---

① 《荀子》,方达评注,商务印书馆2016年版,第8页。
② 陆昇:《法治中国的人文理路:二重继受与超越》,《法制与社会》2014年第12期,第240-243页。
③ 《颜氏家训》,檀作文译注,中华书局2011年版,第34页。
④ 《论语译注》第2版,杨伯峻译注,中华书局1980年版,第12页。
⑤ 《荀子》,方达评注,商务印书馆2016年版,第209页。
⑥ 《荀子》,方达评注,商务印书馆2016年版,第181页。
⑦ 《老子道德经注》,王弼注,楼宇烈校释,中华书局2011年版,第198页。
⑧ 《老子道德经注》,王弼注,楼宇烈校释,中华书局2011年版,第95页。
⑨ 《老子道德经注》,王弼注,楼宇烈校释,中华书局2011年版,第9页。
⑩ 《庄子今注今译》,陈鼓应注译,中华书局1983年版,第563页。
⑪ 《老子道德经注》,王弼注,楼宇烈校释,中华书局2011年版,第9页。

因为"法令滋彰,盗贼多有"①。庄子还指出,那些圣人苦心孤诣,制定礼乐规范,宣扬仁义慈孝,结果却适得其反,"而民乃始踶跂好知,争归于利,不可止也"②。所以,"圣人之利天下也少而害天下也多"③,"礼乐偏行,则天下乱矣"④。不论是个人少私寡欲,还是社会管理者清静不扰,老庄的根本目标是社会的良性运行。所以,无为而治是道家达成社会秩序的理想路径。

(三)法家的社会哲学思想

在社会基本价值目标上,法家与儒家有相同的地方,都强调社会内部的安定和秩序。与儒家不同的是,法家实现这一目标不是依靠道德,而是靠变法,强调术为法用、法术结合。韩非明确指出:"明主之国,无书简之文,以法为教;无先王之语,以吏为师。"⑤ 他极力反对那些颂古非今的儒生,说他们是"以文乱法"⑥,这为秦始皇"焚书坑儒"提供了理论依据。商鞅和韩非子认为,一个理想的国家,不仅内部秩序井然、君主统治稳定,而且国家能够不受外部的威胁和影响,有效捍卫国威甚至赢得兼并战争的胜利,而其前提则是经济和军事力量的增长。

总体上说,儒家、道家和法家出现在"礼崩乐坏"之时,都追求社会稳定和谐,只是各自开出的"药方"很不相同。儒家将政、刑这些强制性制度置于礼乐教化之后,强调积极有为。道家明确主张自发性秩序,追求无为而治。法家主张强制性秩序以及对法制的服从。这些不同的社会哲学思想及其综合利用是中国古代社会的智慧和经验,对于我们今天的国家和社会治理仍有积极的借鉴意义。

二、西方主要的社会哲学思想

(一)西方古代社会哲学思想

西方古代社会哲学主要是指古希腊城邦民主制条件下的社会哲学思想,其主要代表有智者派、柏拉图和亚里士多德等。

智者派是最早关注社会问题的,他们从自然秩序中划分了一个社会秩序,遵

---

① 《老子道德经注》,王弼注,楼宇烈校释,中华书局2011年版,第154页。
② 《庄子今注今译》,陈鼓应注译,中华书局1983年版,第250页。
③ 《庄子今注今译》,陈鼓应注译,中华书局1983年版,第256页。
④ 《庄子今注今译》,陈鼓应注译,中华书局1983年版,第402页。
⑤ 《韩非子集释》增订本,陈奇猷校注,中华书局1958年版,第1067页。
⑥ 《韩非子集释》增订本,陈奇猷校注,中华书局1958年版,第1057页。

循与自然哲学家相同的方法,追求变化中的不变和多样性中的统一。"智者们的原子论的社会建构主义、功利主义,正是对于民主社会的一种肯定性理解。"[①]

柏拉图是在伯罗奔尼撒战争时期成长的,当时雅典社会的弊端暴露出来,柏拉图的社会哲学便以拯救社会为目的,并具有理想性。与智者派的个人主义相对立,柏拉图持一种整体主义或社会有机论。他把国家比作人体,理想的国家是一个统一的有机整体,有社会分工,功能上耦合成一个整体;实行财产公有,以专制方式进行统治,使人过有道德的生活;认为当国家最像一个人的时候,它便是管理得最好的国家。

亚里士多德把社会结构看成一个整体,同时把最小单位视为集团,这样既避免了柏拉图所主张的社会整体论,也避免了智者派所强调个人或个人行为的"原子论"。他把社会状态分为四种:正常、良好、不良、理想。他主张从现实的可能性出发,去争取一种良好的状态,这体现了他的中庸思想。

(二) 西方近现代社会哲学思想

作为对于一种具有普遍意义的市场经济条件下的社会生活的反思,近现代社会哲学始于17世纪,在19—20世纪得到了长足的发展,深刻地影响了西方社会的现代化进程。

1. 社会契约论

在近代社会哲学史上,霍布斯第一个系统地提出了社会契约论。霍布斯认为,社会是一个通过契约联系起来的结构。自然状态下,不存在社会契约,人们处于不断战争之中。那么,人类如何走出这种战争状态呢?霍布斯指出,只有通过放弃某些个人权利才有可能形成和平统一的市民社会,即以某种契约义务把个人同某个主权国家联结起来,由国家以成文法的规定保障秩序与和谐。

约翰·洛克在《政府论》中论述了社会契约论思想。洛克的出发点在很大程度上与霍布斯是相同的,但他不同意霍布斯将自然状态等同于战争状态,认为自然状态是和平友善的,只是私有财产以及随之而来的社会不平等导致了社会冲突与利益分歧。洛克看到了契约背后的利益及其所有制基础。在他看来,人们之所以要联合成国家和置身于政府的权威之下,是因为自然状态有许多缺陷,建立国家和置身于政府的权威下的目的乃是有效地保护他们的财产或所有权。

---

① 王南湜:《社会哲学——现代实践哲学视野中的社会生活》,云南人民出版社2001年版,第17页。

卢梭是18世纪启蒙运动的代表，他的《社会契约论》为18世纪法国和美国资产阶级革命提供了理论纲领。他认为，人生而自由平等，国家只能是自由的人民自由协议的产物，如果自由被强力所剥夺，那么被剥夺了自由的人民有革命的权利，通过革命夺回自己的自由；国家的主权在人民，最好的政体应该是民主共和。

卢梭分析了社会不平等的原因。他认为，在自然状态中，人按其本性来说都是平等的；私有制的出现，形成了穷人和富人，结束了自然状态中的平等。人类的不平等是随着私有制而来的，是建立在私有制这个基础上的。不平等发展到顶点，就会爆发革命，以便建立新的、更高级的平等——基于社会公约的平等。卢梭把平等作为理想社会和国家得以建立的基本价值原则，推断出保护每个人的自由和所有权的必然性，使社会契约论在逻辑上更加彻底。

2. 结构主义

20世纪30年代初，随着各领域深入发展，学科之间的联系越来越密切，概念与方法便有相互融合的趋势，结构主义正是在这一背景下产生的。结构主义思潮最初在法国兴起，代表人物有索绪尔（1857—1913）、涂尔干、列维-斯特劳斯（1908—2009）等。

结构主义的主要观点如下。第一，提倡一种"整体论的观点"，主张一个系统的不同部分不应该相互独立地加以研究，各个部分，只有根据它们的相互关系，根据部分与整体的关系，才能得到理解。第二，倾向于优先考虑不变的东西而不是暂时易变的东西。结构主义寻求历时越长而越稳定的社会结构，贬低行动和事件的流动性。第三，反对实证主义。与实证主义根据直接观察来说明事物不同，结构主义承认远在观察到的现象表层之下有一个比较深层的实在层。第四，承认社会结构的约束性。结构主义倾向于认为，基本的结构在很大程度上制约和决定着人们的行动和思想，寻找这种结构是人文社会科学的主要任务。

在结构主义阵营中，列维-斯特劳斯是一位开创性的人物。受孔德（1798—1857）、涂尔干、马克思、索绪尔以及弗洛伊德（1856—1939）等人思想的影响，列维-斯特劳斯认为，人是一种能够把意义归附于事物的"意指性生物"。人们在各种文化和社会中观察到的秩序与规则，都是人类心灵结构化能力运用的结果。因此，研究者可以通过对各种人类文化和社会制度，如神话、图腾、婚姻制度、亲属制度乃至烹饪方式等的分析，来揭示人类思维的本质。他认为，在一些不同的文化和社会生活制度之间之所以存在一些共同的形态，是因为它们都为一些内在的、普遍的结构所支配。寻找这种内在和普遍的结构就是人文社会科学的首要任务。列维-斯特劳斯的这种思想对 20 世纪人文社会科学的诸多领域都产生了广泛而强有力的影响。

20 世纪 60 年代末,结构主义已发展成为两个不同的学派:一是由拉康(1901—1981)、德里达和福柯创立的后结构主义,二是布迪厄的生成结构主义和吉登斯(1938—)的结构化理论。这些学派进一步促进了现代西方社会哲学的发展。

3. 社会功能论

社会功能论形成于 20 世纪三四十年代初,兴盛于 50 年代。这一理论最重要的代表人物是美国社会学家塔尔科特·帕森斯(1902—1979)和罗伯特·金·默顿(1910—2003)。

社会功能论者坚持以下观点:其一,社会实践扎根于社会系统之中;其二,社会学家的任务是揭示比较深层次的社会合理性;其三,社会运行必须满足特定形态所需要的必要条件。

作为社会功能论者,帕森斯的研究有一个贯穿始终的主题,就是对行动系统的关注。一个行动系统的最低条件是:行动者依循动机来适应情境;行动者之间存在一套稳定的相互期待;行动者之间就正在发生的事有一套共享的意义。行动的概念把个体系统和社会系统融合在一个相互关联的模式中。他所说的系统具有以下特征:(1)各个部分之间是相互依赖的,因此一个部分的变化会对其他部分产生影响;(2)这种相互依赖是有序的,其一般趋势是朝向作为整体的系统的自我维持,即所谓均衡趋势,均衡也可能具有动态的特征;(3)尽管如此,这种均衡不一定是无限的,而只会在一定的界限内达成。"因此,当系统环境中存在可变性时,有效的内在过程就会启动,以使系统均衡免受这种可变性的影响。"①

帕森斯结构功能分析的重点是社会系统稳定与秩序的机制,其理论是通过讨论社会一般普遍性而建构起来的,具有高度概括性,是一种宏大理论。20 世纪 60 年代中期后,功能主义有些式微,但 80 年代后又重新兴起。

4. 社会批判论

社会批判论具有双重批判特质,一方面,它批判西方社会学理论的某些传统,如传统理论对现实社会持非批判态度,批判理论主张对西方社会现实进行批判,这种批判不仅仅停留在理论上,而且还转向对实践的批判;另一方面,它批判西

---

① [澳] 沃特斯:《现代社会学理论》,杨善华等译,华夏出版社 2000 年版,第 155 页。

方社会学理论的形式化倾向,认为西方社会学传统满足于"社会一般"而忽视"社会特殊",批判理论则重视对具体社会的探讨与批判。社会批判论的主要代表人物有马尔库塞(1898—1979)、哈贝马斯等。

马尔库塞在《单向度的人》一书中提出了一个著名论断:当代发达的工业社会正在成为"单向度的社会"[①],即"没有对抗的社会"、对现存的秩序只有肯定没有否定的社会。"单向度的社会"主要表现为以下四个方面。第一,新的控制形式整合了社会对立力量。工业社会利用科学技术将自己组织起来,比过去任何时代都更有效地支配人和自然,以技术为基础的新的社会控制形式,把社会所有真正的对立整合起来。第二,劳动阶级正发生着决定性转变,绝大多数被资本主义所同化,不再表现为现存社会的对立面。第三,发达工业社会具有包容质变的趋势。第四,技术理性的进步消解了"高等文化"中的对立因素与超越可能。马尔库塞在《单向度的人》中的理论逻辑是批判资本主义社会的过去,肯定资本主义社会的现在与将来。他认为工人阶级大部分被资本主义社会所同化,不再是革命的动力。他过高地估计了资本主义消除矛盾的能力,而低估了工人阶级革命的潜力。

哈贝马斯认为,应当把批判理论视为居于哲学和科学的交叉点上。他详细说明了批判理论与其他知识形式的关系。在早期著作《认识与旨趣》中,他区分了三种独特的知识形式:经验—分析的科学、历史—诠释的科学、批判的社会科学(即批判理论)。他将它们与技术、实践和解放这三种人类的认识旨趣相对应,指出每一种知识都是为了满足人类某一方面的旨趣而形成和发展起来的,从而揭示了知识与人类旨趣之间的联系和统一,并以此为基础对实证主义和历史主义等强调价值与事实分离的传统科学观进行了批判。[②] 他认为,社会批判理论的本质,是通过对现存社会关系和社会意识形态的批判,克服人们相互交往中因社会统治结构而造成的局限、混乱和歪曲,最终目的是促进人的自我解放。

哈贝马斯持一种技术决定论观点,认为科学技术革命成为剩余价值的源泉,也就是所谓的"机器创造剩余价值"。在当代发达工业社会,科技成为主要生产力,而劳动者的作用逐渐减少,许多劳动力被替代,因而,资本主义社会的政治问题转变为技术问题。

哈贝马斯分析了现存资本主义社会出现的新情况,提出了对其进行批判的理

---

① [美]马尔库塞:《单向度的人》,张峰译,重庆出版社1988年版,第1页。
② 谢立中编:《西方社会学经典读本》下册,北京大学出版社2008年版,第733页。

论要求，具有启发意义。但他用科技与人的矛盾取代资产阶级同无产阶级的矛盾，取代生产资料私人占有同生产社会化的矛盾，缺少现实依据。他把人类解放的途径设置在意识形态的批判领域，把社会意识批判置于社会制度批判之上，违背现实逻辑。资本主义社会批判首先应是对现实社会制度的批判。

三、马克思主义的社会哲学思想

马克思和恩格斯创立了历史唯物主义，揭示了社会生活的本质，阐述了社会发展的动力和规律，并描绘了社会发展的理想。这些构成了马克思主义的社会哲学思想。

（一）社会生活的本质

马克思对人的实践活动及其与社会的关系进行了深入而全面的探讨后，认为"全部社会生活在本质上是实践的"①。在唯物主义历史观中，实践是指人能动地改造物质世界的对象性活动。

首先，实践之所以构成了社会生活的本质，是因为人与自然的关系和人与人的关系共生于实践活动中。

其次，实践之所以构成了社会生活的本质，是因为实践决定社会生活。马克思说："人们为了能够'创造历史'，必须能够生活。但是为了生活，首先就需要吃喝住穿以及其他一些东西。因此第一个历史活动就是生产满足这些需要的资料，即生产物质生活本身……"② 物质实践创造着人们的物质生活，物质生活是人们社会生活的根本内容，直接决定人本质的社会关系也是在实践中生成的。所以，实践决定了社会生活，实践构成了社会生活的本质。

最后，实践之所以构成了社会生活的本质，是因为实践构成了社会发展的动力之源。马克思认为，所谓世界历史不外是人通过人的劳动而诞生的过程，社会发展是人的实践活动在时间中的展开。因此，社会发展的动力不可能产生于人的实践活动之外，它只能形成于人的实践活动之中。

（二）社会发展的动力和规律

马克思主义认为，生产力与生产关系、经济基础与上层建筑的矛盾是人类社会的基本矛盾，它们的运动发展构成了历史的基本规律，即生产关系一定要适合生产力状况的规律，上层建筑一定要适合经济基础状况的规律。③

---

① 《马克思恩格斯文集》第 1 卷，人民出版社 2009 年版，第 501 页。
② 《马克思恩格斯文集》第 1 卷，人民出版社 2009 年版，第 531 页。
③ 《马克思主义哲学》编写组：《马克思主义哲学》，高等教育出版社、人民出版社 2009 年版，第 163 页。

人类的第一个历史活动，就是物质生产活动，这也是每日每时都必须进行的基本活动，人类在物质生产活动中不仅形成了生产力，而且形成了同生产力相适应的生产关系。生产关系由生产资料所有制关系、生产中人与人的关系和产品分配关系构成，其实质是生产资料归谁所有、由谁支配。生产关系的总和构成社会的经济基础。当我们考察任何一个社会的经济基础时，都会发现在该社会的经济基础中，往往是多种生产关系同时并存并相互影响的。但是，各种生产关系并不占有同样的地位，起同样的作用。其中占据统治地位、起主导作用的生产关系，决定了经济基础的性质。

经济基础决定上层建筑。从内容上看，上层建筑由政治上层建筑和观念上层建筑构成。政治上层建筑反映的是阶级或阶层的经济利益，其核心是国家政权。观念上层建筑包括政治法律思想、伦理道德、文学艺术、宗教、哲学等意识形态。一般说来，在经济基础中占统治地位的阶级总是在观念上层建筑中占主导地位。一种特定的经济基础的存在和巩固，一种特定的阶级统治的存在和持续，不仅需要强制性的政治形态来规范人们的行为，而且需要非强制性的意识形态来影响人们的行为，使人们自觉地在该社会的秩序内活动。

生产力与生产关系、经济基础与上层建筑的矛盾运动形成了社会发展的基本规律。从内容上看，生产关系一定要适应生产力发展状况的规律首先表现为生产力的性质决定着生产关系的性质，生产力的发展要求生产关系变革。其次表现为生产关系反作用于生产力。当生产关系适应生产力的发展要求时，它就会推动生产力的发展；当生产关系不适应生产力的发展要求时，它就会阻碍生产力的发展。上层建筑一定要适应经济基础状况的规律首先表现为经济基础决定上层建筑，即经济基础决定上层建筑的生产、性质和变化发展及其方向。其次表现为上层建筑对经济基础具有反作用。具体来说，上层建筑通过"保护自己"与"排斥异己"的方式巩固和完善自己的经济基础，通过控制社会秩序为自己的经济基础服务。

生产力与生产关系、经济基础与上层建筑相互作用、相互制约，支配着整个社会发展的进程。生产关系一定要适应生产力的发展状况，上层建筑一定要适应经济基础状况，它们的共同作用构成了整个社会的矛盾运动。社会基本矛盾运动及其规律决定着社会形态的演变和更替。就人类整体而言，原始社会、奴隶社会、封建社会、资本主义社会和社会主义社会（共产主义社会的第一个阶段）这五种社会形态的依次更迭，根源于社会基本矛盾运动，体现了社会发展的基本规律。但是，就具体民族而言，社会发展并不是严格地按照这五种社会形态的序列演进的。这里，主体的选择性表现出重要作用。社会发展的规律性并不排斥不同民族发展秩序上的独特性，在这个意义上，社会发展是规律的决定性与人的活动的选择性的统一。

（三）未来社会的理想

基于历史唯物主义的立场，马克思主义对于未来社会理想的认识非常清晰，那就是社会主义社会和共产主义社会。这种社会理想既汲取了历史上所有进步思想家关于美好社会秩序的观念，又指明了实现这种社会理想的现实道路，因而具有强烈的现实性、指导性和历史感召力。

马克思主义经典作家关于未来社会的理想建立在对资本主义社会深刻批判的基础上。一方面，马克思、恩格斯充分肯定资本主义的发展是一个巨大的进步，对于生产力的解放具有革命性的意义；另一方面，他们也深刻地指出，以私有制为基础的资本主义生产关系和整个资本主义国家的上层建筑体系从根本上与现代化大生产不相适应，与人的全面发展的要求不相适应，与人类关于真正自由、平等、民主、公正的美好社会的期望不相适应。要解决这个问题，就必须通过社会革命推翻资本主义制度，建立社会主义制度，实现共产主义。

社会主义社会和共产主义社会的主要特征是：（1）在所有制关系上，公有制取代私有制，成为社会最基本的所有制形式；（2）在生产力发展水平上，由于无产阶级革命消除了束缚现代化大生产的生产关系和上层建筑的障碍，生产力发展水平得到空前提升，社会物质生活资料极大丰富，贫富差距问题得到进一步解决；

迟艳杰：《当代社会哲学的新发展》

（3）在生产关系或上层建筑层面，无产阶级或最广大的人民群众掌握了国家政权，人剥削人、人压迫人的阶级对立、阶级剥削现象消失，代之而起的是平等、友爱、互助、团结的新型社会关系；（4）在社会主义高度发展的基础上，最终实现向消灭阶级、消灭剥削、实现人的全面自由发展的共产主义社会过渡。那时，人类社会"将是这样一个联合体，在那里，每个人的自由发展是一切人的自由发展的条件"①。

马克思主义的社会哲学对社会生活的本质、社会发展的道路以及未来社会的理想等都进行了科学的解释，同时指明了实现这种美好社会理想的现实道路，论述了无产阶级在实现这种社会理想方面的历史使命，与历史上其他学者的社会哲

---

① 《马克思恩格斯文集》第 2 卷，人民出版社 2009 年版，第 53 页。

学思想有着根本性的不同。马克思主义的社会哲学思想是一百多年来社会主义运动的强大思想武器，对于我们今天开展历史教育、理想教育、价值教育，把握教育改革与发展的价值方向，回答培养什么人、怎样培养人和为谁培养人等教育根本问题，都具有重大的指导意义。

第二节　良好的社会秩序与教育

教育是为社会培养人，同时也通过培养人来服务和引领社会的进步。人与社会的关系问题始终是教育理论与实践中的一个根本问题。当前我国处于社会转型的重大历史变革时期，作为规范与协调社会秩序的伦理规范、法律规章、风俗习惯等，都受到了不同程度的冲击与挑战，人与社会的关系也变得更加多样而复杂，急需进行深入的思考和把握。

一、个人自由与社会秩序

（一）自由的定义

在古拉丁语中，"自由"（liberty）一词的含义是从束缚中解放出来。在古希腊、古罗马时期，"自由"与"解放"同义。英语中的 liberty 即源自拉丁文，出现于 14 世纪。而 freedom 在 12 世纪就已形成，同样包含着不受任何羁绊的自然生活和获得解放等意思。在西方思想史上，自由概念的含义和自由问题极其复杂。

1. 古代人的自由与现代人的自由

法国文学家和政治思想家贡斯当（1767—1830）将自由分为古代人的自由与现代人的自由。"古代人的自由在于以集体的方式直接行使完整主权的若干部分：诸如在广场协商战争与和平问题，与外国政府缔结联盟，投票表决法律并作出判决，审查执政官的财务、法案及管理，宣召执政官出席人民的集会，对他们进行批评、谴责或豁免……他们亦承认个人对社群权威的完全服从是和这种集体性自由相容的。"① 而现代人的自由是指只受法律制约而不因某个人或若干个人的专断意志受到某种方式的逮捕、拘禁、处死或虐待的权利；它是每个人表达意见、选择并从事某一职业、支配甚至滥用财产的权利，是不必经过许可、不必说明动机

---

① ［法］邦雅曼·贡斯当：《古代人的自由与现代人的自由——贡斯当政治论文选》，阎克文、刘满贵译，上海人民出版社 2003 年版，第 47 页。

或理由而迁徙的权利；它是每个人与其他个人结社的权利；它是每个人通过选举全部或部分官员，或通过当权者或多或少不得不留意的代议制、申诉、要求等方式，对政府的行政施加某些影响的权利。① 从他的这些论述中可以看出，他所说的自由就是政治自由，他所理解的古代人的自由与现代人的自由的分界线在于古代人的自由是一种政治自由、集体权利，而现代人的自由是一种公民自由、个人权利。

贡斯当不仅描述了古代人的自由和现代人的自由的区别，还探讨了造成这种本质区别的根源以及各自的局限，进而主张"我们决不是要放弃我所描述的两种自由中的任何一种……我们必须学会把两种自由结合在一起"②。

在兼顾政治自由与公民自由上，贡斯当寄希望于制度："制度必须完成人类的使命，如果某种制度能使尽可能多的公民升华到最高的道德境界，它便能最好地实现这一目标。"③ 由此，他认为，国家需要代议制，即大众希望维护自己的利益，但没有时间去亲自保护自己的利益，于是委托一定数量的人做他们的代表，这些人便被称为权力代表或政治代表。为保证代议制顺利有效实施，首先应该考虑的是权利代表这一机制本身，必须尽可能通过立法手段设计一种体制，能够对他们的代表形成一种积极而持续的监督，以便当代表背弃了对他们的信任时将其免职，当他们滥用权力时剥夺其权力。这样，既能控制代表，又不妨碍他们行动。其次是要通过教育、出版、公开辩论等言论自由，向自己的公民打开一个政治活动空间。最后还应该考虑宗教、审美和道德因素对维护自由的重要作用。

2. 马克思、恩格斯论自由

马克思、恩格斯对"自由"问题进行了许多探索。人类文明的历史，就是人类争取自由的历史。马克思在《1857—1858年经济学手稿》中提出，只有通过劳动人才能超越外在的障碍，能动地完成自我实现、自我创造。

"劳动尺度本身在这里是由外面提供的，是由必须达到的目的和为达到这个目的而必须由劳动来克服的那些障碍所提供的。但是克服这种障碍本身，就是自由

---

① [法] 邦雅曼·贡斯当：《古代人的自由与现代人的自由——贡斯当政治论文选》，阎克文、刘满贵译，上海人民出版社2003年版，第46—47页。
② [法] 邦雅曼·贡斯当：《古代人的自由与现代人的自由——贡斯当政治论文选》，阎克文、刘满贵译，上海人民出版社2003年版，第67—68页。
③ [法] 邦雅曼·贡斯当：《古代人的自由与现代人的自由——贡斯当政治论文选》，阎克文、刘满贵译，上海人民出版社2003年版，第68页。

的实现,而且进一步说,外在目的失掉了单纯外在自然必然性的外观,被看做个人自己提出的目的,因而被看做自我实现,主体的对象化,也就是实在的自由——而这种自由见之于活动恰恰就是劳动……"①

马克思这里说的自由,是指人的活动的状态。只有当主体的活动是出自"自我实现""个人自己提出的目的"的时候,才构成真正的自由。从这种自由的状态出发,马克思在《资本论》中进一步指出,"自由王国只是在必要性和外在目的规定要做的劳动终止的地方才开始"②。对于自由真正的实现,马克思进行了唯物主义的论述:"这个领域内的自由只能是:社会化的人,联合起来的生产者,将合理地调节他们和自然之间的物质变换,把它置于他们的共同控制之下,而不让它作为一种盲目的力量来统治自己;靠消耗最小的力量,在最无愧于和最适合于他们的人类本性的条件下来进行这种物质变换。"③

恩格斯在《反杜林论》中认同黑格尔"自由是对必然的认识"的思想,并克服了其唯心主义体系的局限。恩格斯的思想是:首先,承认客观必然性是自由的前提。"自由不在于幻想中摆脱自然规律而独立,而在于认识这些规律,从而能够有计划地使自然规律为一定的目的服务。"④ 其次,认识必然是自由的基础,即自由的获得要依靠人们对客观必然性的正确认识,"自由就在于根据对自然界的必然性的认识来支配我们自己和外部自然"⑤。最后,运用客观必然性改造世界是自由的标志。认识客观必然性及其作用,目的是有效地改造世界和人类社会。在实践中对必然性的认识是人们获得自由的基础,但是认识不能使客观现实发生变化,只有在能动地改造世界的实践中,人们获得改变现实的成果,才实现了预期的目的,也就获得了自由,这是具体的、现实的、真正的自由。

(二) 秩序与社会秩序

1. 秩序

"秩,常也。"秩序就是常度。《辞海》中对秩序的解释是"指人或事物所在的位置,含有整齐守规则之意"。秩序的原意是指有条理、不紊乱的情况,与"无序"相对。美国法学家埃德加·博登海默(1908—1991)认为,从法理学角度来看,秩序意指在自然进程和社会进程中都存在着某种程序的一致性、连续性和确定性。

---

① 《马克思恩格斯文集》第 8 卷,人民出版社 2009 年版,第 174 页。
② 《马克思恩格斯文集》第 7 卷,人民出版社 2009 年版,第 928 页。
③ 《马克思恩格斯文集》第 7 卷,人民出版社 2009 年版,第 928-929 页。
④ 《马克思恩格斯文集》第 9 卷,人民出版社 2009 年版,第 120 页。
⑤ 《马克思恩格斯文集》第 9 卷,人民出版社 2009 年版,第 120 页。

2. 社会秩序

一般而言，秩序可以分为自然秩序和社会秩序。自然秩序由自然规律所支配，如季节更替、潮涨潮落；社会秩序由社会规则所构建和维系，是指人们在长期社会交往过程中形成的相对稳定的关系模式、结构和状态。在这里，秩序的基本意思是有条理、有组织地安排各构成部分以求达到正常的运转或良好的状态。

社会秩序是在社会实践过程中创造出来的，从这一意义上说，社会秩序是一种人为的秩序。社会秩序是社会正常而有规律的活动状态，是保证社会生活正常进行的必要条件。良好的社会秩序具有三个基本的特征：其一，一定社会结构的相对稳定，最基本的是生产关系适合生产力，上层建筑适合经济基础的发展，以及在此基础上的阶级结构、人口结构、家庭结构、国民经济各部门、物质文明和精神文明、政治与经济的相对平衡；其二，各种社会规范正常运转，人们在社会生活中遵守和维护社会规范，保证正常的社会生活和工作；其三，将无序和冲突控制在一定范围之内。维护社会秩序是每一个社会存在和健康发展的重要条件，在不同的历史时期，良好的社会秩序具有不同的内容和形式。在阶级社会里，其本质是维护统治阶级的统治。

(三) 个人自由与社会秩序的对立统一

个人自由与社会秩序是对立统一的关系。个人与社会的关系，直接影响甚至决定个人自由与社会秩序的关系。在个体与整体、个人与社会的关系问题上，一部分思想家强调整体性，主张整体优于个别，社会优于个人，如在柏拉图、黑格尔等人看来，公民个人是为国家而存在的。另一部分思想家沿着相反的方向看待个体与整体、个人与社会的关系。如自由主义重要代表密尔从个人优先于社会的角度阐发个人自由，将个人自由置于首位，主张国家应为了个人而存在，应当尽可能少地限制个人自由，"国家的价值，从长远看来，归根结蒂还在组成它的全体个人的价值"[①]。

我们不能抽象地谈论个人与社会、个人自由与社会秩序的对立或者统一。因为无论是个人还是社会，也无论是个人自由还是社会秩序，都是与特定条件下的经济、政治、文化传统密切联系在一起的。个人与社会是不可分的，个人是社会的，社会由个人组成，个人自由与社会秩序是对立统一的。没有社会秩序，个人自由难以保证；没有个人自由，社会秩序必然僵化。秩序是自由的保证，自由是秩序的根据。现代社会的理想秩序是建立在个人的和集体的权利都得到法律保障

---

① [英] 约翰·密尔：《论自由》，程崇华译，商务印书馆1959年版，第125页。

和维护基础上的自由秩序，而不是建立在超强控制、剥削和压迫基础上的强迫秩序。

良好社会秩序的建设在于辩证地处理好个人自由与社会秩序的关系，在于既要保持社会的活力，又不导致社会的混乱；在于既能够继承社会良好的传统，又不阻碍社会面向未来的创新。从理论和实践、历史和现实的视野来看，建立良好的社会秩序，应当考虑它赖以存在的价值基础以及它们彼此之间的关系。

二、良好社会秩序的价值基础

党的十九大报告指出："从二〇二〇年到二〇三五年，在全面建成小康社会的基础上，再奋斗十五年，基本实现社会主义现代化。到那时，我国经济实力、科技实力将大幅跃升，跻身创新型国家前列；人民平等参与、平等发展权利得到充分保障，法治国家、法治政府、法治社会基本建成，各方面制度更加完善，国家治理体系和治理能力现代化基本实现；社会文明程度达到新的高度，国家文化软实力显著增强，中华文化影响更加广泛深入；人民生活更为宽裕，中等收入群体比例明显提高，城乡区域发展差距和居民生活水平差距显著缩小，基本公共服务均等化基本实现，全体人民共同富裕迈出坚实步伐；现代社会治理格局基本形成，社会充满活力又和谐有序；生态环境根本好转，美丽中国目标基本实现。"① 为实现这一伟大目标，十九大报告提出了"提高和改善民生水平，加强和创新社会治理"的伟大事业。党的指导思想是我国良好社会秩序建设的思想基础和价值追求。

（一）良好社会秩序的价值原则

1. 自由原则

自由是指一个人做某事免于他人或权力机构的约束或强制。个人追求自由并不意味着无约束，没有边界。他人的存在就是自由的约束，"他人的自由就是我的自由的边界，自由不可能最大化了，于是必须通过制度把自由转换为权利"②。作为良好社会秩序的基本价值，自由是对每个人权利的保护，个人权利是自由的表现。社会建设需要尊重个人自由，但个人自由又应以尊重社会规范为前提。

作为良好社会秩序的价值基础，自由在不同的历史阶段具有不同的内容。在古罗马，自由的原意是指从被约束、被虐待中解脱出来。资产阶级革命时期提出的自由，指"个性解放""政治自由"等，目的是反对封建专制制度。在社会主义

---

① 《中国共产党第十九次全国代表大会文件汇编》，人民出版社2017年版，第23页。
② 赵汀阳：《普遍价值和必要价值》，《世界哲学》2009年第6期，第60—70页。

制度下，劳动人民有了不受剥削和压迫的自由，并获得了人身、言论、通信、出版、集会、结社、游行、示威等自由。从来没有抽象的、普遍的自由，在不同的历史时期和不同的社会制度下，自由的内涵和具体要求都是相对的，不是绝对的。

2. 平等原则

平等原则是一种古老的理想社会秩序和关系的价值基础。孔子曾经说过："丘也闻有国有家者，不患寡而患不均，不患贫而患不安。盖均无贫，和无寡，安无倾。"① 在孔子看来，严重的社会不平等是导致社会动荡的重要根源。因此，历史上"均贫富"的思想一直是农民起义、反抗不合理社会制度的一个重要口号和行动纲领。

从内涵上看，作为良好社会秩序的价值基础，平等不单单局限于经济领域或分配领域，还广泛地体现在尊严、机会、权利、社会关系等各个领域。近代以来的启蒙思想家提出的"人人生而平等"的思想，肯定了人与人之间在人格尊严和自然权利方面的平等性。现代法治国家的建立保证了所有成员在经济社会和文化权利等方面的平等。女性主义运动催生了社会性别平等的理念。所以，现代平等的价值理念在内涵上十分丰富，总的来说是与历史上长期形成的特权、等级、歧视、排斥等思想相对立的。

3. 公正原则

公正，又称"公平""公道""正义"，在不同的语境下人们倾向于使用不同的词语。公平主要用于分配领域，且强调平等的一面。公道主要用于生活领域，带有比较明显的伦理评价意味。正义则突出反映在司法领域，要求一个人的罪与罚相称。从内涵上看，公正是一个关系范畴，是对一个人或某个社会群体从他人或特定社会组织（包括国家）那里得其所应得关系的概括。因此，"在人的社会关系中，凡所付和所得之间'相称的'，就是公正的；凡所付和所得之间'不相称的'，就是不公正的"②。与自由、平等等价值范畴一样，公正在性质上也是一个社会性和历史性的概念，公正与否的具体标准和适用范围在不同历史和不同社会中也有所不同。

公正也是一种古老的价值原则，是建立理想社会秩序的基石。《荀子·儒效》说："不学问，无正义，以富利为隆，是俗人者也。"③《孟子·离娄上》说："君

---

① 《论语译注》第2版，杨伯峻译注，中华书局1980年版，第172页。
② 袁贵仁：《马克思的人学思想》，北京师范大学出版社1996年版，第263—264页。
③ 《荀子》，方达评注，商务印书馆2016年版，第120页。

仁，莫不仁；君义，莫不义；君正，莫不正。"① 柏拉图的著作《理想国》的副标题就是"论正义"，讨论如何建立一个正义的城邦或国家。罗尔斯更是把正义看成社会制度的首要价值，就像真理是思想体系的首要价值一样。正义与自由、平等、权利、善、幸福、秩序等密切相关，是一种崇高的社会价值理想。从人与人、人与社会之间关系的角度，正义指向的是让每个人得其所应得。因而，正义还是一种评价标准，在政治、经济等领域规范人们的行为，是追求和谐、实现合作与团结、建设良好社会的条件。

4. 效率原则

效率是指消耗的劳动量与所获得的劳动效果的比率。效率原则指从一个给定的投入量中获得最大的产出。罗尔斯说："由于社会合作，存在着一种利益的一致，它使所有人有可能过一种比他们仅靠自己的努力独自生存所过的生活更好的生活；另一方面，由于这些人对由他们协力产生的较大利益怎样分配并不是无动于衷的，这样就产生了一种利益的冲突，就需要一系列原则来指导在各种不同的决定利益分配的社会安排之间进行选择，达到一种有关恰当的分配份额的契约。"② 这些分配的核心问题就是要正确处理效率与公平的问题。

要发展就要追求效率。如果不讲效率，就会造成资源浪费，发展缓慢、受阻甚至倒退。良好社会秩序的建设尤其是市场秩序的良性发展，必然会有"效率"的价值取向，引入竞争机制，并在分配中体现差异，从而推进社会经济快速发展。但是，追求效率的同时需要兼顾公平和关注和谐。

5. 和谐原则

和谐理念体现了中国传统文化的基本价值，"天人合一""和而不同"以及"致中和"等思想主张中都包含了丰富的和谐思想。和谐包含人与自然、人与人、人与自身、人与社会群体、人与国家等五个层面上的和谐。在构建和谐社会秩序中，要摆脱静态稳定的思维束缚，树立动态和谐理念，要对社会冲突与矛盾持理性宽容态度。不同的社会群体由于自身不同的社会地位、文化背景及价值观念的差异，在实现生活目标和人生价值的过程中难免会产生各种形式的利益冲突和价值冲突。和谐社会不是没有矛盾、没有冲突的社会，而是能够积极应对各种冲突、化解矛盾的社会。用和谐的方式处理各种利益冲突与矛盾，有助于形成"我为人人、人人为我"的社会新风尚。

---

① 《孟子译注》，杨伯峻译注，中华书局2010年版，第165页。
② [美] 罗尔斯：《正义论》，何怀宏等译，中国社会科学出版社1988年版，第2页。

（二）良好社会秩序价值原则间的关系

1. 自由与平等

自由与平等是创建良好社会秩序的两个价值原则，也是现代社会哲学所关注的核心概念。但是，不论是在历史上还是在现实生活中，个人自由与社会平等并不总是一致的，如果两者不加限制的话，甚至会存在矛盾。对自由的放任会牺牲社会平等的价值目标，极端的平等主义或平均主义也会妨害人们的自由。正如艾德勒（1902—2001）所认识到的："看不到或认识不到自由与平等需要限制这一点，我们就会在自由与平等的问题上犯严重的错误，同时我们也会感到，自由、平等与正义之间有着不可调和的矛盾。"① 在现实生活及历史发展中，个人自由不可避免地要受到社会法律和制度的规范与约束，不存在绝对的自由。若个人自由不加限制，必然会导致社会差别的不断扩大，并产生"马太效应"。反过来，如果一味地强调平等，甚至走上平均主义，其结果必然是抑制个人自由，并最终使社会失去活力。

2. 平等与公正

平等与公正也是两个既有联系又有区别，既相互支持又存在一定矛盾的价值范畴。从某种意义上来说，平等是公正的应有之意，"以平等对待平等"是公正的含义之一。例如，如果一个人对平等的诉求是基于其自然的或法定的权利的，那么，他的这个平等诉求理应得到满足，他也因此产生公正的体验。否则，他就会产生不公正的抱怨。但是，公正并不是在所有方面都体现为平等的要求，有时候也体现在不平等或差别对待的要求上。这主要体现在一些稀缺机会、资源、权利或荣誉的分配上，柏拉图所说的"以不平等对待不平等"就是这个意思。因此，公正也可以被理解为对平等与不平等的合理安排。合理与不合理的标准就看是否依据某些法律的、道德的、习俗的标准，使某个人或某个社会群体得其所应得。如果一个人的实际所得与其应得是相称的，那么他就算受到了公正的对待。如果一个社会能够保障每一个公民或社会群体得其所应得，那么这个社会就是一个公正的社会。

3. 公平与效率

公平与效率是矛盾统一的关系，两者既相互依存又相互制约。一方面，效率的提高是实现公平的基础。只有提高效率，才能促进生产力的发展，为实现共同

---

① ［美］穆蒂莫·艾德勒：《六大观念》，郗庆华、薛笙译，生活·读书·新知三联书店1991年版，第143页。

富裕提供物质保障。另一方面，公平又是提高效率的保证。分配合理，可以充分调动劳动者的积极性与创造性；分配不公，会严重影响劳动者的生产积极性，降低工作效率，阻碍经济发展。追求公平与效率的辩证统一是社会主义建设的本质要求。

三、教育与良好社会秩序的建设

（一）教育与社会秩序的关系

教育与社会秩序关系的问题，核心是教育与社会的关系。这个问题自20世纪以来一直是教育家们思考的一个主要问题。

1. 康茨的社会改造主义教育

乔治·康茨（1889—1974）是20世纪上半叶美国社会改造主义的主要代表。他的思想首先是建立在对20世纪30年代美国社会分析基础上的。他认为当时美国社会出现了两种基本情况：一是美国民主传统可能被极权主义代替；二是工业和技术社会的出现。他强调，随着工业社会的出现，历史传承下来的社会上的、政治上的、经济上的和教育上的制度、过程和价值必须进行重建，主张美国人民要把民主和工业结合起来，建立一个民主平等、政治自由、经济富足的社会新秩序。

康茨充分发展了杜威思想中强调社会发展的方面，特别是杜威的民主主义思想。但在学校与社会的关系问题上，康茨不赞同杜威"学校即社会"的思想，而是把学校看成改造社会最重要的工具。康茨在《学校敢于建立一个新的社会秩序吗？》中提出：教育必须"真正地、勇敢地面对每一个社会问题"①。

康茨的思想还源于他对进步主义教育的批判。改造主义者们自称是进步主义真正的继承者和最亲密的同盟者，因为改造主义与进步主义都深受杜威教育哲学思想的影响。1932年，康茨在进步教育协会全国代表大会上发表了题为《进步教育敢于进步吗？》的演讲，在肯定进步主义教育贡献的同时，他也批评说："进步教育运动的最大弱点是它已转移到了中上层阶级的手中；中上层阶级在工业主义的萌芽阶段，对重大的社会变革故意采取了不闻不问的态度。"② 他号召美国教师要有意识地争取权利，充分利用所获得的权利，积极影响下一代的社会态度、理想和行为。

---

① ［美］Howard A. Ozmon, Samuel M. Craver：《教育的哲学基础》，石中英、邓敏娜等译，中国轻工业出版社2006年版，第190页。
② 转引自：［美］劳伦斯·阿瑟·克雷明：《学校的变革》，单中惠、马晓斌译，山东教育出版社2009年版，第233页。

康茨的改造主义思想主要是把希望寄托在教育上，希望能通过教育来实现新的社会秩序的建立。他的思想并不被大多数公众所支持和理解，存在着"乌托邦"的色彩，但他促使人们更加关注社会问题，提出教育有助于建立新的社会秩序的思想至今仍有积极意义。

2. 阿普尔关于教育对社会作用的主张

迈克尔·阿普尔是美国当前批判教育理论的重要代表。1932年，康茨提出了一个问题："学校敢于建立一个新的社会秩序吗？"2013年，阿普尔在《教育能够改变社会吗？》一书中，对其仍然持肯定态度，他说："是的，学校可以成为参与社会变革的一个阵地。"

20世纪70年代的美国学校存在着强势群体和弱势群体，学校教育对不同群体有不同的意义，对于前者是社会的开放和流动，对于后者则是受社会的控制。从小在贫民窟长大的阿普尔站在社会中没有权力的群体立场上，批判教育中阶级、种族、性别的不平等。阿普尔期望通过教育的途径，建设一个"民主社会主义"的社会：在这样的社会中，人们愿意更多地展现彼此爱护（而非自私），个人也能够得到更多的解放（而非控制）。

阿普尔认为，仅仅批判是不够的，还必须去行动。他喜欢列举巴西阿雷格里港的实例，那里的教育积极分子们创造了一种与当地社区合作的民主教育系统。从中我们可以看出"大众治理"如何改善当地人民生活，特别是在贫民窟百姓生活中发挥的作用。促成这些实质性改进的核心机构就是学校，教师、图书管理员、编辑、课程专家都可以进行教育变革。

康茨的社会改造主义和阿普尔倡导的教育可以参与社会变革的主张，突出强调了教育者和受教育者通过行动参与社会秩序的改造和建设。教育通过培养人而促进社会的建设和发展，是20世纪以来教育家们对教育社会作用的共同认识，同时也是各个国家的教育思想和教育政策的基础。

（二）促进良好社会秩序的教育内容

创建安定团结的社会氛围，建设良好的社会秩序，教育能够发挥它的独特作用。就其内容而言，主要包括理想信念教育、法治教育、公德教育和尊重规则的教育。

1. 理想信念教育

理想，即人生的奋斗目标，是人对未来的向往和追求，是世界观、人生观、价值观在奋斗目标上的集中体现。信念标示着一种对终极价值的肯定和持有，表征着一种对终极价值的关怀。理想和信念都源于人的自我超越性，都是人精神层面的追求，都对人实现自我价值具有引导作用，但两者有区别。理想的内容具体、丰富，目标明确；信念是理想的高级形式，是使人产生深刻信任感的一种精神状态，更具有深刻性和持久力。

理想信念作为人的一种内在精神，是人格塑造的基础。理想信念对人的塑造是以"善"为基准铸造人的品性，通过影响思维方式来指导人的选择，充实人的精神寄托。理想信念通过强大的号召力和情感的凝聚力，使人追求至真、至善、至美的境界，达到知、情、意、行的统一。

理想信念是一个政党、一个民族、一个国家的精神支柱。一个社会如果失去了理想信念的支撑和维系，民心就会松散和混乱，就会引起行动选择的无序、精神支柱的坍塌；一个人如果没了理想信念，就会失去精神追求，成为错误思想的俘虏甚至腐化堕落。一个民族没有理想信念是可怕的，就像海上航行的船只没有航标一样，迷失方向，失去希望。因此，对公民的教育要加强树立远大理想信念的指引，正如习近平在2018年全国教育大会上所说，培养德智体美劳全面发展的社会主义建设者和接班人，要在坚定理想信念上下功夫，教育引导学生树立共产主义远大理想和中国特色社会主义共同理想，增强学生的中国特色社会主义道路自信、理论自信、制度自信、文化自信，立志肩负起民族复兴的时代重任。

2. 法治教育

法律作为维护社会秩序的重要手段，与道德相比，具有一定的强制性。2014年10月，中国共产党第十八届四中全会通过了《中共中央关于全面推进依法治国若干重大问题的决定》（以下简称《决定》），明确提出"坚持走中国特色社会主义法治道路，建设中国特色社会主义法治体系"，"增强全民法治观念，推进法治社会建设"。弘扬社会主义法治精神，树立社会主义法治理念，增强全社会尊法、学法、守法、用法意识，必须从每一个人的青少年时代就打下牢固的基础。为贯彻《决定》"把法治教育纳入国民教育体系"的要求，需要做到以下三点。第一，从制度建设上确保法治教育成为国民教育体系的重要内容。为此，要制定学校法治教育工作规程，设立法治知识课程，在活动中渗透法治教育的内容，优化教师队伍，整合活动资源，强化经费保障，建立健全考核督导环节。第二，遵循青少年成长规律特点，提高法治教育的实效性。第三，营造学校教育、家庭教育、社会教育紧密结合的良好环境。①

---

① 《党的十八届四中全会〈决定〉学习辅导百问》，党建读物出版社、学习出版社2014年版，第122—123页。

建设法治社会，需要营造一个守法光荣、违法可耻的社会氛围。这既是建设法治社会的重要条件，也是建设法治社会的重要任务。为此，需要多个方面共同推进。第一，用严格执法和公正司法引领守法光荣、违法可耻社会氛围的形成。第二，用领导干部带头守法带动守法光荣、违法可耻社会氛围的形成。第三，用加强法治宣传教育引导守法光荣、违法可耻社会氛围的形成。第四，用提高违法成本推动守法光荣、违法可耻社会氛围的形成。① 只有人民群众知晓法律和使用法律，法律才有活性。普法是培养公民法治意识和法治思维的重要方式，要健全普法宣传机制，把法治教育纳入国民教育体系，开展群众性法治文化活动，健全媒体公益普法教育，加强新媒体新技术在普法中的运用，引导全民自觉守法、遇事找法、解决问题靠法。

3. 公德教育

道德是指在人们生活实践中积淀于人内心的善恶观念，以及由此产生的情感和行为习惯，是调节人与人、人与社会、人与自然关系的规范体系。公德，即公民道德，是社会公民个体在参与社会公共生活中，在履行社会公共伦理规范的实践中，所应具备的社会公共伦理品质。公民道德对社会秩序的正常运行起着维系与推进作用，公民遵守道德规范是社会安定团结的重要保障。

从我国的历史和现实国情出发，社会主义道德建设要坚持以为人民服务为核心，以集体主义为原则，以爱祖国、爱人民、爱中国共产党、爱劳动、爱科学、爱社会主义为基本要求，以社会公德、职业道德、家庭美德以及生态道德为着力点，不断完善一个方向性和阶段性相结合、融民族性和时代性为一体、兼顾个体生活和社会生活各领域实际需求的新时代中国特色社会主义道德教育体系。

4. 规则教育

规则，是制定出来供大家共同遵守的制度或章程。社会规则，是社会发展过程中制定出来要求社会成员共同遵守的关于人们行为和社会关系的准则、标准、规定。社会规则包含以下几层含义：其一，社会规则在本质上是一种衡量与约束人们行为的准则；其二，社会规则面向全体社会成员；其三，社会规则反映了个体与社会之间的关系；其四，社会规则是在社会发展中衍生出来的。社会规则在一定程度上约束人们的行为，规范人们的习惯，将不良的观念或行为扼杀在萌芽阶段，规避或减少社会不安定因素。

---

① 《党的十八届四中全会〈决定〉学习辅导百问》，党建读物出版社、学习出版社2014年版，第118-120页。

社会规则的重要作用表现在三个方面。其一，调节润滑作用。社会规则最基本的作用是重新分配"市场份额"，协调社会成员间的利益冲突，调节人际关系，使社会得以良性发展。其二，激励防范作用。社会规则对"善"的行为加以鼓励，对"恶"的行为加以防范，明确何种行为可以发生，何种行为应该制止，从而维护安定团结的社会秩序。其三，惩罚弥补作用。社会规则可以在一定程度上规范人们的行为，对破坏社会规则的行为加以处罚惩戒，减少此类行为的发生，但社会规则并不能彻底消灭不良行为，对消极行为所造成的社会破坏，可以在不同程度上加以弥补，促进社会和谐。

良好社会秩序的运行与维系依靠社会规则，社会秩序离开规则便会混乱无序。因此，国家、社会与个人都应该增强规则意识，这就要求尊重规则的教育。通过教育，提高公民的规则意识，使公民重视规则，尊重规则，进而遵守规则，从而维护良好社会秩序，建设中国特色社会主义事业，构建和谐社会。

第三节 公民意识与公民教育

公民意识是公民对公民角色及其在现代社会进步和发展中作用的认识。我国要建设民主法治的社会主义国家，首先就要培养全体人民尤其是广大青少年的公民意识，公民的权利意识和义务意识是公民意识的核心。

一、公民的权利与义务

（一）公民的含义

"公民"一词最早起源于古希腊，英文为 citizen，由 city 一词演化而来。它是一个历史性的概念，最早用于古希腊城邦的奴隶制民主国家，并为古罗马所沿用。当前，"公民"是指具有或取得某国国籍，并根据该国宪法和法律规定享有权利和承担相应义务的人。

（二）公民的权利与义务

1. 权利的含义

公民权利指法律规定的公民所享有的各种权益，通称为公民权。我国宪法对公民的政治权利和自由有明确规定。例如，中华人民共和国年满十八周岁的公民，不分民族、种族、性别、职业、家庭出身、宗教信仰、教育程度、财产状况、居住期限，都有选举权和被选举权；但是依照法律被剥夺政治权利的人除外。又如，中华人民共和国公民有言论、出版、集会、结社、游行、示威的自由和宗教信仰自由；中华人民共和国公民的人身自由、人格尊严、住宅不受侵犯；等等。

2. 义务的含义

义务是主体所承担的一种责任，一切规范中都有义务的规定。公民义务是指法律规定公民所承担的一种责任。公民义务包括遵守宪法和法律、交纳税款、服兵役、接受教育、保守机密及其他民事义务。

公民必须履行政治义务，每个中国公民都应当把自己的命运与国家盛衰、民族兴亡紧密联系在一起，自觉遵守宪法和法律，维护国家安全、荣誉和利益，依照法律自觉服兵役并参加民兵组织，维护国家统一和民族团结。这些都是每个公民义不容辞的义务。

3. 权利与义务的关系

公民的权利和义务以一致性为基本特征，即在社会主义条件下，权利和义务所代表的阶级利益是一致的，权利和义务的主体是一致的。具体表现在以下几个方面。

其一，权利与义务相互依存、相互制约，具有对等性。

权利和义务是对立统一的。义务是实现权利的前提，权利是履行义务的基础。无论什么人，在享受宪法和法律规定权利的同时，都必须履行宪法和法律规定的义务。不允许任何人只享受权利而不履行义务，也不能以履行义务为借口来侵犯其他公民的正当权利。

权利与义务之间是互相制约的。宪法赋予公民以广泛的权利和自由，同时也明确规定：中华人民共和国公民在行使自由和权利的时候，不得损害国家的、社会的、集体的利益和其他公民的合法自由和权利。这一规定是公民行使权利时必须遵循的准则，这表现了权利总是伴随义务而存在，并受义务所制约。

其二，权利和义务不可分离，公民既是权利主体，又是义务主体，具有对应性。

在社会主义制度下，公民的权利和义务紧密结合，不可分离。我国宪法规定："任何公民享有宪法和法律规定的权利，同时必须履行宪法和法律规定的义务。"我国是人民当家作主的国家，人民与国家休戚与共，国家的利益与人民的利益是一致的。国家建设是为了保证和扩大人民当家作主的权利，不断提高人民物质文化生活水平。公民自觉履行对国家和社会的各项义务，也是为了把国家建设成高度文明的社会主义强国。国家在保障公民充分享受权利的同时，不允许公民随意损害国家利益和他人的权利。

其三，公民享受权利和承担义务是平等的。

根据我国宪法规定，所有公民，不分民族、种族、性别、职业、家庭出身、宗教信仰、教育程度、财产状况、居住期限，在法律面前一律平等。所有公民平等地享受宪法和法律规定的权利，平等地履行宪法和法律规定的义务。在法律适用上，不允许任何人享有超越宪法和法律的特权，任何人违法和犯罪都要受到法律的追究和制裁，也不允许任意加重别人的义务。国家对公民的法定权利给予一视同仁的保护。

因此，我们要摆正权利和义务的关系，不能片面理解宪法和法律赋予的权利，把权利和义务分割开来，只讲权利，不讲义务；也不能只讲个人利益，不讲国家集体利益。正如马克思所说："没有无义务的权利，也没有无权利的义务。"①

二、公民教育的历史与现实

公民教育是对全体公民进行的，以尊重人的独立为前提，以唤醒人的公民意识、提升人的公民素质为目标的教育。我国公民教育的主要任务是提高中国人尤其是青少年一代的公民意识，培养德智体美劳等全面发展的社会主义合格公民。

檀传宝：《论"公民"概念的特殊性与普适性——兼论公民教育概念的基本内涵》

（一）我国公民教育的历史发展

"公民"是近代传入我国的一个概念。我国公民教育的历史可以分成三个阶段：晚清公民教育的萌芽、民国时期公民教育的确立和当代社会主义公民教育的兴起。

1. 晚清公民教育的萌芽

我国公民教育萌芽于清末。鸦片战争后，受列强欺辱的中国人开始反思并向西方学习，一些有识之士积极探索"教育救国"之路。严复对国民性进行了批判，在《原强》中，他提出了"三育救国论"，认为中国要走向富强之路，就要从教育入手，从力、智、德三方面去改造中国传统的人格，强调"鼓民力""开民智""新民德"，并将民主与道德引进公民道德教育。梁启超从内治和外交两个方面阐述了"新民为今日中国第一急务"②，提出塑造具有"新道德、新思想、新精神的新型国民"。理想"新民"不仅仅指个人，更多的是指群民，即国民。"凡一国之

---

① 《马克思恩格斯文集》第3卷，人民出版社2009年版，第227页。
② 梁启超：《新民说》，《饮冰室合集》第6卷，中华书局1989年版，第1页。

能立于世界，必有其国民独具之特质，上自道德法律，下至风俗习惯文学美术，皆有一种独立之精神。"[①] 梁启超倡导进取和冒险精神，阐述了公德、私德、尚武、毅力等品质；要求"新民"树立权利思想，论及了国家思想和西方市民具有的选举能力。梁启超的《新民说》第一次触及了公民教育的实质，是我国公民教育思想的萌芽。

2. 民国时期公民教育的确立

1912年辛亥革命胜利，蔡元培就任南京临时政府第一任教育总长，主张引进西方教育理论，采用西方教育制度，废止以忠君、尊孔、读经为中心的教育。蔡元培提出"五育并举"的教育方针，认为军国民教育、实利主义教育、公民道德教育、世界观教育和美育五者不可偏废，并特别强调"以公民道德教育为中坚"。蔡元培"五育并举"的公民教育思想具有鲜明的民主共和精神，并为公民教育思想进入学校开启先河。1922年国民政府颁布新学制，确立了作为独立学科的"公民科"，以实施公民教育为目标，这标志着我国正规学校公民教育的确立。当时还有一些教育家也倡导公民教育，如晏阳初认为，公民教育思想旨在养成平民的公心与合作精神，从根本上启迪平民的智慧与公民常识，提升民族意识情感，训练自制能力，培养法治精神。这些教育家倡导的公民教育反映了内忧外患环境中的民族危机感，救国图强的人们开始注重公民意识的培养，促进国民素质的全面养成。

3. 当代社会主义公民教育的兴起

我国在1954年以宪法的形式确立了社会成员的公民身份和公民资格，公民教育进入一个新阶段。20世纪80年代后，随着社会主义市场经济和社会主义民主政治的发展，公民教育重新受到重视。1985年颁布的《中共中央关于改革学校思想品德和政治理论课程教学的通知》中，决定在初中开设公民课。1995年，国家教委颁布《中学教育大纲》，把公民教育列为德育的组成部分，强调公民权利与义务的辩证统一关系，重点培养公民的责任感和义务感。中共中央2001年颁布《公民道德建设实施纲要》，公民教育从学校拓展到全社会，我国公民教育进入了全面推进和发展时期，公民教育的研究也不断深入和发展。2010年颁布的《国家中长期教育改革和发展规划纲要（2010—2020年）》明确提出，要"加强公民意识教育，树立社会主义民主法治、自由平等、公平正义理念，培养社会主义合格公民"。党的十八大凝练了"富强、民主、文明、和谐，自由、平等、公正、法治，

---

① 梁启超：《新民说》，《饮冰室合集》第6卷，中华书局1989年版，第6页。

爱国、敬业、诚信、友善"的社会主义核心价值观,其中,"爱国、敬业、诚信、友善"就是公民层面的价值要求。习近平认为,它们回答了"培育什么样的公民的重大问题"①,为新时期社会主义公民教育的目标和任务指明了方向。公民教育作为社会主义民主建设的重要组成部分,在某种程度上成为沟通国家政治建设与公共教育之间的桥梁。

(二)西方公民教育的历史

1. 古希腊时期的公民教育

西方公民教育实践最早起源于古希腊。在古希腊,城邦的繁荣昌盛与公民的命运息息相关。在古希腊人看来,公民的德行是城邦存在的基础和前提。雅典重视培养公民的正义、忠诚、勇敢、节制等品德,以及智慧和审美力,以便他们能够有效地参加民主社会生活。亚里士多德把公民的普遍性质概括为两点:凡有权参加议事和审判职能的人,就可以说他是那一城邦的公民;城邦的一般含义就是为了要维持自给生活而具有足够人数的一个公民集团。② 他在《政治学》中强调了公民教育的重要性,认为教育是民主政治的一部分,是国家最重要的工作,用以训练公民行使参政权的能力和培养人们遵纪守法的习惯。

2. 近代以来的公民教育

17世纪以来,资本主义生产关系开始萌芽,文艺复兴运动打破了宗教神学的禁锢统治,西方社会的市民意识开始觉醒。为了巩固新的社会制度,培养国民的公民意识和爱国心、责任心,西方各国资产阶级政府认识到实施公民教育的意义。法国是最早开始实施公民教育的国家,其公民教育也具代表性。法国大革命的成果之一就是把培养公民作为教育的首要目标,并重新赋予社会成员平等的公民身份。18世纪后,在西方一批资产阶级思想家的倡导下,在西方国家民主改革与发展的推动下,公民教育得以发展并逐渐走向勃兴。进入19世纪70年代以后,西方各国的资产阶级民主共和政体相继建立,公民教育成为资本主义各国中小学课程的公共必修课。

近代早期的公民教育,多以培养公民的国家意识和公民意识为目标。各资本主义国家根据各自的实际情况改革公民教育,使之向更有利于完善民主制度、培养公民能力、鼓励政治参与和履行义务的方向发展。西方国家公民教育思想非常丰富,在不同历史时期呈现出不同的特点。自由、平等、人权、法治、契约、公

---

① 《习近平谈治国理政》,外文出版社2014年版,第168-169页。
② [古希腊]亚里士多德:《政治学》,吴寿彭译,商务印书馆1965年版,第113页。

平与正义等公民价值观的确立,不仅促进了资本主义的发展,而且对全世界都产生了重大影响。

洛克最早提出了自由主义原则,他系统阐述了天赋人权的思想,提出自由包括政治自由、财产自由和思想自由,提出政府的建立是基于人民的同意等主张。自由主义的公民教育观以公民资格为基础,目的在于培养具有民主性格和批判能力的公民,使每一个富有个性的人都能学习公共生活准则,掌握公共价值观并有能力适应公共生活。自由主义的公民教育观重视人的平等和政治中立,承认价值多元,强调理性和公民身份的认同,肯定个人权利的重要性。当代新自由主义继承了传统自由主义的普遍公民资格观,主张个人自由的权利是第一位的,个人拥有追求生活方式和价值理想的自由。

共和主义的公民教育思潮起源于古希腊、古罗马时期的政治思想,在文艺复兴时期得到了振兴与发展。共和主义的公民教育所培养的公民,是一种通过公民德行以实践社群公益的公民。① 在共和主义者看来,公民德行是公民的一种美德,公民在其指引下达到个人利益与公共善的良好平衡状态,内容主要包括爱国与勇敢、人格尊严、节制、公正、智慧、宽容等公民品格,这些公民德行既是实现公共善的必要条件,也是共和主义公民资格的重要组成部分。与自由主义者不同,共和主义者首要强调的不是个人的权利,而是公共利益,当个人利益与公共利益发生冲突时,个人利益要做出适当的让步甚至牺牲。共和主义的公民教育强调公民积极参与公共事务,让公民自己去体认公共生活的规则,理解作为一个公民的意义并培养参与公共社会的意识与能力,能够实践公民责任与义务。

社群主义是在批判新自由主义的过程中逐步发展起来的,强调公民资格的重要性和社群关系的认同。如迈克·华尔采(1935—)指出,社群的参与者自我约定相互分工和交换,并共享利益,而在所有人类社群中,参与者相互分配的最基本利益就是成员资格。② 公民除了是一个社群的成员,具有成员资格所赋予的权利和义务外,公民的认同和公民的德行才是公民资格所具有的最核心意义。因为公民认同才使得公民身份具有意义,而具有公民德行才能使公民身份得以具体实现。公民认同与公民德行的培养也是社群主义公民教育的重要内容。社群主义强调的公民德行是激发每一位公民的潜质去实现社群的共同善,使每一位公民都能成为具有自我认同、良好社群意识的健全自律的社会成员。

---

① 胡艳蓓:《当代西方公民教育思想述评》,《国外社会科学》2002年第4期,第37-41页。
② 俞可平:《当代西方政治哲学的政治流变:从新个人主义到新集体主义》,《社会科学战线》1998年第5期,第102-110页。

进入 20 世纪八九十年代，经济全球化对公民教育提出了新挑战，公民教育的目标增加了培养人的全球意识和跨文化理解的能力，产生了多元文化主义的公民教育主张。多元文化主义者批判自由主义公民观是一种同化论的理想，其平等仅是形式上的而非实质上的，认为当今社会是一个多元异质的社会，任何强调单一的"同质"，都不利于个人与族群间多元的需求。因此，多元文化论者提出"差异的公民资格"，主张从政治和法律的角度赋予族群特殊权利，以解决各种冲突。多元文化主义公民教育的内涵在于，帮助公民了解并肯定其社群文化的价值，提供使族群文化延续的机会，并且通过多元文化的学习进一步使其免受自身所属文化的限制，以寻求一个可以使多元价值获得实践的理想社会，并且可通过民主政体的支持，使国家体系中分歧的个人或族群文化价值获得认同与尊重。

三、公民教育：培养社会主义的合格公民

改革开放以来，我国社会主义市场经济和社会主义民主法治建设快速发展，迫切要求教育为社会培养合格的和高素质的公民。公民教育是使公民成为依法享有权利和履行义务的责任主体，成为在政治、经济、文化及社会生活中有效成员的过程。综合上述中外公民教育的思想，基于建设高度的社会主义民主政治、扩大社会民主参与、民主监督的立场，当前我国的公民教育从内容和形式上可以分为公民认同教育、公民道德教育和公民参与教育。

（一）公民认同教育

公民是一种身份，更是一种意识。如果一个人没有公民意识，即使依照法律获得公民身份，也不会有相应的公民行为，在公共生活领域中更不会承担公民责任。公民意识教育就是促进人们尤其是青少年的公民认同的教育。公民认同表现为国家认同、社会认同、民族认同。公民认同教育是现代国家主权在教育领域中的维系，是构建现代民主国家、推进社会民主的重要内容。

1. 国家认同

公民是一种政治身份，国家认同是公民认同教育的核心。社会主义核心价值观中关于良好公民品格第一位的就是"爱国"。国家是人类社会重要的政治共同体，承担着重要的政治功能，是国家内各民族、各阶层和亿万人民共同的精神家园。国家认同的内涵非常丰富，但最根本的就是认同这个国家的政治制度以及与之相关的地理风貌、历史传统、经济制度、生活方式、文化符号、民俗节日，认同为这个国家的诞生和发展做出杰出贡献的历史人物以及他们的英雄事迹等。国家认同既包括情感上公民个体与国家之间联系的建立，也包括理智上对国家历史

和现实的积极认知，还包括行动上为实现国家梦想而努力奋斗和责任担当。当前在我国大中小学开展国家认同教育，就是要以社会主义核心价值观为引领，采取多种途径和方法，培养青少年学生热爱党、热爱祖国、热爱人民，牢固树立对中国特色社会主义的道路自信、理论自信、制度自信和文化自信，激励他们为实现"两个一百年"战略目标和中华民族伟大复兴的中国梦刻苦努力、成人成才。正如习近平在2018年全国教育大会上所强调的那样，广大教育工作者要在厚植爱国主义情怀上下功夫，让爱国主义精神在学生心中牢牢扎根，教育引导学生热爱和拥护中国共产党，立志听党话、跟党走，立志扎根人民、奉献国家。

2. 社会认同

社会认同是公民认同的基础。人是社会的人，离开社会，个人就无法生存和发展。个体对社会的认同包括个体对社会的价值观和社会道德规范的认同，是个体遵从和适应社会规范、顺利实现社会化的过程。对公民实施社会认同教育，一方面要切实加强社会主义道德建设、以德治国；同时要加强法制建设，把法制建设与道德建设、依法治国与以德治国紧密结合起来，形成有法可依、有德有序的社会环境；另一方面要维护社会公平和正义，提高人民物质和文化生活水平，建设和谐富强社会，从而提高公民的社会认同。

3. 民族认同

民族是人们在历史上形成的一个有共同语言、共同地域、共同经济生活以及表现在共同文化上的共同心理素质的稳定的共同体。民族认同就是人感觉到同属于一个民族共同体的心理过程。在国家的形成和发展过程中，民族认同具有强大的正能量，有助于培育民族精神和增强民族凝聚力。在单一民族国家，民族认同与国家认同是重叠的，民族认同教育与国家认同教育也是重叠的。但是，像中国这样一个多民族统一的国家，民族认同教育要处理好各民族自我认同与中华民族认同之间的关系，在中华民族认同的大前提下思考各民族自我认同的问题。因此，在当代中国实施民族认同教育，首要的是树立中华民族多元一体的观念，用大量历史的、现实的客观证据讲清楚中华民族"多元一体"的内涵以及"多元"与"一体"的辩证关系，倡导民族平等，维护民族团结，促进民族和谐，反对民族分裂，弘扬和培育中华民族精神和文化。这对增强中华民族的凝聚力和综合国力，实现全面建成小康社会的奋斗目标和社会主义现代化具有重要意义。

(二) 公民道德教育

公民道德是公民个体在参与社会公共生活的实践中，所应当具备的社会公共伦理品质。这个品质的内容非常丰富，包括文明礼貌、正义感、社会责任感、平等、宽容、诚信、感恩、同情心、互助、仁慈、善良、爱国主义、人道主义和国际主义，等等。

2001 年，我国颁布了《公民道德建设实施纲要》，在全社会大力倡导"爱国守法、明礼诚信、团结友善、勤俭自强、敬业奉献"的基本道德规范。党的十八大报告从建设社会主义文化强国的全局出发，把全面提高公民道德素质作为社会主义道德建设的基本任务。党的十八大报告特别提出社会主义核心价值观：富强、民主、文明、和谐，自由、平等、公正、法治，爱国、敬业、诚信、友善，这是社会主义核心价值体系的内核和精髓。针对这 12 种核心价值观，习近平指出："富强、民主、文明、和谐是国家层面的价值要求，自由、平等、公正、法治是社会层面的价值要求，爱国、敬业、诚信、友善是公民层面的价值要求。这个概括，实际上回答了我们要建设什么样的国家、建设什么样的社会、培育什么样的公民的重大问题。"① 就公民层面核心价值观的四个要求而言，爱国涉及公民个人与国家之间的关系，不爱国的人算不上是合格的公民；敬业涉及公民的职业态度和伦理，要求公民在职业生活中有高度的责任感和刻苦钻研、精益求精的精神；诚信既是中华民族一种传统的美德，也是针对当前社会诚信不足的现状而言的，要求公民个人在公共生活中言而有信、信守承诺；友善也是一种传统的美德，要求公民个人之间友好相处、守望相助、拒绝冷漠。总之，社会主义核心价值观的提出，为社会主义公民的道德教育指明了方向。

（三）公民参与教育

公民参与教育是国家为公民提供直接参与社会公共事务与公共生活的机会，从而使公民在具体行动和切身体验中强化公民意识、履行公民责任和义务并不断提高服务社会和国家能力的过程。公民素质只有在实践活动中才能养成，并且也只有通过实践体现。通过公民参与教育，作为个体的公民与社会和国家之间的积极联系才能建立和加强。

针对青少年的公民参与教育的实践体系包括两个基本层面：一是参与学校公共生活，二是参与社会和国家公共生活。学生参与学校公共生活，对于培养学生的公民素质具有重要意义。学校应该采取有效措施健全和完善学生参与公共生活的途径和渠道，为学生积极创设参与公共生活的机会和平台，更好地促进学生公民意识的形成、公民能力的提高。如实行班级民主管理，学生直接参与学校公共事务管理，积极组建学生社团等。

---

① 《习近平谈治国理政》，外文出版社 2014 年版，第 168-169 页。

社会公共生活的参与式教育，一是要引导学生和成年人参与社区卫生、交通、环境建设等公共活动，潜移默化地培养公民意识。二是组织社会活动，引导社区成员养成公民意识，增强对公民权利的认识，同时履行公民责任和义务。

公民素质的养成要从小抓起，也是终身实践的过程。公民参与教育实现了学校生活和社会生活的贯通，也为社区公民实践提供了有效途径。公民教育是一个社会教化过程，真正的公民教育不仅是培养公民的实践，而且本身就是公民的实践形式之一。坚持社会主义的公民教育理想，使学校教育和社会活动成为培养公民的生活形式，才能培育出社会主义的合格公民，造就德智体美劳全面发展的社会主义事业建设者和接班人。

小　　结

无论是学校教育，还是广义的社会教育，都是一种社会实践活动。社会哲学是对社会共同体成员的社会生活的反思，是对人与社会相互作用方式的思考，是对社会结构、社会发展方式及理想社会秩序等社会根本问题的探寻。中国传统儒家提出和谐社会的理想，道家论证了小国寡民及无为而治的必要性与可能性，法家则强调法术结合以实现理想的社会秩序。在西方，古希腊时期柏拉图的社会有机体比喻以及亚里士多德的社会整体论思想影响深远；近代以来，社会契约论、结构主义、社会功能论、社会批判论对社会的本质、社会秩序的形成、发展的动力等都提出了自己的理论主张，形成了不同的社会哲学流派。马克思主义则从历史唯物主义的角度对社会生活的本质、社会发展的动力和规律以及人类社会的未来理想做出了科学的说明和解释，为分析现实社会问题提供了最强大的工具。

社会秩序是在社会实践过程中创造出来的。良好的社会秩序与个人自由是辩证统一的，在观察社会和开展教育活动时，绝不能将这两者割裂开来、对立起来。良好社会秩序有三个基本的特征：社会结构的相对稳定、社会规范正常运转、将无序和冲突控制在一定范围之内。自由原则、平等原则、公正原则、效率原则、和谐原则是现代社会建立良好秩序的价值原则。教育是构筑理想社会、形成良好社会秩序的基石，教育者应以积极的姿态参与理想社会的建设。理想与信仰的教育、法治教育、公德教育和尊重规则的教育都是建构和改善个体与社会关系的重要力量。

现代教育参与现代社会建设的重要途径之一就是培养公民，在我国就是培养有志于建设中国特色社会主义的合格公民，造就德智体美劳全面发展的社会主义建设者和接班人。公民的权利和义务以一致性为基本特征，公民既是权利的行使者，又是义务的承担者。公民教育无论在西方还是在我国都有很长的历史，是现代国家和社会秩序建设的重要力量。在我国，公民教育必须坚持社会主义方向，体现中国特色社会主义民主制度的要求，把公民认同教育放在首位，同时开展公民道德教育和公民参与教育。公民素质只有在实践活动中才能形成，学校教育应该设计多种多样的活动，为青少年学生社会主义公民意识、能力和信念的形成创造良好的条件。

思考题

1. 试比较儒家、道家、法家的社会哲学主张。
2. 马克思主义社会哲学的主要思想有哪些？
3. 如何理解个人自由与社会秩序的对立统一关系？
4. 良好社会秩序所需要的基本价值有哪些？为什么？教育能发挥怎样的作用？
5. 如何理解公民教育对当代中国的意义？你认为学校教育如何才能培养合格的中国特色社会主义公民？

第九章　文化哲学与教育

《易经》中说："刚柔交错，天文也。文明以止，人文也。观乎天文，以察时变。观乎人文，以化成天下。"① 这句话深刻地说明了文化与自然、文化与人、文化与教育的关系。对不同历史时期这种关系的研究和反思也因此成为文化哲学和教育哲学的一个重要任务。

第一节　文化哲学概述

文化是理想的生活方式。文化哲学是对文化的本质、演化及其与人的关系的哲学探讨。文化哲学思想源远流长、博大精深。从历史上看，每种文化传统都有自己的文化哲学思想。

一、中国传统的文化哲学思想

中国的文化哲学虽无系统的理论形态，但可以从传统文化资源中发掘出文化哲学思想，其主要脉络可以追溯到春秋战国时期的诸子百家，如儒家、道家、墨家等。各家对于文化的本质、文化与自然、文化与人、文化与政治以及不同文化之间的关系等方面的丰富论述直接影响了他们的教育思想与实践。

（一）儒家的文化哲学思想

在中国古代思想家中，儒家可以说是最重视文化及其学习价值和教育意义的，对于文化问题上的天人、古今、义利、道器等问题都有系统的论述，这构成了儒家教育思想的文化哲学基础。

人类的文化有其自然的基础，是对自然的利用和创造性表达。儒家在论述人类文化的起源时，常常会论及自然，思考自然与文化的关系，并形成一个深刻的命题：天人合一。"天人合一"有非常丰富和深刻的思想内涵，一方面以"天人相分"为前提，把人看成与"天""地"并列的一极，高扬人的主体性，另一方面又强调天人和合，劝导人们在文化生活中敬畏、顺从与遵循"天"或"天命"，"祭天""拜天""奉天""谢天"的各种制度、仪式和话语由此而生。孔子虽然很少

---

① 《易经》，苏勇点校，北京大学出版社1989年版，第42页。

谈论天命，但也明确说过"为政以德，譬如北辰居其所而众星共之"①，以北极星在星空中的位置喻指道德在政治生活中的作用。孔子还说过"凤鸟不至，河不出图，吾已矣夫！"②之类的话，表达出他对天命的某种信仰。当然，儒家的天人合一思想中存在一些神秘主义的成分，这是我们在学习时应当加以批判的。

文化是历史的产物，反映了历史上人们对理想生活方式的思考和追寻。儒家对于文化的历史性有着深切的认知，在文化的古今关系上非常重视古代经典的学习，强调温故知新、推陈出新和返本开新。这也是历代儒家强调教育价值尤其是经典学习的重要原因。孔子本人就是仰慕古代优秀文化的典范。他说："周监于二代，郁郁乎文哉！吾从周。"③ 又说："温故而知新，可以为师矣。"④ 孔子对于古代文化也不是无批判地兼收并蓄，像他自己所标榜的那样"述而不作"，而是有选择地加以继承和弘扬。孔子对文化上古今关系的态度和处理方法，对后世儒家从孟子到董仲舒、韩愈、程朱陆王以及当代的新儒家都有很深远的影响。

文化总是多样的，如何处理多样文化之间的关系，是文化哲学的一个基本问题。儒家在这方面也有自己的主张，提出了"和"与"变"的思想。"和"强调不同文化之间的共生共存，如《中庸》所言："万物并育而不相害，道并行而不相悖。小德川流，大德敦化，此天地之所以为大也！"⑤ "变"则强调不同文化之间的相互影响，如孔子时代对"（蛮）夷""（华）夏"关系的讨论，韩愈时代对佛学和儒学关系的讨论，近代以来对"中（学）""西（学）"关系的讨论等。不同时代思想家们对于"变"的立场、方向和路径有不同的看法，有的强调"以夏变夷"，有的接受"以夷变夏"；有的强调"援释入儒"，有的强调"尊儒排佛"；有的强调"中体西用"，有的强调"西体中用"，也有的强调"会通中西"；等等。总体来看，面对不同文化之间的碰撞和冲击，儒家还是重视不同文化之间的交流、对话和融合创新的，不持一种僵化的文化排斥或冲突的立场。

从文化的不同层面来观察，儒家重伦理轻功利、重经学轻技术。这体现在儒家对义利关系、道器关系的论述以及对待一些实用知识的态度上。在义利关系上，

---

① 《论语》，陈晓芬译注，中华书局2016年版，第11页。
② 《论语》，陈晓芬译注，中华书局2016年版，第109页。
③ 《论语》，陈晓芬译注，中华书局2016年版，第29页。
④ 《论语》，陈晓芬译注，中华书局2016年版，第15页。
⑤ 《大学·中庸》，王国轩译注，中华书局2006年版，第129页。

儒家重义轻利，只取义中之利。在道器关系上，孔子明确说"君子不器"①，也不屑于回答樊迟的稼穑之问。儒家论学就内容而言也是局限于各种经学，罕见论及一些实用和技术知识。儒家文化取向的这一特点，对中国古代的科技发展以及现代职业教育的发展都产生了比较消极的影响。

儒家非常重视文化的学习，重视文化在人格陶冶过程中的作用，这一点是非常鲜明的。孔子说："君子博学于文，约之以礼，亦可以弗畔矣夫。"② 又说："兴于诗，立于礼，成于乐。"③ 但是，在文化和人的关系上，儒家并不持文化决定论的观点，不是将人简单地看成文化的产物，而是时时强调人在文化传承和创新方面的主体性作用，所谓"人能弘道，非道弘人"④。这些都是非常可贵的文化哲学思想。

（二）道家的文化哲学思想

道家的文化哲学思想以"道法自然"为理论原点，强调人的各种实践活动都要"顺其自然"，提出了"无为""贵因""自然为体、名教为用"等观念。这些观念与儒家的文化哲学思想形成了鲜明的对比，并由此形成了道家教育思想的独特风格。

在文化与自然的关系上，尽管儒家也强调"天人合一"，但是儒家所说的"天"只有在很少的情况下才指"自然之天"，在大多数情况下都是指"意志之天"或"人格之天"，带有比较浓厚的拟人化甚至神圣色彩。道家则不同，明确把"天"看成是自然之天，认为人类的文化生活从日常起居到国家治理等，都应该遵循自然之道。"人法地，地法天，天法道，道法自然。"⑤ 因此，人的一切活动都要"顺其自然"，力求按自然规律办事，不可偏执于人的主观意志。

与上述的文化信条相关，在文化的古今关系上，道家并不像儒家那样重视古代文化的学习和传承，他们甚至认为儒家的那套文化主张本身就偏离了自然之道。"大道废，有仁义；智慧出，有大伪；六亲不和，有孝慈；国家昏乱，有忠臣。"⑥ 所以，解决当时普遍社会伦理和政治问题的办法，不应该是像儒家所说的那样回到古代、回归传统，而是超越古代、超越传统，回归自然之道。道家提出的"绝

---

① 《论语》，陈晓芬译注，中华书局2016年版，第15页。
② 《论语》，陈晓芬译注，中华书局2016年版，第74页。
③ 《论语》，陈晓芬译注，中华书局2016年版，第98页。
④ 《论语》，陈晓芬译注，中华书局2016年版，第214页。
⑤ 《老子》，饶尚宽译注，中华书局2006年版，第66页。
⑥ 《老子》，饶尚宽译注，中华书局2006年版，第47页。

圣弃智""绝仁弃义""绝巧弃利"等主张都坚定地表达了这种文化思想。受制于这种文化思想，道家对儒家念念不忘的古典教育并不以为然，甚至提出"为道日损""绝学无忧"的主张，强调大自然的不言之教。

从价值取向上说，道家文化哲学的最大特色就是反对功利主义，在个人层面提倡知足常乐，在国家层面提倡无为而治。老子明确指出："祸莫大于不知足，咎莫大于欲得。故知足之足，常足矣。"① 又以水为喻说："上善若水。水善利万物而不争，处众人之所恶，故几于道。居善地，心善渊，与善仁，言善信，政善治，事善能，动善时。夫唯不争，故无尤。"② 在道家看来，圣人行无为之治，圣人无为而百姓自化，从而达到无为而无不为的目的。

与上述思想有关，道家慎言战争、反对战争，这与春秋战国时期战乱频繁有密切关系。老子认为"夫兵者，不祥之器"，表达了对依靠战争来谋取强权和利益的不屑与警醒。"以道佐人主者，不以兵强天下。其事好还。师之所处，荆棘生焉。大军之后，必有凶年。善有果而已，不敢以取强。果而勿矜，果而勿伐，果而勿骄，果而不得已，果而勿强。物壮则老，是谓不道。不道早已。"③ 庄子也认为解决国内、国家之间纷争问题的最好路径不是战争，而是遵循自然之道，所谓"天道运而无所积，故万物成；帝道运而无所积，故天下归；圣道运而无所积，故海内服"④。

(三) 墨家的文化哲学思想

墨家的文化哲学思想与儒家、道家各有一些相同的地方，如像儒家那样强调立志、修身、崇贤、明礼、诚信等，像道家那样反对战争等。但是，墨家的文化哲学思想也有自己独特的地方，集中体现为它的兼爱、重利、求实、非攻等方面，体现了可贵的平等主义、功利主义、科学主义和民本主义精神。

儒家讲"仁爱"，墨家讲"兼爱"。仁爱有亲疏，兼爱重平等。墨家认为，正是因为做不到兼爱，才导致人与人之间、大夫与大夫之间、国与国之间相互倾轧，导致盗贼横行、社会动乱。"若使天下兼相爱，国与国不相攻，家与家不相乱，盗贼无有，君臣父子皆能孝慈，若此，则天下治。"⑤

墨家讲的"兼爱"与儒家讲的"仁爱"除了在爱有无差等方面有差别之外，还在爱的内涵上有差别。儒家讲的"仁爱"更多是一种道德上的义务，而墨家讲

---

① 《老子》，饶尚宽译注，中华书局2006年版，第116页。
② 《老子》，饶尚宽译注，中华书局2006年版，第20页。
③ 《老子》，饶尚宽译注，中华书局2006年版，第80页。
④ 《庄子集解》，王先谦撰，中华书局2012年版，第141页。
⑤ 《墨子》，李小龙译注，中华书局2016年版，第64页。

的"兼爱"则有明显的利益取向,所谓"求兴天下之利,除天下之害"就是兼爱的最高境界。与不屑于谈论稼穑的孔子不同,墨子明确提出:"食者,国之宝也。""凡五谷者,民之所仰也,君之所以为养也。故民无仰,则君无养。民无食,则不可事。故食不可不务也,地不可不力也,用不可不节也。"① 墨家的这种重农思想深受底层百姓的赞同和拥护,也体现了墨家独特的民本思想。

墨家兼爱思想在国家关系上的表现就是主张"非攻",即不进行掠夺性的战争。墨子说:"杀一人谓之不义,必有一死罪矣。若以此说往,杀十人十重不义,必有十死罪矣;杀百人百重不义,必有百死罪矣。……今有人于此,少见黑曰黑,多见黑曰白,则以此人不知白黑之辩矣;少尝苦曰苦,多尝苦曰甘,则以此人不知甘苦之辩矣。今小为非,则知而非之;大为非攻国,则不知非,从而誉之,谓之义。此可谓知义与不义之辩乎?是以知天下之君子也,辩义与不义之乱也。"② 墨子不仅反对不义的战争,而且还教导人们如何阻止不义的战争并且取得胜利。

因为重视实利和经济,重视战争中的防守,墨家相应地非常重视逻辑和科学技术的作用,这一点在先秦时期乃至在整个中国传统文化中都是非常难得的。在逻辑方面,墨子提出并形成了著名的"墨辩";在科学技术方面,墨子在数学、物理学、机械制造、建筑学等领域都有精辟的论述,并将它们应用到生产生活的实践当中。

二、西方的文化哲学思想

西方的文化哲学大致可以分为批判理论的文化哲学、现象学的文化哲学、结构主义的文化哲学等主要理论思想。

(一) 批判理论的文化哲学思想

批判理论文化哲学的代表人物有维科(1668—1744)、赫尔德(1744—1803)、狄尔泰等。批判理论的文化哲学思想提出了"人为什么是文化创造者"的问题,其主要观点有:(1)肯定人类社会是人创造的,不是超自然力量塑造的;(2)肯定人类世界文化是多元的,否定"欧洲中心论";(3)肯定人的非理性因素与理性因素具有同样地位,否定了"唯理性主义"或"理性至上"的观点;(4)肯定文化是人在自我立法的过程中不断生成的,否定了文化是亘古不变的观点。

维科是近代西方批判理论和文化哲学的鼻祖。他否定笛卡儿的"人之理性不

---

① 《墨子》,李小龙译注,中华书局2016年版,第32页。
② 《墨子》,李小龙译注,中华书局2016年版,第79页。

容怀疑"命题，认为世界有自然世界与民族世界之分，并指出每个民族世界都是由各民族自己创造的文化构成的，都有各自信奉的"真理体系"（意识形态）和存在方式。这意味着文化是多元的，而非一元的；是生成的，而非给定的；文化在"保存人类"的活动中所起的作用可以是消极的，也可以是积极的。

赫尔德批判"欧洲中心论"和直线式历史进步观。他认为每个民族都有自己个性化的传统文化，不能视欧洲文化为最先进的文化并强加于其他民族。相反，人应该运用"同情"或"移情"的方式去理解他人，而非持有偏见地对待他人。同时，人类历史的发展不是不可逆转的直线式进步过程，而是充满曲折的曲线式进步过程。他从生命演化的角度论证人是语言和艺术的创造者，并通过语言与艺术持续地表现自己和创造历史。

狄尔泰批判"理性至上"，反对人文科学照搬自然科学的世界观，否认有先于人的经验的绝对真理。他认为在自然科学中，人是旁观者，描述规律；在人文科学中，人是参与者，构建规则。因为每个个体都有自己特有的时代境遇和生活经历，而不同的个体之间又具有相似的生命体验和文化背景，所以只有通过"反思"或"理解"的方法进入研究对象的经验内部，才可能经历或者重构研究对象的历史环境和生命体验。"反思"或"理解"的方法否定了人具有抽象本质的观点，指出人的本质是在历史发展过程中生成的，理解个体生命是理解人类社会的根本前提。

（二）现象学的文化哲学思想

现象学的文化哲学思想更加清晰地展现了人的主体性在生活世界的确立过程，主要代表人物有胡塞尔、伽达默尔（1900—2002）、卡西尔等。

现象学的文化哲学思想在批判理论"人为什么是文化创造者"的问题基础上开始探索"人如何创造文化"的问题。现象学的文化哲学思想呼吁"回到事情本身"，主要特征有：（1）转换认识论的重心，即从主客两分或二元对立的"向外命中客体"的寻求转变为反思认识方法本身；（2）既将文化视为人类认识世界的工具，又将文化视为人的本体存在形式；（3）将人的文化存在建基在语言符号的系统功能之上，将人运用符号的文化活动视为人自我实现的活动。

胡塞尔指出，唯科学主义崇拜导致人们过于推崇自然科学的逻辑假定，即假定世界是有待被认识的绝对存在，人只能发现和描述世界，不能规范和解释世界。这种立场导致人们陷入对理性的疯狂追求，忽视了科学首先是人所规范的对象且要服务于人的现实生活。因此，胡塞尔提出要"回到事情本身"，重新反思人们认识世界的方法并回到理性自觉的状态。他认为人的意向是推动认识的原动力：在认识事物时，首先，用悬置的方法将习以为常的逻辑思维搁置起来，转而采用"本质直观"的认识方法；其次，对"本质直观"在人的意识中呈现的内在现象进行"本质还原"，即将逻辑背后无法用语言描述或解释的"直观""体验"作为"本质"；最后，用心灵去整合各种"本质"。其最终目的是证明人是先于本质的自为存在。

伽达默尔进一步指出，"事情本身"还包括"人如何才能将现象还原"的方法论问题。他认为人是历史性的存在，而语言是存在的家园。人只有借助语言才能实现理解、表达、解释个体对生活意义的体悟与实践，只有借助语言才能在继往开来的历史过程中去创造、确认、展现可能的生活。可是，语言是发展变化的，其所谓的"普遍性""客观性"与人的共识及其达成共识的方式密不可分。人与动植物的本质区别在于人是精神（文化）存在。这种存在是人依赖个体的理性和历史的教化才在后天实现的"自我规定"。

卡西尔则意识到"事情本身"并不仅是人自我解释的一种构想，更是人自我实现的实践活动。"人是符号的动物"是卡西尔的著名观点。他广泛关注人类所运用的"记号"，如语言、神话、科学、艺术、伦理等，而能够表达意义的"记号"就是符号。人寻求意义、创造文化的活动成为运用"符号"建立秩序的目的性活动。现象学的文化哲学思想也由此实现了实体追问向功能追问的转向。所谓功能，是指符号对意义的构造、显现能力。

（三）结构主义的文化哲学思想

结构主义的文化哲学思想是指以某种整体性、二元对立的理论来解释社会文化现象的哲学思想。其主要观点有：（1）将结构主义视为一种科学研究的方法，用它来研究纷繁复杂的社会文化现象，以弥补个案分析法过于重视具体细节的方法论困境；（2）以某种显性或隐性的结构理论来构建或解释某种社会文化现象的内在变迁规律；（3）将语言符号作为研究人之文化的工具，把人的形象、文化现象放入符号发展的特定历史形态中进行考察。人们在进行文化哲学研究时对结构主义的推崇或批判曾一度使之成为一种社会思潮。结构主义的文化哲学思想主要代表人物有列维-斯特劳斯、福柯、德里达、兰德曼（1913— ）等。

列维-斯特劳斯认为，在某一特定时刻或时间段里，某些文化现象可以用某种社会结构理论来解释，或者从某种社会结构理论中演绎、推理出来。他对原始民族的习俗、神话、社会行为等社会文化现象进行研究后，认为整体优先于部分，即文化现象之间有某种网络关系，而且这种网络关系会呈现为某种社会结构，反映社会文化的整体性。人创造的语言是建构和分析网络关系的钥匙。借助语言，人们既可以实现人与人之间的交流沟通，又可以区分现象之间的对立统一关系。

福柯试图描述理性霸权之下的"沉默文化"，并专注于证明人在文化结构中的被动处境。他认为人只是特定历史条件下的观念性存在，人的认识受制于符号体系。他猛烈抨击了嵌入文化结构中的极权主义，指出权力在日常生活中不断操弄符号系统，以期消灭背叛权力统治秩序的观念与行为。他指出，人的话语实践无法摆脱成套的概念体系，而概念体系本身就是历史对象；通过知识考古学的方法可以揭示概念体系的适用范围、使用规则、发展历史，从而证明主流文化的排他性、独断性、规范性。福柯以疯癫史、规训史为例，在具体事件中对书写历史的权力结构进行了动态分析。

德里达试图指出结构主义建基在二元结构之上的整体性的局限性。他批判了传统的结构主义的核心观点：意义是人作为"在场"的历史性存在赋予符号系统的，符号本身并不会"说话"。他认为语言可以借助"对偶关系"的二元结构（比如，黑与白）表现为字面上的显性意义和隐性意义。符号系统本身是一个表意的系统，而不是人作为"在场"的存在从外部赋予的。人在理解符号的意义时，会不断寻求其他符号对现有符号进行解释，最终陷入符号之间无限延伸或者不断循环的网络关系中，导致意义被封闭在符号系统内部。人寻找意义的活动变为区分字词概念、扩散文本原意、寻找符号产生印记的活动。

兰德曼作为文化人类学的集大成者，旗帜鲜明地提出了"人是文化的存在"这一命题。他认为完整的人包括两个方面：人既是创造文化的人，又是文化塑造的人。他将人分为一系列二元对立的结构，比如，肉体与精神、主观精神与客观精神、个体的人与种类的人、自然属性与社会属性等。他指出，人之存在的本质结构包含创造能力和学习能力。其中，创造力是人寻求自由的根本依靠，是人之为人的本质特征。

三、马克思主义的文化哲学思想

马克思主义经典作家虽然没有明确使用过文化哲学的概念，但他们的思想体系中也包含着丰富的文化哲学思想。

（一）文化产生于人与自然的相互塑造中

马克思主义认为，文化产生于人与自然的关系之中，劳动实践是人与自然相互塑造而成为文化的中介。人与自然的关系和动物与自然的关系有根本性的差异，"动物仅仅利用外部自然界，简单地通过自身的存在在自然界中引起变化；而人则通过他所作出的改变来使自然界为自己的目的服务，来支配自然界"①。通过劳动，自在自然就转化成了能够满足人的需要的人化自然，自然的人化就创生出了文化。

（二）文化发展的价值目标是促进人的自由

文化是社会发展的坐标。这是因为，文化既是社会生活的重要构成内容，又是社会政治、经济生活的反映，同时还对社会政治、经济生活产生重大影响。可以说，社会发展史就是一部文化发展史。

社会发展最终指向人的自由。人是社会的核心，社会发展必须以人的发展为根本目的，社会的发展一定要和人的发展联系起来。"共产主义是最近将来的必然的形态和有效的原则；但是，这样的共产主义并不是人类发展的目标，并不是人类社会的形态。"② 共产主义的目的是人的自由和解放。在这个意义上说，向共产主义迈进的过程就是人类不断向自由迈进的过程。

文化发展的目的是实现人的自由。追求人的自由和解放是马克思主义的社会理想，也是其文化哲学的重要思想。恩格斯指出："文化上的每一个进步，都是迈向自由的一步。"③ 自由是对必然的认识和对世界的改造。文化发展的价值目标是自由，但文化也能够帮助人认识必然和改造世界，因而，文化也是实现自由的重要手段。

（三）普遍性交往是推动文化发展的重要力量

普遍性交往又称世界性交往。它是伴随着资本主义的工业革命以及生产和交换方式的变革而产生的一种新的交往形式。马克思主义认为，普遍性交往一方面包括各民族间交往的普遍性，另一方面包括每个人相互交往的普遍性。民族间的交往是个人交往的间接形式，普遍性交往的最终指向是个人的普遍交往。

普遍性交往可以促进生产力的发展。普遍性交往是建立在生产力发展基础之上的，是与生产力的发展相适应的，但普遍性交往又可以创造和保存新的生产力。在交往条件有限的情况下，各民族和各地区处于一种孤立封闭的状态，"某一个地域创造出来的生产力，特别是发明，在往后的发展中是否会失传，完全取决于交往扩展的情况。当交往只限于毗邻地区的时候，每一种发明在每一个地域都必须单独进行"④。"只有当交往成为世界交往并且以大工业为基础的时候，只有当一切

---

① 《马克思恩格斯文集》第9卷，人民出版社2009年版，第559页。
② 《马克思恩格斯文集》第1卷，人民出版社2009年版，第197页。
③ 《马克思恩格斯文集》第9卷，人民出版社2009年版，第120页。
④ 《马克思恩格斯文集》第1卷，人民出版社2009年版，第559页。

民族都卷入竞争斗争的时候，保持已创造出来的生产力才有了保障。"①

普遍性交往为"世界文化"的形成奠定了基础。马克思主义认为，普遍性交往打破了民族间的割裂和封闭，形成了相互联系、相互依赖的有机整体，"各民族的原始封闭状态由于日益完善的生产方式、交往以及因交往而自然形成的不同民族之间的分工消灭得越是彻底，历史也就越是成为世界历史"②。人类历史的"世界化"不仅指各民族在物质生产方面的相互关联和相互依赖，而且也包括精神生产即文化的世界化。"各民族的精神产品成了公共的财产。民族的片面性和局限性日益成为不可能，于是由许多种民族的和地方的文学形成了一种世界的文学。"③ 文化或文学走向世界，或者说"世界文化"的产生，就是在生产力发展的基础上普遍性交往不断推动的结果，生产力和普遍性交往是"世界文化"形成和发展的动力。

岳伟：《当代文化哲学的新发展》

第二节　教育的文化基础与责任

文化是人类生活的"第二自然"，涵盖了政治、经济、科学、文学、艺术、道德、宗教等人类生活的主要领域。当然，教育也是其中的一个重要方面，教育本身构成了人类文化整体的一部分。依据整体与部分的基本关系，可以说人类文化整体构成了教育发展的基础。作为基础，人类文化为教育提供了出发点、资源、内容和归宿。反过来，教育不仅是一般的人类文化成分，教育本身具有的育人功能和社会功能还使教育在人类文化的传承和创新中具有非常重要的意义和价值。

一、文化传统的继承与弘扬

作为人类主体性和创造性劳动的成果，文化本身基本上涵盖了人类生活的全部世界，也构成了人类能够得以生存和发展的基础。人类要在文化中生存发展，本身就需要在汲取文化营养的同时保护文化的根基，把作为基础的文化成果继承和弘扬好。因此，继承与弘扬文化便成为人类生存和发展的基本任务，这个任务

---

① 《马克思恩格斯文集》第1卷，人民出版社2009年版，第560页。
② 《马克思恩格斯文集》第1卷，人民出版社2009年版，第541页。
③ 《马克思恩格斯文集》第2卷，人民出版社2009年版，第35页。

的完成无疑需要教育的努力。

(一) 文化传统的内涵

对"文化传统"内涵的理解应该注意三点：第一，对"文化传统"的理解应该同时关注"文化"和"传统"两个方面；第二，"文化"在"文化传统"概念中需要突出"人创造和积淀的""物质财富与精神财富"和"生活方式"三个方面；第三，"传统"在"文化传统"中需要突出"延续""传递""有影响"三个方面。基于此，"文化传统"可以被理解为由特定的人群或社会创造和积淀的，不断被延续和传承的，一直有影响的，体现特定生活方式的物质财富与精神财富。

(二) 传承与弘扬文化传统的教育使命

从人类历史文化发展来看，各个国家、地区或民族的文化传统能够得以传承，都离不开各种形式的教育活动。而且，需要传承的文化传统已经从多个方面进入教育系统的内部，从而形成教育活动鲜明的民族性和文化性。早在19世纪，教育家乌申斯基（1824—1871）就专门研究过不同国家教育的民族性问题，写出了《论公共教育的民族性》一文。乌申斯基考察了德国、英国、法国、美国的公共教育，并指出：各民族的公共教育尽管在教学形式上有相似性，在教学科目上有一致性，但每个民族的公共教育都有着深刻的基于独特教育观念的差异。[①] 顾明远等人在考察中国、日本、美国、英国、德国和俄罗斯教育现代化的进程中发现，民族文化传统不仅型塑了各个国家的公共教育体系，而且还融入了各个国家教育现代化的内在过程，构成了各国独特的教育传统。

作为关注教育的存在主义哲学家，雅斯贝尔斯清晰地论述了教育在文化传承和弘扬中的使命，他认为："所谓教育，不过是人对人的主体间灵肉交流活动（尤其是老一代对年轻一代），包括知识内容的传授、生命内涵的领悟、意志行为的规范，并通过文化传递功能，将文化遗产教给年轻一代，使他们自由地生成，并启迪其自由天性。"[②] 雅斯贝尔斯不是把文化传承当作教育的一个外在功能，而是把它当作教育本质上的使命，只有做到了"将文化遗产教给年轻一代"，教育才能完整地实现自身。

自古以来，中国教育家和思想家都非常重视教育在文化传统传承中的作用。孔子在教育中强调"温故知新"、"述而不作"，强调对传统文化的继承和创新。唐

---

① 《乌申斯基教育文选》第2版，郑文樾选编，张佩珍、冯天向、郑文樾译，人民教育出版社2007年版，第47页。
② ［德］雅斯贝尔斯：《什么是教育》，邹进译，生活·读书·新知三联书店1991年版，第3页。

朝韩愈在论述教师职责时特别强调了"传道",这表明他对通过教育传承文化传统的重视。毛泽东也非常重视文化传承问题,他指出:"今天的中国是历史的中国的一个发展;我们是马克思主义的历史主义者,我们不应当割断历史。从孔夫子到孙中山,我们应当给以总结,承继这一份珍贵的遗产。"① 他还提出了对待传统文化上"古为今用,洋为中用"以及"取其精华,去其糟粕"的批判继承思想。习近平则立足于中华民族伟大复兴的历史使命,进一步深刻指出:"优秀传统文化是一个国家、一个民族传承和发展的根本,如果丢掉了,就割断了精神命脉。""要坚持古为今用、以古鉴今,坚持有鉴别的对待、有扬弃的继承,而不能搞厚古薄今、以古非今,努力实现传统文化的创造性转化、创新性发展,使之与现实文化相融相通,共同服务以文化人的时代任务。"② 继承和弘扬优秀传统文化成为新时代中国特色社会主义教育的一项重要任务。

对传承和弘扬文化传统的教育使命的理解需要重点把握以下方面:第一,教育在传承和弘扬文化传统上的使命从根本上来源于教育在人类文化发展中的地位,教育本身就存在于人类文化传统之中,因此需要在人类文化整体发展中发挥应有的作用;第二,教育在传承和弘扬文化传统上的使命,需要从教育作为手段方面得到理解和实现;第三,教育在传承和弘扬文化传统上的使命主要在于培养具有文化传统素养的人。

(三)传承与弘扬文化传统的教育手段

雅斯贝尔斯在明确教育在传承与弘扬文化传统的使命之后,提出个人获得文化遗产需要通过经验与思考结合的方式来进行,对已有的文化遗产不能死记硬背,而"应在内心和行动上身体力行",学习应该是"德行的保存"。③ 在具体的教育内容上,他着重关注了生活秩序、爱、艺术、宗教四个方面,这四个方面构成了文化传统传承与弘扬的主要教育内容。

在不断变动的社会中,保守取向的要素主义者巴格莱(1874—1946)认为:"教育的任务是确定这些知识中的基本要素,并尽可能包含于共同文化之中。"④ 在这种观念的指引下,巴格莱认为学校教育不能只提供实用型的知识,还应该提供一种"广泛适应性的教育"。这种"广泛适应性的教育"需要取得非常完整的学习

---

① 《毛泽东选集》第2卷,人民出版社1991年版,第534页。
② 《习近平谈治国理政》第2卷,外文出版社2017年版,第313页。
③ [德]雅斯贝尔斯:《什么是教育》,邹进译,生活·读书·新知三联书店1991年版,第89页。
④ [美]巴格莱:《教育与新人》,袁桂林译,人民教育出版社1996年版,第133页。

结果，包括：（1）习惯与技能；（2）知识，包括观念、概念、含义、事实、原理；（3）理想或情感化的准则；（4）态度，包括（a）基本属智力方面的（观点、智力背景、理论），（b）基本属情感方面的（赞扬、嗜好、忠诚、兴趣、偏见）。①在具体的教育内容上，巴格莱认为选择的知识应该具有"永恒性"，从而使其成为共同文化的核心内容。

文化传统作为需要延续且一直具有影响力的文化成分，是文化体系在面向未来时最富有活力和生命力的部分，在对它的传承和弘扬过程中一定要保持其富有活力和生命力的根本特征。根据文化传统的内涵定位和已有的思想认识，传承与弘扬文化传统的教育手段应该包括三个方面的要求和定位：内容、方式和效果。在内容上，传承和弘扬文化传统的教育应该充分吸收文化传统的精髓，既包括物质方面的内容又包括精神方面的内容，既要突出核心追求又要包容丰富的文化形式。在方式上，传承和弘扬文化传统的教育要强调理性的引领和智力的训练，让学生能够在提升理性和智力的同时深化对文化传统的理解和接受，而不能只是对文化传统知识的记忆背诵。在效果上，传承和弘扬文化传统的教育直接追求学习者对文化传统的理解与掌握，但更为深远的效果是学习者作为人的完善。

二、文化认同的建立与协调

（一）文化认同的内涵与必要性

文化认同可以理解为个人在文化上与他人取得了一致性并生成了自我，是个体对不同社会组织的文化归属感，其目的在于寻求生存方式的同一性、稳定性、持续性。

当今社会，文化认同越来越处于危机之中，文化认同需要达到的同一性、稳定性和持续性越来越受到社会发展形势的挑战。全球化进程和现代性的发展使社会文化出现多样性展示、流变性呈现和断裂性改变，所有这些都促使人们产生文化上的焦虑和自觉。越来越多的人进行越来越深入的思考：我们应该选择和创造什么样的文化？这种文化能否与我们自身的生成相得益彰？② 全球化进程为文化带来了多样性的格局，个体能够前所未有地接触以往很少接触的其他文化类型，这些不同于自身所在群体文化的文化多样性为个体提供了选择性。在这种选择性丰富的背景下，文化认同越来越成为很多群体需要关注的问题。以社会化大生产为

---

① ［美］巴格莱：《教育与新人》，袁桂林译，人民教育出版社1996年版，第75页。
② 韩震：《论全球化进程中的多重文化认同》，《求是学刊》2005年第5期，第21-26页。

主要特征的现代性发展趋势在今天冲击了原来比较稳定甚至封闭的文化体系，使文化环境从稳定到断裂、从封闭到开放。在这种背景下，现代性的发展否定了传统，造成文化秩序的破坏和失衡。可以说，全球化进程和现代性发展是当代文化认同危机产生的根本原因。

（二）建立和协调文化认同的教育责任

当代文化认同危机的解决从根本上需要重塑人的文化认同，需要通过各种途径和方法促进个人对群体文化倾向性和传统的接受和归属。在这种思路下，教育作为培养人、教化人的途径受到了很多人的重视。

文化认同有不同的机制，其中一个重要的机制便是主体文化通过教育获得的文化认同。教育可以成为每个地区主体文化发挥辐射作用的主要途径，这些居于核心的文化通过成为学校教育的主要内容而作用于个人。教育也可以作为促成文化认同的直接手段。文化认同的建设与协调可以通过开发文化认同资源来实现，把这些文化认同的资源变成教育内容而进入学校教育体系之中。

在全球化的时代，片面强调全球公民认同，并将全球公民认同与国家公民认同对立起来，也容易导致疏远国家公民认同的问题。解决这个问题的核心路径是加强公民教育以培养国家认同和文化认同，内涵完整的公民教育由此成为全球化时代文化认同的重要方式。从这个角度出发，公民教育要促进国家认同和文化认同，既要注重教育目标和内容上的普遍性和共同性，也要同时注重它们的特殊性和差异性。

文化的核心是价值观，文化认同的关键是开展价值观教育，促进青少年学生的价值观认同。价值观教育要有文化意识，要以文化为背景，以文化认同作为核心的目标来进行。中国现阶段开展的价值观教育要注重价值理性和价值情感的培养，以应对价值多样性的时代挑战。

在建立和协调文化认同的教育问题上，已有的研究提供了以下启示：第一，建立文化认同的教育需要立足文化传统，以文化传统的精髓和核心为基本内容；第二，建立文化认同的教育需要开放，要给受教育者自主选择的机会，注重培养受教育者的理性能力，使其能够自我教育、自我引导；第三，建立文化认同的教育要注重价值观的引导，要注意开发文化认同资源。

三、文化创新的动力与机制

人在发展之中，文化也需要发展。如果说文化的传承是文化发展的一个基础，那么另一个基础就是文化创新。

(一) 文化创新的内涵

文化研究一直非常关注文化发展的问题，文化进化、文化变迁、文化模式是研究文化发展问题的常用概念。相对来说，对文化创新问题的关注较晚一些，对文化创新的探索与整个社会对经济、科学创新问题的日益关注关系紧密。在各种探索中，文化创新概念也被给出了不同角度的定义。美国人类学家巴尼特（1906—1985）在《创新：文化变迁的基础》（1953）一书中认为，文化变迁源于文化的创新，创新是在实质上产生不同于固有形式的新思想、新行为或新事物。

文化创新内涵的基本要点可归纳为三点：第一，文化创新是文化发展、变迁中的一种基本活动和过程，文化创新是文化进化、发展或变迁的一种动力或形式；第二，文化创新的核心在于新文化要素的出现，可以是概念意义、内容与形式等多个层面的新文化要素；第三，文化创新是一个有意识的过程与活动，是个人和社会共同努力的结果。

(二) 作为文化创新动力与机制的教育

虽然关于文化创新的专门研究还不够多，还有待进一步深入，但是在教育领域推动文化发展和创新的研究已经出现了很长时间。这些研究直接以"发展教育以促进文化和社会发展"的观念为指导，探索如何培养具有文化创新能力和基础的人，揭示作为文化创新动力与机制的教育要点。

作为与实证主义科学教育学直接相对的教育学流派，文化教育学是一种在文化的发展格局下，以精神科学方法进行研究的，着眼于培养具有文化底蕴并能创新文化的人的教育学，因此可以看作旨在推动文化创新的教育探索的代表。

19世纪出现、20世纪兴盛的文化教育学由狄尔泰奠定了基本的方向和框架，斯普朗格（1882—1963）、李特（1880—1962）和福利特纳（1889—1990）等人进一步丰富了文化教育学的内容和体系。特别是斯普朗格，他提出了很多以促进文化发展为目的的教育建议。斯普朗格认为，文化主要包括团体精神、客观精神、规范精神和人格精神四个部分，前三个部分是文化的超个人"客观力量"，个人的人格精神是与之相对的部分。在两个部分之间的关系上，斯普朗格认为："'客观力量'必须依赖于个体的体验与汲取，才能使其生命持续丰富，而个体的人格精神也必须借助于'客观力量'的接触与充实才能完成，生活也才有意义。因此，这种关系具有双象性：个体既是'客观力量'——文化的载体，同时也是它的主体；个体既依赖于'客观力量'，但同时也是独立的。"[①] 以这种认识为基础，斯普

[①] 邹进：《现代德国文化教育学》，山西教育出版社1992年版，第58页。

朗格对现代文化发展进行了批判，认为文化机构背离人性，新的道德没有与大工业化同步发展，文化信仰缺失是现代文化典型的危机表现。以此为基础，斯普朗格提出了自己对文化教育学的基本理解：教育既"以环绕个人周围的客观文化为材料，使个人心灵获得适当的陶冶"，又"能够使已有的客观文化体系，由于个人心灵的不断介入，得以更为生动、进展"。① 在这个意义上，他认为，教育就是"文化进一步的唯一基础"，是培养个人人格精神的一种文化活动，是根据社会文化的有价值的内容进行的，其最终目的在于唤醒个人的意识，使个人具有自动追求理想价值的意志，并有所创造，增加文化的新成分。②

第三节　全球化背景下的文化多样性教育

当前，迅猛的全球化势头对不同国家、不同地区、不同民族的人们的生产与生活产生了重大影响。各种文化之间的交流、碰撞、融合也达到一个新的历史水平。在这种背景下，开展文化多样性教育，促进文化理解与文化发展，确立教育的文化自觉和自信，具有特别重大的意义。

一、全球化背景下的文化多样性图景

世界的文化图景传统上相对单一且比较独立，而全球化趋势的出现和加强促进了各种文化类型的交流与融合，因而呈现了多样性的图景。

（一）文化多样性的基本内涵

文化是人类在长期历史积淀过程中所创造的物质财富与精神财富的总和，因而也是衡量人类社会文明程度的重要标志。由于人们生存方式的多种多样，不同个体与不同群体之间也存在着较大程度的差异，这就决定了人类文化多样性的客观必然性。2001年11月2日，在联合国教科文组织第31届大会上通过的《教科文组织世界文化多样性宣言》明确提出："文化多样性是交流、革新和创作的源泉，对人类来讲就像生物多样性对维持生物平衡那样必不可少。从这个意义上讲，文化多样性是人类的共同遗产，应当从当代人和子孙后代的利益考虑予以承认和

---

① 邹进：《现代德国文化教育学》，山西教育出版社1992年版，第68页。
② 邹进：《现代德国文化教育学》，山西教育出版社1992年版，第69页。

肯定。"① 由此可知，文化多样性不仅是本民族赖以生存的精神基础，也是世界各国、各地区可持续发展的重要基础。

(二) 文化多样性的具体表现

人们侧重以空间地域维度来理解文化多样性，即不同国家、不同地区与不同民族之间的文化特性与文化差异。通过文化的交流与融合，这些特性与差异能够促使全球范围内的文化内容逐渐丰富，文化形式不断创新，文化主体日趋多元。

第一，文化内容逐渐丰富。在全球化时代，社会生产力得到极大解放，社会经济得到快速发展，人类创造出丰富的物质文明成果。这些成果的创造为文化内容的丰富提供了强大的动力支撑。一方面，以经济为基础的全球化将不同国家、不同民族连成一个整体。在此背景下，各个文化群体之间超越了狭隘的地域限制，彼此之间相互开放、交流、碰撞与融合，并由此为新型文化内容的生成创造条件。另一方面，全球化时代的到来催生了网络信息技术的快速发展，网络信息技术有效地消解了国际范围内的时间与空间界限，允许世界上不同文化地域中的个体与群体在其所提供的技术平台上进行文化的交流与创造。

第二，文化形式不断创新。在全球化时代，物质生产力得到巨大发展，文化内容也极大丰富，很多旧有的文化表现形式显然已经不能适应文化内容发展的需求。这就必然要求创造出新的文化形式，而新的文化形式一定要与新的文化内容相适应。文化形式的不断创新反过来又促进了文化内容的不断丰富，并由此而促进了文化多样性的发展。

第三，文化主体日趋多元。经济全球化进程的加快促使群体中的个体开始突破传统文化的局限与禁锢，在新型文化价值理念的引导下形成新的文化群体。例如，为了保护具有重要生态价值的陆地和水域，维护生态平衡，世界范围内的一些具有环保意识的个体凝聚起来，自发地组成一个个新的文化群体，如国际上最大的非营利性自然环境保护组织——大自然保护协会。借助相应的组织，这些文化群体可以用自身的实际行动在全球范围内创造与传播其文化理念。由此看来，一些新型群体的出现为文化的创新与发展注入了新的活力，并提供了新的可能。

二、文化冲突、文化理解与教育的使命

在全球化背景下，各种文化并没有随着全球化趋势变得千篇一律、缺乏个性。

---

① 范俊军编译：《联合国教科文组织关于保护语言与文化多样性文件汇编》，民族出版社2006年版，第100页。

与之相反，全球化促进了文化表达方式的无限可能性和无限多样性，并引发了多样文化之间的矛盾、冲突与对抗。面对不同性质文化之间的冲突，促进彼此之间的相互理解与相互合作成为全球化时代一项重要的文化与教育使命。

（一）全球化背景下的文化冲突

文化冲突从本质上讲，是指不同性质文化之间的矛盾与斗争。从横向看，文化冲突是指不同国家、不同地域、不同民族各具特色的异质性文化在相互交流的过程中产生的摩擦与碰撞。从纵向看，文化冲突是指在社会转型过程中，传统文化由于逐渐丧失了其存在的合理性而逐步被新型文化所取代，并由此引发新旧文化之间的矛盾与对抗。

在全球化时代，多样文化之间的冲突主要表现在以下两个方面。

1. 本土文化与外来文化之间的冲突

在全球化背景下，各国、各民族文化之间的交流日益密切，它一方面有助于促进本土文化的转型与创新，同时也不可避免地引发一些外来强势文化对本土文化的挑战。就一般意义而言，每一种文化都是特定国家、特定地域或者特定民族独特价值的体现，蕴含与承载着当地人们所持有的特定风俗人情与人文习惯，具有一定程度的保守性与稳定性。对于由全球化所引致的文化交融，本土文化势必会本能地体现出某种意义上的排斥反应。

但是，在全球化背景下，文化之间的封闭与隔离已经成为过去，本土文化也在发生巨变，本国、本民族的生活方式和思维方式遭到消解、解构和重构。在这个意义上，各国、各民族文化都需要面对外来文化的冲击与挑战。如同经济领域的全球化交往一样，文化领域的全球化也存在强势文化与弱势文化之分，并且强势文化往往在全球范围的文化交往中表现得更为主动，即主动让自己成为其他民族的"外来文化"，甚至表现出某种同化弱势文化的倾向。

具体地说，伴随着全球化浪潮的强烈冲击，部分西方国家凭借其经济上、科技上以及军事上的优势地位，在全球范围大规模直接或者间接地输出其文化观念，使得依托网络传播的文化交流失去了对等性和相互性。在此境遇下，面临外来强势文化的单向渗透，一些发展中国家的本土文化生态遭到破坏，甚至引发文化认同危机，削弱发展中国家的文化自信。须知，"文化自信是一个国家、一个民族发展中更基本、更深沉、更持久的力量"[①]。外来文化对本土文化的侵蚀可能会导致

---

① 习近平：《决胜全面建成小康社会　夺取新时代中国特色社会主义伟大胜利——在中国共产党第十九次全国代表大会上的报告》，人民出版社2017年版，第23页。

弱势文化遭遇被同质化的危机，也可能引发本土文化的抵制与反抗，从而使不同文化最终走向冲突与对抗。

2. 传统文化与现代文化之间的冲突

以经济发展为基础的全球化促进了社会生产力的极大发展与社会的快速转型。在社会转型期，很多旧有的文化内容与文化形式所呈现出来的弊端表明其已经不能适应社会生产力的发展要求。这势必对长期以来所形成的传统文化造成巨大冲击，引发人们对传统文化的质疑，并由此提出变革传统文化的要求。

在全球化背景下，不同性质文化之间的冲突具有其存在的必然性。如果不同性质文化之间的冲突能够得到合理有效的处理与应对，文化冲突的积极效应自然也就会显现出来，即促进异质文化之间的相互理解、融合以及文化的创新与发展。但是，文化冲突也带有极大的危险性。如果文化冲突没有得到正确处理与合理解决，其消极的一面就会暴露出来，甚至会由文化冲突而产生社会冲突、国家冲突。

(二) 全球化背景下的文化理解

文化理解主要是指不同性质的文化超越各自的文化视野，在彼此尊重、平等相待、求同存异、相互促进的过程中寻求文化的不断修正、丰富与完善，从而实现世界多样文化的共生与发展。

促进多样文化之间的相互理解具有可能性。尽管世界范围内的不同文化共同体生活于不同的环境之中，并且生存方式迥异，但是不可否认，他们拥有共同的人性基础，如对生命的珍视、对爱的呼唤、对正义的坚守，等等。正是这种共同的人性基础，使得多样文化之间的相互理解成为可能。

促进多样文化之间的相互理解具有必要性。加强不同性质文化之间的相互理解既是规避文化冲突消极影响的必要手段，又有助于维护世界文化多样性。每一种文化都深深扎根于自己本地区、本民族的土壤之中，都有着区别于其他文化的特色，这些特色既可能是优点，也可能是不足。但是，我们不能因为其他文化的不足而否定其存在的价值，断绝与其他文化的交流。相反，对于世界上的任何一种有价值的文化，"我们都应该采取学习借鉴的态度，都应该积极吸纳其中的有益成分，使人类创造的一切文明中的优秀文化基因与当代文化相适应、与现代社会相协调，把跨越时空、超越国度、富有永恒魅力、具有当代价值的优秀文化精神弘扬起来"[①]。当我们敞开胸怀去迎接其他文化之时，一个完善我们自身文化的机

---

① 习近平：《在纪念孔子诞辰 2565 周年国际学术研讨会暨国际儒学联合会第五届会员大会开幕会上的讲话》，《人民日报》2014 年 9 月 25 日第 2 版。

遇随之来临，一个多样文化和谐共生的时代也将如期而至。

促进多样文化之间的相互理解需要超越自身的文化立场，以一种平和的心态进入其他文化的世界，去聆听其内在的声音。每一个个体或群体在其精神深处都不同程度地濡染了其所处环境的文化特质，这就意味着个体或群体的"思"与"言"都离不开文化对其所产生的深刻影响。在此意义上，不同文化之间的真正理解内在地要求文化主体超越自身的文化立场，进入其他文化的世界中去体验和感知其"文化秘密"。这种"了解之同情"是我们超越时间与空间障碍，消弭与其他族群之间的文化误解与促进文化理解的重要途径。

（三）教育的使命

在全球化进程中，教育的使命在于合理化解文化冲突，促进文化理解，维护世界文化多样性。教育能够通过对教育目标的设定与教育内容的选择，来促使本国、本民族的青少年学生在学习本土文化的同时，也学习其他国家和其他民族的文化观念与文化传统。在这样的开放性互动中，教育提供了一个文化交流与分享的平台，让青少年学生加深对本民族文化的认同，增进对其他文化的理解与尊重，领略、借鉴和吸收其他文化的优势和长处，减少对其他民族的文化偏见。如此一来，不同文化之间的冲突将会被大幅度消解，这不仅有助于本国、本民族文化的进步与更新，同时也有助于世界范围内多样文化的和谐发展。

三、文化多样性教育：从理念到行动

在全球化时代，不同文化之间的相互交流与融合并没有消解世界文化的多样性，相反，各国、各民族文化在冲突与融合的过程中不断地使自身得到丰富与完善，实现了文化的民族性与世界性的辩证统一。

（一）文化多样性教育的基本内涵

文化多样性教育，主要是指以文化多样性为出发点，为消解不同文化之间的冲突以及促进文化理解而有目的、有组织、有意识地实施的一种教育。它旨在帮助受教育者对自身文化及其他文化形成正确的认知、积极的情感与跨文化交流的能力。

文化多样性教育致力于促使学生了解、认同自己的文化，并且能够尊重、欣赏与珍视其他文化。文化多样性教育的实施过程不同于文化交流的过程，它教育学生熟悉并尊重自己所属的文化体系。同时，文化多样性教育也要求学生直面其他文化，能够尊重不同人、不同民族和文化的尊严和差异。在这种直面与尊重中，

受教育者能以平等的姿态与其他文化主体进行沟通与交流，取长补短，消解文化歧视与文化冲突，在相互吸收与借鉴中不断完善自身的文化体系，促进世界文化多样性的发展。

文化多样性教育既可以发生在正规教育情境中，也可以发生在非正规教育情境中。正规的文化多样性教育发生在正规学校教育系统的内部，贯穿在小学、中学与大学这一教育体制之中。不言而喻，这样的文化多样性教育是系统的、完整的，有助于受教育者学习效率的提高。与正规的文化多样性教育相区别，非正规的文化多样性教育是指发生在正规教育体制之外的有组织、有目的的教育活动，这类教育活动一般经由大众传媒、成人教育等途径来培育受教育者对其他文化形成合理的认知、情感与态度。

(二) 文化多样性教育的目标

文化多样性教育的目标是多维度、立体化的。它既对个人的跨文化认知、跨文化情感以及跨文化交流能力的培育提出了要求，也着眼于增进不同国家、不同民族之间的相互尊重与相互理解，同时还致力于促进不同文化本身的发展和维护世界文化多样性。

第一，在个人层面，文化多样性教育旨在促进受教育者正确认识和评价自身文化及其他文化，并且能够形成合理的态度与能力。文化是一个民族心理特征、思维方式、价值取向与理想信念的集中反映，聚集了本民族最深层的精神追求和行为准则。离开了民族文化，就等于失去了生命的根本。因此，文化多样性教育首先要增进受教育者对本民族文化的了解，加深对自身文化的情感认同。在此基础上，文化多样性教育还要培养开放的文化观念，促使学生认识和尊重其他文化的价值与尊严，欣赏和珍视其他文化的优点，客观评价其他文化与自己所属文化之间的异同，并且能够以平等的地位与其他文化展开深入的交流与合作，最终形成合理的跨文化认知、跨文化情感与跨文化交流能力。

第二，在国家和民族层面，文化多样性教育旨在增进不同国家、不同民族之间的相互尊重与相互理解，形成更多理念共识，减少认知与情感偏见，促进国内与国际和平与发展。

第三，在文化层面，文化多样性教育旨在促使不同文化在互动过程中吸收和借鉴彼此之间的合理因素，从而不断改进和完善自身文化，维护世界文化的多样性。

（三）文化多样性教育的课程设计

文化多样性教育的课程观是建立在对单一性文化课程的反思与批评之上的。单一性文化课程要求将主流文化或强势文化的风俗习惯、语言行为、价值观念、历史文化、生活方式等内容作为课程知识，对非主流的文化元素视而不见。这种课程观不仅使强势文化错误地形成了对自身文化的盲目自信，丧失了在与其他文化交流过程中反思、借鉴与提升自己的机会，而且增加了不同文化之间的偏见与歧视，容易诱发不同文化个体与群体的对抗与冲突。这与全球化背景下文化多样性的发展趋势是相背离的。

与单一性文化课程不同，文化多样性课程尊重和珍视每一种文化的价值旨趣，主张将不同文化的价值观、语言、思维与历史等内容糅合到课程设计中来，通过直接或间接的教育方式使不同的文化主体增进文化理解，促进文化发展。

首先，在课程目标的确定上，文化多样性教育应努力促使受教育者形成对自身文化与其他文化的正确认知，增进彼此之间的相互理解与相互包容，从情感上关爱其他文化的人群，习得跨文化交往与生活的技能。其次，课程内容要选择不同文化的发展历史、核心价值观念与风俗习惯作为受教育者学习的材料，使学校的课程资源不仅含有强势文化、优势民族、主体国家的文化内容，也包括弱势文化、少数民族与其他国家的文化内容，从而使学生在学校里能够听到不同族群文化的声音、教科书作者和老师的声音，还有一些口传的文化等。再次，在课程组织与实施上，课程设计者应遵循循序渐进的教育原则，对不同的文化资源加以系统化的整合。与此同时，课程的组织与实施还应该充分考虑不同文化主体的心理特征与学习风格，避免他们对课程产生陌生感。最后，课程评价要结合不同文化主体的文化背景，以较为开放的方式进行评价，评价的目的应在于促进受教育者形成跨文化的理解力、适应力与发展力。

（四）文化多样性教育的教学策略

文化多样性教学鼓励师生超越族群视野的限制，要求教学内容的选择要融入不同的文化要素，充分体现多元化、国际化的特征，以帮助学生形成文化理解与文化共生的意识与能力。在教师方面，文化多样性教学要求教师充分了解和尊重不同国家、地域与民族文化的复杂本质，具备创造具有文化包容性教学环境的能力。在学生方面，文化多样性的教学过程鼓励学生采用多样化的学习风格，倡导学生自主选择学习内容，且注重发展学生的文化反思意识与批判能力。在教学过程方面，文化多样性教学鼓励民主对话，尊重文化差异，倡导灵活多变的教学组织形式,充分调动学生学习其他文化的动机与积极性。

四、教育变革的文化使命与文化自信

在不同的历史发展时期,教育变革被赋予了不同的文化使命。随着人类历史的不断演进,人类文化也在持续地经历着新的困境与挑战。新的文化困境与挑战不可避免地会对教育变革提出要求,并历史性地赋予其特定的文化使命。在全球化背景下,教育要承担起特定的文化使命,即通过对教育目标、教育内容、教学模式等方面的改革使受教育者对本民族文化价值能够充分肯定并积极践行,与此同时,增进不同文化之间的相互理解和相互尊重,维护文化的多样性,促进民族文化与世界文化的发展。概而言之,在全球化时代,教育变革的文化使命在于促进不同文化主体的文化自信与文化自觉。

文化自信是指文化主体对自身拥有的文化传统中的理想、信念、学说等有一种发自内心的认可、尊敬与珍惜。诚如习近平所言:"文化自信,是更基础、更广泛、更深厚的自信,是更基本、更深层、更持久的力量。坚定文化自信,是事关国运兴衰、事关文化安全、事关民族精神独立性的大问题。"[①] 面对全球化脚步的日益加快,以及全球化对世界范围内的文化交流与文化发展的重大影响,文化自信需要以文化自觉为基础。一方面,各个民族需要对本民族文化有"自知之明",明白它的来历、形成过程、所具有的特色及发展趋向,唯有如此,才能从内心深处生长出对本民族文化的虔诚与坚守,"各美其美"。另一方面,文化自信不是对自身文化的盲目信仰,也不是对其他民族文化的封闭隔离,相反,它需要给予其他民族文化必要的尊重,能够"和其他文化一起,取长补短,共同建立一个有共同认可的基本秩序和一套与各种文化能和平共处、各抒所长、联手发展的共处守则"[②],通过"各美其美,美人之美"的路径,达到"美美与共,天下大同"的文化理想。概而言之,文化自信是指文化主体对自身文化的历史、现在与未来有着清醒的认识,了解和认同自身文化的精神、价值和特色,并且于这份了解中产生信任感与自豪感。我们有优秀传统文化的底蕴,也有在中国革命、建设、改革的伟大实践中孕育的革命文化和社会主义先进文化。这种在优秀传统文化基础上的继承和发展夯实了我们文化建设的根基,奠定了我们文化自信的底气。

教育改革要承担起自己的历史使命,培植文化自信,就要有文化的担当精神。

---

① 《习近平谈治国理政》第 2 卷,外文出版社 2017 年版,第 349 页。
② 《费孝通文集》第 14 卷,北京大学出版社 1995 年版,第 197 页。

中华文化是讲求担当精神的，孔子在《论语·卫灵公》中提出的"人能弘道，非道弘人"以及在《论语·里仁》中所说的"朝闻道，夕死可矣"，就是呼吁芸芸众生在传承传统文化精神（"道"）时具有主体性和担当精神，并率先垂范，躬行践履，终身不渝。任何国家的教育，都有其文化的使命，这就是传承民族优秀的文化传统，并将其汇入到时代文化建设的伟大事业中去。我国的教育改革也必须承担起这种文化传承的使命，针对既往学校传统文化教育的薄弱环节，加强顶层设计，统筹各种文化资源和社会力量，助力传统走进现代，引导青少年学生亲近传统、继承传统，并努力开创中华文化的新纪元。受种种现实因素的制约，教育者践行自己这种文化使命的过程不会是一帆风顺的，可能会遇到各种困难干扰。这就要求教育决策者和实践者坚定信念，排除干扰，以抓铁有痕、踏石留印的精神，扎扎实实地推进此项工作，为中华民族文化保留优秀的基因，培育新的文化生命力。

万明钢：《从"差异"走向"承认"的多元文化教育》

小　结

文化哲学主要探讨文化与人、文化与教育的关系问题。从根本上讲，文化与人具有相互依存的内在联系。一方面，文化是由人创造的，人在从事物质劳动与精神劳动的过程中不停地选择、传播与更新文化；另一方面，人也是一种文化的存在，人在生产文化的同时，文化也不断地改变着人的生产和生活方式，从而使人的言行举止和行为规范符合特定的文化标准与要求。

纵观文化哲学的发展历史，主要有中国传统的文化哲学思想、西方的文化哲学思想和马克思主义的文化哲学思想三种形态。其中，中国传统的文化哲学思想主要有儒家、道家、墨家等哲学思想，西方的文化哲学思想主要蕴藏于批判理论、现象学、结构主义等理论思想之中，马克思主义的文化哲学强调文化产生于人与自然的相互塑造之中，文化发展的价值目标是促进人的自由，人与人之间的普遍性交往是推动文化发展的重要力量。这些思想认识对于更好地理解与发展文化哲学具有重要价值。

教育与文化的关系问题一直以来是一个基本的教育理论问题。在这种双向关系中，文化作为社会的一个基本层面构成了教育发展的重要基础，而教育作为社会发展的重要机制对文化起到传承和创新的重要作用。在这种背景下，教育和文化的双向关系可以进一步明确为教育与文化传统、文化认同与文化创新的具体关系。面对文化传统，教育的主要职责是传承和弘扬，这既是已经发生的事实，又是需要进一步强化的使命，培养具有文化传统底蕴的人是这个方面核心的任务。在文化认同方面，教育的主要职责是建立和协调文化认同，重视在立足文化传统精髓的基础上让受教育者获得自主选择的机会。在文化创新方面，教育既要推动文化创新，又要内在地实现文化创新，这个方面的关键是培养出具有文化创新能力的人。

随着全球化时代的到来，文化多样性也受到人们的广泛关注。不同国家、不同地区以及不同民族之间的深度交流与互动，促使全球范围内的文化内容逐渐丰富、文化形式不断创新、文化主体日趋多元。在此境遇下，本土文化与外来文化、传统文化与现代文化之间的冲突与对抗也将随之进一步加剧。促使不同性质的文化超越各自的文化视野，在相互尊重与相互理解中走向共生发展成为当前教育不可推卸的一项重要使命。文化多样性教育致力于培育学生的跨文化认知、跨文化情感以及跨文化交流能力，从而促使学生在了解、认同自己的文化的同时，也能够尊重、欣赏其他文化。在此意义上，我们需要对传统的教育模式进行变革，通过教育变革来培育青少年一代的文化自信与文化自觉，为中华民族文化保留优秀的基因，培育新的文化生命力。

思考题

1. 儒家文化哲学思想的历史意义和当代价值是什么？
2. 马克思主义的文化哲学思想的基本主张是什么？
3. 文化多样性的基本内涵是什么？它的形成原因有哪些？文化多样性给学校教育带来哪些挑战？
4. 文化多样性教育的内涵是什么？在全球化背景下如何开展文化多样性教育？
5. 什么是文化自信？什么是教育改革的文化自信？

第十章　教育哲学与教师发展

教育哲学作为一种实践哲学，只有与教育实践的主体——教师——相结合，才能发挥实践的作用。反过来说，如果一位教师要真正成为专业的教育工作者，就必须努力学会从哲学视角来理解教育、教学、课程、评价、管理等具体教育实践活动以及相互之间的整体性联系，用一种综合的、批判的和反思的态度来看待教育工作。这正是教育哲学与教师发展之间的本质联系。

第一节　卓越教师的教育哲学

习近平指出，教师是人类灵魂的工程师，是人类文明的传承者，承载着传播知识、传播思想、传播真理、塑造灵魂、塑造生命、塑造新人的时代重任。纵观人类教育史，无论是中国还是古希腊，在最早的教师群体中涌现出的卓越教师的经典形象，其职业特征主要表现在两个方面：一是积极从事教育活动，通过教育活动来实现某种人生和社会理想；二是努力探究教育实践中出现的基本问题，提出有关教育工作的一般原则。他们既通过对教育的思考来表达自己的哲学理念，又通过教育活动来检验自己的哲学思想。从这个意义上看，他们的教育思想和哲学思想在根本上是融为一体的。

一、教师的教育哲学溯源

教师这一职业，从其诞生之日起，就与哲学结下了不解之缘。杜威在考察欧洲哲学史后得出以下结论：欧洲哲学是在教育问题的直接压力下（在雅典人中）起源的。他还指出，真正的哲学研究正是由于欧洲第一批职业教师（古希腊的智者）把早期哲学家的研究结果和方法运用于人的行为才蓬勃发展的。[①] 在此，我们重温历史中伟大教师的经典形象，感受其教育实践与哲学思考的密切联系。

（一）孔子：万世师表

孔子生活的春秋末期，中国社会正经历着深刻的社会转型。孔子自觉承担起

---

① ［美］约翰·杜威：《民主主义与教育》第 2 版，王承绪译，人民教育出版社 2001 年版，第 348—349 页。

以传统文化为中介重建社会价值秩序的教育使命。正是这种自觉意识使得孔子成为开启一个新时代的伟大教育家和思想家。他也因此被尊为"万世师表"。孔子的教育思想完善地保存在《论语》中。我们通过《论语》可以还原一个真实的孔子和弟子们共同生活的世界，进而理解其教育哲学思想的基本特征。

在《论语》里，孔子是一位教师，也是一位思想家。作为教师的孔子，生活在"礼崩乐坏"时代，他深刻地意识到自己的责任与使命，期望他的弟子成为对国家、对社会有用的"成人"①。通过锲而不舍的教学实践，孔子在一个危机时代为社会重新确立了价值系统。孔子重建传统的主要方法就是引领弟子们学习以经典为基础的各门知识——"六艺"。孔子不仅向弟子们解释以"六艺"为代表的经典，而且主张"君子不器"，重视培养人格完善之人，即把一切真、善、美都蕴含在"君子"这一理想人格之中。

在孔子之前，"儒"只是指代以"教书相礼"为职业的一种人。孔子则把拥有理想人格的人看作"君子"儒。孔子曾告诫弟子：做"君子"儒，不做"小人"儒。孔子的"君子"不是指社会地位的尊贵，而是强调君子的人格修养。君子的高贵人格集中体现在"仁"的精神中。在《论语》中，孔子用"仁"字来表达一切德性的总和，"仁人"一词即今天所说的"全德之人"②。

孔子把"好学"看作近乎"仁"的品质。"好学"在孔子那里意味着将学习经典与人的生活境遇接通，打破任何现有的束缚，构成了"成仁"的契机。"好学"之人的生活由"六艺"转化并升华至一种人生境界，孔子自己就乐在其中，他也因此赞赏颜回的"好学"。孔子的自我评价也是"学而不厌，诲人不倦"。他在生前就被认为是博学的人。

回到历史，孔子作为生活在春秋末期的一位普通教师，他的教学实践即"以述为作"。但是，针对当时社会的价值危机，他在传承经典的过程中重新解释了前代的文化，既坚持了古代文化中他认为最好的东西，实现了对传统文化的创造性继承，又由此开创了中国思想史上的儒家学说。卓越教师和思想家在孔子这里完美地融于一体。

（二）苏格拉底的"无知"

苏格拉底是西方历史上有着鲜明个人形象的哲学家。当时在古希腊雅典城邦

---

① 子路问君子。子曰："修己以敬。"曰："如斯而已乎？"曰："修己以安人。"曰："如斯而已乎？"曰："修己以安百姓。修己以安百姓，尧舜其犹病诸？"见：《论语译注》第2版，杨伯峻译注，中华书局2006年版，第179页。

② 冯友兰：《中国哲学简史》，北京大学出版社2010年版，第37页。

里，已经出现了西方历史上第一批职业教师——智者，他们以教学谋生。当时的雅典，一些青年人（如柏拉图）追随苏格拉底学习。教育史上把苏格拉底视为最早教师的卓越代表，这或许要归功于其杰出弟子柏拉图。柏拉图在对话录《普罗泰戈拉篇》和《美诺篇》中真实再现了苏格拉底与智者们在一些人生与社会问题上论辩的场景。

在《普罗泰戈拉篇》中，苏格拉底向当时著名的智者普罗泰戈拉提出质疑：美德可教吗？后者认为美德可教并亲自教授美德，但是双方的讨论未果。《美诺篇》多次呈现苏格拉底的思维模式：必须先知道一个事物是什么，然后才能讨论它是否具有某种性质。苏格拉底需要的是一个完整的美德，而不是美德的具体种类。总之，苏格拉底要求人们先认识美德是什么，然后再去探讨美德是否可教。

同时，《美诺篇》再现了苏格拉底的教学实践。一位童奴从来没有学过几何学和数学，通过苏格拉底的诘难和启发，却能解答几何学问题。苏格拉底的教学方法被喻为"产婆术"。苏格拉底认为，他与年轻人的对话就像助产婆一般，他的工作不是直接教给年轻人知识，而是引导他们自己去发现隐藏在内心深处的真正知识。认识一旦在人的内心深处被唤醒，就好像是重新回忆起以前知道的东西。苏格拉底的教学实践建立在虔诚的信念之上，他认为承认自己无知，不仅不会变得无知，反而会获得生活中最为重要的知识。

总之，教育实践迫使苏格拉底时代的教师们思考这样的问题：美德是什么？美德能学会吗？美德可教吗？什么是学习？什么是教育？正义是什么？学习和知识的关系是什么？知识和德行的关系是什么？……在与他人的讨论过程中，苏格拉底以承认无知为基础，不断地寻求与他人的对话，继而踏上其思想之旅——一个伟大教师的思想之旅，同时也是一位伟大哲学家的求真和教化之旅。

（三）教师与哲学关系之溯源

在德国哲学家雅斯贝尔斯看来，像孔子和苏格拉底这样的杰出人物，不仅是教师之典范，更是"思想范式的创造者"①。他们的思想是取之不尽、用之不竭的源泉。他们的影响力如此深远，如果没有他们，我们可能无法对世界哲学史和教育史有清晰的理解。

在中国春秋战国时期，以孔子为代表的第一批职业教师，一方面积极从事教育活动，另一方面积极思考和探究与教育有关的各种社会问题，这些思想硕果成

---

① ［德］卡尔·雅斯贝尔斯：《大哲学家》，李雪涛主译，社会科学文献出版社 2005 年版，第 63 页。

就了他们在中国思想史上的先哲地位。例如，孔子曾提出许多重要范畴，如性与习、道与器、学与思、学与行、知与行、博与约，等等，这些思想成为中国古代教育哲学思想的基础。所以张岱年说，中国古代哲学（特别是儒家哲学）是教育家的哲学。①

古希腊时期，教师们从讨论知识与德行的关系问题引出了理性与行动、理论与实践的关系问题。这些问题与其说是哲学家在哲学思辨中提出的，不如说是教师在教育实践中提出的。正是出于教育实践问题的紧迫性，当时的职业教师才进行深入的追问与系统的思考。也正是因为他们在思想深处清楚地理解教育实践与教育目的的内在关系，并不断尝试进行理性的辩护，才由此构建出独具特色的哲学思考——教师个人的教育哲学。

二、近现代杰出教师的教育哲学

近代以来，世界各国的有识之士在教育实践领域进行了不同程度的探索，其中涌现出一批杰出的教育先驱，他们以坚定的教育信念和不懈的实践探索开启了教育史的崭新时代。重温他们的教育求索之旅，能够质感地理解其具有鲜明个人思想印迹的教育哲学。

（一）夸美纽斯的教育哲学思想

捷克教育家夸美纽斯生活的时代，近代自然科学体系初步形成，科学与技术的进步在人类社会生活的各个领域开始产生影响。但是，当时的学校"只是为富人设立的"，而且施教方法非常严酷。他出于自己的基督教信仰和长期的教育实践经验，在《大教学论》中明确提出了"一切男女青年都应该进学校"②的教育主张，重点阐明"把一切事物教给一切人类的全部艺术"③。夸美纽斯在《大教学论》中主要回答"教育应当是什么"和"怎样教"的问题。

夸美纽斯关于"教育应当是什么"的理解体现了浓郁的人文主义精神。他主张："一切生而为人的人，生来都有一个同样的目的，就是他们要成为人，即要成为理性的动物，要成为万物的主宰及其造物主的形象。"④

在"怎样教"的理解上，自然适应性原则是夸美纽斯坚持的基本原则。他试

---

① 张岱年：《儒家哲学是教育家的哲学》，《华东师范大学学报（教育科学版）》1989年第1期，第13-14页。
② ［捷］夸美纽斯：《大教学论》新2版，傅任敢译，人民教育出版社1984年版，第52页。
③ ［捷］夸美纽斯：《大教学论》新2版，傅任敢译，人民教育出版社1984年版，第1页。
④ ［捷］夸美纽斯：《大教学论》新2版，傅任敢译，人民教育出版社1984年版，第52页。

图从自然发展的普遍法则中探求教育的规律并指导教育的实践。他以太阳的工作来比喻教师的工作,认为既然太阳能够把阳光给予整个世界,一位教师也能够同时教育几百名学生,如同太阳把光芒照在万物的身上一样。他要求教师从自然中寻找教育工作的"秩序"。例如,动植物都在春天生长、繁殖,人类的教育也应"从人生的青春",即"从儿童时期开始"①;自然界凡是大量生产的东西都是在一个地方产生出来的,青年人也最好"一同在大的班级里面受到教导"②。出于遵照自然的"秩序",他提出了具有历史首创地位的教育方案,即建立学年制和班级授课制。

总之,夸美纽斯的教育哲学思想中虽然有对上帝的虔诚,但更有对自然人性和教育规律的尊重与敞亮;虽然尚未摆脱宗教神学的终极观照,但更加彰显的是人文主义的深切关怀。夸美纽斯关于普及教育的伟大设想几乎被历史烟尘淹没了近两个世纪之久,19世纪中叶以后,普及教育才逐渐成为一种社会共识。"制度化教育"的逐步形成,班级授课制的建立与规范化教材的使用,都成为促进基础教育普及的重要条件。

(二) 裴斯泰洛齐的教育哲学思想

裴斯泰洛齐是瑞士著名的民主主义教育理论家与教育实践家。在他生活的时代,瑞士乃至整个欧洲正处于资本主义生产方式兴起阶段,自由、平等、博爱等价值观正在影响着人们的观念。他深受时代精神感染,同情贫苦农民及其子女的生存困境,憎恶旧教育,矢志于新教育的实践与教育理论的探索,其实践与理论成果的影响力波及当时的欧洲各国。

裴斯泰洛齐的教育实践探索与非凡的教育理论建树,既源于他对人性和自然法则的理解,也出自他对儿童的热爱,其教育哲学思想成果主要归为以下两个方面。

第一,裴斯泰洛齐的思想深受卢梭自然教育观的影响,主张教育依照自然法则发展人的内在力量。同时,他也拓展了卢梭的"遵循自然"原则的内涵,既包含个人自然生长的秩序,又包含个人向外(在社会关系中)生长的自然秩序,即从家庭到职业团体直至国家的秩序。在关于人类发展的自然进程中,裴斯泰洛齐提出了一个宏观的分析框架,即把人类分为原始人(亦称自然人)、社会人和道德人三种基本类型。在《隐士的黄昏》中,裴斯泰洛齐又提出了同样的问题:我是

---

① [捷] 夸美纽斯:《大教学论》新2版,傅任敢译,人民教育出版社1984年版,第92页。
② [捷] 夸美纽斯:《大教学论》新2版,傅任敢译,人民教育出版社1984年版,第50页。

什么？人类是什么？我做了什么？人类做了什么？我的实际生活把我培养成什么样子？人类生活正在把人类培养成什么样子？如此，他把在卢梭引导下"回到自然"的"爱弥儿"重新引入社会。基于这一思路，他提出初等教育的任务是和谐地发展人的各种力量，既顺应自然的需要发展"人的内在力量"，又适应社会的需要把学生塑造成"适用的模型"，使其得到人的品德、家庭幸福、工作能力，直到能实现社会上的需要。

第二，裴斯泰洛齐教育哲学思想中最突出的一点就是强调以亲子关系为基础的情感教育或爱的教育。他非常看重亲子间的情感关系，认为这是一切教育性关系的源头。他认为，初等教育是与家庭相联系的，儿童由爱父母而爱周围的人，进而爱人类、爱上帝。他强调教育者首先必须具有一颗慈爱之心，以慈爱赢得学生的爱和信赖。因此，教师要精心照顾好学生，注意学生的需要，对学生的进步和成长报以慈爱的微笑。教师要用亲切的话语、情感、面部表情及眼神打动学生。当爱和信赖在学生心中扎下根以后，教师要尽力激励它、增强它，使之不断升华。

总之，裴斯泰洛齐的教育哲学思考，绝不限于考虑这些理论问题。他首先是而且最主要的是讲实践的人，他的心一直倾注在教育实践的改革上。正是长期不懈的教育改革实践成就了裴斯泰洛齐在教育实践与教育理论领域的原创性贡献，成为近现代初等教育思想的源泉。

(三) 陶行知的教育哲学思想

陶行知是伟大的人民教育家。他幼时家贫，对19世纪末20世纪初期中国农民的生活困境有着深刻体验，这成为他一生致力于平民教育的情感基础，也是他践行"生活教育"之路的始端。陶行知早年留学美国，既熟悉世界教育发展趋势，又躬行实践于中国的基础教育、师范教育，积极推行适合中国国情的教育改革，并由此形成了系统的生活教育哲学理论。

陶行知生活教育哲学的基本内涵是：教育是为了生活、通过生活并在生活之中进行的。教育为了生活，即反对教育与生活的脱离。陶行知对于旧教育与生活脱离的现象进行了深刻批判，认为这种教育是"死的教育"，不能培养人的生活力，因而是无用的教育。他所倡导的生活教育是"活的教育"，通过教育而不断地提升生活的能力。教育通过生活来进行，即用一种更加合理的生活来改造不合理的生活，如用健康的生活来改造不健康的生活，用科学的生活来改造迷信的生活，用共同的生活来改造散沙一盘的生活，用抗日的生活来改造投降的生活，等等。所以，陶行知通过生活来教育的主张并不是要取消教育，将普通的生活与教育画等号，而是要用一种更加合理、先进和正当的生活来引领人们，帮助人们获得进步。教育在生活之中进行，就是在社会之中进行，就是要突破学校的围墙。在这个维度上，陶行知有一种大教育观。他多次说，生活在哪里进行，教育就在哪里安家。农田、街道、工厂、监狱乃至战场是生活的场所，也是教育的场所。他因此提出"社会即学校"的命题，并通过创办工学团、社会大学等来加以实践。

生活教育的方法论就是"教学做合一"。"教学做合一"的哲学基础就是王阳明的知行合一学说，具体内涵是：事情怎样做就怎样学，怎样学就怎样教，反对教与学的脱节，教学与做的脱节。"教学做合一"有一个共同的中心，这个中心就是"事"，就是"实际生活"。按照陶行知的想法，教学做就要在"必有事焉"上用功。在陶行知的观念中，"教学做合一"是一件事，不是三件事，即在做上教，在做上学。在做上教的是先生，在做上学的是学生。从先生对学生的关系说：做便是教；从学生对先生的关系说：做便是学。先生拿做来教，乃是真教；学生拿做来学，方是实学。不在做上用功夫，教固不成为教，学也不成为学。① "教学做合一"的方法论在他所创办的南京晓庄乡村试验师范学校以及后来的重庆育才学校等得到了广泛的应用，形成了卓有成效、独具一格的生活教育模式。

作为留学美国哥伦比亚大学师范学院的学生，陶行知的生活教育哲学确实在一定程度上受到杜威实用主义教育哲学的影响。但是，正如陶行知自己所言，他不是照搬照抄杜威的实用主义教育哲学，而是基于中国独特的社会实践和教育国情，并汲取中国传统哲学的精华，提出了适合中国国情的教育哲学主张。陶行知后来提出的民主教育、创造教育等主张也都是基于他的生活教育哲学基础的，成为20世纪中国教育现代化宝贵的思想财富。

近现代教育史上涌现的杰出教师，似璀璨繁星，由于篇幅所限，这里仅呈现夸美纽斯、裴斯泰洛齐和陶行知三位有代表性的教师的教育哲学思考。他们心系儿童，坚持理想，慎思笃行，开启教育思想和实践的新方向。时至今日，面对汹涌澎湃的教育改革与创新浪潮，他们的独到见解与丰厚经验仍是我们反思和变革教育实践的重要思想资源。

第二节　教育哲学与教师专业发展

古今中外教育家的成长经历无可争辩地表明一个道理：一位教师要想摆脱教

---

① 《陶行知文集》（上），江苏省陶行知研究会、南京晓庄师范学校编，江苏教育出版社2008年版，第285页。

书匠的地位，成为一名深受学生爱戴的教育家，就必须以哲学的眼光来打量教育，必须对教育领域中的一般问题和根本问题进行哲学思考。这一思考的高度与深度现实地决定着他们的职业信念、理性品质和价值视野。

一、教育哲学确立教师的职业信念

教师的职业信念意味着教师对于教育工作的一种坚定与执着态度。这种态度源于教师的专业自觉。单纯的职业热情相对于单调与艰苦的日常工作往往会显得苍白而肤浅。专业自觉不是教师在工作中自然习得的结果，它需要教育哲学的理论滋养。对于教师而言，学习教育哲学并非着眼于一些关于教育哲学的知识，而是用哲学方式思考教育问题。教育哲学以其固有的学术秉性唤醒教师对日常工作进行根本性反思，进而洞明教育之道、为师之道和师生关系等基本问题，帮助教师从"自在"的教师成为"自为"的教师。

（一）道之所存，师之所存

"师者，所以传道授业解惑也。"韩愈《师说》中的这一名句广为流传，清楚地界定了教师职业的基本任务。2014年教师节前夕，习近平到北京师范大学看望师生，并发表了《做党和人民满意的好老师》的重要讲话。在这个讲话中，他重申了韩愈的这个观点，并从时代的高度进行了新的阐释。习近平认为，对老师来说，"传道"是第一位的。一个老师，如果只知道"授业""解惑"而不"传道"，充其

韩愈：《师说》

量只能是"经师""句读之师"，而非"人师"了。他认为，一个优秀的老师，应该是"经师"和"人师"的统一，既要精于"授业""解惑"，更要以"传道"为责任和使命。

1. 教育——传承人类文明

人，无论是作为个体的存在还是作为类的存在，都不同于其他的存在物。人之为人，不是通过生物遗传而是通过文化传承完成的。作为个体的人，出生之时处于未完成状态，离开成年人的照料则无法存活，在以后的人生岁月里，教育使之实现个体的个性化和社会化，这正是人性的完整体现。所以，康德说："人是惟一必须受教育的被造物。"① 作为类的人，社会活动的一切文明成果都必须通过教育实现代际之间的传承。因此，教育在最广的意义上说就是社会生活的延续。对

---

① ［德］伊曼努尔·康德：《论教育学》，赵鹏、何兆武译，上海人民出版社2005年版，第3页。

未来一代的教育也因此而具有极其重大的意义。教育作为人类社会得以延续的代际间传承活动，尤其是指老一代将文化遗产教给年轻一代的活动，包括知识内容的传授、生命内涵的领悟、意志行为的规范等。

2. 教师——播撒文明之光，开启学生心灵

人类文明成果不断丰富，文明传承因此成为一门职业。教师传授知识即播撒人类文明之光，这是教师职业的特殊性使然。与其他职业相比，教师以播撒人类文明之光的形式照亮学生"成人"之道路。2016年，习近平在教师节寄语中强调："广大教师要做学生锤炼品格的引路人，做学生学习知识的引路人，做学生创新思维的引路人，做学生奉献祖国的引路人。"[①] 这一过程不是一蹴而就的，需要教师持续不断地努力工作，甚至要应对各种困难与困惑的挑战。对教师来说，这已不是单纯的技术性工作，不仅需要一种职业责任，更需要一种职业信念。

3. 学校——师生的精神生活共同体

随着人类文明的进步，社会复杂程度提高，年轻人若想有效地获得参与社会活动的能力，必须依赖有计划的教育训练活动。学校是人类社会对年轻人实施正规教育活动的特殊场所。没有学校里的正规教育，就不可能向年轻人传递复杂社会的一切资源与文明成就。可见，学校教育为年轻人学习人类生活经验开辟了道路。学校也由此成为教师（成年人）和学生（未成年人）构成的社会生活共同体。

这个共同体的责任与目标十分明确，向年轻人提供人类文明成果，以此陶冶与训练年轻人，使之获得积极参与社会生活的素养与能力。当然，人类文化成果转为年轻人的素养与能力不是简单的知识复制或知识再现，而是知识"内化"的过程，需要教师和学生的精神投入。因此，学校是教师引导学生交流与分享人类文明成果的精神生活共同体。

（二）为师之道：在"修己"中"育人"

从教师职业属性看，为师之道无时无刻不在学校日常生活中对学生产生着实实在在的教育影响。从教师职业特点讨论"为师之道"，不是师德规范的简单演绎，而是对"如何成为老师"的深度观照。孔子所说的"学而不厌，诲人不倦"正是"为师之道"的经典诠释，对于提升教师职业修养仍具有现实意义。

1. "修己"于"学而不厌"之中

鉴于教师的职业特点，"修己"不应仅局限于道德修养层面，而应贯穿于教师

---

① 习近平：《全面贯彻落实党的教育方针　努力把我国基础教育越办越好》，《人民日报》2016年9月10日第1版。

日常职业生活的诸方面。学生正是在真实的学校生活情境中体验并理解教师所授之业与所传之道的。中小学教师长期与未成年人打交道，在年龄、社会经验、知识等方面都占据一定的优势，容易产生居高临下的心态。其实，教师与其追求居高临下的权威地位，不如做苏格拉底那样的"无知者"。"时常感到自己的不完全和不足，要永远做一个用探寻的目光看事物的婴儿！不因经验和老一套而陷入麻痹，而要敏感常存！"①

2. "育人"于"诲人不倦"之中

在我国的文化传统中，人们常叹"经师易得，人师难求"，"人师"不仅体现在课堂上，更体现在师生日常交往过程之中。在学校日常生活中，教师随时随地点化学生，并及时传达对学生的信任与关爱。此时此刻，教师唤醒的正是学生的"向学之心"与"向善之志"。"为师之道"正是在活生生的日常生活情境中被学生时时刻刻地体验着……一位教师，不管是什么学科的教师，如果缺乏对求知的热情，缺乏对学生的感染力，缺乏对学生困难设身处地的理解，就不能唤起学生求知的欲望。总之，"师道"是师生共同生活境遇之中活的真理，而不是书本上死的规范。在教师与学生打交道的过程中，学生如果能够心领神会教师的操劳，"为师之道"也就自然而然地彰显于其中了。

(三) 师生关系是一种教育关系

学校作为师生构成的精神生活共同体，是一种特殊的社会生活环境。师生关系也不同于其他社会关系。在师生交往过程中，无论学生是否真正意识到教师的影响力，教师在事实上都影响着学生的世界观和人生观的形成。所以，师生关系本身就蕴含着教育价值，或者说，师生关系本质上就是一种教育关系。

1. 师生交往：拓展和丰富学生的情感体验

学校作为一个雏形社会，师生之间是一种有意建立的人际关系。对于刚刚跨入校门的学生来说，教师对他们的影响可谓巨大。在学校生活中，无论学生是否愿意，他的生活都得与不同教师发生关联。学生的生活视域由此展开，他所体验到的社会生活也逐渐变得丰富和多样。师生交往过程中的情感参与和分享可以促进彼此之间的信任。如果教师能够对学生采取主动的情感参与，就会让学生感受

---

① 《小原国芳教育论著选》上卷，由其民、刘剑乔、吴光威译，人民教育出版社1993年版，第302页。

到教师与他之间形成了一种休戚与共的亲密关系。学生会表现出"亲其师,信其道"的行为,其教育价值是不言而喻的。

2. 教师承担"替代父母"之责

学校作为一种公共生活领域,与作为私人领域的家庭生活始终有着千丝万缕的联系。着眼于儿童的成长,学校必须成为儿童的第二个家。因此,学校教育和家庭教育一样,关键在于关系,而非控制。当孩子在家庭中生活的时候,父母会向孩子传递这样一个信息:"我在这里,你可以呼唤我。"做父母就意味着必须聆听孩子的呼唤并以适当的方式采取行动。当孩子从家庭走进学校以后,父母不可能对孩子的呼唤做出及时的回应,最可能的替代者就是教师。因此,教师有必要承担"替代父母"的职责。

二、教育哲学奠定教师之教的依据

从教育哲学视角看"教师之教",必须直面"教应当是什么""应该教什么""应该如何教"三个基本问题。三者之间有着内在的逻辑联系,层层推进,关于"教应当是什么"的理解决定"应该教什么"和"应该如何教"。自职业教师出现以来,尤其是伴随着学校普及和班级教学的推广,围绕上述问题的讨论一直处于教育基本理论的核心。近三十年来,随着我国教师专业发展以及教师教育在实践领域的推进,教育哲学对"教师之教"的探究不断深入与拓展。

(一)教应当是什么——理解教学的本质

教育的目的是培养人,学校教育即通过制度化方式来实现人的培养。教师的教学行为无疑是实现教育目的的重要手段。但是,理解教的内涵,不是简单的逻辑演绎,关键是理解教学与培养人之间的内在关系。

夸美纽斯在《大教学论》中首次探讨"教"的应有之义。夸美纽斯的教育理念是"把一切事物教给一切人类"。他所谓的正确教学就是"把容易、彻底和迅速结合起来",并强调开发心智,使学生的判断力变得敏锐等一系列"教"的原则。赫尔巴特第一个明确地提出了"教育性教学"的概念,强调通过"教学来进行教育",将"教育性教学"作为实现教育目的的手段之一。[①] 他认为,作为知识传递过程的教学和作为善的意志形成的道德教育是统一的。他真诚地希望通过教学培养学生的多方面兴趣与能力,反对任何损害学生智力和道德的做法。陶行知则指

---

① [德]赫尔巴特:《普通教育学·教育学讲授纲要》,李其龙译,人民教育出版社1989年版,"前言"第14页。

出，教学既不是"教书"，也不是"教学生"，而是"教学生学"。这个观点辩证地阐明了教师的"教"与学生的"学"之间的关系，突出学生学习在整个教学活动中的核心地位。后来，他受王阳明和杜威思想的影响，又进一步将"教学"概念的内涵发展为"教学做合一"，主张"在做上教为真教，在做上学为真学"，突出了"做"（实践）在教学活动中的核心地位，以期克服教学活动中常见的理论与实践、教师与学生、直接经验与间接经验的脱节和对立问题。

总之，从夸美纽斯的"把一切事物教给一切人"到赫尔巴特的"教育性教学"再到陶行知的"教学做合一"，反映了人们对于教学本质认识的进步，使得教学越来越摆脱经验的束缚，成为理性自觉的教育行为。

（二）应该教什么——教学内容的前提性思考

在学校教育制度化进程中，随着正式课程的确定，教的内容被相对固定为一系列规范的教材。在国家课程标准体系下，"教什么"直接体现在教科书当中。但是，"教科书"只是"可能的"教材，而教师所教的内容，应包括学生所参与的活动，这一切都可能成为"事实上的"教材。或者说，教师应该立足教育目的，将学生在实际教学活动过程中的一切都视为"教材"，而不局限于传授"书本知识"。

教师是否能够清晰地理解"应该教什么"，取决于教师两个方面的专业素养：一是对学科教育内涵的准确把握，二是对教学内容与教育目的（改善学生心智）内在联系的自觉。以朱自清的作文教学为例。有一次，朱自清的一位学生写了一篇作文《可爱的朱先生》。文中这样描述朱自清："他是一个肥而且矮的先生，他的脸带着微微的黄色，头发却比黑炭更黑。近右额的地方有个圆圆的疮疤，黄黄的显出在黑发中；一对黑黑的眉毛好像两把大刀搁在他微凹的眼睫上……"朱自清在这篇作文下面画了许多双圈，并在课堂上读给大家听。[①] 朱自清的这节作文课教学一方面强调了学生对"国文母语"的理解与使用，另一方面直观质感地进行写作教学，在潜移默化中向学生传授着"写作之道"和"为人之道"，生动地体现了语文学科的性质和教育价值。

（三）应该如何教——教学方法的辩护

"应该如何教"，表面上看似乎是讨论"教学法"。实质上，"教学法"起初是教学的"法则"，后来逐渐成为教师怎么教学生的方法。教育哲学视域中的"应该如何教"具有普适性价值，并非基于一些个人经验、个人心得的"教的技巧"。对

---

① 商友敬主编：《过去的教师》，教育科学出版社2007年版，第84—85页。

此，赫尔巴特关于"教学形式阶段"的阐释具有理论深意。

赫尔巴特根据儿童学习活动中的两种思维方式——专心和审思，将教育教学活动看作井然有序的四个阶段：清楚、联想、系统、方法。① 他的思考即从理论层面回答"教学应该如何做"。我们必须承认"教学形式阶段"的理论价值，"赫尔巴特的伟大贡献在于使教学工作脱离成规陋习和全凭偶然的领域。他把教学带进了有意识的方法的范围，使它成为具有特定目的和过程的有意识的事情，而不是一种偶然的灵感和屈从传统的混合物"②。

关于"应该如何教"的理解，不仅受到教育目的、教学内容的制约，而且还要考虑教的对象——学生的已有经验。杜威十分重视学生个人的经验，主张教学要从学生的经验与活动出发。根据思维过程的特点，他提出了教学过程的五阶段理论：（1）学习者要有一种"经验的真实情境"，即学生有兴趣的一些活动；（2）在这种"情境"里面，要有促使学生去思考的"真实的问题"；（3）学生须具有相当的知识，从事必要的观察，用来对付这种问题；（4）学生须具有解决这种问题的种种设想，并将这些设想整理排列，使其秩序井然，有条不紊；（5）学生把设想的办法付诸实施，检验这种方法的可靠性。③ 按照杜威的说法，对于学生经验的理解构成教师设计教学过程的前提性认识。

三、教育哲学为教师实践提供理性辩护

教师每天沉浸在学校的各类教育活动和事务工作中，遇到问题常依赖传统习惯或个人经验，并从中寻找解决问题的根据，其处理态度多表现为"我觉得""在我看来"。教育哲学能够呈现教育实践的逻辑，为教师的行为提供严格的理论论据，促使教师突破个人经验局限，成为真正拥有实践品格的教育行动者。

（一）教育实践的逻辑

谈论实践的逻辑不是一件容易的事。法国学者布迪厄早就承认，实践有一种逻辑，一种不是逻辑的逻辑；实践逻辑的许多特性源自这样一个事实：逻辑学上

---

① [德] 赫尔巴特：《普通教育学·教育学讲授纲要》，李其龙译，人民教育出版社1989年版，第52页。
② [美] 约翰·杜威：《民主主义与教育》第2版，王承绪译，人民教育出版社2001年版，第80页。
③ [美] 约翰·杜威：《我们怎样思维·经验与教育》，姜文闵译，人民教育出版社1991年版，第11页。

称为论域的东西在实践逻辑中处于实践状态。①

教育实践有其内在规则,既受到实践者个人因素的影响,也受到历史与现实境遇等诸多因素的影响。因此,我们不要天真地以为通过单纯的理论学习能够提高教师解决教育实践问题的能力。这只能反映出我们对教育实践的"无知"。教育实践终归是中小学教师的实践。任何对教育实践行为的外在观察、描述与分析等理论都不足以反映其内涵实质。这样的理论既不能对教育实践产生解释的效力,更谈不上指导实践。我们要做到理论联系实际,就要时刻想着尊重实践的逻辑,然后,才能够去理解实践、解释实践和服务实践。

长期以来,由于我们缺乏对教育实践逻辑的准确理解,在教师教育课程中也往往过于简单地理解理论与实践的联系,以为教材中多一些案例、教学多进入中小学课堂就是理论联系实际了。其实,马克思主义的"理论联系实际"原则,既针对教条主义,也针对经验主义,而流行的"理论联系实际"观念往往只把锋芒指向教条主义,有时甚至把科学的基本理论当成教条主义加以排斥,从而为狭隘经验主义张目。这实际上是以狭隘经验主义原则冒充"理论联系实际"原则。② 因此,若能够立足于教育实践逻辑的视角,就为重新理解教师的实践提供了必要的理论前提。

(二) 教师职业生活的实践取向——超越日常经验

众所周知,在多年的职业生活中,教师或多或少都积累了处理教学或管理事务的可贵经验。教师大多能凭借这些经验去应对学校的常规工作,但是,面对教育实践领域出现的新问题,则无法做出准确判断和采取有效的行动。对此,教师只有摆脱个人经验的成见,才可能以新的目光看待教育实践的本质。

这种目光的转向依赖于教师职业生活视域的转向,即从经验取向转向实践取向。经验取向与实践取向的决裂预设了一种对世界敞开的情调——惊奇。"惊奇"在亚里士多德那里具有本真的创始力量,这股力量今天依旧蕴含在人类的实践活动中。"惊奇"使得教师能够从盲目的封闭经验境域里走出来,从而获得一种思想的解放。

在教师的日常工作中,其注意力多是放在工作中必须处理的事件上。教师每天打交道的人多为学生、同事,打交道的事件多是备课、上课、批改作业等,这一切构成了教师所熟悉并信赖的经验境域。教师习惯于依据经验确定自己对待某

---

① [法] 皮埃尔·布迪厄:《实践感》,蒋梓骅译,译林出版社2003年版,第135页。
② 陈桂生:《"教育学"辨——"元教育学"的探索》,福建教育出版社1998年版,第347页。

个事件或某个学生的态度。依据现象学理论，我们可以把教师摆脱经验取向的行为称为"悬置"。通过"悬置"暴露的正是朝向真实生活的敞开状态，这样，奇迹就得以显现了。如果教师"悬置"其对某个学生的固有看法，以"惊奇的"基调对待这个学生，寻常学生或许会表现出不同寻常的状态。这就需要教师始终保持一颗"赤子之心"，突破预先给定境域的局限，恭候那惊愕之情的不期而遇，或者说，一旦有新的"契机"，教师就要立刻采取行动。

经验取向的惯性力量拒绝"看见"新事物，所以，对于教师而言，对日常教育生活的全新思考只能以一种实践取向为依据，而这恰恰需要一个契机。契机是一种新的可能性，它隐蔽在将来的某个时刻，但又已经在当前显露端倪。如果一位教师真正抓住这样一种可能性，那么，其职业生活就将因此开启一个全新的境遇。

（三）教师实践：从谋生到事业

人总是被处境影响着，特定的生活处境影响着其生活方式。教师的生活处境一般存在着两种不同的生活方式：一是指向谋生的生活方式；二是指向事业的生活方式。在指向谋生的生活方式中，教师的活动指向个人的存在，教师行为就是一项谋生活动；在指向事业的生活方式中，教师的活动指向人作为类的存在，即人类精神和文明的传承，教师行为就是一项教育行动或教育实践。

现实学校生活是教师境况的集中体现。在日复一日、年复一年的工作中，大多数教师陷入谋生的泥沼而不能自拔。他们当中或许有人怀着从"辛苦操劳"中解脱出来的强烈愿望，但是，在习惯或传统的持续影响之下，他们渐渐失去"惊奇之心"，也丧失行动的勇气与力量。这种境况迅速而无情地消耗着教师的精力，并吞噬着他们的健康。

造成教师现实处境的因素可能是多方面的，但是，在相当程度上，教师的人为处境制约着其行动的力量。目前的学校在某种程度上已成为"考试工厂"，教师对待学生就像技艺工人对待产品，有用和功利被确立为其工作方式的最终标准。因此，教师需要做的是：把自己从技艺工人谋生工作的泥沼中拉出来，并把教育作为一种终生从事的有明确价值内涵的事业。

总之，教育行动是教师实践的具体展开状态，其目的始终是学生的发展，而远远超出教师"谋生"这一基本需要。教师在每一个具体行动的过程中，无论其行动出于必然性还是出于自由意志，内在追求总是自身形象的呈现，即潜在的自我得以彰显，也因此获得第二次诞生。就其第二次诞生而言，教师以自身的主动性开创出新的生活境遇。如果一位教师真正抓住这样一种可能性，那么，他的职业生活就因此进入一个全新的状态，并获得一种新的推动力。

第三节　建构教师个人教育哲学

长久以来，教师专业发展主要受到以下两种错误观念的制约和影响：一种是将教师的教育教学工作简化为技术性、操作性的活动，因而教师只关注方法的熟练掌握和技术的熟练操作，教师最终不可避免地沦为缺乏创造性的"教书匠"；另一种是将教师视为教育理论、教育研究的被动接受者，误以为关于教育的哲学思考、理论研究只是大学相关教育研究者的事情，中小学教师不需要也不必要进行自己的教育理论研究和思考。这样的观念既误解了教师的教育实践的复杂性和创造性，同时也曲解了教师拥有教育理论的必要性和可能性。

教师专业发展的根本在其哲学思想，而非方法和技巧。正如美国教育家乔治·奈勒（1908—1999）所说："无论你干哪一行业，个人的哲学信念是认清自己的生活方向的唯一有效的手段。如果我们是一个教师或教育领导人，而没有系统的教育哲学，并且没有理智上的信念的话，那么我们就会茫然无所适从。"①

一、什么是教师个人教育哲学

首先，从内容层面而言，教师个人教育哲学意味着教师关于"教育"基本问题的教育理想和信念，即教师在教育教学实践之前，在头脑中关于为何而教、教什么、怎么教的教育理想与信念。马克思曾经有这样的经典名言："最蹩脚的建筑师从一开始就比最灵巧的蜜蜂高明的地方，是他在用蜂蜡建筑蜂房以前，已经在自己的头脑中把它建成了。劳动过程结束时得到的结果，在这个过程开始时就已经在劳动者的表象中存在着，即已经观念地存在着。"② "头脑中观念的房屋"就是教师个人教育哲学的一个形象比喻。教师个人的教育哲学作为教师关于教育的理想和信念，构成了教师教育思想和行动的内在前提和依据，指引和支配着教师的行动。

其次，就其性质特征而言，教师个人的教育哲学意味着以一种"哲学"的态

戚万学：《论教师的哲学》

---

① 陈友松主编：《当代西方教育哲学》，教育科学出版社1982年版，第135页。
② 《马克思恩格斯文集》第1卷，人民出版社2009年版，第208页。

度和方式来看待教育的基本问题。"教师个人的教育哲学与其哲学观具有同构性，一方面受哲学世界观的影响，即有什么样的哲学观就有什么样的教育理念；另一方面它又与教育实践有着密切联系，影响着教师对教育行为的选择。"①

哲学思维是一种"反思的"思维方式，哲学思维与科学思维最大的不同之处就在于，哲学不是直接以世界作为客观对象来研究的，而是"以思想构成自己的根据和原则为对象的哲学反思，包含着一切思想活动中对构成思想的根据和原则的反思"②。因而，哲学思维是对思维的前提和依据进行的批判性反思，是对认识何以可能的根本追问。

因此，教师的个人教育哲学意味着教师反思和追问自身教育信念、对待教育的思维方式和价值观念的前提和依据，在此基础上，重新思考教育应当是怎样的、应当以怎样的方式来看待教育，以及怎样的教育才是值得追求的。

教师的个人教育哲学作为教师"观世界"的基本态度和方式，同样可以理解为教师对自身关于教育的"世界图景""思维方式""价值规范"的哲学反思。教师所拥有的教育"世界图景"不只是教师所看到的全部的、真实的教育事实，更重要的是如何看待这些教育事实的理论视角和思维方式。在一定意义上，甚至可以说，教师拥有怎样的思维方式，就会建构起怎样的教育"世界图景"，并由此决定了教师将拥有怎样的"价值规范"。

二、教师建构个人教育哲学的必要性

今天的教师置身于一个不断变化和改革的社会背景之中，各种教育改革主张的提出，令许多教师或多或少地感到迷茫和困惑。在这种情形下，教师要想保持一份教育者的自信、从容和清醒，不加强哲学的学习，不努力地建构个人的教育哲学，是非常困难的。教师个人教育哲学作为对自身和他人教育思想的前提和依据进行反思的活动，使得教师的实践成为一种理性的实践。

教师个人教育哲学的建立，有利于突破自身教育经验或习惯的束缚。经验在教育实践中的作用是不容忽视的，丰富的经验会帮助教师迅速地发现和解决教育活动中存在的问题。在长期教育教学的经历中积累起来的经验使得一些教师表现出杰出的教育能力。但是，一个众所周知的事实是，经验并没有使所有教师都成为教育家。这其中的原因在于，不少教师由于缺乏起码的哲学素养，自然缺乏对

---

① 王坤庆:《教师专业发展的境界：形成教师个人的教育哲学》，《高等教育研究》2011年第5期，第22—28页。
② 孙正聿:《哲学通论》，辽宁人民出版社1998年版，第174页。

经验进行反思、批评和重构的意识与能力，自觉或不自觉地做起了经验的奴隶，成为了教书匠。从认识论上看，经验是特定条件、环境下的产物。经验本身具有保守性和自我复制的趋势，对于变化的对象、环境反应不够敏感。一位教师，有了丰富的教育教学经验是好事，但也是坏事，容易自我束缚、坐井观天。如果既往的某种经验已经成为习惯，那么它对于教师在新的教育教学环境下的行为的约束作用就更强了。教师个人教育哲学意识的萌发，有助于对这些经验、习惯等建立的条件及其背后的各种假定进行分析检验，从而使经验、习惯保持一种变革的状态，随时可以根据新的观察、认识、交流、实践、反馈等进行重构，帮助教师适应变革时代教育实践不断提出的新要求，成为陶行知倡导的"一流的教育家"。

教师个人教育哲学的建立，有助于打破教育活动中教师对科学主义的迷思。教育实践活动有其科学基础，教育实践的改进有赖于科学研究的进步，这是毋庸置疑的。当前，我国教育实践的科学基础还需要进一步加强。但是，与此同时，人们也发现，教育实践中存在另一种态度或倾向，就是对科学或以科学面貌出现的各种研究方法、结论的盲目崇拜，从而陷入科学主义的泥沼。现在关于学生、教师、教材、教法、考试等的所谓科学研究越来越多。一些研究者无视研究本身可能的局限性，直接基于自己的研究提出这样或那样的改革建议，并对实践者提出这样或那样的要求，无视实践的本体地位，试图将实践臣服于自己的研究之下。这种态度和观点的流行对我国的教育实践产生了多方面的消极影响。面对这种态度和观点，广大教师必须有一种哲学反思的意识与能力，坚持实践的本体地位，能够识别各种研究成果的局限性，以一种批判的、综合的眼光来利用科学研究的成果。

建构教师个人教育哲学，有利于推动教师专业发展方式的根本性变革。在过去的很长一段时间里，教师的实践被认为没有太多研究的性质，教师只是被动消费、应用教育理论而已，教师的工作不过是一个"技术熟练"的过程。其实，这是受近代认识论传统的影响所导致的一种"技术理性"。在近代认识论的逻辑下，理论与实践的关系是简单的"方案—执行"的过程，原本丰富的实践被简化为技术操作的过程，技术理性下的实践不再体现人的反思性、能动性和创造性。这使得现行的教师专业发展方式必须接受这种认识论逻辑：把大学研究看作有关理论知识的，把中小学教学看作有关实践问题的，把教师的专业发展看作被动的研究应用。这就产生了教育理论与教师实践的人为分离。

当教师建构自己的个人哲学时，教师会把自己的教育教学理解为在复杂的情境脉络中，从事特定的人与人之间相互交往与影响的实践活动，教师的专业性就体现在主体地参与问题情境、同儿童形成活跃的关系、基于反思与推敲提炼问题、选择并判断问题解决策略的实践智慧。[①] 教师逐渐意识到教师的专业实践不能被简化为简单的技术生产过程，而是一个体现着人的情感、意志和思想，充满着人与人之间的相互影响的实践活动。教师就不再只是技术熟练的操作者，与之相反，教师应该成为研究者和反思性实践者。

三、教师建构个人教育哲学的方法

在实际的教育教学中，任何一位教师对自己的教育理想与情怀、教育意向与追求、教育理解与行动都会有所觉察。而且，无论教师反思性觉察到的内容如何不同，反思性觉察的强度、敏感度与深刻程度如何不同，教师所共同拥有的个人教育哲学反思性"觉察"的方式和"觉醒"状态是普遍存在的，这意味着每位教师都拥有能够建立个人教育哲学的前提和基础。因而，教师建构个人教育哲学并不是一件高不可攀的事情，也不是只有优秀的、杰出的教师才能够建立自己的个人教育哲学。

那么，教师究竟应该如何建构个人的教育哲学呢？

教师个人教育哲学的形成有三个必要条件。一是教师"理论意识"的唤醒与提升。教师不再轻视或拒斥理论，也不再仅凭日常的教育教学经验而日复一日地教书，而是有理论自觉地进行着有创造性的教育教学实践。二是教师亲身参与教育教学实践，在教育发生的现场情境中不断"反思性"觉察自己的教育意识和行动，并且能够根据学生的具体需要，给予恰当的反应，表现出教师的教学机智。三是让教师的教育教学实践充满着"研究意识"。因为教育不是抽象的名词，而是真实的、指向学生发展的有意向的行动，教师作为教育的主要行动者，其行动研究主要是以改善自己的教育教学实践为目的的。教师以自省、质疑的研究态度和实践教育理论的实践行动，通过改进教育教学促进自身的专业发展，从而使得研究不再是大学专家学者的专利，教师也不再是教育研究成果的被动接受者。

正是在此意义上，我们提出建构教师个人教育哲学的三种主要方法：一是通过阅读哲学著作，提升自身的理论素养；二是通过反思性实践，不断增强自身教育意识的敏感性和自觉性；三是通过行动研究，让自己的工作充满研究的意识与

---

① [日] 佐藤学：《课程与教师》，钟启泉译，教育科学出版社2003年版，第240页。

改善行动的追求。

(一) 通过阅读哲学著作,提升自身的理论素养

教师如何看待和理解自己的教育教学观念与实践,总会受到某些哲学观念的影响,然而其个人教育哲学水平高低的本质区别就在于:教师的个人教育哲学是自觉地建立在通晓思维的历史和成就基础上的,还是不自觉地受到某些时髦哲学的影响。正如恩格斯所指出的那样,无论人们采取什么样的态度,"他们还得受哲学的支配。问题只在于:他们是愿意受某种蹩脚的时髦哲学的支配,还是愿意受某种建立在通晓思维历史及其成就的基础上的理论思维形式的支配"①。因此,教师需要通过学习古今中外的哲学思想、哲学理论,在通晓人类思维的历史及其成就的基础上,有理论依据地重新思考教与学的基本问题。同时,深入阅读哲学著作的过程本身就是一种理论意识养成的过程,因为在哲学著作的阅读过程中,教师开始熟悉哲学的理论表达方式、思维方式,并能够梳理出哲学基本问题的变化发展线索,这不仅仅是拓宽了教师自身的理论视野,唤醒其理论思维,更重要的是引导教师进入了理论状态。

(二) 通过反思性实践,不断增强自身教育意识的敏感性和自觉性

教师在日常教学活动中,其实并不缺少反思,只是由于受到技术理性的束缚,往往将"思维"和"行动"相分离,因而总是看不到教师在实践中自身所拥有的"行动中的反思"。

舍恩(1930—1997)提倡以"反思性实践者"来代替"技术熟练者"的教师形象,主要是针对由于"技术理性"的无限膨胀,教师专业性被曲解与贬低,教师沦为教育理论的被动消费者、机械应用者和"技术熟练者"而提出的。舍恩有关"行动中的反思"的理论,是其"反思性实践"理论中最具特色也最有争议的理论。舍恩认为,真实的教育情境是充满"复杂性、模糊性、不稳定性、独特性和价值冲突"的,是实践的"不确定地带"。对于处于这一地带中的问题,书本的知识、技术的手段都是无力解决的,科学知识和手段也不起作用,所要借助的只能是"行动中的反思"。教育实践需要的是教师作为"反思性实践者",面临不确定、不稳定、独特而又充满价值冲突的情境时,表现出来的那种富有创造性和艺术性的直觉和灵感,即在行动中生成的有效解决问题的能力。

实质上,当舍恩提出"反思性实践"这一重要思想时,已经改变了以往人们只是将反思作为一种事后的思考和认识,强调了反思不再是发生在教育实践之后

---

① 《马克思恩格斯文集》第 9 卷,人民出版社 2009 年版,第 460 页。

的，而是始终伴随在教师的教育实践过程之中。教师的反思意识越强烈，教师的教育意识就越清醒，教师的教育实践就越具有自觉性、主动性。这样的反思意识使得教师在日常的教学工作中，在教师与学生的互动交往中，能随时建立教育情境中的意义联系，能及时觉察到富有教育意义的时机。因此，教师也更具有教育的敏感性。教师之所以具有教育的敏感性，就在于其对学生的教育意识始终萦绕在心中，随时都能把握住教育的时机，随时都能产生教学的机智，随时都能将与学生的交往变成教育的机会。

（三）通过行动研究，让自己的工作充满研究的意识与改善行动的追求

教师作为教育的行动者，在追问教育应当是什么、应该教什么、应该如何教等问题时，可能冲击到原有的理论框架与行为模式，这就要开展行动研究。教师开展行动研究，主要是研究自身教育情境中的实际情况，解决日常教育、教学中遇到的问题，从而不断地改进教育、教学工作。教育行动研究是指在教育情境中由教师进行的，旨在改善教育实践，以自省、质疑的研究态度和实践教育理论的实践行动改进教育教学、促进专业发展的研究。教育行动研究既是一种研究的方法，也是一种鲜明而清醒的教育态度，更是对教育实践的深刻理解。这种理解，指向教育实践的不断变革、实现教育意义的教育追求。这种理解可以具体表达为：指向实现教育目标或其他形式的教育理想；要求改变现实的实践活动使之更加符合理想；找到现实与理想相符或不相符的部分，并通过研究影响因素对不相符的地方加以解释；对传统的构成实践基础的规范展开质疑和重构；使一线教师参与到影响教育变化的"假设—验证"的过程中。①

小　结

本章聚焦"教育哲学与教师发展"，意在体现教育哲学的价值归宿，即从哲学的角度唤醒教师重新理解日常职业生活。教师拥有哲学之思，能够帮助教师成为一个自觉的、理性的教育者，摆脱日常经验、习俗、权威等的控制，更好地把握教育的本质。本章主要通过再现人类历史那些伟大教师的职业生活片段与思想精华，引导教师理解教师专业生活中的"哲学之思"；通过重温近现代教育史上有代

---

① ［美］Sandra Hdlingsworth 主编，《国际视野中的行动研究——不同的教育变革实例》，黄宇等译，中国轻工业出版社 2002 年版，第 27 页。

表性的杰出教师的教育求索之旅，质感地理解他们具有鲜明个人思想印迹的教育哲学，由此丰富教师反思教育问题的思想资源；通过讨论教育哲学与教师专业发展的关系，启发教师运用哲学思维对教育领域的根本问题，如教育之道、为师之道和师生关系等进行反思，构筑其职业信念。

通过追问教师建构个人哲学的必要性与可能性，我们可以看到，如果想要真正使得教师职业成为一种专业，让教师的专业地位得到真正的确立，教师应当超越个人经验常识，应当通过教育哲学对自己的教育教学思想进行反思，为自己的教育行动进行合理性辩护，而不是停留于个人偶然的、表象的、非批判性的经验，并由此树立教师的专业自觉，在此基础上关注教师个人教育哲学的建构之路。纵观人类教育发展的历史，教师建构个人教育哲学的主要方法包括阅读哲学著作、反思性实践和行动研究。总的来说，教师个人教育哲学的建构不能在纯粹观念的世界里完成，只能在真实的改革和创新教育实践的客观行动中完成。教师个体的教育哲学来源于实践并最终服务于实践。

思考题

1. 谈谈你所钦佩的一位教育家的教育主张，并尝试分析其哲学观如何影响其教育思想与实践。
2. 谈谈你对韩愈《师说》一文中"师者，所以传道授业解惑也"的理解。
3. 如何理解教育哲学对教师职业生活的重要性？
4. 如何看待教师专业发展过程中经验与理论之间的关系？
5. 教师建构个人教育哲学的途径和方法有哪些？

阅 读 文 献

- 马克思：《关于费尔巴哈的提纲》，《马克思恩格斯文集》第1卷，人民出版社2009年版。

- 马克思、恩格斯：《德意志意识形态》，《马克思恩格斯文集》第1卷，人民出版社2009年版。

- 人民教育出版社教育室编：《马克思 恩格斯 列宁论教育》，人民教育出版社1993年版。

- 人民教育出版社编：《毛泽东论教育》第3版，人民教育出版社2008年版。

- 中共中央文献研究室编：《邓小平论教育》第3版，人民教育出版社2004年版。

- 中华人民共和国教育部、中共中央文献研究室编：《毛泽东 邓小平 江泽民论教育》，中央文献出版社、人民教育出版社、北京师范大学出版社2002年版。

- 中共中央文献研究室编：《习近平总书记重要讲话文章选编》，中央文献出版社、党建读物出版社2016年版。

- 中共中央宣传部：《习近平总书记系列重要讲话读本》，学习出版社、人民出版社2016年版。

- 《习近平谈治国理政》，外文出版社2014年版。

- 《习近平谈治国理政》第2卷，外文出版社2017年版。

- 《马克思主义哲学》编写组：《马克思主义哲学》，高等教育出版社、人民出版社2009年版。

- 《马克思主义哲学史》编写组：《马克思主义哲学史》，高等教育出版社、人民出版社2012年版。

- 袁贵仁：《马克思主义人学理论研究》，北京师范大学出版社2012年版。

- 黄济：《教育哲学》，北京师范大学出版社1985年版。

- 范寿康：《教育哲学大纲》，福建教育出版社2007年版。

- 吴俊升：《教育哲学大纲》，福建教育出版社2011年版。

- [古希腊]柏拉图：《理想国》，郭斌和、张竹明译，商务印书馆1986年版。

- [法]卢梭：《爱弥儿：论教育》（上、下卷），李平沤译，商务印书馆1978年版。

■ [德] 弗里德里希·席勒：《审美教育书简》，冯至、范大灿译，北京大学出版社 1985 年版。

■ [美] 约翰·杜威：《民主主义与教育》第 2 版，王承绪译，人民教育出版社 2001 年版。

■ [巴西] 保罗·弗莱雷：《被压迫者教育学》第 2 版，顾建新、赵友华、何曙荣译，华东师范大学出版社 2014 年版。

■ Nel Noddings, *Philosophy of Education*, Westview Press, 1998.

■ Richard Bailey, *The Philosophy of Education: An Introduction*, Bloomsbury, 2012.

■ Howard A. Ozmon, *Philosophical Foundations of Education* (9th edition), Pearson Education, Inc., 2012.

人名译名对照表

[意]	阿奎那，托马斯	Thomas Aquinas
[美]	阿普尔，迈克尔	Michael W. Apple
[美]	艾德勒，穆蒂莫·杰罗姆	Mortiner Jerome Adler
[奥]	艾伦菲尔斯，克里斯蒂安·冯	Christian von Ehrenfels
[美]	艾斯纳，艾略特·韦恩	Elliot Wayne Einser
[法]	爱尔维修，克劳德·阿德里安	Claude Adrien Helvétius
[美]	爱因斯坦，阿尔伯特	Albert Einstein
[古罗马]	奥古斯丁，圣·奥勒留	Saint Aurelius Augustinus
[英]	奥康纳，丹尼尔·约翰	Daniel John O'Connor
[美]	巴格莱，威廉·钱德勒	William Chandler Bagley
[美]	巴尼特，霍默·加纳	Homer Garner Barnett
[古希腊]	柏拉图	Plato
[法]	鲍德里亚，让	Jean Baudrillard
[德]	保罗，纳托尔普·格哈德	Natorp Gerhard Paul
[加]	贝克，克里夫	Clive Beck
[英]	贝磊，马克	Mark Bray
[古希腊]	毕达哥拉斯	Pythagoras
[英]	彼得斯，理查德·斯坦利	Richard Stanley Peters
[英]	边沁，杰里米	Jeremy Bentham
[美]	博登海默，埃德加	Edgar Bodenheimer
[英]	伯恩斯坦，巴兹尔	Basil Bernstein
[英]	波兰尼，卡尔	Karl Polanyi
[英]	波普尔，卡尔·莱曼德	Karl Raimund Popper
[法]	布迪厄（布尔迪约），皮埃尔·费利克斯	Pierre Felix Bourdieu
[美]	布莱克特，安娜·卡兰德	Anna Callender Brackett
[美]	布鲁纳，杰罗姆·西摩	Jerome Seymour Bruner
[英]	达尔文，查尔斯·罗伯特	Charles Robert Darwin
[法]	德里达，雅克	Jacques Derrida
[法]	狄德罗，丹尼斯	Denis Diderot
[德]	狄尔泰，威廉	Wilhelm Dilthey

[法]	笛卡儿，勒内	Rene Descartes
[美]	杜威，约翰	John Dewey
[美]	多尔，小威廉姆	William E. Doll, Jr.
[德]	费尔巴哈，路德维希·安德列斯	Ludwig Andreas Feuerbach
[巴西]	弗莱雷，保罗·雷古拉斯·尼夫斯	Paulo Reglus Neves Freire
[英]	弗雷泽，詹姆斯·乔治	James George Frazer
[奥]	弗洛伊德，西格蒙德	Sigmund Freud
[法]	福柯，米歇尔	Michel Foucault
[德]	福禄培尔，弗雷德里希	Fredrich Froebel
[美]	富兰克林，本杰明	Benjamin Franklin
[法]	贡斯当，邦雅曼	Benjamin Constant
[美]	哈艾特，吉尔伯	Gilbert Height
[法]	哈贝马斯，尤尔根	Jürgen Habermas
[德]	哈特曼，海因茨	Heinz Hartmann
[德]	海德格尔，马丁	Martin Heidegger
[德]	赫尔巴特，约翰·弗里德里希	Johann Friedrich Herbart
[德]	赫尔德，约翰·哥特弗雷德	Johann Gottfried Herder
[古希腊]	赫拉克利特	Heraclitus
[英]	赫斯特，保罗·海伍德	Paul Heywood Hirst
[荷]	赫伊津哈，约翰	Johan Huizinga
[德]	黑格尔，乔治·威廉·弗里德里希	Georg Wilhelm Friedrich Hegel
[德]	胡塞尔，埃蒙德·古斯塔夫·阿尔布雷希特	Edmund Gustav Albrecht Husserl
[英]	怀特海，阿尔弗雷德·诺思	Alfred North Whitehead
[英]	霍布斯，托马斯	Thomas Hobbes
[英]	吉登斯，安东尼	Anthony Giddens
[美]	吉鲁，亨利	Henry Giroux
[德]	伽达默尔，汉斯-格奥尔格	Hans-Georg Gadamer
[法]	加缪，阿尔贝	Albert Camus
[美]	金蒂斯，赫伯特	Herbert Gintis
[捷]	卡夫卡，弗朗兹	Franz Kafka
[德]	卡西尔，恩斯特	Ernst Cassirer
[苏]	凯洛夫，伊·安	IVan Andreyevich Kairov
[德]	凯兴斯泰纳，乔治·米歇尔·安东	Georg Michael Anton Kerschensteiner

[美]	康茨，乔治·西尔维斯特	George Sylvester Counts
[德]	康德，伊曼努尔	Immanuel Kant
[美]	科尔伯格，劳伦斯	Lawrence Kohlberg
[丹]	克尔凯郭尔，索伦·奥比	Soren Aabye Kierkegaard
[法]	孔德，奥古斯特	August Comte
[捷]	夸美纽斯，扬·阿姆斯	Johann Amos Comenius
[法]	拉康，雅克·玛丽·埃米尔	Jacques Marie Emile Lacan
[德]	兰德曼，米切尔	Michal Landmann
[法]	利奥塔，让-弗朗索瓦	Jean-Francois Lyotard
[英]	里德，赫伯·爱德华	Sir Herbert Edward Read
[德]	李凯尔特，海因希里·约翰	Heinrich John Rikert
[德]	李特，西奥多	Theodor Litt
[法]	列维-斯特劳斯，克劳德	Claude Levi-Strauss
[法]	卢梭，让-雅克	Jean-Jacques Rousseau
[德]	洛采，鲁道夫·赫尔曼	Rudolf Hermann Lotze
[英]	洛克，约翰	John Locke
[美]	罗蒂，理查德·麦凯	Richard Mckay Rorty
[美]	罗尔斯，约翰·博德利	John Bordley Rawls
[德]	罗森克兰兹，约翰·卡尔·弗里德里希	Johanm Karl Friedrich Rosenkranz
[英]	罗素，伯兰特·阿瑟·威廉	Bertrand Arthur William Russell
[美]	马丁，简·罗兰	Jane Roland Martin
[美]	马尔库塞，赫伯特	Herbert Marcuse
[苏]	马卡连柯，安东	Anton Makarenko
[法]	马塞尔，加布里埃尔·奥诺雷	Gabriel Honore Marcel
[美]	马斯洛，亚伯拉罕·哈罗德	Abraham Harold Maslow
[美]	马歇尔，阿尔弗雷德	Alfred Marshall
[奥]	迈农，亚历克修斯	Alexius Meinong
[英]	密尔（穆勒），约翰·斯图尔特	John Stuart Mill
[美]	默顿，罗伯特·金	Robort King Merton
[英]	摩尔，乔治·爱德华	George Edward Moore
[美]	奈勒，乔治	George F. Naylor
[德]	尼采，弗里德里希·威廉	Friedrich Wilhelm Nietzsche
[美]	诺丁斯，内尔	Nel Noddings
[美]	帕森斯，塔尔科特	Talcott Parsons

[英]	培根,弗朗西斯	Francis Bacon
[美]	皮尔士,查尔斯·桑德斯·圣地亚哥	Charles Sanders Santiago Peirce
[瑞士]	皮亚杰,让	Jean Piaget
[古希腊]	普罗泰戈拉	Protagoras
[法]	萨特,让-保罗	Jean-Paul Sartre
[美]	舍恩,唐纳德·阿伦	Donald Alan Schon
[德]	舍勒,马克斯·费迪南	Max Ferdinand Scheler
[德]	叔本华,阿瑟	Arthur Schopenhauer
[法]	斯宾诺莎,巴鲁赫·德	Baruch de Spinoza
[英]	斯宾塞,赫伯特	Herbert Spencer
[德]	斯普朗格,爱德华	Eduard Spranger
[古希腊]	苏格拉底	Socrates
[苏]	苏霍姆林斯基,瓦西里	Vasyl Sukhomlynsky
[美]	索尔蒂斯,乔纳斯	Jonas F. Soltis
[瑞士]	索绪尔,费迪南·蒙吉·德	Ferdinand Mongin de Saussure
[英]	泰勒,爱德华·伯内特	Edward Burnett Tylor
[英]	汤因比,阿诺德·约瑟夫	Arnold Joseph Toynbee
[法]	涂尔干,埃米尔	Emile Durkheim
[苏]	维果茨基,利维	Lev Vygotsky
[意]	维科,詹巴蒂斯塔	Giambattista Vico
[英]	维特根斯坦,路德维希·约瑟夫·约翰	Ludwig Josef Johann Wittgenstein
[美]	谢弗勒(谢富勒),伊斯雷尔	Israel Scheffler
[英]	休谟,大卫	David Hume
[美]	亚历山大,杰弗里·查尔斯	Jeffrey Charles Alexander
[古希腊]	亚里士多德	Aristotle
[德]	雅斯贝尔斯,卡尔·西奥多	Karl Theodor Jaspers
[美]	詹姆斯,威廉	William James

后　　记

《教育哲学》是马克思主义理论研究和建设工程重点教材，由教育部组织编写，经国家教材委员会审查通过。

在教材编写过程中，得到了国家教材委员会高校哲学社会科学（马工程）专家委员会、思想政治审议专家委员会以及教育部原马工程重点教材审议委员会的指导。同时，广泛听取了高校教师和学生的意见建议。

本教材由石中英主持编写，王坤庆、郝文武任副主编。绪论、第一章第三节，石中英撰写；第一章第一节，于建福撰写；第一章第二节，邵燕楠撰写；第二章，陈建华撰写；第三章，于伟撰写；第四章，郝文武、郭祥超撰写；第五章，王坤庆、吴亚林撰写；第六章，薛忠祥撰写；第七章，丁道勇、张华军撰写；第八章，迟艳杰撰写；第九章，岳伟、余清臣撰写；第十章，朱晓宏、胡萨撰写。

2018 年 12 月 28 日

郑重声明

高等教育出版社依法对本书享有专有出版权。任何未经许可的复制、销售行为均违反《中华人民共和国著作权法》，其行为人将承担相应的民事责任和行政责任；构成犯罪的，将被依法追究刑事责任。为了维护市场秩序，保护读者的合法权益，避免读者误用盗版书造成不良后果，我社将配合行政执法部门和司法机关对违法犯罪的单位和个人进行严厉打击。社会各界人士如发现上述侵权行为，希望及时举报，我社将奖励举报有功人员。

反盗版举报电话　（010）58581999　58582371
反盗版举报邮箱　dd@hep.com.cn
通信地址　北京市西城区德外大街4号
　　　　　高等教育出版社法律事务部
邮政编码　100120

读者意见反馈

为收集对教材的意见建议，进一步完善教材编写并做好服务工作，读者可将对本教材的意见建议通过如下渠道反馈至我社。

咨询电话　400-810-0598
读者服务邮箱　gjdzfwb@pub.hep.cn
通信地址　北京市朝阳区惠新东街4号富盛大厦1座
　　　　　高等教育出版社总编辑办公室
邮政编码　100029

防伪查询说明

用户购书后刮开封底防伪涂层，使用手机微信等软件扫描二维码，会跳转至防伪查询网页，获得所购图书详细信息。

防伪客服电话　（010）58582300